JAPAN – DIE MONSTERINSEL

日本怪獣島

Jörg Buttgereit & Freunde

Martin Schmitz Verlag

日本怪獣島

Die Deutsche Bibliothek verzeichnet diese Publikation in der Nationalbibliografie; detaillierte bibliografische Daten sind im Internet über http://dnb.ddb.de abrufbar.

ISBN 978-3-927795-94-5

Grafik: Jürgen Frohnmaier www.yoyus.com | Berlin
Illustration (Umschlag): Rainer Engel
Autorenfoto (Umschlagklappe): Thomas Ecke
Druck: Thiele & Schwarz | Kassel

www.martin-schmitz-verlag.de

ÜBER DIESES BUCH

Warum guckt man als Erwachsener noch Monsterfilme? Nun, ich bin Anfang der Siebzigerjahre mit Filmwerken wie *Frankensteins Kampf gegen die Teufelsmonster* sozialisiert worden. In den Bezirkskinos in Berlin-Schöneberg liefen an jedem Samstag und Sonntag Horror- und Monsterfilme in sogenannten Jugendvorstellungen. Angst hatte ich vor urtümlichen Fabelwesen wie Godzilla oder Gamera nicht. Im Gegenteil. Ich konnte mich prima mit ihnen identifizieren. Schließlich wurden diese bedauernswerten Urweltgiganten von der Erwachsenenwelt auch nicht verstanden. Sie waren einfach nur zur falschen Zeit am falschen Ort und wurden deshalb mit sinnloser Militärgewalt bekämpft. Die Monster von damals sind noch heute meine Freunde. Im Laufe der Jahre bin ich zwar „reifer" geworden und kann dem Treiben auf der Leinwand keinen Glauben mehr schenken. Aber dennoch hat sich meine Faszination für die Monsterfilme erhalten, die seiner Zeit von der seriösen Filmkritik nur abfällig belächelt wurden. Unheimlich viele dieser Jugendvorstellungs-Klassiker, die den Kinosaal regelmäßig in ein Tollhaus verwandeln konnten, stammten aus einem geheimnisvollen Inselreich namens Japan. Klar, irgendwie verstand ich einen Film wie *Frankensteins Monster jagen Godzillas Sohn* auch ohne den kulturhistorischen Hintergrund. Aber glauben Sie mir, eigentlich fängt der Spaß erst richtig an, wenn man sich eingehender in die Materie des „Kaiju Eiga" vertieft, und beginnt die Filme besser zu verstehen. Deshalb habe ich über Jahrzehnte mit Freude die verschiedensten Fassungen sämtlicher japanischer Monsterfilme gesichtet, um diesen Filmführer zu schreiben.

Alle in Deutschland veröffentlichten japanischen Monsterfilme sind in diesem Buch enthalten. Außerdem die Filme, die nie im deutschsprachigen Raum zu sehen waren, aber für das Genre wichtig sind und in der Chronologie einer Serie (Godzilla, Gamera) nicht fehlen dürfen. Die Texte aus der vergriffenen Erstauflage dieses Buches aus dem Jahr 2006 sind von mir aktualisiert und erweitert worden. Die Filme sind im Inhaltsverzeichnis chronologisch nach ihrem Entstehungsjahr und mit den Titeln der deutschen Erstaufführung zu finden. Diese deutschen Erstaufführungstitel sind oft irreführend. Denn Ende der 60er Jahre war der deutsche Filmverleih *Constantin Film* der Meinung, der Name *Frankenstein* sei an der Kinokasse zugkräftiger als der Name *Godzilla*. In Anlehnung an Ishiro Hondas Gruselfilme *Furankenshutain Tai Chitei Kaiju Baragon* (*Frankenstein – Der Schrecken mit dem Affengesicht*, 1965) und *Furankenshutain No Kaiju – Sanda Tai Gaira* (*Frankenstein – Zweikampf der Giganten*, 1966) tauschte man den Namen *Godzilla* in Filmtiteln fortan gegen *Frankenstein* aus. Auch der Name *King Kong* fand unsinnige Verwendung in deutschen Filmtiteln. Die gigantischen Meka (Cyborgs oder Roboter) *Jet Jaguar* und *Mekagojira* bekamen in den deutschen Fassungen *King Kong – Dämonen aus dem Weltall* (1973) und *King Kong gegen Godzilla* (1974) den Namen des weltberühmten Riesenaffen. So kommt es, dass die Riesenechse in *King Kong gegen Godzilla* (*Gojira Tai Mekagojira*, 1974) nicht etwa gegen den Affen *Kong*, sondern gegen den außerirdischen Roboter *Mechagodzilla* antreten muss.

Sollte ein Film keinen deutschen Titel haben, wird er unter seinem amerikanischen Erstaufführungstitel oder dem „internationalen Titel“ gelistet. Das sind englischsprachige

Filmtitel, die japanische Produktionsfirmen ihren Werken für den Export gegeben haben. Im Filmindex sind die japanischen Originaltitel und alle deutschen und englischsprachigen Filmtitel aufgelistet.

Zu jedem Film ist die Kino-Erstaufführung in Deutschland, Japan und Amerika verzeichnet. Wenn ein Film außerhalb von Japan keinen regulären Kinostart erfahren hat, wird das Erscheinungsdatum auf dem Heimkinomarkt (VHS, DVD oder Blu-ray), bzw. die Erstausstrahlung im Fernsehen aufgeführt. Da es zu Laufzeitschwankungen zwischen den Kino- und Videoversionen sowie den Fernsehnormen NTSC (Japan, USA) und PAL (Europa) kommt, sind die Minutenangaben als ungefähre Längenangabe der Filmkopien bei einer Projektion von 24 Bildern pro Sekunde zu verstehen. Einige der besprochenen Filme sind außerhalb Japans nur verstümmelt und/oder stümperhaft synchronisiert erschienen. Als Fan japanischer Monsterfilme sollte man sich also nicht auf den heimischen Markt beschränken.

Mehrmals bin ich nach Japan gereist um Monsterdarsteller, Filmregisseure und Monstermacher zu Gesprächen zu treffen. Leider sind einige Kaiju-Eiga-Veteranen – wie Godzilla-Darsteller Haruo Nakajima oder Gamera-Erfinder Noriaki Yuasa –inzwischen verstorben. Die Interviews sind dort zu finden, wo sie thematisch am meisten Sinn ergeben, also direkt nach den dazugehörigen Filmtexten.

In Japan wird der Familienname einer Person traditionell vor den Rufnamen gesetzt. In diesem Buch wird jedoch, wie im Westen üblich, zuerst der Rufname (Vorname) und dann der Familienname (Nachname) aufgeführt. Für die Namen der „Daikaiju“, der Riesenmonster, gibt es weltweit die unterschiedlichsten Schreibweisen. Das liegt zum einen daran, dass die für Fremdwörter aus europäischen Sprachen und für seltene Tier- und Pflanzennamen üblichen japanischen Schriftzeichen *Katakana* auf unterschiedliche Weise übersetzt werden können – oder einfach an der Lust und Laune der ausländischen Lizenznehmer, die die Monster in einem Anflug von Kreativität umbenannt haben. Im Zweifelsfall werden die Monsternamen so wiedergegeben, wie sie von den japanischen Produktionsfirmen im internationalen Werbematerial in unsere Lateinumschrift übertragen wurden. Das Geschlecht von Monstern wie Godzilla oder Gamera ist nicht definiert, da es im Japanischen keine Artikel gibt und Pronomen nicht für Tiere verwendet werden. In Japan sieht man die Kaiju eher als Tiere und nicht so sehr als Monster.

Wichtige Fachbegriffe:

Daikaiju – der japanischen Mythologie entsprungene, riesige fremdartige Bestien. Im Westen oft als Riesenmonster bezeichnet. Der Begriff **Kaijin** bezeichnet menschenähnliche Kreaturen.

Kaiju Eiga – das Genre des japanischen Monsterfilms.

Suitmation – analoge Spezialeffekt-Filmtechnik, bei der ein Schauspieler in einem Monsterkostüm steckt und sich durch maßstabsgetreue Filmkulissen bewegt.

Tokusatsu – Bezeichnung für von Live-Action geprägte Spezialeffekte in japanischen Filmen und Fernsehserien der Genres Science Fiction, Fantasy oder Horror.

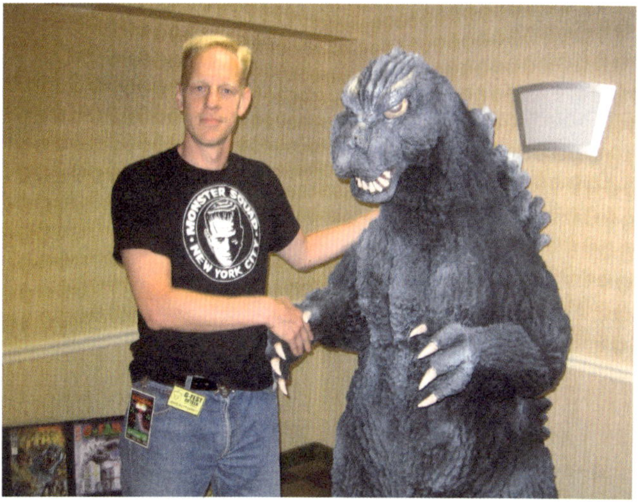

Danksagungen:

Mein Dank gilt den Gastautoren, die ich gebeten habe, sich einige Monsterfilme anzusehen und eigene Initialzündungen aus Kindertagen zu rekapitulieren, die sie, wenn schon nicht zu Monsterfans, so doch zumindest zu Filmfans gemacht haben. Ihr kritischer Blick soll zusätzliche Deutungsversuche dieses eigenwilligen Filmgenres ermöglichen. Ein herzliches Dankeschön auch an die Illustratoren Rainer Engel (Cover) und FuFu Frauenwahl (Kapitel-Logos). Mein besonderer Dank gilt der Dolmetscherin Akiko Fujino, die mit unendlicher Geduld mit mir durch Tokio getigert ist und geholfen hat, die Interviews zu führen.

Jörg Buttgereit

INHALT

Die Filme sind grundsätzlich unter den deutschen Erstaufführungstiteln aufgeführt. Filme, die nicht in Deutschland veröffentlicht wurden, sind unter den englischsprachigen Erstaufführungstiteln aufgeführt. Japanische Originaltitel und Alternativtitel siehe Filmindex.

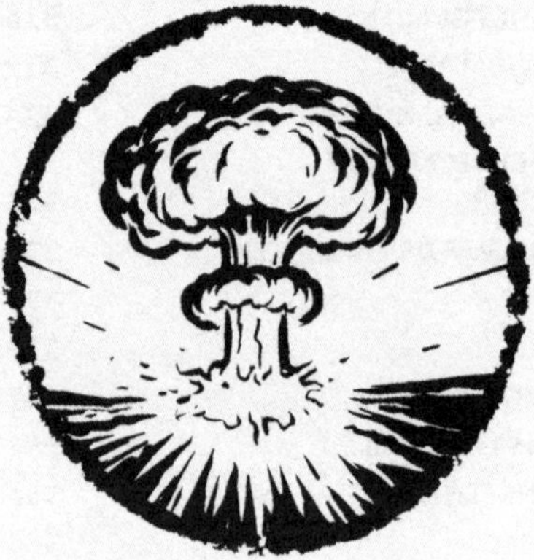

PROLOG

Es ist ein klarer schöner Morgen, als am 6. August 1945 um 8:15 Ortszeit der amerikanische B-29 Bomber *Enola Gay* die erste Atombombe auf Hiroshima abwirft. Die Bombe ist drei Meter lang und wiegt vier Tonnen. Die Amerikaner haben ihr den Spitznamen *Little Boy* gegeben. Etwa 350.000 Menschen befinden sich zu diesem Zeitpunkt in Hiroshima, als die Bombe ca. 580 Meter über der Stadt detoniert. In diesem Augenblick beträgt die Temperatur im Explosionszentrum über eine Million Grad Celsius. Ein Feuerball, gleich einer kleinen Sonne, bildet und dehnt sich innerhalb nur einer Sekunde auf einen Durchmesser von 280 Metern aus. Die starke Hitzestrahlung verursacht enorme Schäden. Im Moment der Explosion entsteht zudem ein extrem hoher Druck, der die Umgebungsluft auseinander presst und eine starke Druckwelle erzeugt. Die meisten Gebäude im Umkreis von bis zu vier Kilometern werden zerdrückt und die Menschen von der Hitzewelle verbrannt. Die Stadt wird in einem kurzen Augenblick fast vollständig zerstört. Tausende verlieren ihr Leben. Drei Tage später, am 9. August 1945, wird die Stadt Nagasaki von einer zweiten, *Fat Man* getauften Atombombe getroffen. Als gegen Ende Dezember 1945 die akuten Auswirkungen der Anfangsstrahlung nachlassen, sind ca. 300.000 Menschen in den Feuersbrünsten von Hiroshima und Nagasaki ums Leben gekommen. Neun Jahre später, am 1. März 1954, führen die Vereinigten Staaten von Amerika einen routinemäßigen Atomtest auf den Marshallinseln durch. Die Atomexplosion auf dem Bikini-Atoll ist mit fünfzehn Megatonnen 750 Mal stärker als die Bomben, die auf Hiroshima und Nagasaki niedergegangen waren. Dabei wird ein Großteil der Insel zerstört und Wolken aus radioaktiver Asche treiben auf das Meer hinaus. Unglücklicherweise befindet sich nur hundert Meilen östlich des Testgebietes das japanische Fischerboot *Dai-Go Fukuryu Maru,* was so viel bedeutet wie *Glücklicher Drache Nummer 5.* Das Boot und die dreiundzwanzig Mann Besatzung werden mit einer klebrigen weißen Asche bedeckt. Übelkeit, Kopfschmerzen und Augenbrennen sind die Folgen. Nach wenigen Tagen verfärben sich die Gesichter einiger Männer merkwürdig dunkel. Die Fischer bekommen Angst und kehren nach Japan zurück. Sechs Männer sterben später an Krebs, und tausende ihrer Landsleute werden krank, weil auch ihr Fang – überwiegend Thunfisch – verseucht ist und verkauft wird.

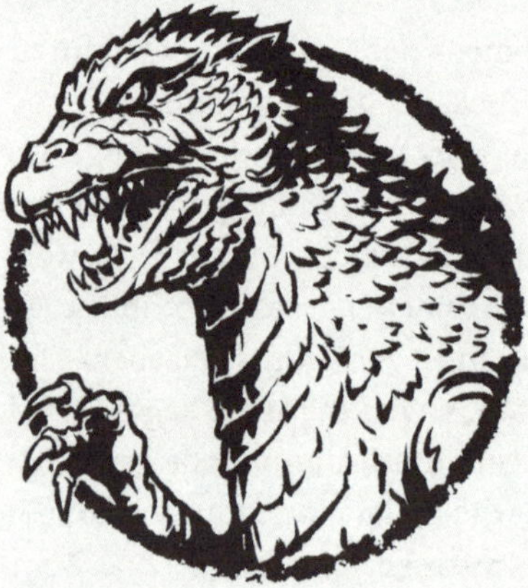

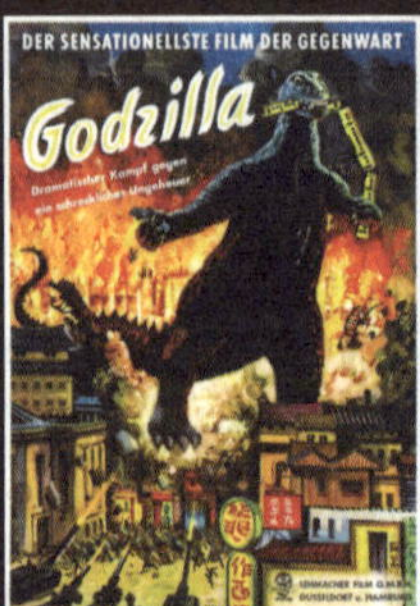
DER SENSATIONELLSTE FILM DER GEGENWART
Godzilla

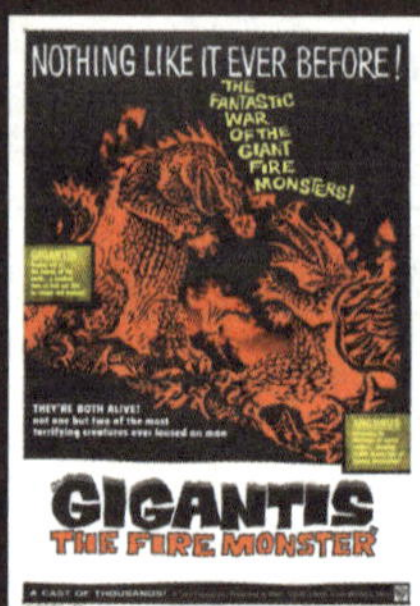
NOTHING LIKE IT EVER BEFORE!
THE FANTASTIC WAR OF THE GIANT FIRE MONSTERS!
THEY'RE BOTH ALIVE!
not one but two of the most terrifying creatures ever loosed on man
GIGANTIS
THE FIRE MONSTER

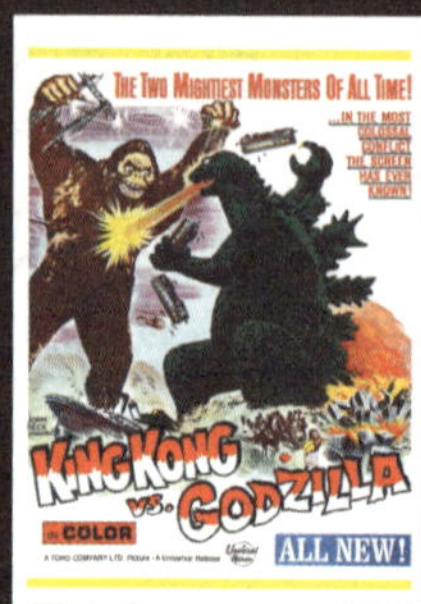
THE TWO MIGHTIEST MONSTERS OF ALL TIME!
...IN THE MOST COLOSSAL CONFLICT THE SCREEN HAS EVER KNOWN!
KING KONG VS. GODZILLA
IN COLOR
ALL NEW!

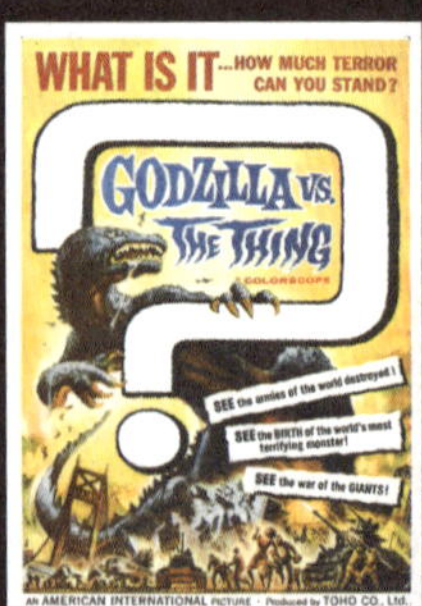
WHAT IS IT...HOW MUCH TERROR CAN YOU STAND?
GODZILLA VS. THE THING
COLORSCOPE
SEE the armies of the world destroyed!
SEE the BIRTH of the world's most terrifying monster!
SEE the war of the GIANTS!
AN AMERICAN INTERNATIONAL PICTURE • Produced by TOHO CO., Ltd.

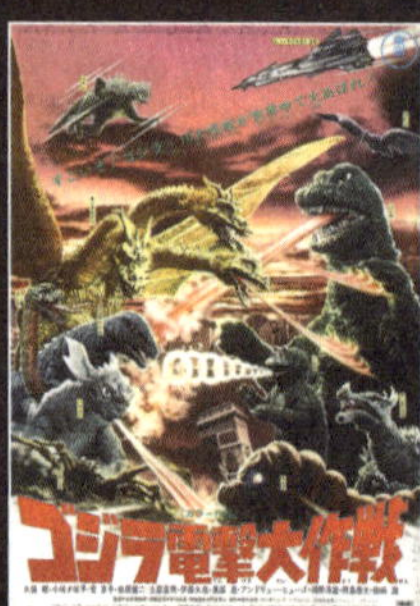
ゴジラ電撃大作戦

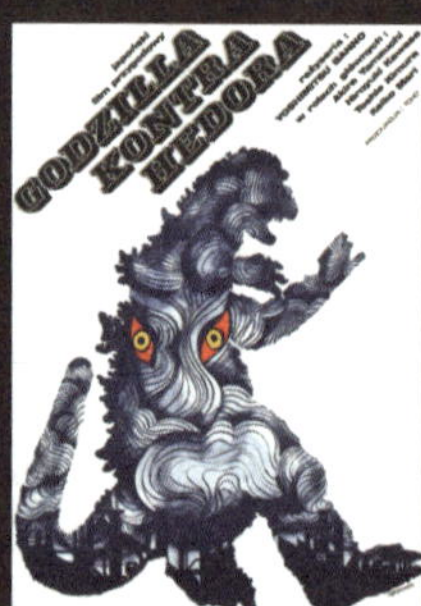
GODZILLA
KONTRA
HEDORA

GODZILLA

ゴジラ

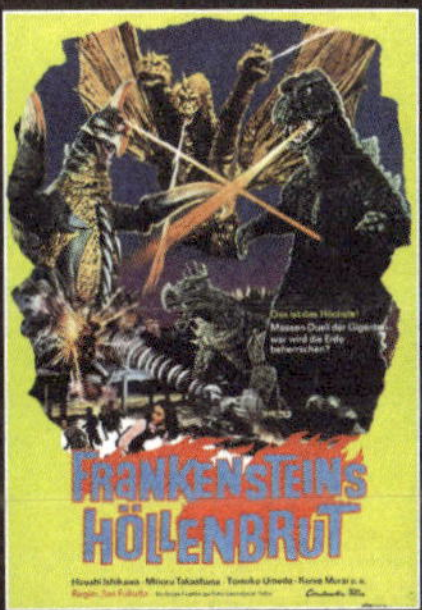

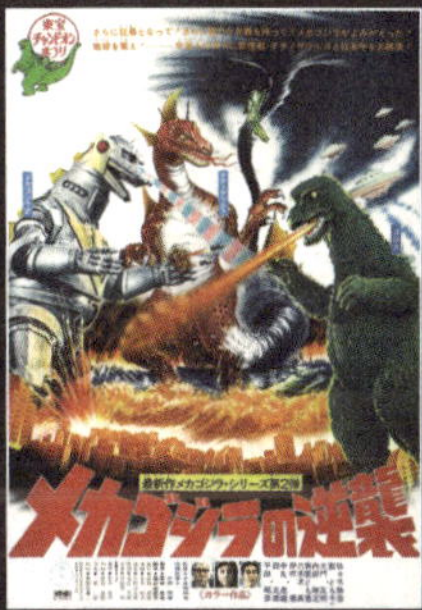

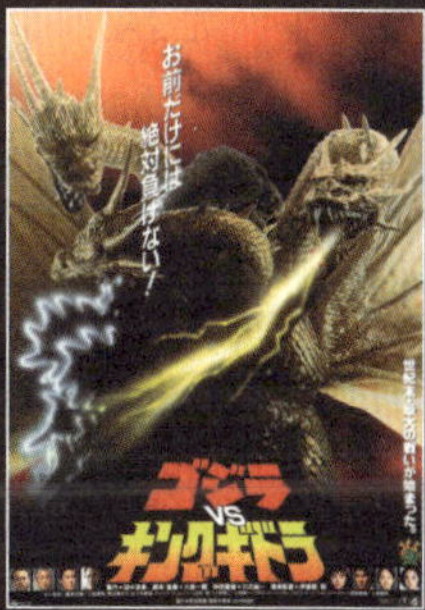

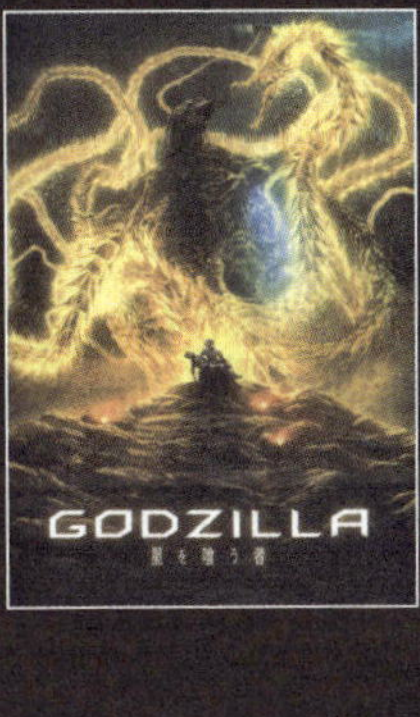

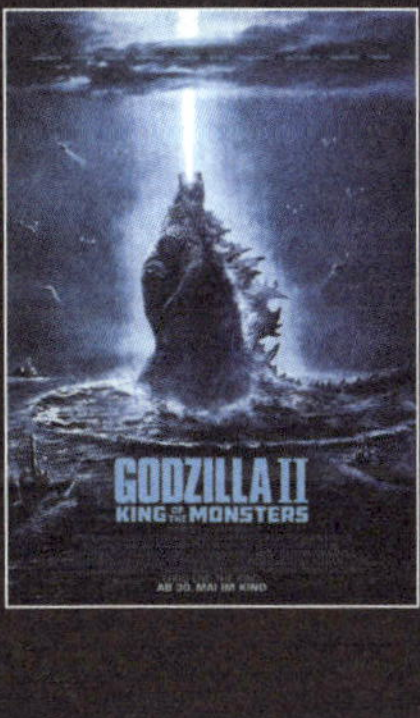

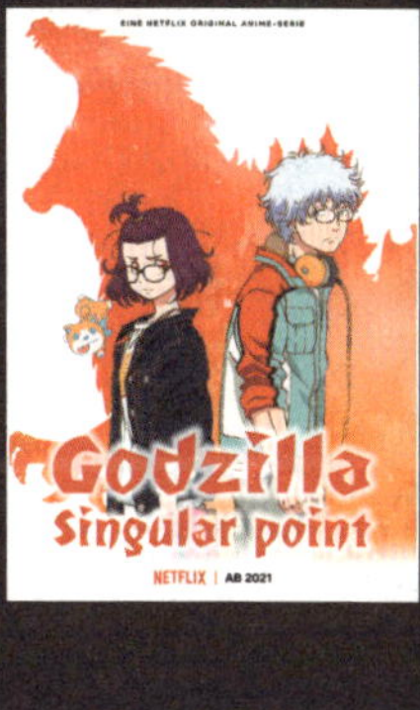

1954 GODZILLA

Dt. Erstaufführung: 10. August 1956 / 90 Min. | Jap. Originaltitel: *Gojira* | Jap. Erstaufführung: 3. November 1954 / 98 Min. | US-Titel: *Godzilla – King of the Monsters!* | US Erstaufführung: 27. April 1956 / 81 Min. | Produktionsfirma: Toho | Produzent: Tomoyuki Tanaka | Regie: Ishiro Honda (US-Version: Terry O. Morse) | Buch: Takeo Murata, Ishiro Honda (US-Version: Al C. Ward) | Kamera: Masao Tamai | Musik: Akira Ifukube | Spezial-Effekte: Eiji Tsuburaya | FX-Kamera: Sadamasa Arikawa | Darsteller: Takashi Shimura, Momoko Kochi, Akira Takarada, Akihiko Hirata, Sachio Sakai, als Godzilla: Haruo Nakajima und Katsumi Tezuka (US-Version: Raymond Burr)

Japan im Jahre 1955 – über ein Jahrzehnt nach den verheerenden Bombenabwürfen auf Hiroshima und Nagasaki durch die amerikanische Luftwaffe: Nahe der Insel Odo explodiert ein großes Kriegsschiff nahezu ohne Grund. Ein anderes Militärboot, das dort hingeschickt wurde, um das Geheimnis zu lüften, wird ebenso durch eine unerklärliche Macht vernichtet. Es scheint, dass ein Großteil der Insel heftig unter Beschuss steht. Am Strand von Odo entdecken Wissenschaftler gewaltige Fußstapfen, die scheinbar radioaktiv verseucht und mit Gestein gefüllt sind, das auch einen Urzeitkrebs enthält, der normalerweise nur 10.000 Meilen unter dem Meeresspiegel lebte ...

Schließlich entdecken die Wissenschaftler den Grund für die schrecklichen Verwüstungen: ein gigantischer Dinosaurier entstieg den Gewässern vor der Insel. Von einer alten Sage inspiriert, nennen sie ihn Gojira (eine Kombination aus Gorilla und Kujira, jap. für Wal). Die Bestie ist eine Art Tyrannosaurus Rex, dessen knochige Dornen auf dem Rücken zugleich an einen Stegosaurus erinnern.

Ähnlich wie bei einem Drachen besteht sein tödlicher Atem aus Feuer. Das Monster, das durch Atomversuche im Pazifischen Ozean geweckt wurde, ist nun offensichtlich erzürnt und möchte die Lebewesen, die es in seiner Ruhe

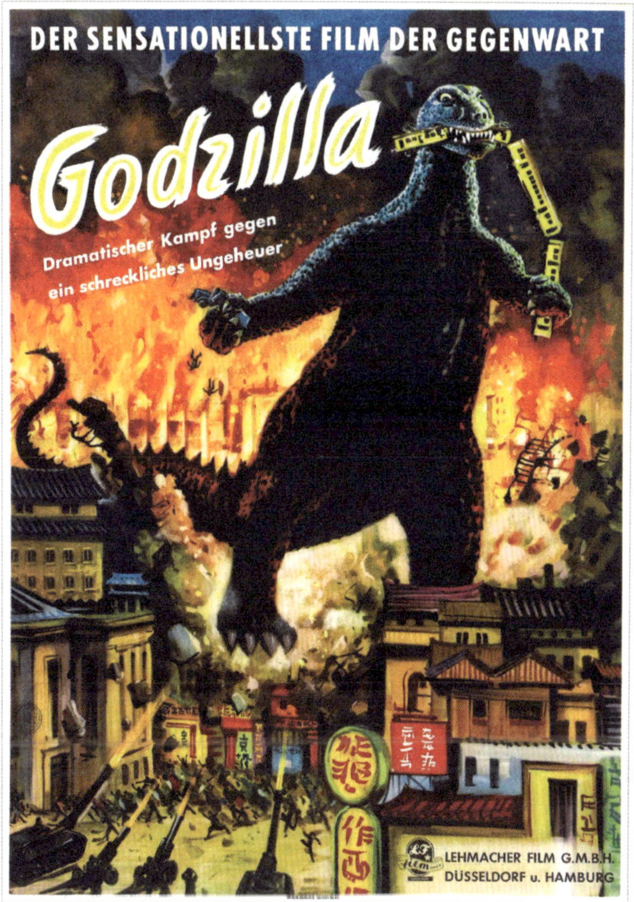

störten, vernichten. Deshalb steuert Godzilla geradewegs auf Tokio zu ...

Alle Versuche, den Giganten zu stoppen, schlagen fehl – einschließlich einer Falle aus Hochspannungskabeln und einem Angriff der Luftwaffe. Godzilla walzt große Teile der Stadt nieder. In dieser Krisensituation wendet sich die Regierung an die Wissenschaft. Ein junger Mann, Dr. Daisuke Serizawa (Akihiko Hirata), stellt seine neue Erfindung, eine Massenvernichtungswaffe, vor: einen Oxygen-Zerstörer, der Sauerstoff aus dem Wasser ziehen und Fleisch auflösen kann. Diese Waffe scheint noch gefährlicher zu sein, als das Monster selbst. Der Wissenschaftler folgt Godzilla auf das offene Meer und zündet die Bombe. Alle organischen Lebewesen innerhalb eines Radius von mehreren Meilen werden vernichtet. Um zu verhindern, dass die Waffe vom Militär missbraucht wird, hat der Wissenschaftler seine Unterlagen vernichtet. Um sicherzugehen, dass diese Massenvernichtungswaffe niemals in falsche Hände gerät, geht er mit dem Monster in den Tod ...

Die Hauptinspirationsquelle für Filme der Fünfzigerjahre war ein amerikanischer Monsterfilm mit dem Titel *The Beast From 20.000 Fathoms/Panik in New York/Dinosaurier in New York* (1953), in dem ein Rhedosaurus (von Ray Harryhausen entworfen) durch Atomtests innerhalb des Polarkreises wieder belebt wird und dann nach New York vordringt. In Coney Island verfängt er sich in einer Achterbahnanlage und wird mithilfe einer Atombombe vernichtet (was kein Problem für New York darzustellen scheint). Tomoyuki Tanaka, der Produzent der Toho-Studios, war von diesem B-Movie, das weltweit riesigen Erfolg hatte, sehr beeindruckt. Er stellte eine andere Filmproduktion *(Behind the Glory)* ein, zugunsten einer eigenen, japanischen Version dieser Monstergeschichte. Obwohl die Verträge schon geschrieben waren, gab es noch keine konkrete Vorstellung davon, wie dieser Monsterfilm schlussendlich aussehen sollte.

Der Arbeitstitel *Dai Kaiju no Katei Nimau Maru (Das Biest aus 20.000 Meilen unter dem Meer)* lieferte die ersten

Einfälle des Spezial-Effekte-Designers Eiji Tsuburaya, der sich für einen Riesentintenfisch entschied. Zufälligerweise war das die gleiche Idee, die Ray Harryhausen zu dieser Zeit in seinem Film *It Came From Beneath The Sea* umsetzte. Also verwarf Toho den Oktopus und entschied sich stattdessen für ein Tyrannosaurus-artiges Monster, einen räuberischen Riesen, der aufrecht auf zwei Beinen geht – oder besser stampft. Der Science-Fiction-Autor Shigeru Kayama entwickelte die Geschichte und hunderte von Ablaufplänen wurden eilends gezeichnet.

Der Protagonist in *Godzilla* wird von dem damals populären japanischen Schauspieler Takashi Shimura gespielt, der auch in Akira Kurosawas Filmen *Rashomon* (1950), *Ikiru – Einmal richtig leben* (1952) und *Die sieben Samurai* (1954) zu sehen ist. Der Regisseur Ishiro Honda, zu der Zeit schon ein fester Toho-Angestellter, hatte auch eine enge Beziehung zu Kurosawa (sogar bis *Kagemusha* im Jahr 1980). Der Hauptunterschied zu den Aufsehen erregenden Monsterfilmen von Ray Harryhausen bestand im Einsatz eines Schauspielers in einem Gummikostüm, anstatt des miniatur-stop-motion Effekts aus *Panik in New York.* Nur der Mund wurde durch eine Fernsteuerung bewegt und der schwere Schwanz hing an dünnen Drähten. Um die Bewegungen „gigantischer" zu machen, wurden alle Godzilla-Handlungen im Zeitlupentempo gefilmt. Nur für ein paar unbedeutendere Szenen wurde eine kleine Handpuppe und ein kleines mechanisches Modell benutzt. Die beiden Schauspieler im Godzilla-Kostüm wurden selbst zur Legende. Haruo Nakajima und Katsumi Tezuka konnten das 50 Kilogramm schwere Kostüm nur ein paar Minuten tragen, bevor sie unter der Hitze der Lampen, die das Set beleuchteten, zusammenbrachen. Nakajima trug das Kostüm

in zwölf weiteren Filmen. In *Godzilla* ist er auch als normaler Schauspieler zu sehen: Er spielt den Techniker, der das Monster durch die Aktivierung der Hochspannungskabel zu töten versucht. Das charakteristische Gebrüll Godzillas – im allerersten Film selten zu hören – wurde durch die elektronische Verzerrung eines Kontrabasses erzeugt.
Dieser Film setzte eine neue Art der Filmpromotion in Gang, ein Vorgänger des Blockbuster-Marketings von heute. Mit einer Produktionsdauer von 180 Tagen wurde der Film im November 1954 abgeschlossen. Bereits ab Juli hatte die Marketingabteilung von Toho eine Radiosendung produziert, in der der Protagonist des Films in der Öffentlichkeit vorgestellt wurde. *Godzilla* wurde mit einem Budget von 60 Millionen Yen produziert, dreimal so hohe Kosten wie ein damals durchschnittlicher japanischer Film. Aber der Riesenerfolg hat alles wieder erwirtschaftet.
Godzilla ist einer der wenigen japanischen Monsterfilme, die auch menschliches Leid betonen, anstatt sich nur auf die physische Zerstörung zu konzentrieren, die durch das Monster verursacht wird, da Godzilla auch eine Metapher für die Atombombe darstellt. Diese Verschlüsselung überrascht nicht, da Japan bis dahin das einzige Land war, welches jemals mit einer Atombombe angegriffen worden ist. Die Szene, in der ein Kinderchor eine Todeshymne singt, erinnert an die wahre Vergangenheit.
Der verlorene Krieg und die katastrophalen Nachwirkungen der Atombomben, durch die Tausende von Menschen radioaktiv verstrahlt wurden, war ein nationales Trauma des japanischen Volkes. Im Einklang mit ihrem seltsamen Ehrenkodex entschieden sich die japanischen Behörden dazu, diese „schändlichen“ Ereignisse einfach zu ignorieren, mit dem Ergebnis, dass die überlebenden Opfer

der Bomben in der japanischen Gesellschaft nach dem Krieg nie wirklich akzeptiert oder betreut wurden. Sogar in der Schule werden diese Kriegsgeschehnisse bis heute noch nicht analysiert oder gelehrt. Die naive Idee dieses Films hat also auf dem Level der Erinnerungsarbeit gut funktioniert. „Durch die Atombombe *geweckt,* und durch selbstlose japanische Wissenschaftler (wieder und wieder) eingeschläfert, wurde Godzilla zu einer Art Barometer der politischen Stimmung. Von einer bestrafenden Figur aus der Vergangenheit wandelte er sich in ein freundliches Monster und wurde zuletzt zum Verteidiger seines Landes (ob gerecht oder ungerecht) nicht nur gegen fremdländische Monster, sondern auch gegen die Machenschaften der USA und UdSSR." (Donald Richie, *A Hundred Year of Japanese Film*).

Für das amerikanische Publikum schien in den Fünfzigerjahren ein rein japanischer Film unzureichend. Terry O. Morse filmte neue Szenen mit Raymond Burr, die dann in die gekürzte Originalversion eingesetzt wurden. Der Auslandskorrespondent Steve Martin (Raymond Burr) berichtet über die Zerstörung Tokios und die Ereignisse, die zu der Katastrophe führten. Diese veränderte amerikanische Version enthält Filmmaterial, in dem sich Raymond Burr mit asiatischen Schauspielern unterhält. Die wurden, wenn die Produzenten jemanden finden konnten, der den Darstellern des Originalfilms von hinten betrachtet ähnelte, in die amerikanische Fassung hineinmontiert. Oder Martin telefoniert mit ihnen. Manche Szenen wurden synchronisiert, doch meistens übersetzt ein weiterer Schauspieler für Burr und erklärt ihm, was die japanischen Personen sagen. In der amerikanischen Version fallen auch viele Aspekte der antinuklearen Botschaft des Films weg, was wenig verwundert, denn sie waren es, die die Bomben über Japan abgeworfen hatten.

AUTOR MARCUS STIGLEGGER

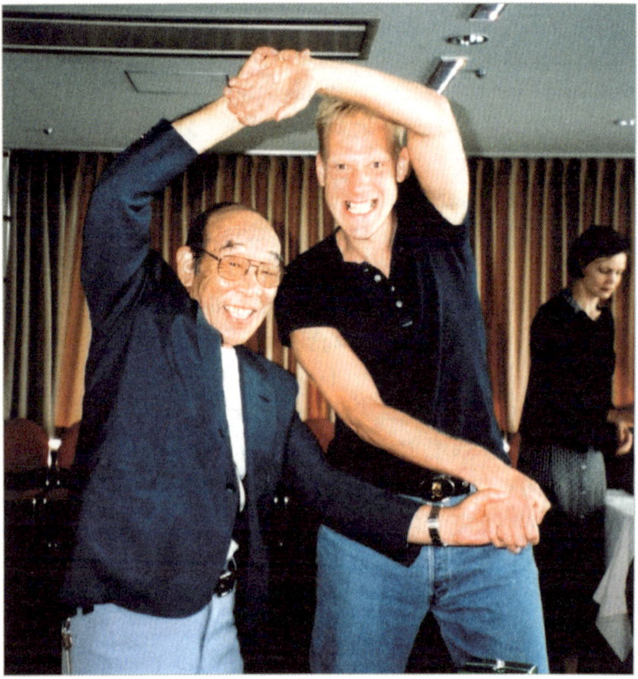

↑ Haruo Nakajima und Buttgereit in Tokio (2002).

Der Mann, der Godzilla war

Interview mit Godzilla-Darsteller Haruo Nakajima

Der Schauspieler Haruo Nakajima stellte von 1954 bis 1972 die japanische Monster-Ikone Godzilla dar. Er war es, der in einem schweren Monsterkostüm japanische Miniaturstädte verwüstete und gegen Dutzende feindlicher Urweltriesen antreten musste. Im klassischen Zeitalter des Kaiju

Eiga, des japanischen Riesenmonsterfilms, arbeitete er als fest angestellter Schauspieler und Stuntman bei der japanischen Produktionsfirma Toho überwiegend unter der Regie des Spezial-Effekt-Pioniers Eiji Tsuburaya, der für die Monsterszenen verantwortlich war. Aber auch als Kleindarsteller wurde Nakajima von dem Regisseur der realen Spielszenen Ishiro Honda eingesetzt. In Akira Kurosawa's *Die sieben Samurai* (Toho, 1954) ist er als Bandit zu sehen. Nakajima, geboren am 1. Januar 1929 in Yamagata, war der geheimnisvolle Mann im Monster-Anzug, dessen Gesicht erst Jahrzehnte, nachdem er sich zur Ruhe gesetzt hatte, bekannt wurde. Ich hatte die Ehre am 7. August 2002 mit einem der letzten Zeitzeugen des „Golden Age of Kaiju Eiga" in Tokio zu sprechen. Haruo Nakajima ist am 7 August 2017 im Alter von 88 Jahren verstorben.

Jörg Buttgereit: **In einem amerikanischen Buch über Science-Fiction-Filme werden Sie als „The Hardest-Working Man in Show-Business" beschrieben. Was sagen Sie dazu?**

Haruo Nakajima: Auf jeden Fall müssen wir als Schauspieler unsere ganzen Kräfte in die Darstellung investieren. Wir müssen unbedingt vermeiden, dass Aufnahmen unnötig wiederholt werden müssen. Schauspieler geben in einem „Take" einfach alles. Das ist so. Solange wir Geld verdienen – obwohl man eigentlich nicht an Geld denken darf – müssen wir überlegen, wie wir schauspielen wollen. Es ist einfach nicht so, dass der Regisseur uns für jedes Detail Anweisungen gibt. Wir müssen selbst kreativ sein und eigene Ideen haben.

Wie oft und wie lange haben Sie Godzilla dargestellt?

Insgesamt 18 Jahre. In zwölf Filmen war ich Godzilla. Zusammengenommen habe ich in 26 Filmen auch noch andere Monster dargestellt. Außerdem war ich in den 60er Jahren in den Fernsehserien *Ultraman* und *Ultra-Q* als

Monster dabei. Ich glaube, es waren etwa zehn *Ultraman*-Episoden. (*Ultraman* ist ein bekannter japanischer Superheld, der noch heute über japanische Leinwände und Mattscheiben fliegt. *Ultra Q* ist eine gruselige Schwarz-weiß TV-Serie, deren Konzept an die heutigen *X-Files*-Folgen erinnert.)

Wie haben Sie es geschafft, Darsteller von Godzilla und anderen Monstern zu werden?

Ich habe das selbst gar nicht gewollt. Am Anfang war ich Stuntman oder Choreograf für die Schwertkampf-Szenen in Samurai-Filmen. Ich war immer derjenige, der mit dem Schwert getötet wird. Anfang der 50er Jahre habe ich eine Rolle in dem Kriegsfilm *Taiheijo no Washi* (*Eagle of The Pacific*, 1953) von Herrn Ishiro Honda erhalten. Ich bin Mitglied der Crew eines Militärflugzeuges. Wir wollen gerade in die Seeschlacht von Midway starten, da beschießt uns eine US-Maschine. Mein Flugzeug wird getroffen und brennt. Auch ich brenne. Mein ganzer Körper steht in Flammen, als ich aus dem Flugzeug springe. Damals war ich der erste japanische Schauspieler, der einen solchen Feuer-Stunt gemacht hat. Heute machen viele solche gefährlichen Dinge, aber damals war ich der einzige. Das begründete meinen Ruf als zäher Draufgänger. Als das Drehbuch für *Godzilla* geschrieben wurde und man in der Chefetage der Produktionsfirma Toho überlegte, wer das Riesenmonster dem Drehbuch entsprechend spielen könnte, fiel sofort mein Name. Man dachte wohl, dieser Kerl macht alles, und er ist unsterblich. So habe ich die Rolle als Godzilla bekommen. Meine Godzilla-Anzüge gingen bei den Dreharbeiten immer kaputt. Man musste für jeden Film einen neuen Godzilla-Anzug herstellen. Heute kann man sie prinzipiell in mehreren Filmen verwenden, weil es auch nicht mehr so heftige Kampfszenen gibt. Damals musste ich ins Wasser gehen. Heute gehen Schauspieler selten ins Wasser. Außerdem gibt es neuerdings auch eine Halbfigur von Godzilla. Nur die obere Hälfte ragt aus dem Wasser und unter der Wasseroberfläche trägt der Schauspieler kein Godzilla-Kostüm mehr. So werden heute Godzilla-Filme gedreht. Die Schauspieler haben es besser und leichter, im Sommer und Winter haben sie Klimaanlagen. Zu meiner Zeit gab es so etwas überhaupt nicht. Als wir im Winter im Wasser drehen mussten, bildete sich Eis auf der Oberfläche. Etwa zehn Tage von 9 bis 17 Uhr musste ich im eiskalten Wasser spielen. Die heutigen Schauspieler haben es gut. Im Sommer gibt es Ventilatoren. Früher wurde es unter dem Godzilla-Kostüm über 60 Grad warm. Wie Regen tropfte der Schweiß der Beleuchter von der Decke. Früher waren die Filmlampen größer und entwickelten eine enorme Hitze. Und man brauchte viele dieser großen Fluter. Durch die Filmlampen wurde es im Kostüm unerträglich heiß. Manchmal bin ich sogar ohnmächtig geworden.

Welche Monster haben Sie neben Godzilla noch dargestellt?

Den Flugsaurier Radon (Rodan), den fliegenden Löwen und die Fledermaus in *U-4000 – Panik unter dem Ozean,* den unsichtbaren Menschen in *The Human Vapor,* Matango, den Pilzmenschen aus *Attack of the Mushroom People.* Als Herr Tsuburaya noch lebte, habe ich alles gespielt, den außerirdischen Riesenroboter aus *Weltraumbestien* und das Monster Baran aus *Varan – The Unbelievable.* Bei *Frankenstein – Der Schrecken mit dem Affengesicht* wurde das Frankenstein-Wesen von einem Laiendarsteller gespielt. Mit dem habe ich alle Action-Szenen durchchoreografiert und ihm einiges beigebracht. Er war recht gut und begriff schnell. Ein Laiendarsteller, der auf mich hört, ist immer gut. Im Film *Frankenstein – Zweikampf der Giganten* habe ich den bösen Riesen Gairah dargestellt. Hiroshi Sekita, der Darsteller von Sanda, den gutmütigen Riesen, war auch sehr gut. Er hatte ein sicheres Gefühl für die Kampfszenen und besaß den zweiten Dan in Karate. Ich habe den zweiten Dan in Judo. Wir haben uns wunderbar ergänzt. Die Kampfszenen in *Zweikampf der Giganten* wurden übrigens mit doppelter Geschwindigkeit, also 48 Bilder pro Sekunde, aufgenommen, damit wir agiler wirken. Ich habe auch die Raupe Mothra gespielt. In dem riesengroßen Kostüm befanden sich 5–6 Schauspieler. Ich war ganz vorne, mein Kollege Tetsu hinten. Auf das Kommando „Fertig, los!" mussten wir uns alle gleichzeitig gegen ein Gebäude werfen. Das machte Spaß. Trotz der Hitze. Den sechsarmigen Tintenfisch Gezora in *Monster des Grauens greifen an* habe ich auch gespielt!

Wie bereitet man sich auf Monsterrollen vor?

Wenn ich das Drehbuch habe, überlege ich, wie ich das Monster schauspielerisch umsetze. Ohne Drehbuch kann ich mir keine Action-Szenen ausdenken. Ich habe für jedes Monster ein eigenes Konzept erarbeitet. Herr Tsuburaya war nie unzufrieden mit mir. Wirklich niemals. Normalerweise schimpfen Regisseure mit den Schauspielern, aber Herr Tsuburaya hat niemals mit mir geschimpft. Wenn die Regisseure zu ruhig bleiben, werden Schauspieler frech und tun, was sie wollen. Aber Herrn Tsuburaya gefiel wohl diese Aufmüpfigkeit. Auf jeden Fall ist es die Aufgabe des Schauspielers, über den Charakter des jeweiligen Monsters selbst nachzudenken. In einer Kampfszene darf man nie die gleiche Geste und dieselben Schritte wiederholen. Daher müssen wir uns bemühen, eine interessante

Choreografie zu entwickeln. Ich habe mich mit meinem Partner immer zusammen gesetzt und gemeinsam daran gearbeitet. Das war schwierig. Die Regisseure sagen einfach, „Als Nächstes kommt diese oder jene Kampfszene.“ Doch das ist einfacher gesagt als getan. Ein Regisseur sollte eigentlich genaue Anweisungen geben, aber Herr Tsuburaya hat mir alles überlassen. Ich musste die Verantwortung tragen, deshalb habe ich mehrmals mit meinem Partner geübt. Bei den Samurai-Filmen beschäftigt man einen Choreografen, bei Monsterfilmen dagegen nicht. Ich habe gehört, dass heutzutage Choreographen auch bei Monsterfilmen eingesetzt werden. Zu meiner Zeit hatten wir, meine Schauspielerkollegen und ich, die gesamte Verantwortung für die Monsterszenen. Wenn wir dazu nicht in der Lage waren, waren wir als Schauspieler wertlos.

War es gefährlich in so einem Monster-Anzug?

Nachdem wir eine Szene, in der Godzilla mit Raketen beschossen wird, aufgenommen hatten, wollte Herr Tsuburaya einen Test machen. Bei den Dreharbeiten wurde ich als Godzilla von vielen Raketen getroffen. Nun stellte man eine Furnierplatte auf, die von einer dieser Raketen glatt durchschossen wurde. Dort klaffte ein riesiges Loch, während man die gleichen Raketen beim Dreh gedankenlos auf mich abgefeuert hatte. Erst nach dem Dreh haben wir gesehen, dass die Raketen auch Furnierplatten durchschlagen können.

Noch ein Beispiel. Ich habe in *Varan – The Unbelievable* das Monster Baran/Varan gespielt. Ich entsteige dem höheren See in Haneda und ein Kamikaze-Trupp mit Bomben fliegt auf mich zu. Der Sprengstoff explodierte an meinen Schenkeln und verbrannte mir den Bauch. Ich konnte das während der Dreharbeiten niemandem sagen und nach dem Dreh auch nicht. Erst jetzt kann ich offen darüber sprechen. So war das damals.

Warum haben Sie nicht gesagt, dass Sie sich verbrannt haben?

Schauspieler meiner Generation würden so etwas nie tun. Auch wenn sie sich verletzen – sie beschweren sich nicht. So sind eben die Schauspieler aus meiner Generation.

Können Sie die Unterschiede in Ihrer Darstellung von Godzilla und King Kong beschreiben?

Godzilla bewegt sich ja relativ normal und fast immer gleich. Ich musste nur, von einigen Action-Szenen abgesehen, relativ normal laufen. Aber King Kong ist ein Affe. Wenn er im Zoo lebt, läuft er vielleicht anders, aber normalerweise bewegt sich ein Affe ganz anders als ein Mensch. Die Balance der Bewegungen von Händen und Beinen zu halten, ist sehr schwierig. Sie können das verstehen, wenn Sie es selbst einmal versuchen. Beide Arme bewegen sich beim Laufen in die gleiche Richtung, zugleich nach vorne, zugleich nach hinten und nicht abwechselnd. Affen haben lange Arme, deshalb ist es so schwierig, die Balance zu halten. Die Laiendarsteller konnten das nicht. In dem Film *King Kong – Frankensteins Sohn* sollten auch Statisten King Kong spielen. Aber sie waren so aufgeregt, dass sie es nicht fertigbrachten. Bewegungen von Affen sind sehr schwierig. Das ist eine enorme Balanceaufgabe.

Nun glauben Sie vielleicht, dass wir einige Szenen einfach hätten wiederholen können, wenn die Bewegungen, die man als Monster gemacht hat, nicht gefielen. In Wirklichkeit konnten wir das aber gerade nicht. Es gab keine „Re-Takes“. Das hatte der Schauspieler zu verantworten. Wenn wir „Re-Takes“ machen wollten, fielen wir dem Regisseur zur Last. Schauspieler dürfen keinen Fehler machen, keine

„No-Good-Szenen“ zulassen. Nur dann sind sie richtige Schauspieler. Verpatzte Szenen waren damals eine Schande. Heute wird im Abspann von TV-Serien oft eine Sammlung der misslungenen Szenen gezeigt. Meiner Meinung nach geben sich die Schauspieler damit eine Blöße. Ich kann nicht verstehen, dass professionelle Schauspieler so etwas zulassen und sich auch noch amüsieren. Es gibt heute viele davon. Ich halte sie für dumm und bin sprachlos, wie sie das tun können.
Als ich King Kong spielte, war der amerikanische Patentbesitzer von King Kong mit am Set. Er sah meine Darstellung des Riesenaffen und sagte „okay“. Er fragte mich, ob ich zu ihm nach Hollywood kommen würde. Das habe ich Herrn Tsuburaya erzählt und der sagte, „Mach' keine Scherze! Der nächste Film wartet auf Dich. Wir können nicht anfangen, wenn Du fortgehst.“ Er hat mich ausgeschimpft. Davon habe ich später meinem Kollegen Nick Adams aus Amerika erzählt, der in *Frankenstein – Der Schrecken mit dem Affengesicht* und *Befehl aus dem Dunkel* mitspielte. Er sagte zu mir: „Du hättest nach Amerika gehen sollen. Wenn Du dort als Monsterdarsteller in ein paar Filmen mitgewirkt hättest, hättest Du davon bis an Dein Lebensende gut leben können.“ Ich denke, da habe ich wohl wirklich einen Fehler gemacht (lacht).

Warum werden Monster heute noch von Männern im Gummi-Anzug (Suitmation) dargestellt?

Das weiß ich nicht. Ich kann nur von damals erzählen, frage mich allerdings, wie heute die Regisseure vor einem Monitor sitzend beurteilen können, ob ihre Schauspieler gut sind oder nicht. Normale Regisseure schauen sich die ganze Zeit die Schauspielerei und gleichzeitig auch den Hintergrund an, vor dem die Szene gespielt wird.

Heutzutage schauen sie nur in den kleinen Monitor und geben ihr okay. Warum? Das wundert mich. Akira Kurosawa war großartig. Er hat nicht nur die Stars gesehen, sondern auch den Hintergrund und die Statisten im Blick gehabt. Einmal hat sich ein Statist komisch bewegt. Herr Kurosawa ist mit seinen langen Beinen auf ihn zugerannt und hat geschimpft: „Was machst Du! So einen wie Dich brauche ich nicht!" Er musste gehen, bloß ein Statist, aber Herr Kurosawa hat auch ihn genau beobachtet.

Sie haben in ihren Filmen einige für Japan wichtige Bauwerke zerstört. Das deutsche Publikum weiß oft nicht, was für Bauwerke das sind und welche Bedeutung sie haben. Aber als Japaner wissen Sie das natürlich. Was für Gefühle hatten Sie dabei?

Es ist nicht so, dass ich das Drehbuch lese und dann dem Drehbuch entsprechend Bauwerke „zerstöre". Ich stoße im Rahmen meiner Aktion ganz natürlich auf ein Bauwerk. Wenn ich bewusst darüber nachdenken würde, dieses bestimmte Gebäude zu zerstören, werde ich zu einem Zerstörer. Ich muss aber denken: „Ich will nicht zerstören", sondern „Ich gehe einfach." Ich muss mich ganz realistisch verhalten. Wenn ich nur vorhätte, alles zu zerstören, würden meine Bewegungen zu abrupt und auswendig gelernt wirken. Das wäre unnatürlich. Die Aufgabe des Schauspielers ist, natürlich zu wirken. Es ist schlecht, so zu schauspielern wie „Ich werde jetzt dieses Bauwerk umwerfen!". Das wäre wie in einem Comic. Eine Schande für den Schauspieler. Alles muss natürlich bleiben. Herr Hariken Ryu macht das oft, und ich halte es für falsch. Natürlichkeit ist das Beste. Wenn die Aktion beginnt, tue ich einfach, was getan werden muss. Ich sollte dabei natürlich handeln und den zerstörten Ort stolz und langsam verlassen.

Sie haben oft mit den Urvätern des japanischen Monsterfilms Ishiro Honda und FX-Supervisor Eiji Tsuburaya zusammengearbeitet. Was für Menschen waren Herr Honda und Herr Tsuburaya?
Herr Tsuburaya und Herr Honda waren sich vom Charakter her sehr ähnlich. Sie waren ruhig und lächelten stets. Wenn sie Zeit hatten, schliefen sie ein. Herr Tsuburaya hat oft mit weit geöffnetem Mund geschlafen. Doch dann wurde er plötzlich wach und sagte „Tue dies, tue das!" Er tat wohl nur so, als ob er schliefe. In Wirklichkeit hat er darauf gewartet, dass ihm eine gute Idee kommt. Wenn Schauspieler Fehler machten, dann sagte Herr Honda immer, dass Menschen nun mal Fehler machen. „Okay, der nächste Take", sagte er lächelnd. Er war ein gütiger Mensch, wie Buddha. Normalerweise schimpfen Regisseure sehr oft. Herr Kurosawa schimpfte auch sehr oft, wenn ihm etwas nicht gefiel. Herr Honda hingegen hat niemals geschimpft. „Du bist ein Mensch. Menschen machen Fehler. Nun wiederholen wir die Szene eben", sagte er lächelnd.
Mit einem derartigen Regisseur zu arbeiten, ist für Schauspieler sehr angenehm. Wenn man ausgeschimpft wird, regt man sich auf und wird bei der Wiederholung auch nicht besser sein.
Herr Honda und Herr Tsuburaya arbeiteten gleichzeitig an verschiedenen Sets. Herr Honda drehte die Spielszenen mit den Schauspielern und Herr Tsuburaya die Effektszenen mit den Monstern. Oft kam der Regieassistent von Herrn Honda herüber zu uns ins Effekt-Studio und fragte Herrn Tsuburaya, ob ich Zeit hätte. Herr Tsuburaya sagte dann, „Nakajima hat etwa eine Stunde frei." Ich eilte dann zum Kostümraum und zog beispielsweise die Uniform der japanischen Selbstverteidigungs-Streitkräfte an. In jedem

Film von Herrn Honda habe ich eine kleine Statistenrolle als Mensch bekommen.

Sehen Sie sich die neuen Godzilla-Filme an? Gefallen sie Ihnen?

Die Vorpremiere der neuesten Godzilla-Filme läuft immer im Oktober in Shibuya-Bezirk von Tokio. Ich erhalte jedes Mal eine Einladung, sodass ich alle neuen Godzilla-Filme gesehen habe. Es ist nicht so viel anders als damals. Es wird sehr viel Computer-Technik eingesetzt. Wahrscheinlich wären ohne die Computer die Kosten höher. Wenn man im Film viele Panzer braucht, kann man heute per Computer einfach die Panzer kopieren. Damals brauchte man unzählige Panzermodelle und außerdem diejenigen, die die Panzer per Funk steuerten. Ich weiß aber nicht genau, wie das heute gemacht wird. Allerdings habe ich das Gefühl, dass zu viel Computer-Technik eingesetzt wird. Beim US-Godzilla-Film von 1998 hat man mit Hilfe der Computer die Gebäude eingerissen. Das war schon recht gut. Mit ausgefeiltem Ton und Computeranimationen wirkt das recht überzeugend ... na ja, eigentlich ist das aber ein Schwindel. Heute ist in den Filmen keine positive Schlichtheit mehr zu finden. Damals, zu unserer Zeit, ist die Flugechse Radon/Rodan beispielsweise geflogen und machte mit ihren Schwingen so viel Wind, dass die Ziegel vom Dach flogen. Damals stellte man einzelne Dachziegel für den Film her, man ging sehr in die Details. Heute ist es nicht mehr so. Heute ist alles so grob. Da Zeit und Budget beschränkt sind, ist das sicherlich unvermeidlich.

Früher waren alle Mitarbeiter bei Toho angestellt. Ein Film wurde mit festen Angestellten produziert, die sich untereinander gut kannten. Heute werden sie von irgendwoher gerufen, engagiert und zusammengeführt. Nach Ende der

Dreharbeiten gehen sie wieder auseinander. Deswegen ist es fraglich, ob sie heute so wie damals zusammenarbeiten können. Früher konnte ein Angestellter Vorschläge machen. Wenn die Idee gut war, setzte Herr Tsuburaya sie im Film um. Ich weiß nicht, ob die Mitarbeiter heute noch Vorschläge machen können.

Werden sie von Leuten auf der Straße als Godzilla erkannt?

Niemand weiß, dass ich Godzilla gespielt habe. Anfangs hat Toho sogar versucht zu verheimlichen, dass Godzilla überhaupt von einem Menschen gespielt wird. Es war nicht leicht, in 26 Filmen für Toho die Monster zu spielen. Jeder Film hat so um die drei Monate Drehzeit gehabt. Ich war 43 Jahre alt, als ich mich als Monster zur Ruhe gesetzt habe. Sicher hätte ich das noch bis zu meinem 50. Lebensjahr weiter machen können, aber mit den Kampfszenen wäre es vielleicht schwierig geworden. Wenn ich nicht schon so alt wäre, dann würde ich noch heute Godzilla spielen.

1955 GODZILLA KEHRT ZURÜCK

Dt. Erstaufführung: 1958 / 81 Min. | Jap. Originaltitel: *Gojira no Gyakushu* | Jap. Erstaufführung: 24. April 1955 / 82 Min. | US-Titel: *Gigantis, The Fire Monster/Godzilla Raids Again* (Videotitel) | US Erstaufführung: 21. Mai 1959 / 78 Min. | Produktionsfirma: Toho | Produzent: Tomoyuki Tanaka | Regie: Motoyoshi Oda | Buch: Takeo Murata, Shigeaki Hidaka Kamera: Seiichi Endo | Musik: Masaru Sato | Spezial-Effekte: Eiji Tsuburaya | FX-Kamera: Sadamasa Arikawa | Darsteller: Hiroshi Koizumi, Minoru Chiaki, Setsuko Wakayama, Yukio Kasama, Mayuri Mokusho, als Godzilla: Haruo Nakajima, als Angilas: Katsumi Tezuka

Der Erfolg von *Gojira* ließ Toho nicht ruhen. Schon sechs Monate nach der Premiere seines Vorgängers war ein neuer G-Film in den japanischen Kinos. Und ein neuer Godzilla.

Denn der Alte war doch im ersten Film auf dem Meeresgrund gestorben. Wenn es den einen Godzilla gegeben haben kann, so die Logik der Drehbuchautoren, warum nicht auch einen zweiten?

Die beiden Piloten Koji Kobayashi und Shoichi Tsukioka arbeiten für einen Fischereibetrieb in Osaka. Nach einer Notlandung auf einer verlassenen Insel im Pazifik entdecken sie Godzilla und den Riesenigel Angilas, die sich einen erbitterten Kampf liefern und schließlich von einer Klippe ins Meer fallen. Godzilla-Experte Dr. Yamane (abermals Takashi Shimura aus Gojira) zeigt Ausschnitte aus dem ersten Film und erklärt, das erste Monstrum sei mit dem Oxygen-Zerstörer bezwungen worden, dessen Geheimnis der Erfinder leider mit in sein feuchtes Grab nahm.

Die Monster tauchen im Hafen von Osaka auf und gehen erneut aufeinander los. Die Stadt wird weitgehend verwüstet. Angilas zieht den Kürzeren und versinkt brennend im Meer. Godzilla schwimmt davon. Doch auf der verschneiten Shinko-Insel stöbert ihn Kobayashi wieder auf. Eine Staffel Düsenjäger (eindeutig Miniaturen) als Verstärkung im Rücken, fliegt er im Todesflug in eine Bergspitze, löst eine gewaltige Schnee- und Eislawine aus, die Godzilla bis zum nächsten Film unter dem Eis begräbt. Zu Ende ist damit auch Kobayashis jüngst entflammte Liebe zu einer Funkerin vom Bodenpersonal, die nun, Tränen in den Augen, seiner Heldentat gedenkt.

Godzilla kehrt zurück kann die düstere Stimmung seines Vorgängers nur zum Teil einfangen. Die Spezial-Effekte sind für damalige Verhältnisse durchaus überzeugend. Die s/w-Fotografie schluckt so manche Schwachstelle in den Monsterkostümen. Zuwenig wird von der Zeitlupe Gebrauch gemacht, die Monster schwerfällig und gigantisch wirken lässt. Stattdessen kämpft man im Zeitraffer, der Aktionen eher verniedlicht.

Gerüchten zufolge sind diese Aufnahmen nur versehentlich mit 18, bzw. 24 Bildern pro Sekunde belichtet worden. Tsuburaya war jedoch von den „rasanten“ Monsterkämpfen angenehm überrascht und ließ nicht nachdrehen. Für Nahaufnahmen wurden Handpuppen der Ungetüme hergestellt, die den radioaktiven Feuerstrahl speien und die Schnauzen etwas verziehen konnten. Haruo Nakajima, der Mann der Godzilla war, bekam ein neues schlankeres Godzilla-Kostüm. Das alte war bei den Dreharbeiten von *Gojira* zu stark beschädigt worden. Eine Tradition, die sich bis heute fortsetzt. Für jeden neuen Film wurde ein neues Godzilla-Kostüm spendiert.

Als gewöhnungsbedürftig möchte ich den Umstand bezeichnen, dass Toho-Vierbeiner wie Angilas (er gleicht einem Ankylosaurus) von zweibeinigen Menschen verkörpert werden. Das heißt, Angilas muss auf den Knien seiner Hinterbeine umherrutschen, um sich fortzubewegen. Doch Regisseur Motoyoshi Oda gab sich Mühe, die Hinterpfoten seines gepanzerten Schützlings nicht zu oft ins Bild zu nehmen.

Für die amerikanische Version des Filmes, die erst 1959 in die US-Kinos kam, sollten (wie schon für *Godzilla – King of the Monsters*) zusätzliche Szenen mit amerikanischen Darstellern gedreht werden. Man war offensichtlich schon so weit, dass die Monster in die USA verfrachtet wurden. Nachdem zuvor aber Hondas *Rodan* (1956) auch ohne eine amerikanisierte Rahmenhandlung vom Publikum angenommen worden war, entschied man sich für eine Zwischenlösung: Neben der obligatorisch schlechten Synchronisation und einem aufdringlichen Off-Kommentar

Kobayashis schnitt man lächerliche Dinosaurierszenen aus älteren Produktionen, sowie Atombomben, Raketenstarts und was sonst noch an altem Filmmaterial auf dem Schnittraumfußboden zu finden war, in den Film. Die stimmungsvolle Originalmusik von Masaru Sato wurde teilweise durch Musik amerikanischer Produktionen wie *Kronos* ersetzt. Dieses Durcheinander zerstört Rhythmus und Atmosphäre des Filmes, lässt die japanischen Schauspieler wie Idioten erscheinen und macht aus dem recht ernsten Originalfilm ein lächerliches B-Movie. Warner Bros., die die Verleihrechte für Amerika erwarben, waren zudem nicht bereit, für den Produktnamen Godzilla extra zu zahlen und titelten den Film in *Gigantis – The Fire Monster* um.

1962 DIE RÜCKKEHR DES KING KONG

TV-Titel im ZDF: *King Kong kommt zurück* | DVD-Titel: *Schlachtfest der Giganten* | Dt. Erstaufführung: 23. August 1974 / 82 Min. | Jap. Originaltitel: *Kingu Kongu tai Gojira* | Jap. Erstaufführung: 11. August 1962 / 98 Min. | US-Titel: *King Kong vs. Godzilla* | US Erstaufführung: 3. Juni 1963 / 90 Min. | Produktionsfirma: Toho | Produzent: Tomoyuki Tanaka (+ John Beck) | Regie: Ishiro Honda (+ Thomas Montgomery) | Buch: Shinichi Sekizawa (+ Paul Mason und Bruce Howard) | Kamera: Hajime Koizumi | Musik: Akira Ifukube | Spezial-Effekte: Eiji Tsuburaya | FX-Kamera: Sadamasa Arikawa | Darsteller: Tadeo Takashimi, Mie Hama, Kenji Sahara, Yu Fujiki, Ichiro Arichima, Akihiko Hirata, Haruo Nakajima als Godzilla, Shoichi Hirose als King Kong

Animations-Pionier Willis O'Brien vollendete 1961 ein Filmskript mit dem Titel *King Kong vs. Frankenstein.* Die Idee war, eine gigantische Ausgabe von Frankensteins Monster (!) gegen King Kong antreten zu lassen. O'Brien hoffte in seinen letzten Lebensjahren (er starb 1962), dass Kong noch einmal eine große Rolle bekommen würde.

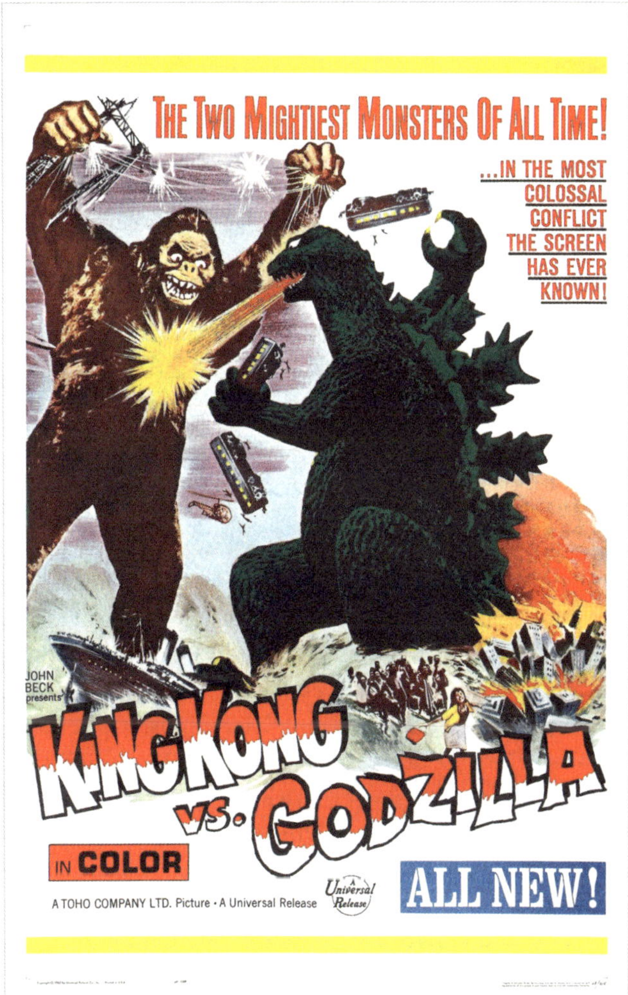

Und dass er ihm wieder, mittels Stop-Motion, zu dieser großartigen Lebendigkeit verhelfen könnte wie schon 1933 in *King Kong und die weiße Frau*. Tragischerweise geriet er an den Produzenten John Beck, der ihm versprach, für die Idee Produktionsmöglichkeiten zu suchen. Beck ließ das Skript von George Yates (*Formicula/Them!,* USA 1954) umschreiben, und nun kursierte es unter den Titeln *King Kong vs. Prometheus* und *King Kong vs. The Ginko.* Er verhökerte dann den Stoff an die Toho, die ihrerseits Prometheus durch ihr Hausmonster ersetzte. Nach O'Briens Tod brachte die Toho in Farbe und Scope *Die Rückkehr des King Kong* heraus.

Die Geschichte: Ein atomar angetriebenes amerikanisches U-Boot beschießt einen Eisberg und befreit den darin eingeschlossenen Godzilla. Gleichzeitig wird der auf den Faro-Inseln lebende King Kong betäubt, gefangengenommen und nach Tokio verschifft. Kong soll dort als Show-Spektakel dienen. Zufälligerweise befindet sich Godzilla ebenfalls auf dem Weg nach Tokio. Zwangsläufig kommt Kong, in Japan angelangt, frei. Dem Kampf zwischen ihm und Godzilla steht nichts mehr im Wege, außer ein paar Häusern, die dann auch ausgiebigst zerstört werden. Pünktlich, wenn die Länge eines Spielfilms geschafft ist, setzt ein starkes Erdbeben ein. Beide Monster plumpsen ins Meer. Godzilla taucht nicht mehr auf, Kong schwimmt nach Hause.

Zwei Szenen machen den Film für Fans sehenswert. An mehreren Ballons hängend wird Kong auf ein Schiff verladen und kämpft gegen einen glitschigen Oktopus. Es war das erste und einzige Mal, dass für eine Kampfszene ein echtes Tier verwendet wurde. Dementsprechend fiel der Oktopus recht eklig aus. (Nach den Dreharbeiten wurde der Oktopus übrigens gekocht und von Tsuburaya verspeist.) Das Kostüm von Kong ist aber wirklich lächerlich. Trotzdem, *Die Rückkehr des King Kong* wurde wieder ein internationaler Erfolg. Ins Land der Legenden sollte man das sich seit Jahren hartnäckig haltende Gerücht verbannen, in der japanischen Version des Films würde Godzilla den Sieg davon tragen. Das ist wohl eher eine Vision, die sich die amerikanische Publicity-Abteilung erträumt hat.

AUTOR **HARALD HÄFKER**

Endlich ein Godzilla-Film in Farbe und Cinemascope. Noch dazu eine ausgelassene Komödie. Leider mit dem schlechtesten Kong-Kostüm der Filmgeschichte von Akira Watanabe. FX-Director Eiji Tsuburaya, der ein großer Bewunderer des Original-King Kong war, hätte etwas mehr Sorgfalt walten lassen können. So mussten Honda und er sich den Vorwurf der Verunglimpfung und Ausbeutung des Originals gefallen lassen, obwohl sie sicher eine Huldigung Kongs und auch eine amerikanisch/japanische kulturelle Verbrüderung, vor dem Hintergrund eines großen Boxkampfes der Nationalmonster, angestrebt hatten.
Universal Pictures verpflichtete den Regisseur Thomas Montgomery, den Film zu amerikanisieren, das heißt ihn umzuschneiden und einige Szenen im „United Nations News Center" nachzudrehen. Akira Ifukubes Musik wurde u.a. gegen schon existierende Soundtracks aus *Der Schrecken vom Amazonas/Creature From the Black Lagoon* ausgetauscht. Wie gewohnt ruiniert das Fluss und Logik des Films. Unglücklicherweise basiert die deutsche Fassung *Die Rückkehr des King Kong* (ZDF-TV-Titel: *King Kong kommt zurück*) auf dieser amerikanischen Version. Freudvoller Abschluss: *Kingu Kongu tai Gojira* war mit 12,6 Millionen japanischen Besuchern der erfolgreichste Godzilla-Film aller Zeiten.

1964 GODZILLA UND DIE URWELTRAUPEN

Dt. Erstaufführung: 5. April 1974 / 88 Min. | Jap. Originaltitel: *Mosura tai Gojira* | Jap. Erstaufführung: 29. April 1964 / 89 Min. | US-Titel: *Godzilla vs. The Thing/ Godzilla vs. Mothra* (DVD-Titel) | US Erstaufführung: 17. September 1964 / 90 Min. | Produktionsfirma: Toho | Produzent: Tomoyuki Tanaka, Sanezumi Fujimoto | Regie: Ishiro Honda | Buch: Shinichi Sekizawa | Kamera: Hajime Koizumi | Musik: Akira Ifukube | Spezial-Effekte: Eiji Tsuburaya | FX-Kamera: Sadamasa Arikawa | Darsteller: Akira Takarada, Yuriki Hoshi, Hiroshi Koizumi, Emi Ito und Yumi Ito (The Peanuts), Yu Fujiki, als Godzilla: Haruo Nakajima, als Mothra: Katsumi Tezuka

Schon die tragische Titelmelodie Akira Ifukubes kündigt ein echtes Drama an. Hier kommt ein Klassiker, der die Ernsthaftigkeit des ersten Godzilla-Films mit märchenhaften Elementen kombiniert. Das erste Crossover innerhalb des Toho-Universums. Godzilla trifft Mothra aus *Mothra bedroht die Welt,* 1961.

Ein Hurrikan spült ein gigantisches, wunderhübsches und buntes Ei an die Küste Japans. Zwei eifrige Geschäftsleute wollen das Ding ausstellen, eine Riesenattraktion daraus machen und viel Geld damit verdienen. Doch die zwei winzigen Zwillingsfeen „Die Peanuts", wieder gespielt von dem japanischen Sängerduo Emi und Yumi Ito, die übrigens Anfang 1964 auch in einer deutschen Fernsehshow von Caterina Valente auftraten, melden Besitzansprüche ihres Volkes auf einer entfernten Insel an. Es handelt sich nämlich um das Ei der altersschwachen Riesenplüschmotte Mothra, die auf ihrer im Zweiten Weltkrieg atomar verstrahlten Insel von den Eingeborenen als Gottheit verehrt wird. Aber nein, man gibt ihnen das Ei nicht zurück. Plötzlich pritzelt der Geigerzähler von Wissenschaftler Miura (Hiroshi Koizumi) und in seinem bis dahin schönsten Kostüm, von Fans liebevoll Mosugoji getauft, bricht Godzilla aus dem Erdreich. Und er ist echt nicht gut drauf. Schließlich ist es der letzte Film, in dem er von Grund auf böse sein darf. Also zerstört er, was ihm in die Quere kommt, klemmt sich seinen Schwanz im Tokio-Tower, stürzt in historische Gebäude und wird dadurch nur noch wütender. Verbissen starren japanische Offiziere in die Kamera und bellen Schießbefehle.

An dieser Stelle hat Toho eine Szene gedreht, in der die US-Navy Godzilla mit Raketen beschießt. Diese Szene ist in der japanischen Originalfassung nicht enthalten. Wohl aber in der amerikanischen und auch der deutschen Fassung, wo einer der Amerikaner zu bedenken gibt: „Ich möchte darauf aufmerksam machen, dass wir uns davor hüten sollten, gleichzeitig mit diesem Monstrum auch die Menschheit hier auszurotten." Klingt irgendwie einleuchtend. Dass Toho eine spezielle Szene mit westlichen Darstellern für den Weltmarkt drehte, wirkt heute wie eine unnötige Anbiederung. Vielleicht wollten sie sich aber auch nur gegen in Amerika stümperhaft nachgedrehte Szenen wie in *Godzilla – King of the Monsters, Half Human* oder *Varan – The Unbelievable* schützen.

Brandbomben entzünden in einer anderen Szene Godzillas Kopf. Das sieht aus wie ein „Unfall", wurde aber in den fertigen Film übernommen. Tolle Einstellung. Unter den Trümmern, die Godzilla hinterlässt, sterben auch die beiden gierigen Geschäftsleute. Moral regiert. Jetzt sind es die Japaner, Reporter Ichiro Sakai (Akira Takarada), seine Fotografin Junko Nakanishi (Yuriko Hoshi) und Professor Miura, die auf der Insel um Mothras Hilfe betteln. Und da passiert genau das, worauf wir uns eine knappe Stunde gefreut haben: Mothra kämpft in rasanten Schnittabfolgen gegen Godzilla, der es auf ihr Ei abgesehen hat und

sie schwer verletzt. Die Peanuts singen Mothra ein steinerweichendes Lied. Mit qualmenden Flügeln lässt sie sich sterbend auf ihrem Ei nieder, aus dem sogleich zwei Mothra-Larven (Reinkarnation) schlüpfen, die Godzilla in einen weißen Kokon einspinnen, bis er bewegungsunfähig ins Meer taumelt und versinkt. Die Zwillingspriesterfeen und Zwillingsraupen kehren auf ihre friedliche Insel zurück.
Ein Drama für die ganze Familie. Bei dem Kampf der Monster wird auf Klamauk á la *Die Rückkehr des King Kong* verzichtet. Hier kämpfen zwei riesige Tiere ganz ernsthaft um ein Ei. Eines verwundert dennoch: Was die Japaner sonst so meisterhaft draufhaben, die Kombination von Realaufnahmen (weglaufende Menschen im Vordergrund) und Trickszenen (Godzilla im Hintergrund) sieht hier recht stümperhaft aus. Egal. Fans auf der ganzen Welt sind sich einig: Einer der besten Godzilla-Filme. In Amerika ist der Film unter dem irreführenden Titel *Godzilla vs. The Thing* schon vier Monate nach der japanischen Premiere angelaufen.
Auf Plakaten und Anzeigen wurde das „Thing" (= Mothra) von einem dicken Fragezeichen verdeckt. Assoziationen zu Howard Hawks SF-Klassiker *The Thing,* 1951 waren durchaus erwünscht. Anfang der 1980er, als der Film in Amerika auf Video erschien, wurde der Titel in *Godzilla vs. Mothra* geändert.

Das Konzept Godzilla

Interview mit G-Fan Herausgeber J. D. Lees

Der Kanadier J. D. Lees ist Herausgeber des Monster-Magazins G-Fan und veranstaltet alljährlich die Monster-Film-Messe G-Fest in Amerika. Von Beruf ist er Grundschullehrer und kann wunderbar erklären ...

Jörg Buttgereit: **Erzählen Sie uns etwas über ihr Magazin G-Fan und das Festival G-Fest?**

J. D. Lees: Ich habe das Magazin G-Fan kreiert, weil ich seit langer Zeit Godzilla-Fan bin. Ich dachte mir, wenn ich diesen kleinen Newsletter publiziere, erreiche ich vielleicht andere Menschen auf der Welt, die dieses Interesse an Godzilla teilen. Und so fand ich heraus, dass es tatsächlich eine Menge Leute gibt, die sich für Godzilla interessieren. So ist das Magazin zu einer Publikation herangewachsen, die weltweit gelesen wird. Die G-Fest-Convention entstand, weil sich die Autoren des Magazins, die in verschiedenen Teilen von Nordamerika lebten, persönlich kennenlernen wollten und sich regelmäßig an einem zentralen Ort trafen. Aus diesen Treffen ist eine Messe geworden, zu der sich jedes Jahr mehrere Tausend Leute einfinden.

War es schwierig, die japanischen Filmproduktionen wie Toho oder Daiei für dieses Festival zu interessieren?

Toho war anfangs sehr zurückhaltend. Sie sind im Umgang mit Fans nicht besonders organisiert. Wir mussten uns also das Vertrauen von Toho über die Jahre verdienen und haben noch immer eine sehr informelle Beziehung. Aber sie unterstützen die Convention und erlauben uns, ihre Filme zu zeigen – wenn wir dafür zahlen.

Was bedeutet Godzilla für Sie persönlich?

Ich fürchte, die Antwort fällt nicht besonders tiefgründig aus. Ich sehe Godzilla-Filme als gute pure Unterhaltung. Godzilla erscheint manchen Menschen merkwürdig, aber aus irgend einem Grund interessieren sich viele Leute für ihn. Vielleicht haben sie die Filme schon in der Kindheit gesehen. Das verbindet. Ich mag die Miniaturbauten, die Spezial-Effekte und wie sie eingesetzt sind. Ich mag die Tatsache, dass Godzilla ein Mann in einem Monsterkostüm ist. Das macht es für mich irgendwie realer, im Sinne von handgemacht. Eben kein Bild aus dem Computer, das auf mich immer viel künstlicher wirkt als ein Mann in einem Monsteranzug.

Ist Godzilla Mann oder Frau?

Godzilla ist ein Mann. Ganz simpel. Und er findet vornehmlich Anklang bei Männern. Die Leser meines Magazins und die Besucher dieser Convention sind überwiegend männlich. Ich habe eine Befragung über das Magazin gemacht, und es waren 89% männliche Zuschriften. Ich glaube, Godzilla hat nicht einmal eine feminine Seite.

Aber er hat einen Sohn ...

Der ist adoptiert.

Und Gamera ist dann wohl auch ein Mann?

Ich habe mir nie Gedanken über das Geschlecht von Gamera gemacht. Das ist eine interessante Frage. Nicht mal Fans haben sich das bisher gefragt. Bei Godzilla sind es mehr. Ich selbst sehe Godzilla eher als einen Darsteller in einem Film und nicht als Monster. Die Leute fragen nach seinen Gefühlen, Motivationen oder Geschlecht. Bei anderen Riesenmonstern kommen diese Fragen nicht auf. Das macht Godzilla so einzigartig.

Warum sind die Kaiju Eiga im Ausland nicht mehr so populär wie früher?

Ich glaube, die japanischen Monsterfilme sind heute nicht mehr so erfolgreich im Ausland. In Japan hat man nicht diese hohen Budgets für Spezial-Effekte wie beispielsweise in den USA. Die Filme werden also momentan für den kleinen japanischen Markt gedreht. Ein Großteil des Publikums in den Vereinigten Staaten will Spezial-Effekte sehen, die es aus 100 Millionen Dollar teuren Produktionen kennt. Ein Godzilla-Film kostet aber nur 10–12 Millionen Dollar.

Keine amerikanische Filmproduktion wäre allerdings in der Lage, mit so einem geringen Budget einen solchen Film zu drehen. So gesehen machen die Japaner ihren Job wirklich hervorragend. Wenn Sie sich einen der Monsterfilme ansehen, die im Westen produziert sind, inklusive Godzilla 1998, werden Sie feststellen, wie schwer es ist, einen guten unterhaltsamen Film mit Riesenmonstern zu machen. Ich glaube, der Großteil der amerikanischen Gesellschaft ist dieser Art von altmodischen Spezial-Effekten, vielleicht sogar dem Konzept dieser Filme entwachsen.

Was repräsentieren diese japanischen Monster?

In den frühen Jahren drückten die Monster Ängste der Gesellschaft wie etwa die der nuklearen Vernichtung aus. Da waren radioaktive Monster, die durch Atombomben zum Leben erweckt wurden. Im Gegensatz zum Westen stammen diese Monster in Japan zudem von mythologischen Wesen ab. King Sheesar zum Beispiel ist ein echter Gott aus der japanischen Mythologie. Das macht die Monster dort so populär. Allerdings glaube ich, dass heute die meisten Zuschauer die Monsterfilme als pure Unterhaltung wahrnehmen. Einige Regisseure lieben es zwar, sich auch auf aktuelles Zeitgeschehen zu beziehen, aber letztlich geht es um Entertainment.

Wie hat sich Godzilla über die Jahre verändert?

Am Anfang war Godzilla eine ernsthafte Bedrohung und repräsentierte das japanische Atombombentrauma. Der erste Godzilla-Film war so erfolgreich, dass daraus schnell eine Filmserie wurde. Doch man hatte Bedenken, ob ein grausames Monster auf Dauer interessant bleiben würde. Außerdem stellte man fest, dass die Kinder Monster mochten. Godzilla wurde also zu einem freundlichen Wesen, das in den 70er Jahren die Welt vor feindlichen Kreaturen aus dem All, dem Meer oder von sonstwo rettete. In den Achtzigern hatte Godzilla ein Comeback als Naturgewalt. Nebenbei rettete er die Erde, weil er sein Territorium verteidigte – nicht etwa, weil er Menschen mochte. Daraus entstand ein Konflikt. War Godzilla eine Bedrohung oder ein Segen? Sollte man ihn angreifen oder ziehen lassen? Diese Vieldeutigkeit machte Godzilla zu einem facettenreichen Charakter, mit dem sich das Publikum identifizieren konnte. Unglaublich, aber wahr.

Gibt es eine kulturelle Barriere zwischen Ost und West?

Auch das westliche Publikum ist in der Lage, diese Filme zu verstehen. Außer vielleicht die Amerikaner. Die kriegen nicht viel mit vom Rest der Welt, sind zu sehr auf sich selbst fokussiert. Das Konzept der Filme ist nicht schwer zu begreifen, aber Amerikaner sind einfach nicht daran interessiert. Wenn ich von Godzilla als ein Phänomen der Unterhaltung spreche, tue ich es aus meiner westlichen Perspektive. Als Kanadier bin ich vielleicht offener anderen Kulturen gegenüber, aber Fakt ist, dass Godzilla in den USA sogar beliebter ist als in Kanada. Manche Personen genießen diese Filme als eine Form der Unterhaltung, andere vertiefen sich mehr in die Materie. Das allgemeine Publikum ist aber nicht besonders interessiert am Konzept Godzilla.

Warum gibt es heute noch „Suitmation“?

Die Japaner haben immer das so genannte „Suitmation“-Verfahren, also ein Mann im Monsterkostüm, verwendet, wenn sie Godzilla-Filme produziert haben. Das ist noch immer kostengünstiger als beispielsweise mit Computeranimationen zu arbeiten. Für Japaner ist es einfacher, die Notwendigkeit des Echten zu ignorieren. Amerikaner wollen Spezial-Effekte, die echt aussehen, die man gar nicht als solche wahrnimmt. In der japanischen Kultur ist das anders. Sehen Sie sich das No-Theater an, wo Bühnenarbeiter während der Aufführung Kulissen auf der Bühne verschieben. Oder das Kabuki-Theater, wo alle Rollen ausschließlich von Männern gespielt werden. Aufgrund der kulturellen Vorgeschichte hat das japanische Publikum diese Künstlichkeit schon immer akzeptiert. Es ist nicht wichtig für sie, ob etwas fotorealistisch aussieht. Das ist der große Unterschied. Sie können einen Godzilla-Film in Japan produzieren, und das Publikum wird ihn aufgrund der historischen Wurzeln genießen können.

In Amerika dagegen würde das Publikum über einige Dinge lachen, weil sie nicht „echt" aussehen. Ich aber behaupte, dass man die Godzilla-Filme, im Gegensatz zu amerikanischen Produktionen, als Kunst betrachten muss. Wenn Sie sich ein schönes Bild für Ihre Wand aussuchen, schauen Sie nicht nach einem Foto, sondern greifen zu einer Zeichnung. Niemand würde auf die Idee kommen und sagen: „Das sieht aber nicht echt aus." Amerikaner wollen, dass in ihren Filmen alles real wirkt. Ich halte das nicht für nötig. Die Künstlichkeit gehört zum Charme der Filme. Das ist auch einer der Gründe, warum das japanische Publikum diese Filme noch immer mag. Ich will nicht behaupten, dass ein Godzilla-Film ein großartiges Kunstwerk ist. Aber ich mag japanische Monsterfilme. Es sind gut gemachte Filme. Ich glaube, der amerikanische Godzilla-Film, den niemand besonders mochte, hat gezeigt, wie schwer es ist, einen japanischen Monsterfilm zu drehen.

Wie sieht die Zukunft des Kaiju Eiga aus?

Die Zukunft des japanischen Monsterfilms sieht gut aus. Es wird natürlich ein Auf und Ab geben, je nach Publikumsgeschmack. Seit 50 Jahren gibt es diese Filme, und sie haben einen festen Platz in der japanischen Kultur. Viele westlichen Fans mögen japanische Monsterfilme, weil sie sich damit abgrenzen, einfach anders sein können. Das ist vergleichbar mit den Star-Trek-Fans. Japan übt diese Faszination auf uns aus. Viele Godzilla-Fans sind grundsätzlich an Japan, der Kultur und der Sprache interessiert.

Ihr Lieblingsfilm?

Godzilla und die Urweltraupen von 1964.

1964 FRANKENSTEINS MONSTER IM KAMPF GEGEN GHIDORAH

Dt. DVD Premiere: 26. April 2011 | Jap. Originaltitel: *San Daikaiju Chikyu Saidai no Kessen* (Große Schlacht der drei Riesenmonster auf Erden) | Jap. Erstaufführung: 20. Dezember 1964 / 93 Min. | US-Titel: *Ghidrah – The Three-Headed Monster* | US Erstaufführung: September 1965 / 85 Min. | Produktionsfirma: Toho | Produzent: Tomoyuki Tanaka | Regie: Ishiro Honda | Buch: Shinichi Sekizawa | Kamera: Hajime Koizumi | Musik: Akira Ifukube | Spezial-Effekte: Eiji Tsuburaya | FX-Kamera: Sadamasa Arikawa | Darsteller: Yosuke Natsuki, Yuriko Hoshi, Hiroshi Koizumi, Takashi Shimura, Emi Ito und Yumi Ito (The Peanuts), Akiko Wakabayashi, als Godzilla: Haruo Nakajima, als Mothra: Katsumi Tezuka, als Rodan: Masahashi Shinohara, als King Ghidorah: Shoichi Hirose

Schon neun Monate nach *Mosura tai Gojira* kam *San Daikaiju Chikyu Saidai no Kessen* in die japanischen Kinos. In Deutschland hatte der Film seiner Zeit keinen Kinostart. Obwohl die deutschen Verwertungsrechte des Films und vieler anderer Toho-Produktionen bis zum Jahr 2004 bei dem Medienmogul Leo Kirch lagen, konnte in Ermangelung einer deutschen Sprachfassung keine Fernseh- und Videoauswertung stattfinden. Erst im Jahr 2011 wurde eine deutsche Synchronfassung erstellt, die unter dem Retro-Titel *Frankensteins Monster im Kampf gegen Ghidorah* auf DVD und 2013 auch auf Blu-ray erschien. Der Film markiert den Beginn einer Veränderung in Godzillas Wesen.

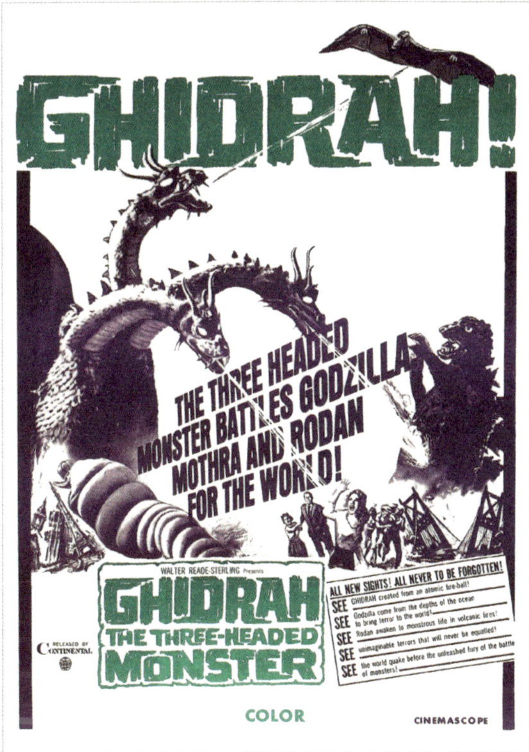

Das Monster„menschelt“, beginnt zu fühlen, zu denken, trifft Entscheidungen und wird im Verlauf des Films vom garstigen Kaiju zum menschenfreundlichen Helden, der sich mit seinen einstigen Feinden Rodan und Mothra verbündet, um die Erde vor dem ersten außerirdischen Toho-Monster zu retten: Dem dreiköpfigen Drachen Ghidorah. Ein neuer Trend zeichnet sich ab. Jetzt, wo Godzilla & Co. keine existenzielle Bedrohung für die Menschheit mehr darstellen, muss eine Gefahr von außen her, aus dem All. Auf die hübsche Prinzessin Salno (Akiko Wakabayashi) aus dem Königreich Selgina, die sich per Flugzeug auf dem Weg nach Japan befindet, wird ein Bombenanschlag verübt. Doch kurz vor der Explosion der Maschine über dem Ozean wird sie von einem grellen außerirdischen Licht in die Sicherheit des Himmels getragen.

In den Bergen Japans knallt derweil ein feuriger Meteorit nieder. Prinzessin Salno hat inzwischen ihr goldenes Krönchen bei einem Fischer, der sie aus dem Meer gefischt hat, gegen dessen verschlissene Kleidung eingetauscht. Schlafwandlerisch predigt sie in den Straßen den Weltuntergang und gibt sich nun als Prophetin vom Planeten Venus aus. Denn King Ghidorah, der schon vor Jahrzehnten das gesamte Volk der Venus ausradiert hat, soll es nun auf die Erde abgesehen haben. Und richtig: Aus dem magnetischen Meteor birst in einem Feuerball das schönste böse Toho-Monster von allen: King Ghidorah, ein dreiköpfiger goldener Drache, der zuckend wellenförmige Blitze speit und zu nichts anderem auf der Welt zu sein scheint, als Tod und Zerstörung zu verbreiten. Die Aufnahmen mit Ghidorah gehören zu den atemberaubendsten FX-Szenen, die der japanische Monsterfilm bis zu diesem Zeitpunkt hervorgebracht hat. Filmmusiker Akira Ifukube untermalt Ghidorahs imposante Erscheinung orchestral mit hysterischem Bombast. Inspiration für das Kaiju war der achtköpfige Drache „Yamata No Orochi“ aus der religiösen Mythologie des Shintō. Mothras Zwillingsfeen (Emi Ito und Yumi Ito) sind auch wieder dabei und haben einen Auftritt in einer japanischen Fernsehshow. Sie singen Mothra (in Raupenform) herbei, um King Ghidorah zu bekämpfen. Da die Riesenraupe dieser Auseinandersetzung aber nicht gewachsen wäre, überredet Mothra die eben noch kämpfenden Kontrahenten Godzilla und Rodan – die Ungeheuer diskutieren hier tatsächlich in ihrer eigenen Monstersprache – ihr zu helfen. Die Kampfszenen zwischen Rodan und Godzilla sind recht schlicht und albern. Allzu offensichtlich werden lächerliche Handpuppen-Versionen der beiden Monster benutzt. Auch Rodans neues Suitmation-Outfit ist wenig überzeugend. Gemeinsam verprügelt die neue Monsterallianz in der „größten Monsterschlacht der Erde“ (Übersetzung des Originaltitels) King Ghidorah auf gewohnt hohen ästhetischem Niveau. Geschlagen flüchtet der Drache schließlich zurück in den Weltraum. Auch die bösen Attentäter, die immer noch hinter der Prinzessin her sind, kommen im Monstergetümmel und Styroporsteinschlägen ums Leben. Im folgenden Jahr drehte Honda mit *Befehl aus dem Dunkel* ein inhaltlich nahezu identisches Sequel. Allerdings ohne Mothra. Dafür aber mit einem amerikanischen Hauptdarsteller: Nick Adams.

1965 BEFEHL AUS DEM DUNKEL

Dt. Erstaufführung: 17. Februar 1967 / 81 Min. | Dt. Alternativtitel im Fernsehen: *Godzilla vs. Monster Zero* | DVD-Titel: *Gidorra – Befehl aus dem Dunkeln* | Jap. Originaltitel: *Kaiju Daisenso (Der Riesenmonster-Krieg)* | Internationaler Titel: *Invasion of Astro-Monster* | Jap. Erstaufführung: 19. Dezember 1965 / 94 Min. | US-Titel: *Monster Zero/ Godzilla vs. Monster Zero* (DVD/TV-Titel) | US Erstaufführung: 29. Juli 1970 / 94 Min. | Produktionsfirmen: Toho, Japan/ Henry G. Saperstein Prod., USA | Produzent: Tomoyuki Tanaka | Regie: Ishiro Honda | Buch: Shinichi Sekizawa | Kamera: Hajime Koizumi | Musik: Akira Ifukube | Spezial-Effekte: Eiji Tsuburaya | FX-Kamera: Sadamasa Arikawa | Darsteller: Akira Takarada, Nick Adams, Kumi Mizuno, Jun Tazaki, Akira Kubo, Yoshio Tsuchiya, als Godzilla: Haruo Nakajima, als Rodan: Masashi Shinohara, als King Ghidorah: Shoichi Hirose

Die Titel laufen vor dem Hintergrund riesiger Radioteleskope, die ihr großes Ohr ins Weltall richten. Vom kriegsgebeutelten und am Boden liegenden Volk, dessen Heimat wenige Jahre zuvor noch von einem Monster aus dem Trias verwüstet wurde, das der Pandora-Büchse des angebrochenen Atomzeitalters entstiegen war, hat sich Japan zu einer führenden Industrienation entwickelt, die den Blick wieder furchtlos und neugierig nach außen richten kann. Im Jahre 1966 läuft in den USA bereits das Apollo-Programm. Der technische Fortschritt hat nicht zur befürchteten Selbstvernichtung der Menschheit geführt, sondern ihr die Möglichkeit gegeben, die Schwerkraft zu überwinden und in den Weltraum vorzustoßen. Und wo es vorher noch Dinge gab, an die man besser nicht rührte, ist das Universum inzwischen wieder voller faszinierender Rätsel, die es zu lösen gilt.

Geheimnisvolle Funksignale aus dem All haben die Aufmerksamkeit der Weltraumfahrtbehörde auf einen bisher unentdeckten Planeten gelenkt, der jenseits des Jupiters seine Bahn zieht. In einer amerikanisch-japanischen Gemeinschaftsmission starten die Astronauten Glenn (Nick Adams) und Fuji (Akira Takarada) mit ihrem einstufigen Raketenschiff „P1“ zu dem unbekannten Himmelskörper, um dem Ursprung der Signale auf den Grund zu gehen. Mit einem tricktechnischen Aufwand inszeniert, der den wesentlich teurer produzierten Frankenstein-Filmen vergleichbarer war als der bisher eher bescheidenen Godzilla-Serie (deren Regie Ishiro Honda danach an Jun Fukuda abgab), weist *Kaiju Daisenso (Großer Krieg der Monster)* einen deutlichen Entwicklungssprung in der Reihe japanischer Monsterfilme zum internationalen Markteinsatz hin auf. Hatten die amerikanischen Verleiher die Toho-Filme bis dahin meist mit zusätzlich gedrehten Szenen, in denen US-Schauspieler auftraten, im Nachhinein verschnitten, so war mit Nick Adams (eigentlich Nicholas Adamshock geb. 1931, Nebenrollen in *Rebel Without A Cause* und *The FBI Story,* 1968 an einer Medikamentenüberdosis verstorben) für die vermutlich zeitgleich entstandenen Produktionen *Kaiju Daisenso* und *Furankenshutain tai Chital Kaiju Barugon* das erste Mal ein amerikanischer Darsteller für die Dreharbeiten verpflichtet worden.

Äußerlich prägt den sechsten Godzilla-Film anders als seine mit nationaleren folkloristischen und mythischen Elementen angereicherten Vorgänger eine vor allem in der Figurenzeichnung auf Simplizität ausgerichtete Comic-Struktur: Die Techniker in der Raumfahrtzentrale tragen weiße Laborkittel, die sie als Wissenschaftler markieren, der intellektuelle Erfinder verliert selbst unter Wasser niemals seine Brille und ein amerikanischer Astronaut kann gar nicht anders heißen als „Glenn".

Für einen Monsterfilm räumt er seinen eigentlichen Hauptdarstellern ungewöhnlich wenig Platz ein. Auch Godzilla, Radon (Rodan) und Ghidorah sind von unkontrollierbaren Menetekeln der Apokalypse zu gezielt einsetzbaren Waffen geworden, zu Werkzeugen in einem imperialistischen Konflikt, der Japan einen Spiegel seiner Vergangenheit vor Augen hält: Wo das an den einfachsten Rohstoffen immer knappe Land der aufgehenden Sonne einst den gesamten pazifischen Raum in einen brutalen Expansionskrieg gezogen hat, annektieren die Alpha-Menschen gleich die ganze Erde, um ihre Wasservorräte auszubeuten. Denn Wasser ist auf dem dunklen Felsbrocken, auf dem sie leben, wertvoller als Gold.

Glenn und Fuji erkennen schon bei ihrem ersten Besuch auf Alpha 707 Hinweise auf das wahre Problem des Planeten. Aber noch glauben sie den Bewohnern der neuentdeckten Welt, dass diese den Kontakt zur Erde gesucht haben, um die Menschen um Hilfe im Kampf gegen den dreiköpfigen fliegenden Drachen Ghidorah zu bitten, der den Planeten terrorisiert, seitdem Godzilla, Radon und Mothra ihn von der Erde vertrieben haben. In der deutschen Fassung ist Ghidorah vor Tausenden von Jahren aus dem Weltraum eingefallen. Der Verweis auf den Vorgänger-Film *Ghidrah – The Three-Headed Monster,* der in Deutschland nie im Verleih war, wurde in der Synchronisation getilgt.

Ein Abkommen wird ausgehandelt: Die Außerirdischen dürfen Godzilla und Radon von der Erde zu ihrem Planeten bringen, um sie auf Ghidorah loszulassen und sich auf diese Weise von dem Ungeheuer zu befreien. Als Gegenleistung für die monströse Leihgabe soll die Menschheit wissenschaftliche und medizinische Erkenntnisse erhalten, die die irdische Zivilisation um Jahre voranbringen werden.

Niemand weiß, dass die Alpha-Menschen längst einen geheimen Stützpunkt in Japan errichtet haben. Als angebliche Vertreterin eines Spielzeugkonzerns ist ihre Agentin Namikawa (Kumi Mizuno) bereits an den kleinen erfolglosen Erfinder Tetsuo Teri (Akira Kubo) herangetreten, um ihm seine neueste Entwicklung abzukaufen – eine lärmende Diebstahldose für die Damenhandtasche, die er bisher nirgends loswerden konnte. Tetsuo ist der Freund von Fujis Schwester Asako, die er gerne heiraten würde, wäre ihr Bruder nicht so vehement gegen diese Verbindung, weil der junge Erfinder in seinen Augen nur ein armer Schlucker ist, der das Mädchen nicht ernähren kann.

Von dem horrenden Honorar, das Namikawa ihm in Aussicht stellt, sobald das Gerät auf dem Markt ist, wird Tetsuo jedoch nie etwas zu sehen bekommen. Die Aliens erwerben die Erfindung nur, um die Pläne dafür zu vernichten, vertragen sie doch die ohrenbetäubende Frequenz des kleinen Dings so wenig, dass seine Existenz ihre Invasion gefährden könnte. Während Tetsuo also wochenlang vergeblich seinem Geld nachläuft, wird das offizielle Anliegen der Alpha-Menschen in die Tat um-gesetzt: In großen Energieblasen transportieren ihre Ufos Godzilla und Radon in ihre Heimatwelt, wo sich die beiden Erdmonster unter magnetischer Kontrolle durch die Außerirdischen einen wilden Kampf mit Ghidorah liefern und den Flugdrachen ins tiefe Weltall zurückjagen.

Der Leiter der Raumfahrtbehörde, Dr. Sakurai (Jun Tazaki), der den Wundern dieser technischen Welt mit fasziniertem Erstaunen begegnet, nimmt dankend das Geschenk der „neuen Freunde" an – ein Tonband, auf dem sich ihr gesamtes wissenschaftliches Wissen befinden soll. (In der internationalen Fassung die Formel für ein Medikament, das jede Krankheit heilen kann.) Als man das Band jedoch nach der Rückkehr nach Tokio abspielt, enthält es nur eine Botschaft, die der Erde das Ultimatum stellt, sich binnen 24 Stunden zur Kolonie von Alpha 707 zu erklären oder der Vernichtung entgegenzusehen.

Das Motiv imperialistischer Aggression und der schmerzvollen Emanzipation des modernen Japan von dieser Ideologie zieht sich seit Ende der Fünfzigerjahre immer deutlicher als roter Faden durch die Entwicklung des japanischen Science-Fiction-Films. Schon in *Mosuru* (1961) ist es die Entführung der beiden zwergenhaften Zwillingsmädchen durch einen kapitalistischen (westlichen) Geschäftemacher aus ihrem pazifi(sti)schen Inselgemeinwesen, das den Zorn der an sich friedvollen Riesenmotte heraufbeschwört. In *Kaitei Gunkan* (1964) kann der Welteroberungsfeldzug des im Ozean versunkenen Mu-Reiches erst aufgehalten werden, als sich der Kriegsheld Kapitän Shinguji (auch Jun Tazaki) entschließt, das von ihm für das Wiedererstarken des japanischen Kaiserreiches gebaute Super-U-Boot „U 2000" der UNO zu unterstellen und zur Rettung der gesamten Menschheit einzusetzen. Und erst *Gojira tai Mechagojira* (1974) thematisiert – und rehabilitiert – die jahrzehntelang von Japan unterdrückte kulturelle Eigenständigkeit der Einwohner Okinawas. Während der nachtschwarze Kriegsfilm *Gojira* (1954) seinerzeit noch mit einigen deutlich faschistoiden Zügen ein Plädoyer für die Wiederbewaffnung Japans führte, fand das Land des Tenno langsam nicht nur zur Demokratie, sondern wie Kapitän Shinguji auch zur Solidarität mit dem Rest der Welt. Einhergehend mit dem Verzicht auf politische Dominanz, prägt die neugeschaffene Einheit von Gesellschaft und Gemeinschaft das Weltbild des Kaiju Eiga in den Sechzigern. Interne Differenzen werden im Kampf gegen die Bedrohung aus dem Meer oder All beigelegt. Und der topoisch wiederkehrende waffenstarrende Truppeneinsatz gegen Aliens oder Monster ist viel weniger Ausdruck von Militarismus als Symbol eben dieses solidarischen Gemeinschaftsgefühls.

In Kaiju Daisenso ist das höchste Entscheidungsgremium der Erde ein Hoher Rat, der sich aus einer Reihe grauhaariger Eminenzen zusammensetzt. Nationale Raumfahrtprogramme gibt es nicht mehr; Fuji pflanzt eine kleine Fahnenstange mit den Bannern Japans, der USA und – zu oberst – der UNO nach der Landung auf Alpha 707 in den Felsboden, ein Symbol für eine weitere Grenzüberschreitung der zivilisierten Menschheit. Jeglicher Dialog, der es als Inbesitznahme missdeuten lassen könnte, fehlt. Und selbst die Implikation, der Mensch habe einen Ort erreicht, an dem noch nie jemand war, wird sofort negiert: im selben Augenblick fällt Fujis Blick auf Fußspuren im Oberflächenstaub des Planeten. Wie Robinson Crusoe wird ihm klar, dass er hier nicht allein ist. Später werden die Alpha-Menschen argumentieren, es seien die Menschen gewesen, die zuerst bei ihnen eingedrungen sind, wohlweislich vergessend, dass sie sie hergelockt haben.

Ihre eigene Gesellschaft erweist sich hinter der Fassade einer mathematischen Schematisierung selbst des Denkens, die einen höheren, weil von den animalischen Wurzeln des Menschseins weiter entfernten zivilisatorischen Stand zu symbolisieren scheint, aber letztlich nur vorgaukelt, als ein hochtotalitäres System. Entscheidungen treffen nach dem Diktat der Logik die Computer. Wer sich ihren Anweisungen widersetzt, wird liquidiert.

Die Einwohner tragen Einheitsuniformen mit kleinen Antennen auf dem Kopf und bewegen sich meistens im Gleichschritt. Ihre „Nummer Eins“ (Yoshio Tsuchiya) ist der Alphaner mit der höchsten Gehirnkapazität: Er steht in direkter mentaler Verbindung mit den Computerdatenbanken. Und als der Kommandant des Erdstützpunkts, der einen Offiziersstab als Zeichen seines Rangs mit sich herumträgt, mit nacktem Oberkörper vor einer Höhensonne sitzt, sieht man Steckeranschlüsse in seinem Rücken – ein frühes filmisches Beispiel eines Cyborg, das die Alpha-Menschen fast als Vorläufer der *Star Trek*-Borg ausweist. Individualität ist in ihrer Gesellschaft weitgehend ausgemerzt. Die – vermutlich geklonten – Frauen sind alle identisch, geformt nach einem einheitlichen Schönheitsbild. Gefühle haben die Alphaner in ihrer Maschinisierung des Menschseins hinter sich gelassen.

Schönheit jedoch komme auch aus dem Herzen, weist sie Glenn auf ihren grundlegenden Irrtum hin. Er und Namikawa, die als Spionin auf ihn angesetzt worden ist, haben sich entgegen den Plänen der Computer ineinander verliebt. Für Namikawa, die ihm im letzten Moment die entscheidende Information zuspielen kann, dass Tetsuos Lärmdose eine ernste Gefahr für die Außerirdischen darstellt, ist das das Todesurteil.

Es gibt eine Liebe jenseits der Maschinisierung, sagt Glenn. Die Meinung, die Fuji hingegen zu diesem Thema vertritt, ist der der Alpha-Menschen sehr ähnlich. Mit dem Argument, dass man sich mit Liebe allein noch keine Lebensmittel kaufen könne, verweigert er seine Zustimmung zu Tetsuos und Asakos Heirat. Asako wehrt sich vergeblich gegen seine Autorität und das Diktat seiner „Vernunft". Und Tetsuos Versuche, ihm seine Lebenstüchtigkeit zu beweisen, fruchten erst, als sich seine Erfindung als Geheimwaffe entpuppt.

Dennoch, sein Erfolg ist kein Sieg der einfachen „Low-Tech" über den von Fuji und Dr. Sakurai vertretenen, modernen wissenschaftlich-technischen Riesenapparat, sondern eine Ergänzung davon. Als der Angriff beginnt und die Außerirdischen mit Laserstrahlen und den freigelassenen Monstern, denen sich Ghidorah wieder anschließt, über die Menschheit herfallen, hat Fuji bereits eine Strahlenkanone entwickelt, die die Magnetwellen unterbrechen kann, mit deren Hilfe sie nicht nur ihre Raumschiffe in der Luft halten, sondern auch die Monster steuern. Aber erst als Tetsuo und Glenn den markerschütternden Frequenzton von Tetsuos Diebstahldose über die Radiosender ausstrahlen lassen und die Invasoren in völlige Konfusion stürzen, kann Fuji seine eigene Waffe zur Anwendung bringen. Reihenweise explodieren die Ufos. Tetsuos Erfindung hat nicht nur die Menschheit gerettet, sondern Fuji gezeigt, dass jeder einzelne einen vielleicht nicht unwichtigen Beitrag zum Dienst an der Solidargemeinschaft leisten kann. Erst als er seine Vorbehalte dem tollpatschigen kleinen Erfinder gegenüber aufgibt, als die Gesellschaft wieder zur Gemeinschaft wird, können sie den Angriff auf die Erde mit vereinten Kräften zurückschlagen.

Beides, Tetsuos Erfindung wie Fujis Anti-Magnetwellenkanone, sind im Übrigen ganz im Gegensatz zum mörderischen Vernichtungsapparat des Oxygen-Zerstörers, der in *Gojira* seinen Schöpfer – einen klassischen „Mad Scientist“ – noch dazu zwang, sein Geheimnis mit ins Grab zu nehmen, reine Defensivwaffen, deren Sinn sich in ihrer Schutzfunktion erfüllt. Auch die Monster, die ab *Kaiju Daisenso* immer wieder als Werkzeuge für die finsteren Pläne Außerirdischer missbraucht werden, finden hier nach Mothras Vorbild zu ihrer neuen Funktion als Beschützer des gestörten Gemeinwesens: Nach dem Wegfall der magnetischen Kontrolle durch die Aliens beenden Godzilla und Radon ihren Zerstörungszug und wenden sich – nun aus freiem Willen – ein weiteres Mal vereint gegen Ghidorah. Gemeinsam stürzen sie ins Meer. Und weder die Vernichtung der Alpha-Menschen, noch die Tatsache, dass Ghidorah aus dem Wasser auffahrend panisch wieder in den Weltraum flieht (was zu den im ganzen 15 Minuten zählt, die in der deutschen Fassung fehlen), sondern Fujis Einwilligung in Asakos und Tetsuos Heirat ist das eigentliche Happy End des Films.

AUTOR BODO TRABER

1966 FRANKENSTEIN UND DIE UNGEHEUER AUS DEM MEER

Video/DVD Titel: *Godzilla – Das Ungeheuer aus der Tiefe* | Dt. Erstaufführung: 16. Mai 1969 / 87 Min. | Jap. Originaltitel: Gojira, Ebirah, Mosura: *Nankai no dai Ketto (Das große Duell in der Südsee)* | Jap. Erstaufführung: 17. Dezember 1966 / 87 Min. | US-Titel: *Ebirah – Horror of the Deep/Godzilla vs. The Sea Monster* | US Erstaufführung: (nur im TV) 1968 / 82 Min. | Produktionsfirma: Toho | Produzent: Tomoyuki Tanaka | Regie: Jun Fukuda | Buch: Shinichi Sekizawa | Kamera: Kazuo Yamada | Musik: Masaru Sato | Spezial-Effekte: Eiji Tsuburaya | FX-Kamera: Sadamasa Arikawa | Darsteller: Akira Takarada, Toru Watanabe, Hideo Sunazuka, Kumi Mizuno, Jun Tazaki, Akihiko Hirata, die Alilena Zwillinge/Pair Bambi, als Ebirah: Hiroshi Sekita und als Godzilla: Haruo Nakajima

Ein All-Star-Monster-Movie mit Kalter-Krieg-Thematik, von Jun Fukuda abwechslungsreich und nicht ohne Charme inszeniert. Godzilla und Mothra kämpfen gegen das See-Monster Ebirah und das Schreckgespenst des Kommunismus. Drei Jugendliche und ein Einbrecher, der ein schickes gelbes Blouson über dem Ringel-T-Shirt trägt, fahren auf einer geklauten Jacht aufs nächtliche Meer hinaus. Einer der Jungs sucht nämlich nach seinem auf See verschollenen Bruder. Das Quartett gerät in ein Unwetter, bei dem auch noch das Seeungeheuer Ebirah seine Klauen aus der Tiefe streckt. Die Jungs werden an den Strand einer geheimnisvollen Insel gespült. Bald entdecken sie, dass ein fremdes totalitäres Regime namens „Red Bamboo" auf dem Eiland eine riesige Fabrik zur Herstellung von Atombomben aufgebaut hat. Polynesische Sklaven müssen zudem eine gelbe Flüssigkeit herstellen, mit der Ebirah in Schach gehalten werden kann.

Die vier Gestrandeten und ein entflohenes Sklavenmädchen werden bald von an Ballons über den Baumwipfeln hängenden Kameras und im Dickicht montierten Mikros aufgespürt. Bei ihrer verzweifelten Flucht beschwören die

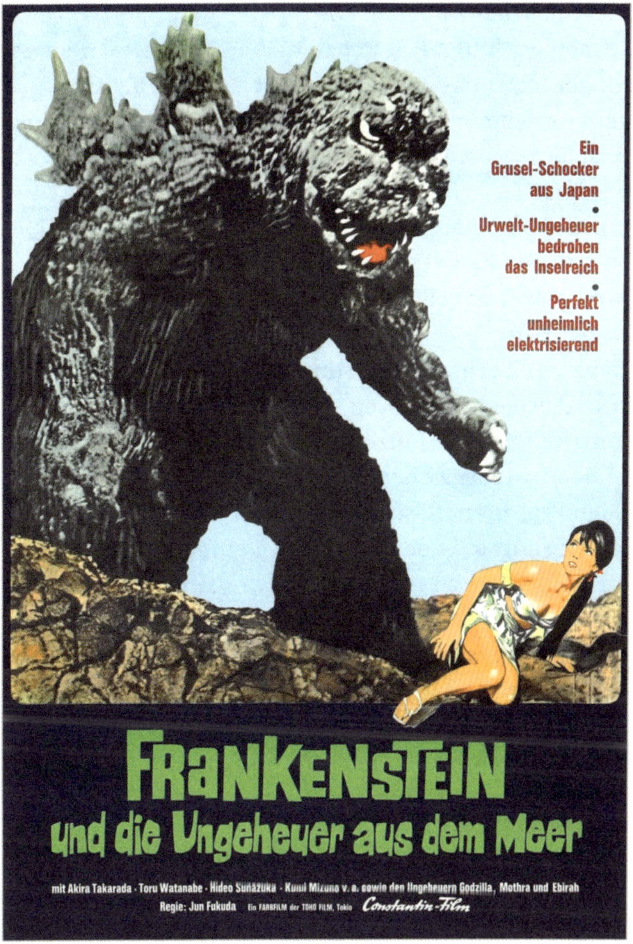

Youngsters die guten Monster. Während das Sklaven-Girl Mothra um Hilfe anfleht, die auf einer benachbarten Insel friedlich schlummert, wecken die Boys Godzilla auf, den sie in einer Höhle tief schlafend entdeckt haben. In Frankenstein-Manier jagen sie Stromstöße und Lebensgeister in seinen beschuppten Körper. Der gute alte Junge ist schnell wach und einsatzbereit. Wie ein behender Sumo-Ringer hüpft das atomare Riesenbaby über die Insel und verpasst Ebirah gleich mal eine Abreibung. Mit riesigen Felsblöcken bombardieren sich die beiden Monster, wobei Godzilla sich als Meister des Kopfballs erweist. Dann tanzt er buchstäblich einen herrlichen Twist mit den heranjagenden Kampfjets von „Red Bamboo". Und schließlich zertrampelt er voller Lust die Atomanlage. Er ist halt ein wilder Bursche, der Godzilla.

Ganz im Gegensatz zu Mothra, dem Riesen-Butterfly. Dieses mädchenhafte Wesen – hier in seinem vierten Toho-Auftritt – bewegt putzig die beiden Fühler, bevor es von seinem paradiesischen, ganz dem Weiblichen zugetanen Eiland zur mysteriösen „Red Bamboo"-Insel aufbricht, um unsere jungen Helden, den wiedergefundenen Bruder und all die Sklaven zu retten. Dabei wird sie geleitet von den Alilena-Schwestern, einem singenden Mini-Zwillingspaar. Die „Red Bamboo"-Schergen haben, bevor sie auf ihrer Flucht von Ebirah verschlungen wurden, die atomare Selbstzerstörung des Stützpunktes programmiert. Doch in einem bizarr-komischen Airlift vollführt Mothra eine klassische last minute rescue. Sie nimmt die Gefährdeten in einer Art Rettungskorb auf und segelt mit ihnen von dannen. Zurück bleibt Godzilla, der noch die Monster-Krabbe Ebirah zerlegt hat. Von oben, aus der Sicht des femininen Hubschraubers Mothra, wirkt der Riese auf einmal klein und verlassen.

Die Atmosphäre dieser letzten Sequenz schwankt zwischen Euphorie und Schmerzlichkeit, wie es sich gehört für einen Monsterfilm. Wir haben Mitleid mit Godzilla, wie er da unten steht, ein ganz und gar unschuldiges einsames

Geschöpf. Doch auf einmal setzt sich der Gigant in Bewegung und hüpft wie ein Teddy ins Meer, weg von der Insel, die gleich in Flammen aufgeht. Weg zu neuen Abenteuern.

AUTOR HANS SCHIFFERLE

1966 ULTRA Q / ULTRAMAN

ULTRA Q

Folge 1: *Urutora Kyu – Gomesu o taose!* | Intern. Titel: *Defeat Gomes!* | Jap. Erstsendung: 2. Januar 1966 bei Tokyo Broadcasting Service/ 25 Min. | Produktion: Tsuburaya Special Techniques Productions (später Tsuburaya Productions) | Produzent: Eiji Tsuburaya | Regie: Hajime Tsuburaya | Darsteller: Kenji Sahara, Hiroko Sakurai, Yasuhiko Saijo, Haruo Nakajima als Gomes

Nicht unerwähnt bleiben sollten zwei wichtige japanischen TV-Serien *Ultra Q* und *Ultraman,* in denen Godzilla, wenn auch in einer etwas veränderten Form, Gastauftritte absolviert hat. In Deutschland waren diese vornehmlich für Kinder und Jugendliche konzipierten Science-Fiction-Serien nie zu sehen.

Im Jahre 1966 produzierte Tohos Spezial-Effekt-Regisseur Eiji Tsuburaya mit seiner eigenen, 1963 gegründeten TV-Produktionsfirma „Tsuburaya Productions“ die in Schwarzweiß gedrehte Fernsehserie *Ultra Q.* In dieser japanischen Variante der US-Serien *The Outer Limits* oder *The Twilight Zone,* geht der Pilot und Science-Fiction-Autor Jun Manjome (der beliebte Toho-Darsteller Kenji Sahara aus *Rodan,*1956 *Weltraumbestien*, 1957 und *Die Rückkehr des King Kong,* 1962) mit seiner Partnerin, der Fotografin Yuriko Edogawa (Hiroko Sakurai, die später *Ultraman* zur Seite stehen sollte), seltsamen Phänomenen (den Ultra-Fragen) auf den Grund geht. Der Dritte im Bund ist der Co-Pilot und quirlige Sidekick Ippei Togawa (Yashuhiko Saijo). Oft geht es um die Revolte der Natur, die durch den technischen Fortschritt der allzu unvorsichtigen Menschheit ins Ungleichgewicht geraten ist. Der Mad Scientist Dr. Ichinotani (Ureo Egawa) hat in der Regel für jedes sonderbare Phänomen eine haarsträubende Erklärung. Das in jeder Episode ein Monster vorkommen musste, versteht sich von selbst. Die überaus erfolgreiche Serie lief von 2. Januar bis 3. Juli 1966 und umfasst 28 Episoden. In Folge 1: *Gomesu o taose!* sieht man einen „verkleideten" Godzilla, der aus einem Bergwerk stapft. Tsuburaya hatte einfach einen der in *Godzilla und die Urweltraupen* verwendeten Godzilla-Anzüge mit einem Rückenpanzer, Kopfhorn, Säbelzähnen versehen, und schon war das neue böse Monster Gomes am Start, um sich mit dem unter Mithilfe unserer Helden aus einem Riesenei geschlüpften guten Riesenvogel Litra ums Wohl der Menschheit zu bolzen. Litras Geheimwaffe, der Citronella-Säure-Strahl aus seinem Schnabel, erlegt den wütenden Gomes. *Gomesu o taose!* war ursprünglich als zwölfte Episode geplant, wurde aber als erste ausgestrahlt. Regie führte Eiji Tsuburayas erster Sohn Hajime.

ULTRAMAN

Folge 10: *Urutoraman – Nazo no Kyoryu Kichi* | Jap. Erstsendung: 18. September 1966, Tokyo Broadcasting Service/ 25 Min. | US-Titel: *The Mysterious Dinosaur Base* | Produktionsfirma: Tsuburaya Produktions | Produzenten: Toshiaki Ichikawa, Masayoshi Sueyasu | Regie: Kazuho Mitsuta | Buch: Tetsuo Kinjo | Kamera: Masaharu Utsumi | Musik: Kunio Miyaguchi | Darsteller: Akiji Kobayashi, Susumu Kurobe, Hiroko Sakurai, Toshi Furuya, Haruo Nakajima als Jirahs, Satoshi (Bin) Furuya als Ultraman

Auch in Episode 10 *The Mysterious Dinosaur Base* von Tsuburayas beliebter Superhelden-Serie *Ultraman* spielt ein renovierter Godzilla (das überarbeitete Kostüm aus *Befehl aus dem Dunkel*) mit. Diesmal hat er einen gezackten Kragen um den Hals, einige dekorative gelbe und blaue Farbspritzer an Kopf, Rückenplatten und Bauch, und hört auf den Namen Jirahs. Ein verwirrter Wissenschaftler, Dr. Nakamura, versteckt diese godzillaähnliche Echse im See Kitayama. Als Fischer Gift in den See lassen, um problemloser an die leckeren Fische zu gelangen, taucht wütend Jirahs aus den Fluten auf. Ultraman, der ins Übergroße wachsende Superman vom Planeten „Nebula M78" eilt mit der futuristischen Eingreiftruppe Science Patrol herbei und reißt Jirahs im Kampf den Kragen ab (diese grausame Szene fehlte in der amerikanischen Fassung, als die Folge in den 70ern im Kinderfernsehen ausgestrahlt wurde). Jirahs platzt im wahrsten Sinne des Wortes der Kragen. Dr. Nakamura haucht sein Leben unter Jirahs' großen Godzillafüßen aus. Die *Ultraman* Folgen laufen alle nach dem gleichen Schema ab und warten bei einer Laufzeit von etwa 25 Min. mit jeder Menge bizarrer Billigmonster auf, in denen oft Godzilla-Schauspieler Haruo Nakajima schwitzte.

Bis zum heutigen Tag ist Ultraman ein in Japan nicht mehr weg zu denkendes Kulturgut und der Superheld ist in unzähligen TV-Serien und Kinofilmen präsent. Es gibt in Japan kein Warenhaus, das nicht über eine spezielle Ultraman-Abteilung mit Spielzeugfiguren, Videogames und Bettwäsche mit dem Konterfei des Japanhelden verfügt.

1967 FRANKENSTEINS MONSTER JAGEN GODZILLAS SOHN

Dt. Erstaufführung: 15. August 1971 / 86 Min. | Alternativer TV-Titel: *Godzillas Sohn* | Jap. Originaltitel: *Gojira no Musuko (Godzillas Sohn)* | Jap. Erstaufführung: 16. Dezember 1967 / 86 Min. | US-Titel: *Son of Godzilla* | US Erstaufführung (nur TV): 1969 / 82 Min. In GB 71 Min. | Produktionsfirma: Toho | Produzent: Tomoyuki Tanaka | Regie: Jun Fukuda | Buch: Shinichi Sekizawa, Kazue Shiba | Kamera: Kazuo Yamada | Musik: Masaru Sato | Spezial-Effekte: Eiji Tsuburaya | FX-Kamera: Sadamasa Arikawa | Darsteller: Tadeo Takashima, Akira Kubo, Bibari Maeda, Akihiko Hirata, Yoshio Tsuchiya, Kenji Sahara – und als Godzilla: Kiyoji Onaka und Haruo Nakajima sowie als Godzillas Sohn: „Little Man Machan"

Um die hohen Kosten für Miniaturstädte einzusparen, spielt auch der zweite Jun Fukuda-Godzilla auf einer Südseeinsel. Entstanden ist ein verrückter Monsterfilm für die ganze Familie. Auf der Solgell-Insel im Südpazifik doktert ein Forscherteam um Dr. Kusumi (Tadeo Takashima) an Wettermanipulationen herum. Aus Wüstengebieten soll so beispielsweise fruchtbares Land gewonnen werden, damit die zunehmende Bevölkerung genügend Nahrung findet. Zu dem Team gesellt sich der wie immer heldenhafte Reporter Goro Masaki (Akira Kubo), der die Wissenschaftler davon in Kenntnis setzt, dass sich auf ihrer Insel das Eingeborenenmädel Reiko (Beverly Maeda a.k.a. Bibari Maeda) befindet und es von Monstern wie Riesenheuschrecken (im Japanischen die „Kamakiras", im Amerikanischen die „Gimantis", bei uns namenlos) und der Riesenspinne Spiega („Kumonga" in Japanisch) wimmelt.

Diese Monster müssen wohl bei einem missglückten Wetterexperiment durch frei gewordene Radioaktivität entstanden sein. Wodurch auch sonst? Die Heuschrecken graben ein Ei aus, aus dem der pralle Gummisohn Godzillas schlüpft. Doch bevor sie ihn vernaschen können,

eilt Papa Godzilla aus dem Meer herbei und verhaut die Insekten. Brennende Chitinbeine schwirren durch die Luft. Alle Mann in Deckung!
Ein Großteil des Teams wird von einem Dschungelfieber befallen. Man siedelt schutzsuchend in eine Höhle um. Goro und Reiko machen sich auf, um das rote Gegenmittel zu holen, von dem es einen ganzen See gibt. Gleich in der Nähe von Godzillas Zuhause. Sie beobachten, wie Papa seinem Sohn (im Japanischen „Minila", im amerikanischen „Minya") das Feuerstrahlspeien beibringt. Denn aus dem Rachen des Kleinen puffen nur kümmerliche Rauchringe. Erst als Godzilla ihm kräftig auf den Schwanz tritt, speit er richtig. Begeisterung im Kinderzimmer.
Unterdessen entpuppt sich die Höhle unserer Forscher als Falle. Spiega hat den Eingang mit ihrem klebrigen Netz zugesponnen und es nun auf dem bröckelnden Dach der Höhle auf einige Heuschrecken und Minila abgesehen. Godzilla eilt abermals zu Hilfe und trampelt auch auf der Höhle herum. In seiner Verzweiflung startet Dr. Kusumi einen Wetterballon mit einer Wettermanipulationskapsel. Das Experiment klappt. Es schneit und wird bitterkalt. Godzilla hat inzwischen alles und jeden besiegt und kuschelt sich mit seinem Söhnchen in den Schnee, um zu überwintern. Die Wissenschaftler werden frierend von einem UN-U-Boot gerettet.
Godzillas Sohn, von Kindern geliebt – von Erwachsenen gehasst, hat wenig Ähnlichkeit mit seinem Vater. Er gleicht einem Froschfötus, wenn es so etwas geben würde. Man fragt sich, wie dieser drollige Bastard zustande gekommen ist. Um die beiden etwas ähnlicher zu machen, hat man Godzilla ebenso eine Froschfresse verpasst. Dieses hässliche Glupschaugenkostüm (Spitzname „Musukogoji")

wurde glücklicherweise nur noch einmal in einer kurzen Schwimmsequenz von *Frankensteins Höllenbrut* wiederverwendet. Spiega und die Gottesanbeterinnen sind schöne, aufwendig gemachte Marionetten, in denen ausnahmsweise mal keine schweißgebadeten Animateure stecken. Die Musik von Masaru Sato hüllt das Geschehen in einen schmissigen Urwaldsound. Sehr passend. *Frankensteins Monster jagen Godzillas Sohn* ist unterhaltsames, infantiles Familienkintopp, wie es nur die Japaner produzieren können. Mit Frankenstein hat das alles wie gewohnt nichts zu tun und schreckt höchstens die Kinder ab, für die der Film konzipiert ist.

Fukuda hat unter den Fans der Serie einen relativ schlechten Ruf. Warum? Weil er niemals auch nur versuchte, so etwas Ähnliches wie einen gehalt- und anspruchsvollen Film zu machen? Weil er immer mit einem Kopf voller Blödsinn ans Set kam und sich dachte: Solche Filme zu machen ist doch keine Aufgabe für einen erwachsenen Mann? Weil seine Filme so geradlinig bizarr sind, wie man sie haben will? Fukudas Filme sind keine „verunglückten" Werke; sie sind ganz bewusst gemachter proto-camp – hoffentlich ... Wenn nicht, dann können sich Fukuda und Wood jr. im Himmel die Hände reichen und einen ziemlich debilen Ringelreigen hopsen. In dieser Perle der Weltfilmkultur – seit Kindheitstagen einer meiner Lieblingsfilme – verschlägt es Menschen auf eine Insel voller Monster; sie werden schon ihren Grund dafür haben. Das ist aber nicht so wichtig. Wichtig ist, dass Godzilla Nachwuchs bekommt! Ein Riesenei liegt in der Gegend herum. Es platzt und heraus kommt ein kawaii-äugiges graues Etwas. Dieses nur langsam Konturen gewinnende Wesen – man könnte es als einen mutierten lebenden Stein bezeichnen –

wird gleich mit den Härten des Lebens konfrontiert: Monsterheuschrecken wollen es fressen, pieksen mit ihren Beinen in den weichen Monsterbabyleib: kana kana des Grauens – gut, dass da Godzilla auftaucht und seinem Sohn das Leben rettet. So entsteht eine japanische Eltern-Kind-Beziehung. Der Sohn wird von dem Vater gerettet (in diesem Fall). Doch wer hat ihm das Leben geschenkt, denn darum geht es ja eigentlich?

Das Kind muss den Eltern ewig dankbar sein. Diese drückende Schuld sublimiert man, daraus entsteht die Liebe eines Kindes zu seinen Eltern. Das wiederum ist das Grund-giri, auf dem alle japanischen Beziehungen aufbauen. Und wenn wir schon bei der Definition von Beziehungen sind, in dieser Szene wird auch das Verhältnis zwischen Mensch und Monster, Zuschauer und Film definiert. Godzilla zerreißt und verbrennt die Monsterheuschrecken. In einer Einstellung sieht man Menschen über eine Lichtung gehen, sie hören etwas, schauen nach oben. Ein brennendes Heuschreckenkörperteil fliegt über sie hinweg und landet irgendwo außerhalb des Bildes. Der Mensch kann nur staunen, zu gewaltig ist das Bild.

An einem Teich spielt eine weitere, psychologisch wichtige Szene zwischen Godzilla und seinem Sohn. (Der Sohn heißt im übrigen Minya; ob Godzilla ihn auch so nennt – keine Ahnung.) Minya ist traurig. Minya kann kein Feuer spucken wie Papa Godzilla. Minya bringt es nur zu Rauchkringeln, die mit einem satten Plop! seinem Mund entweichen. Nun sitzt Minya also allein am Teich und macht Plop! – Rauchkringel.

Unbemerkt kommt Godzilla angeschlichen. (Ein Merkmal der Fukuda-Filme: Der Mann macht sich nie die Mühe zu verbergen, dass die Monster Männer in Gummianzügen sind.

Bei ihm machen die Monster oft die seltsamsten, zutiefst menschlichen Bewegungen. In *Gojira, Ebirah, Mosura: Nankai no Daiketto* (1966) etwa macht Ebirah bei seinem legendären Fuß-Baseball-Duell mit Godzilla einmal eine typische Baseball-Fänger-Handbewegung!) Godzilla tritt hinter Minya, ohne dass der was merkt – traurig starrt er auf sein Ebenbild im Wasser. Dann setzt er erneut an, versucht es noch einmal, Feuer zu spucken – da tritt Godzilla ihm im entscheidenden Augenblick voll auf den Schwanz. Minya spuckt Feuer! Verwirrt, aber glücklich dreht Minya sich um und lächelt seinen wohlmeinenden Vater an. Das muss man nicht näher erklären.

AUTOR **OLAF MÖLLER**

1968 FRANKENSTEIN UND DIE MONSTER AUS DEM ALL

Dt. Erstaufführung: 27. Januar 1971 / 89 Min. | DVD-Titel: *Godzilla und die Monster aus dem All* | Jap. Originaltitel: *Kaiju Soshingeki (Alle Monster greifen an)* | Jap. Erstaufführung: 1. August 1968 / 89 Min. | US-Titel: *Destroy All Monsters* | US Erstaufführung: 23. Mai 1969 / 89 Min. | GB-Titel: *Operation Monsterland* | Produktionsfirma: Toho | Produzent: Tomoyuki Tanaka | Regie: Ishiro Honda | Buch: Karuo Mabuchi, Ishiro Honda | Kamera: Taiichi Kankura | Musik: Akira Ifukube | Spezial-Effekte: Eiji Tsuburaya, Teisho Arikawa | FX-Kamera: Sadamasa Arikawa | Darsteller: Akira Kubo, Jun Tazaki, Yoshio Tsuchiya, Kyoko Ai, Yukiko Kobayashi, Kenji Sahara, als Godzilla: Haruo Nakajima, als Ghidorah: Susumu Utsumi, als Minya/Godzillas Sohn: „Little Man Machan", als Rodan: Teruo Nigaki, als Angilas: Hiroshi Sekida

Wir sind bei einem der ganz großen Höhepunkte des Kaiju Eiga angelangt. Der zwanzigste und zugleich letzte Monsterfilm der klassischen Toho-Ära. Die Serie ging zwar weiter, doch war nach diesem Sahnestück nichts mehr so wie früher.

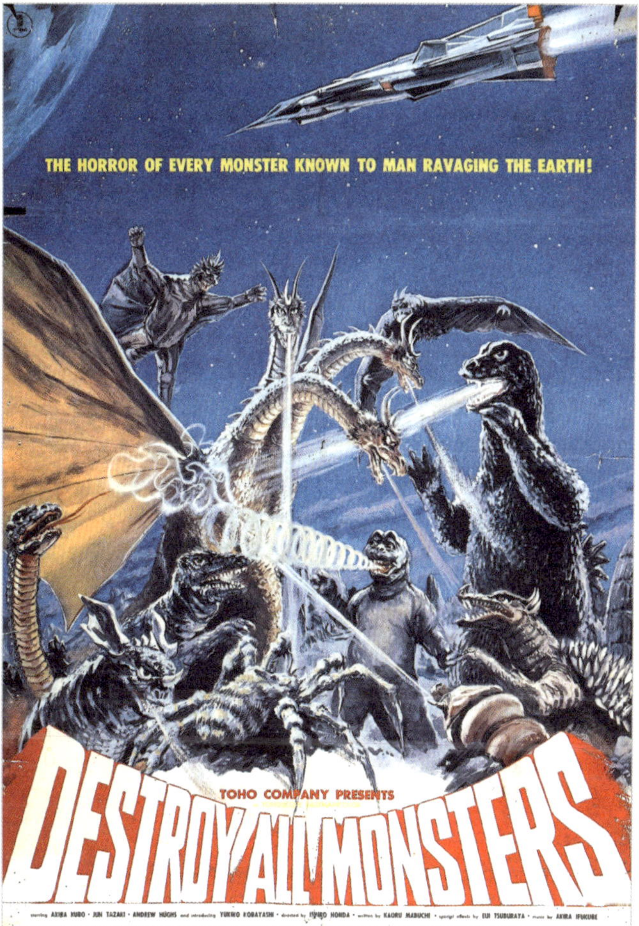

Nach den zwei vorangegangenen Südseeabenteuern Godzillas von Regisseur Jun Fukuda holte man für seinen neunten Auftritt den Meister Ishiro Honda zurück.
Honda, der nach eigenen Angaben Probleme hatte, die „Vermenschlichung" Godzillas (besonders in Fukudas

Frankensteins Monster jagen Godzillas Sohn aus dem Vorjahr) nachzuvollziehen, geschweige denn so umzusetzen, wie Toho es gerne wollte, hatte gerade mit *Frankenstein – Zweikampf der Giganten* (1966) und *King Kong – Frankensteins Sohn* (1967) zwei seiner besten Filme gedreht. Nun trommelte er sämtliche Monster des Toho-Universums zu einer ausgelassenen, erstmals globalen Bedrohung zusammen. Nach Japan sollte nun auch der Rest der Welt dem Erdboden gleichgemacht werden. Honda besann sich auf sein „ernstes" Invasions-Konzept aus *Ghidrah – The Three-Headed Monster* und *Befehl aus dem Dunkel*, um das ältere Publikum, das von Fukudas Kinderfilmen verschreckt war, zurückzugewinnen.

Um das bewährte Godzilla-Feeling aufkommen zu lassen, musste natürlich auch Akira Ifukube für den Soundtrack zurück gewonnen werden. Der ließ sich nicht lumpen und komponierte mit dem Titelstück (hinlänglich als „Monster March" bekannt) seine wohl beste Arbeit. Ein echter Ohrwurm, der sich herrlich in die Gehörgänge frisst und Tag und Nacht begleitet. Im Interview erklärt Ifukube das Konzept für seine Monster-Musik in „G-Fan" Nr. 41: „Monster sind groß und laut. Man muss also Instrumente mit tiefen Tönen verwenden, um sie darzustellen. Ein Piano eignet sich beispielsweise gut. Wagner hat in seinen Opern jeder Figur ein Leitmotiv gewidmet. Also bekommt bei mir jedes Kaiju auch sein Leitmotiv. Dann gibt es die Märsche für die Szenen mit dem japanischen Militär. Zuerst waren es nur Panzer, die durchs Bild fuhren. Mit der Zeit sind immer mehr Waffen wie Laserkanonen, Düsenjäger und Raumschiffe hinzugekommen. Dafür komponierte ich diese Musiken, die an Militärmärsche erinnern. Zum Schluss benötigte man für die traurigen Szenen noch eine Art Requiem. Das funktioniert alles recht simpel. Ein Monster greift an, die Menschen in den Städten erleiden große Tragödien und schließlich greift das Militär ein. Also habe ich diese drei Typen von Musiken für die Monsterfilme kreiert".

Eiji Tsuburaya zog sich gezwungenermaßen in eine weniger aktive Rolle als FX-Supervisor zurück. Das lag zum einen an seinem immer schlechter werdenden Gesundheitszustand (er war Diabetiker), sicher aber auch an der TV-Serie *Ultraman*, die er mit seiner eigenen Firma Tsuburaya Enterprises produzierte. (Dort recycelte er hin und wieder auch alte Godzilla-Kostüme, die er zu neuen Monstern wie Jiras oder Gomes um-bauen ließ.) FX-Director war nun Tsuburayas langjähriger Effekt-Kameramann Teisho (Sanemasa) Arikawa. Der übernahm nach Tsuburayas Tod im Jahre 1970 auch die Regie der Spezial-Effekte für *Monster des Grauens greifen an.*

Wir schreiben das Jahr 1999. Auf der Monsterinsel Ogasawara leben Godzilla & Co. friedlich miteinander und werden vom dortigen Forschungszentrum der UNSC (United Nations Scientific Council) studiert und überwacht. Alle sind sie da: Godzilla, Rodan, Mothra (in Raupenform), Minya/oder Minila (Godzillas Sohn), Manda, die Riesenschlange (aus *U 2000 – Tauchfahrt des Grauens*), Angilas (aus *Godzilla kehrt zurück*), Gorosaurus (aus *King Kong – Frankensteins Sohn*), Baragon/oder Barugon (aus *Frankenstein – Der Schrecken mit dem Affengesicht*), Varan (aus *Daikaiju Baran*) und Spiega/oder Kumonga, die Riesenspinne (aus *Frankensteins Monster jagen Godzillas Sohn*). Elektronische Sicherheitsvorrichtungen hindern die Ungeheuer am Verlassen der Insel. Doch dann passiert das Unausweichliche. Das durchweg weibliche Völkchen, die Kilaaks von einem kleinen Planeten irgendwo zwischen Mars und Jupiter, besetzen das Forschungszentrum auf der Monsterinsel. Es gelingt ihnen, mit Hilfe von auf dem Erdball verstreuten Sendern die Monster zu kontrollieren. Ferngesteuert ziehen sie verwüstend in die Welt. Rodan zerstört den Kreml in Moskau, Gorosaurus bricht unter dem Arc de Triomphe in Paris aus dem Asphalt, Godzilla (einer der besten Godzilla-Anzüge, zum Glück wurde der schrecklich hässliche aus *Frankensteins Monster jagen Godzillas Sohn* nie wieder verwendet) ist in New York und speit seinen radioaktiven Atem in das UN-Gebäude. Letztendlich treffen sich alle Monster im guten alten Tokio. Doch der Weltversklavungsplan der kühlen Kilaak-Anführerin (Kyoko Ai) misslingt (Es drängt sich der Eindruck auf, Frauen müssen mindestens außerirdisch sein, um hier selbstbewusst und böse auftreten zu dürfen). Mit dem todschicken Weltraumschiff SY-3 entdecken Captain Katsuo Yamabe (Akira Kubo) und seine Crew die Kilaak-Kontrollbasis auf dem Mond, sowie ihren Schlupfwinkel in den Vulkanhöhlen des Fujiyama. Die fremden Damen existieren nämlich nur bei extremer Hitze und verwandeln sich beim Kaltwerden in kleine Steinwürmchen, die sich in Felsbrocken verkriechen. In der deutschen Synchronfassung steckt übrigens „Frankenstein, der Mann der über allem steht" hinter der Invasion, ein verzweifelter Versuch, den Namen Frankenstein im Filmtitel zu erklären. Die UNSC übernimmt nun die Monsterkontrolle und lotst alle zum heiligen Berg Fuji, den man in Japan übrigens respektvoll mit Fuji San, also Herr Fuji, anredet. Die Kilaaks aber (oder Frankenstein) geben nicht auf. Sie senden König Ghidorah zu einer wilden Massenprügelei mit Godzillas Streitmacht. Der goldene Dreikopf hat absolut keine Chance gegen diese Übermacht und wird regelrecht totgeprügelt. Jeder Kopf muss einzeln dran glauben. Nun kommen die Außerirdischen mit einer brennenden Feueruntertasse, die aber von SY-3 abgeschossen wird. Alles explodiert, die Monster kehren nach getaner Arbeit brav auf ihre friedliche Insel zurück, die Erde ist gerettet.

Auch wenn die Handlung nicht gerade als neu zu bezeichnen ist, gilt *Kaiju Soshingeki* als einer der besten und schönsten japanischen Monsterfilme. Michael Weldon bezeichnete den Film in seiner „Psychotronic Encyclopedia“ als „The ultimate japanese Monster movie!“ Und Peter Gaschler schrieb anlässlich einer Honda-Retro in dem Fanzine „TNT“: „Honda und Tsuburaya haben hier noch einmal ihre Erfahrung und ihr ganzes Können angewandt. Schon das erste Bild mit der startenden Rakete, unterlegt mit Flugzeugmotorenlärm und von einer seltsamen verspielten Faszination, ist eine eindrucksvolle gewaltige Demonstration von Tsuburayas Kunst, ebenso wie das gigantische Gemälde des Fujiyama, vor dessen Panorama, dem Wahrzeichen Japans, sich die Monstren wie für ein abschließendes Gruppenfoto versammeln. So wie die harmlosen Monster auf Monster Island zur Schau gestellt werden, wo man sie besuchen und begucken kann, so versteht Honda seine Filme: als ein Schaufenster in gigantische Studios, wo man miterleben kann, was Tsuburaya und seine Mitarbeiter so alles fertigbringen. Hier gibt es keine Enttäuschungen, weil es keine Missverständnisse gibt.“ Im Filmdienst nörgelte Günter Pflaum: „... eins der schwächeren Werke Hondas; diesmal hat er seine Freude an phantastischen Kämpfen, urweltlichen Monstren und gigantischen Destruktionen nicht unter Kontrolle gebracht, seine übliche Unbekümmertheit gegenüber dramaturgischen

Regeln lässt den Film in Einzelsituationen zerfallen, zur reinen Nummernrevue mit Elementen der Kriegsberichterstattung ... Phantasievoll-naiver SF-Film, hervorragend in der Farbgebung, mit Schwächen in der Dramaturgie." Vor meinem geistigen Auge sehe ich zwei Halbwüchsige, die am Montagmorgen auf dem Grundschulhof, klebrige Süßigkeiten frühstückend, über den am Sonntagnachmittag in der Jugendvorstellung des Bezirkskinos gesehenen Godzilla-Film debattieren: „Echt coole Farbgebung, der neue Godzilla, wa?"

1969 GODZLLLA: ATTACK ALL MONSTERS

Dt. DVD Premiere: 27. Juni 2013 | Jap. Originaltitel: *Oru Kaiju Dai Shingeki* | Jap. Erstaufführung: 20. Dezember 1969 / 70 Min. | US-Titel: *Godzilla's Revenge*, zuerst unter *Minya, Son of Godzilla* veröffentlicht | US Erstaufführung: 1971 / 70 Min. | Internationaler Titel: *All Monsters Attack* | Produktionsfirma: Toho | Produzent: Tomoyuki Tanaka | Regie: Ishiro Honda | Buch: Shinichi Sekizawa | Kamera: Mototaka Tomioka | Musik: Kunio Miyauchi | Spezial-Effekte: Eiji Tsuburaya, Teruyoshi Nakano | FX-Kamera: Sadamasa Arikawa | Darsteller: Kenji Sahara, Eisei Amamoto, Yoshibumi Tajima, Tomonori Yazaki, | als Minya: Little Man Machan, als Gabara: Hiroshi Sekida, als Godzilla: Haruo Nakajima

Oru Kaiju Dai Shingeki gilt gemeinhin als kreativer Tiefpunkt der Godzilla-Serie. Eine herbe Enttäuschung nach dem großartigen Jubiläumsfilm *Frankenstein und die Monster aus dem All* aus dem Vorjahr. Schlüsselkind Ichiro (Tomonori Yazaki) lebt in der kinderfeindlichen Industrielandschaft von Kawasaki. Beide Eltern müssen rund um die Uhr arbeiten und haben keine Zeit für ihn. Vom Rüpel Gabara und seiner Bande wird er regelmäßig nach der Schule gehänselt und vermöbelt. Frustriert flüchtet sich Ichiro in seiner Fantasie auf die Monsterinsel, wo er sich mit dem auf Menschengröße klein geschrumpften Sohn von Godzilla, Minya/Minila anfreundet. In Ichiros Fantasiewelt kann Minya sprechen und gemeinsam beobachten sie Papa Godzilla, wie er seine alltäglichen Probleme (die Kämpfe mit aufsässigen Monstern) handgreiflich meistert. Zu sehen ist allerdings lediglich altes Archivmaterial aus *Frankenstein und die Ungeheuer aus dem Meer* (die Kampfszenen gegen Riesenkrebs Ebirah und den Riesenvogel Condor), *Frankensteins Monster jagen Godzillas Sohn* (die Auseinandersetzungen mit der Riesenspinne Spiega/Kumonga und den Gottesanbeterinnen Kamakiras), *Frankenstein und die Monster aus dem All* (Shots von verschiedenen Monstern auf der Monsterinsel) sowie eine kurze Einstellung vom Gorosaurus aus *King Kong – Frankensteins Sohn.*

Das einzig neue Monster ist die grüne Riesendogge Gabara, die es auf Minya abgesehen hat. Godzilla lehrt seinen Sohn, wie er sich erfolgreich gegen die fiesen Stromstoßattacken von Gabara verteidigen kann. Auch Ichiro nimmt sich die Ratschläge Godzillas zu Herzen und verprügelt seinen Erzfeind Gabara zu Hause in der realen Industriewelt. Nebenbei überführt der Knirps noch zwei fiese Bankräuber, die ihn um ein Haar gekidnappt hätten.

Wie lässt sich dieser billig heruntergekurbelte Schnellschuss entschuldigen? Was kann zu Tohos Entlastung vorgebracht werden? – Nukleare Gefahren und außerirdische Invasoren waren auserzählt. Ein neues Motiv und Zielpublikum musste her. *Oru Kaiju Dai Shingeki* ist der erste Film, der nur für Kinder konzipiert (und erträglich) ist und in den Schulferien im sogenannten „Toho Champion Matsuri“ in langen Kinonachmittagen gemeinsam mit Zeichentrickfilmchen und Ultraman-Episoden gezeigt wurde.

Deshalb ist dieses Patchwork-Machwerk auch kaum mit den anderen Godzilla-Filmen vergleichbar, die entweder für Erwachsene oder die ganze Familie gedacht waren. Aber mögen Kinder wirklich schlechte Filme? Nein, natürlich nicht. Trotz massiver Budgetbeschränkungen gelingt Regisseur Ishiro Honda tatsächlich eine kindgerechte, sozialkritische Milieustudie im wenig subtilen Stil eines Pippi-Langstrumpf-Films. *Oru Kaiju Dai Shingeki* spielt nicht im Godzilla Universum, sondern entlarvt die Kaiju als Fantasiegeschöpfe einer Hilfe suchenden Kinderseele. Der durchaus pädagogisch gemeinte Film steht ganz in der Tradition der infantilen Gamera-Filme, die zeitgleich von der Konkurrenzfirma Daiei produziert wurden. Sachte kündigen sich zu Beginn des Films Zivilisationsängste wie Umweltverschmutzung (rauchende Schornsteine) und Verkehrschaos (Ichiro läuft an verstopften Hauptverkehrsstraßen entlang) an. Doch dieses damals brandaktuelle Thema sollte erst 1971 im nächsten Godzilla-Kinder-Film *Frankensteins Kampf gegen die Teufelsmonster* erschöpfend behandelt werden.
Ein Grund für den massiven Gebrauch von alten Monsterszenen war sicherlich auch die schlechte Gesundheit Tsuburayas, der 1970 einen Monat nach Erscheinen des Films verstarb. Honda selbst inszenierte die FX-Sequenzen, für die nicht viel Geld vorhanden war. Tsuburayas Assistent Teruyoshi Nakano stand ihm bei dieser traurigen Aufgabe zur Seite. Dass Tsuburaya dennoch als FX-Director im Vorspann aufgeführt ist, kann als Huldigung seiner Person und seiner Verdienste für Toho gewertet werden. Und schließlich wird auch ein Großteil seiner fulminanten alten Arbeiten erneut verbraten. Nicht unerwähnt bleiben sollte das haarsträubende Titelkinderlied „Go-Go-Gojira".

In Deutschland war der Film nie im Kino zu sehen und wurde erst 2013 unter dem Titel *Godzilla: Attack All Monsters* auf DVD veröffentlicht.

1971 FRANKENSTEINS KAMPF GEGEN DIE TEUFELSMONSTER

Dt. Erstaufführung: 10. Dezember 1971 / 85 Min. | DVD-Titel: *Godzilla – Frankensteins Kampf gegen die Teufelsmonster* | Jap. Originaltitel: *Gojira tai Hedorah* | Jap. Erstaufführung: 24. August 1971 / 85 Min. | US-Titel: *Godzilla vs. The Smog Monster* | US Erstaufführung: Juli 1972 / 85 Min. | Produktionsfirma: Toho | Produzent: Tomoyuki Tanaka | Regie: Yoshimitsu Banno | Buch: Kaoru Mabuchi (a.k.a. Takeshi Kimura), Yoshimitsu Banno | Kamera: Yoichi Manoda | Musik: Riichiro Manabe | Spezial-Effekte: Teruyoshi Nakano | Darsteller: Akira Yamauchi, Hiroyuki Kawase, Toshie Kimura,Tohio Shibaki, als Godzilla: Haruo Nakajima und Kenpachiro Satsuma (a.k.a. Kengo Nakayama) als Hedorah

Man sagt, es sei für ein Kind der reinste Segen, auf dem Land aufzuwachsen. Gleich hinter dem Haus des Nachbarn lockt die grüne Wiese, der Aufenthalt im Freien ist gesund und die Gefahren der Großstadt dringen höchstens via Fernseher, auf zwei Kanälen und in Schwarzweiß, in die traute Idylle. Die Kehrseite der Medaille ist natürlich die fehlende Infrastruktur, das bestenfalls rudimentäre Unterhaltungsangebot außerhalb der heimischen vier Wände. Doch wie soll man vermissen, was man höchstens vom Hörensagen kennt?

Getreu der pädagogischen Gemeinplätze der Zeit (frühe 70er Jahre) betrachteten auch meine Eltern das Fernsehen mit gesundem Misstrauen, was seine potenziell verderbliche Wirkung auf Kinder betraf. „Geh' nicht so nah ran" war die durchaus doppelsinnige Ermahnung jener Jahre.

In einer solchen Umgebung wurde man fast zwangsläufig zum Leser und so stillte ich meine Sehnsucht nach

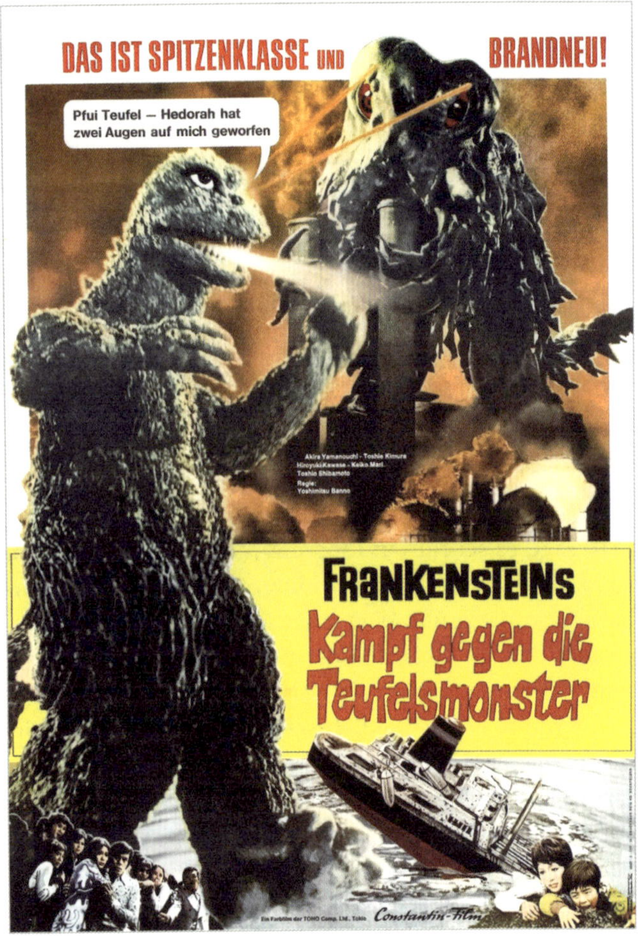

Abenteuern aus dem Bestand der beiden Dorfbüchereien. Schließlich konnte mein Vater aus eigener Erfahrung bezeugen, dass ausgiebige Karl May-Lektüre für zehnjährige Jungs vollkommen unbedenklich war, was sich vom Fernsehen nicht sagen ließ.

Es versteht sich von selbst, dass es im Dorf kein Kino gab und dass Kino an sich keinen Platz im dörflichen Alltag hatte. Es gehörte zu jenem „Draußen“, zu jenem Ort, der eben „anders“ war. Und es konnte nicht schaden, ihn mit dem gesunden Misstrauen des „Bauern“, der ja bekanntlich „nicht frisst, was er nicht kennt“, aus sicherer Entfernung zu beäugen.
Andererseits, wenn man selbst nicht mehr ins Kino geht, wie sollte man darauf kommen, seine Kinder ins Kino zu schicken, oder besser, zu bringen? Denn Kino bedeutete Reisen, und zwar nicht nur in der Fantasie, sondern ganz profan als Fahrt in die benachbarte Kleinstadt. Ich muss etwa elf Jahre alt gewesen sein, als die Neugier auf dieses unbekannte Medium mich dazu trieb, energisch einen Kino-Besuch einzufordern.
Ein unklares Gefühl der Besonderheit, der Fremdheit und verheißungsvollen Andersartigkeit dieses Ortes Kino hatte sich beharrlich in mir festgesetzt. Vielleicht hatte ich auch schon öfter die Bildchen (schwarzweiß) im Lokalanzeiger betrachtet, die meistens aus der kleinsten Werbemater bestanden, die die Verleiher den Kinobetreibern lieferten. Aber das Programm war mir gleichgültig, ich wollte vor allem ins Kino!
Der Wunsch musste an mehreren Wochenenden vorgetragen werden, bevor mein Vater sich erbarmte, mich die fünf Kilometer nach Wörth am Rhein zu fahren, wo die Familie Butzinger schon seit den 50er Jahren das „Roxy“ betrieb. Das „Roxy“ spielte nur von Freitag bis Sonntag, meist einen Hauptfilm für die Erwachsenen und eine Jugendvorstellung am Sonntagmittag. Bei einem derartigen Spielplan erzielte die angeschlossene Wirtschaft vermutlich wesentlich mehr Umsatz als das Kino.

Mit seinen ca. 150 Plätzen war das „Roxy“ aber durchaus ein „richtiges“ Kino, obwohl ich das mangels Vergleichsdaten ohnehin nicht zu beurteilen vermochte. Jedenfalls kam der ersehnte Sonntag – irgendwann 1974. Ich stieg die wenigen Stufen zu den Schaukästen empor. Gleich würde ich erfahren, welcher Film gezeigt wurde. Wie man leicht erraten kann, war es *Frankensteins Kampf gegen die Teufelsmonster.* Das Wort „Frankenstein“ verleitete meinen Vater fast zu einer Absage in letzter Minute, doch müssen ihn die Aushangfotos wohl dahingehend beruhigt haben, dass es hier nicht allzu gruselig zugehen würde.

Dann war ich im Saal – nüchtern, zweckmäßig, ungepolsterte Sitze – zusammen mit vielleicht zwanzig anderen Kids. Als Vorfilm gab es noch eine Art Wochenschau, ich glaube, sie hieß „Welt im Bild“ (natürlich schwarzweiß), doch dann ging's los ...

Als ich zusagte, diesen Text zu schreiben, stellte ich mir vor, wie es sein würde, zu diesem Zweck erstmals seit 23 Jahren diesen Film wiederzusehen, der meine erste Kinoerfahrung bildete. Eingedenk der wichtigen Stellung, die Film und Kino in meinem späteren Leben erlangten, gewann dieses Initiationsereignis nachträglich noch weiter an Bedeutung. Ich betrachtete es als unberührtes Reservat eines Kindheitserlebnisses, das durch das Wiedersehen des Filmes zugänglich würde und mich, ganz wie in einer Zeitmaschine, zu diesem lange bewahrten Augenblick zurückbringen könnte. Ich träumte den Traum der Heimkehr in den Schoß der Kindheit.

Im Jahr 1970 fuhren meine Eltern erstmals mit mir in Urlaub nach Gran Canaria. In einer der Hotelbars, die sie häufiger besuchten, kredenzte mir der Barkeeper stets einen Kindercocktail, ein buntes Getränk mit viel Dekoration, das ich dann mit gebührendem Ernst konsumierte. Ich wusste nicht, was es war, und das war in Ordnung. Irgendwann Ende der Achtziger kaufte ich zufällig mal eine Flasche „Schweppes Bitter Orange", und als ich ahnungslos den ersten Schluck nahm, saß ich plötzlich für einen Moment wieder in der Hotelbar des „Imperial Playa" auf Gran Canaria. Es war mein Moment des intensivsten Erinnerns, meine „Madeleine". So hoffte ich, dass dieser Film nun etwas Ähnliches vermöge, auch wenn das Wiedersehen per Video stattfand. Es gab mir kurzfristig zu denken, dass das Video englisch synchronisiert war und nicht deutsch. Doch ich vermutete, dass ohnehin die Bilder den Ausschlag geben würden, denn an jenem Sonntag im „Roxy" sah ich, nach Jahren des Schwarzweiß-Fernsehens, endlich einmal einen Film in Farbe!

6. August 1997 – Ein Wiedersehen nach dreiundzwanzig Jahren.

Erste Überraschung: der Film beginnt mit einem fröhlichen Schlager. Die Bilder der Sängerin sind jedoch unterschnitten mit Inserts von Abfällen, unter anderem einer zerbrochenen Schaufensterpuppe, die in brackigem Wasser schwimmt. Die Montage evoziert bereits ein Thema des Filmes, den Tanz auf dem Vulkan, die unbekümmert hedonistische Einstellung (Hedorah??) der modernen Gesellschaft und ihre Ignoranz für die Zerstörung der Umwelt. Die plakative Art, in der der Film dies umsetzt, scheint ganz auf seine Zielgruppe zugeschnitten, auf die Kinder. Atem holen ... Ich sitze vor dem Bildschirm und warte auf ein Zeichen – doch es kommt nicht, zeigt sich nur in seiner beharrlichen Verweigerung, einen Wiedererkennungseffekt zu produzieren. Ich erinnere mich nicht, das Echo bleibt aus. Was ich jedoch sofort bemerke, ist das

Insistieren von mittlerweile fünfzehn Jahren analytischer Seherfahrung. Man könnte sagen, ich habe mich daran gewöhnt, den „Text" mit einem bestimmten Instrumentarium zu lesen, und keine noch so trickreiche Operation wird mich je wieder in den Stand jener Unschuld versetzen können, die Kleist in seiner Schrift „Über das Marionettentheater" beschreibt, um dann ihr unweigerliches Untergehen zu demonstrieren. Aber weiter ... Die Kinder im Film wissen um die Bedrohung der Natur und in ihrer Ohnmacht hoffen sie auf die Hilfe Godzillas. Er würde etwas tun, er könnte helfen. Nun, Godzilla kommt! Ein Anflug von Wiedererkennen liegt für mich in diesem ersten Auftritt. Das stampfende schreiende Monster, das so drollig watschelnd am Horizont erscheint, winkt mir zu – durch den Schleier der verflossenen Jahre. Es gibt mir die Ahnung von kindlicher Vorfreude, einer ungehemmten Bereitschaft zum Staunen, einer kritiklosen Hingabe an das Spektakel vor meinen Augen. Godzilla kommt, schon beim ersten Anblick ganz klar ein Freund, keine Bedrohung. Doch was ist mit Hedorah? Kann dieser glupschäugige Schlammklumpen furchteinflößend sein? Sicher ist Hedorah eine im wahrsten Sinn des Wortes plumpe Metapher. Aus Abfall geboren, wächst es seinen unwillentlichen Schöpfern über den Kopf und bringt Tod und Verwüstung, während diese zur gleichen Zeit dem Zeitgeist huldigen und zu psychedelischen Blubberdias in der Disco abhotten. Bis ... ja, bis Hedorah seinen Giftschlamm in die Disco ergießt und das Abfeiern jäh unterbricht.
Hedorah, eine amorphe, wandlungsfähige Gestalt, die offenbar die Evolution vom Wasserlebewesen zum Reptil und weiter zum Flugsaurier nochmals im Zeitraffer durchmacht. Doch der Retter ist nicht fern. Godzilla greift ein,

und schon beim ersten Kampf der Giganten sterben 35 Menschen, wie man nebenbei in den Nachrichten erfährt. Was mich aus heutiger Sicht überraschte, waren die spärlichen Kampfszenen zwischen den Monstern, denn ich hätte erwartet und glaubte das auch so zu erinnern, dass der Film eine Reihe „spektakulärer“ Kampfszenen bietet, bevor Godzilla schließlich siegreich in den Sonnenuntergang stapft. Man darf annehmen, dass die „Message“ des Filmes, so simpel sie in ihrer klaren, visuellen Didaktik daherkommt, damals glatt an mir vorübergerauscht ist. Innehalten ...

Dieser Text hat bisher versucht, eine Seherfahrung zu rekonstruieren, indem er eine zweite Seherfahrung reflektierend daneben stellte. Ich habe jedoch schon bemerkt, dass diese Doppelstrategie durch das Wesen des Erinnerns unterminiert wurde. Spiele ich das Spiel nun weiter, reproduziere also den literarisch-poetischen Topos der Kindheitserinnerung, oder stelle ich mich dem Effekt der Wiederholung, um zu sehen, was das Wiedersehen an Eigenem hervorgebracht hat, ohne zu spekulieren, in welchem Verhältnis dies zur Vergangenheit steht?

Für den Neurotiker, sagt Freud, ist das Wiederholen seine Art des Erinnerns. Godzilla, so die Legende, ist Japans Art, das Trauma der Atombombe zu bewältigen. Die einstmalige Bedrohung kehrt gezähmt als Helfer zurück. Durch seine stete Wiederkehr wird das Drama der ursprünglichen Machtlosigkeit immer wieder inszeniert und in dieser Wiederholung Stück für Stück dem Bewusstsein zugeführt. So erscheint Godzilla, der Freund der Kinder, als infantile Größenphantasie, mittels derer die Japaner es schaffen, sich mit dem Aggressor zu identifizieren, ohne ihre Rolle als Opfer deswegen aufgeben zu müssen.

Wenn Hedorah über die Stadt fliegt, welkt alles Leben unter ihm (ihr?). Menschen sterben, lösen sich auf, hinterlassen bleiche Skelette oder auch nur Spuren an der Wand, ähnlich jenem Explosionsblitz, der in Hiroshima die Schatten der Menschen in die Wand einbrannte, vor der sie selbst zu Asche wurden. Doch wenn Hedorah über den Sportplatz fliegt, wo blütenweiß gekleidete Mädchen Synchrongymnastik treiben, dann muss die Wahrscheinlichkeit zurückstehen, denn obwohl die Mädchen reihenweise dahin sinken, stehen sie anschließend doch wieder auf und bringen sich in Sicherheit. Jugend, Weiblichkeit, Unschuld als Inbegriffe der Hoffnung, die es zu bewahren gilt, auch gegen alle Wahrscheinlichkeit. In einer anschließenden Animationssequenz verwandeln sich Menschen in schwarze Klumpen, bis ihre fragmentierten Gesichter (denen eine gewisse Ähnlichkeit mit Picassos „Guernica" nicht abzusprechen ist), zum Umriss einer Stadt auf einer Karte werden, die wir uns ruhig als Zielkarte der „Enola Gay" denken können. Dieser simple, aber wirkungsvolle Montagetrick verdeutlicht in unmittelbarer Weise die Tatsache, dass die Flecken auf den Karten der Bomberpiloten Städte sind, in denen Menschen wohnen. Solche Elemente stehen als Brüche, als widerspenstige Splitter in der ansonsten konventionellen Monsterfilmdramaturgie.

Die Selbstverständlichkeit, mit der alle Beteiligten im Film von Anfang an akzeptieren, dass es solche Monster gibt, und zwar gute und böse, scheint mir heute viel eher verwunderlich als damals. Ob ich den Fiktionsvertrag schon begriffen hatte, kann ich nicht genau sagen. Andererseits kann ich mich auch nicht an irgendwelche Alpträume erinnern, die mir der Film verschafft hätte – die kamen erst später und hatten allzu irdische Auslöser. Ich würde nun gern etwas schreiben wie: Als ich nach dem Abspann aus dem Kino kam, wo mein Vater schon ungeduldig wartete, war ich ein anderer geworden. Doch ich kann mich schlichtweg nicht mehr erinnern.

Was bleibt von diesem Selbstversuch, ist die Bestätigung, dass man nicht zurückgehen kann. Dass ein solches Unternehmen schon die Veränderung mitbewirkt, die es eigentlich auszublenden hofft. Was ich als Kind gesehen habe, hat dort seine Wirkung entfaltet. Der Traum vom unberührten Reservoir hat dem Träumer schließlich seine Bedingungen offenbart. Berührst du mich, so veränderst du mich. Man kann nun einmal, nicht zweimal, in denselben Fluss springen, womit auch nur erwiesen wäre, was ich ohnehin schon wusste. Erwartung formt das Erwartete, wenn ich es auch schaffte, die Hoffnung wider besseres Wissen wachzuhalten. Aber, müßig zu erwähnen, auch kein nachfolgender Schluck meines „Kindercocktails" hatte jemals nur den Hauch der Wirkung des ersten. Er war unwiderruflich zum „Schweppes Bitter Orange" geworden.

Doch die Geschichte hat einen tröstlichen Abschluss: Am folgenden Sonntag stand ich wieder an der Kinokasse, erwartungsfroh mein Kleingeld umklammernd, um einen namenlosen „Sandalenschinken" zu sehen. Und wenn mein erstes Kinoerlebnis mich auch nicht zum wahren Godzilla-Fan gemacht hat, so erweckte es dennoch einen Hunger, dessen endlosem Begehren ich auch heute noch gern nachkomme.

AUTOR **FRANZ RODENKIRCHEN**

Gojira tai Hedorah gilt unter „Fachleuten" als einer der schlechtesten Filme aller Zeiten. Zu Unrecht. Eiji Tsuburaya war tot. Ishiro Honda offenbar weit weg. Und der

Chef, Tomoyuki Tanaka, lag während der Dreharbeiten im Krankenhaus. Das war die Chance für Godzilla-Neuling Yoshimitsu Banno und Spezial-Effekte-Supervisor Teruyoshi Nakano, sich mal so richtig auszutoben und mit drastischen Mitteln eine „Message" an die Jugend dieser Welt zu richten. Durch die Augen der beiden wilden Filmemacher sieht man die Erde als eine von Umweltverschmutzung übersäte, dunkelgraue Kloake.

Das riecht streng bis in die letzte Reihe. Alles scheint verloren. Selbst die vertrauten Toho-Schauspieler fehlen. Unsere Ideale verschmiert mit übelriechender schwarzer Eierpampe aus Hedorahs (in der deutschen Synchronfassung „Hydrox") Glibberkörper. Wir sehen Godzilla in einer mit Hedorahs Fäkalien gefüllten Grube beinahe ertrinken. Verqualmte Zeitlupenduelle zwischen unserem Müll entsorgenden Retter Godzilla und einem giftige Abgase ausscheidenden, rotäugigen Wischmop, der sich an rauchenden Schornsteinen labt. Der Monstername Hedorah leitet sich von dem japanischen Wort „hedo" ab, was so viel bedeutet wie „sich erbrechen", „sich ekeln" oder „beschmutzen".

Der spätere Godzilla-Darsteller Kenpachiro Satsuma, der 1971 mit der Rolle von Hedorah seinen Einstand gab, erinnert sich 1995 in einem Interview mit Ed Godziszewski: „Ich sollte mich bei Herrn Nakano von Toho melden, der irgendwie wie eine Gottesanbeterin aussieht. Er erklärte mir die Handlung von *Gojira tai Hedorah* und offerierte mir die Rolle von Hedorah. Ich war natürlich sehr enttäuscht, denn ich wollte ja richtiger Schauspieler werden und mein Gesicht in einer wichtigen Rolle zeigen. Ich hatte kein Interesse an Monsterfilmen, dachte aber, ich sollte diese spezielle Erfahrung dieses eine Mal machen. Die Bezahlung war auch gut. In dem 150 Kilogramm schweren Kostüm gab es kaum Sauerstoff und es roch nach Farbverdünnern. Außerdem bin ich oft gestolpert. Herr Nakajima, der Godzilla spielte, hat unseren Kampf vorher ohne Kostüm mit mir geprobt. Als die Kamera lief und wir in unseren schweren Anzügen steckten, hat er mir immer laut Instruktionen zugerufen. Ich war erstaunt, wie viele Freiheiten Herr Nakano uns Darstellern ließ. Er hat uns nur ein paar Anweisungen aus der Ferne gegeben. Teruyoshi Nakano und Haruo Nakajima waren ja Schüler von Eiji Tsuburaya. Die beiden wussten also genau was sie taten."

Der Soundtrack von Ifukube-Student Riichiro Manabe besteht aus wilder psychedelischer Beatmusik („The theme song will drive you right up the wall", urteilte „The Monster Times") mit kreischenden Gitarren und ungestümer Maultrommel (!). Ein schlichtweg irres Werk. Over the top. Als Produzent Tanaka den Film nach seinem Krankenhausaufenthalt zu sehen bekam, war er entsetzt. Er warf Banno vor, den Godzilla-Mythos mit Füßen getreten zu haben. Folglich war dieses Wunderwerk der Filmgeschichte Bannos erster und letzter Godzilla-Film. Dabei hatte er mit seinem wilden respektlosen Witz etwas frischen Wind in die Serie gebracht. In einer besonders bizarren Szene kann Godzilla, seinen radioaktiven Atem als Antrieb nutzend, sogar fliegen. Das sieht nun wirklich ziemlich bescheuert aus, und er sollte es auch nie wieder tun.

Teruyoshi Nakano bereut (in einem Interview mit Steve Ryfle in dem kanadischen Fanzine G-Fan) aus heutiger Sicht, die FX für einen Kinderfilm dermaßen düster und stellenweise brutal umgesetzt zu haben. Doch Anfang der Siebziger lag es voll im Trend, die Dinge drastischer auf die Leinwand zu bannen. Menschen sterben, der Kampf der Giganten wird mit Anleihen an den frühen Splatter-Film ausgetragen.

Als der Film Ende 1971 in die Kinos kam, gehörte ich zum Zielpublikum. Ich war schwer beeindruckt von der düsteren und „realistischen“ Stimmung des Filmes und hatte fortan das ungute Gefühl, die Apokalypse heraufzubeschwören, wenn ich mein Eispapier achtlos in die Gegend werfen würde. Bannos streng pädagogische Mission kann also durchweg als geglückt bewertet werden. Sogar der katholische „Filmdienst“ schien mit dem *Teufelsmonster* etwas anfangen zu können: „Konkreter und direkter wurde noch selten in einem Trivialfilm Bedrohung und Angst eines Volkes dargestellt. Die Umweltverschmutzung hat dabei die tödliche Gefahr der Atombombe abgelöst. Hydrox' Entwicklungsstufen Kaulquappe, Reptil und fliegender Drache entsprechen den Phasen der Umweltverschmutzung Wasser, Land und Luft. Elektrizität als saubere Energie erscheint vorerst noch als einzig denkbares, doch unzulänglich entwickeltes Heilmittel ... Der Film ist geprägt von zweckgebundenem, sarkastischem Humor. Eine fantasievolle, makabre und böse Satire über die Machtlosigkeit des Menschen gegenüber den Folgen der Industrialisierung.“

Der Mann, der Godzilla das Fliegen beibrachte

Interview mit Regisseur Yoshimitsu Banno

Manche Leser werden sich vielleicht an einen besonders merk- und denkwürdigen Godzilla-Film mit dem irreführenden Titel *Godzilla – Frankensteins Kampf gegen die Teufelsmonster* erinnern, der in den frühen Siebzigerjahren vom deutschen Constantin Film-Verleih in die stets ausverkauften Jugendvorstellungen der westdeutschen

Bezirkskinos gebracht wurde. In *Gojira tai Hedorah* befreit ein heldenhafter Godzilla die Welt von dem schleimigen, wischmopartigen Riesenmonster Hedorah, das als Kaulquappe aus dem Meer gesprungen kommt, um sich vom Abfall der modernen Zivilisation zu ernähren. Yoshimitsu Bannos pädagogischer Kinderfilm ist wild, experimentell und damit anders und mutiger als alle anderen Godzilla-Filme. Als Bewunderer dieses bizarren Filmwerkes war es mir eine große Ehre im August 2002 in Tokio auf den Mann zu treffen, der nur diesen einen Godzilla-Film für die traditionsreiche Produktionsfirma Toho drehen durfte. Beim amerikanischen Godzilla-Reboot von 2014 war Yoshimitsu Banno als Executive Producer tätig. Er starb 2017 im Alter von 86 Jahren in Kawasaki.

Jörg Buttgereit: **Können Sie uns erzählen, wie Sie zu Toho gekommen sind?**

Yoshimitsu Banno: Gleich nach meinem Abschluss in Kunstgeschichte an der Tokyo-University habe ich bei Toho angefangen. In der Studienzeit hatte ich schon als Regisseur und Schauspieler für das Theater gearbeitet. Zu Toho kam ich 1955 und hatte das Glück, Akira Kurosawa zu treffen. Ich arbeitete als Regieassistent bei seinen Filmen *Blood Throne, Lower Bottom* und anderen. Danach, ab 1966 etablierte ich das Unterwasser-Film-Team bei Toho. 1970 arbeitete ich bei der Weltausstellung in Osaka als audiovisueller Direktor des Mitsubishi Pavillons. Dort hat mich Tomoyuki Tanaka, der Produzent der Godzilla-Filme angesprochen, ich solle doch mal über einen neuen Godzilla-Film nachdenken. Im Juli 1970 gab es Nachrichten über Mädchen, die in der Schule zusammenbrachen, weil die Luft so verschmutzt war. Das Böse in jenen Tagen war also die Umweltverschmutzung. So kam ich auf die Idee, das Szenario und den Titelsong für *Godzilla versus the Smog Monster* zu schreiben.

Es sollte allerdings Ihr einziger Godzilla-Film bleiben, denn es gibt Gerüchte, dass der Produzent Tomoyuki Tanaka den Film nicht besonders mochte.

Ja, das stimmt. Als ich den Film drehte, befand sich der Produzent Tomoyuki Tanaka gerade im Krankenhaus. Eines der Probleme war, dass ich Godzilla in einer Szene fliegen lassen wollte. Ich drehte also zwei Versionen, einmal mit und einmal ohne den fliegenden Godzilla. Als ich den Film dann fertigstellte, konnte Herr Tanaka noch immer nicht kommen, um meinen fliegenden Godzilla abzunehmen. Also hat er einen Vertrauten geschickt. Der gab mir sein Okay und wir beließen den fliegenden Godzilla im Film. Als Tanaka den fertigen Film dann sah, mochte er ihn nicht. Er war ärgerlich, weil er fand, dass ich den Charakter von Godzilla gerade mit dieser Flugszene zu sehr verändert hatte. Und Tanaka wollte Godzilla zu diesem Zeitpunkt nicht verändern. Es hat mich erstaunt in dem amerikanischen Buch „The Fifty Worst Films of All Time" zu lesen, dass Toho angeblich eine Fortsetzung zu meinem Film geplant hatte. Ich hätte gerne noch den nächsten Godzilla-Film gemacht. Ich hatte auch schon eine Story geschrieben, in der das Smog-Monster nach Afrika kommt. Aber Tanaka hat damals zu mir gesagt, er werde mich nie wieder einen Monsterfilm machen lassen.

Welches Zielpublikum wollten Sie mit ihrer Umweltthematik ansprechen?

Mein Film sollte nicht nur für Kinder sein, ich wollte auch Erwachsene mit meiner Botschaft erreichen. Damals fingen die Probleme hier in Japan mit der Umweltverschmutzung erst an. Ich hatte die Hoffnung, das Smogmonster könnte einen positiven Einfluss auf das Umweltbewusstsein der Menschen haben.

Im Vergleich zu den vorherigen Godzilla-Filmen war Ihr Film extrem düster und beängstigend. War das eine bewusste Entscheidung von Ihnen?
Umweltverschmutzung ist ein düsteres und beängstigendes Problem. Sie ist eine Begleiterscheinung unseres wissenschaftlichen Fortschritts. Das war meine Botschaft. Ich habe ganz bewusst einen anderen Godzilla-Film machen wollen. Das Smog-Monster ist im Film so mächtig, dass selbst Godzilla Schwierigkeiten hat, es zu stoppen.
Unter Godzilla-Fans ist ihr Film sehr umstritten. Vor einigen Jahren ist er in dem Buch *The Fifty Worst Films of All Time* **auf den 16. Rang gewählt worden. Was halten Sie persönlich aus heutiger Sicht von Ihrem eigenen Film?**
Ich habe mir den Film erst kürzlich wieder angesehen. Einige Teile sind gut, andere wiederum nicht so gut. Ich habe mich damals an neuen Dingen versucht. Denken Sie an die Zeichentrick-Sequenzen oder die psychedelischen Szenen. Gerade jüngere Zuschauer hat das damals angesprochen. Ich bin sehr stolz zusammen mit Filmen wie *Letztes Jahr in Marienbad* und *Ivan der Schreckliche* als einer der fünfzig schlechtesten Filme nominiert worden zu sein. Nur zwei japanische Filme wurden überhaupt nominiert. Der andere ist *Alkazam – The Great,* ein Zeichentrickfilm aus dem Jahr 1961 über einen Affen, der die Welt beherrschen will.
Ich halte diese Nominierung trotzdem für falsch. Für mich ist Ihr Film eher einer der besten fünfzig Filme. Definitiv einer meiner Lieblingsfilme. Können Sie uns etwas über den Godzilla-Darsteller Haruo Nakajima erzählen? Es war ja seine vorletzte Darstellung im Godzilla-Gummikostüm.
Nakajimas Schauspielerei im Godzilla-Kostüm war sehr gut und effektvoll. Er konnte Emotionen trotz der dicken

Gummihaut mit Gesten und Aktionen darstellen. Er war ein sehr talentierter Schauspieler.

Wie ging es nach *Gojira tai Hedorah* mit Ihrer Karriere weiter?

Nachdem ich von 1973 bis 1978 vierzehn Unterwasser-Dokumentationen über große Säugetiere für die TV-Serie „Wonderful World" gedreht hatte, arbeitete ich ab 1978 als Direktor der „Planning section" bei Toho. Damals sagte ich zum Produzenten Tomoyuki Tanaka: „Es gibt zwei sehr wertvolle Dinge in Japan. Eines ist Akira Kurosawa und das andere ist Godzilla". Toho hatte damals seit fünf Jahren keinen Godzilla-Film mehr produziert und ich habe mit Tanaka viel über einen neuen Godzilla nachgedacht. Godzillas Charakter hat sich im Laufe der Jahre ja oft verändert. Er war die kraftvolle Wut der Naturgewalten und natürlich ein Symbol für die Atombombe.

Haben Sie die aktuellen Godzilla-Filme gesehen? Wie finden Sie die?

Die meisten habe ich gesehen und gemocht. Leider sind die neuesten Filme nicht mehr ins Ausland exportiert worden.

Warum ist das so? Speziell Europa und Amerika waren ja in den sechziger und Siebzigerjahren ein großer Markt für japanische Monsterfilme. Ihr Film lief beispielsweise auch bei uns in Deutschland unter dem seltsamen Titel *Frankensteins Kampf gegen die Teufelsmonster.*

Ja, damals wurde so ziemlich jeder Monsterfilm ins Ausland verkauft. Ob Monster- oder Liebesfilm, jeder Film braucht eine Message, die der Regisseur oder Produzent vermitteln möchte. Und eine gute innovative Story. Die Filme von Akira Kurosawa sind überall auf der Welt bekannt, weil er immer eine Botschaft hatte. Ich hoffe, dass die neuen jungen Regisseure, die jetzt Godzilla-Filme drehen, sich diese Philosophie zu eigen machen.

Warum glauben Sie, werden heute im digitalen Zeitalter die Monster in japanischen Filmen noch immer von Männern in Monsterkostümen dargestellt?

Das hängt zum einen mit der Tradition der „Suitmation“ zusammen, die Eiji Tsuburaya damals etablierte. Und dann sind die Budgets japanischer Filme nicht so hoch wie in Amerika, als dass man sich hier großartige Computereffekte leisten könnte. Aber Koichi Kawakita, der Spezial-Effekt-Regisseur bei Toho, setzt heute auch Computeranimationen sehr ideenreich ein. Wir sollten CG benutzen, wenn wir sie brauchen. Aber nur die Schauspieler in den Monsteranzügen vermitteln dieses gewisse lebendige Gefühl, das man mit Computern nicht erreichen kann.

1972 FRANKENSTEINS HÖLLENBRUT

Dt. Erstaufführung: 11. Januar 1973 / 89 Min. | TV-Titel: *Godzilla und die Riesenkäfer* | DVD-Titel: *Godzilla gegen Frankensteins Höllenbrut* | Jap. Originaltitel: *Chikyu Kogeki Meirei: Gojira tai Gaigan (Die Erde wird zerstört: Godzilla gegen Gigan)* | Jap. Erstaufführung: 12. März 1972 / 89 Min. | US-Titel: *Godzilla on Monster Island* | DVD/TV-Titel: *Godzilla vs. Gigan* | US Erstaufführung: August 1977 / 89 Min. | GB-Titel: *War of the Monsters* | Produktionsfirma: Toho | Produzent: Tomoyuki Tanaka | Regie: Jun Fukuda | Buch: Shinichi Sekizawa | Kamera: Kiyoshi Hasegawa | Musik: Akira Ifukube | Spezial-Effekte: Teruyoshi Nakano | Darsteller: Hiroshi Ishikawa, Yuriko Hishimi, Tomoko Umeda, Haruo Nakajima als Godzilla, Yukietsu Omiya als Angilas, Kanta Ina als Ghidorah und Kengo Nakayama (a.k.a.: Kenpachiro Satsuma) als Gigan.

Frankensteins Höllenbrut? Nie gehört. Was soll das sein, ein Godzilla-Film? Von 1972, aus der Spätphase des Zyklus sozusagen. Zu der Zeit, ich war sechzehn Jahre alt, stand ich auf Filmkunst und bin fast täglich 120 km, hin und zurück,

nach Frankfurt ins Kommunale Kino gefahren, um mir sperriges Zeugs anzugucken, für das ich heute nicht einmal den Fernseher einschalten würde. Ohne Scheiß.
Es würde sich bei diesem Werk ja auch um einen Kinderfilm handeln, meint der Herausgeber dieses Buches, der rund zehn Jahre jünger ist. Als ob das eine Entschuldigung wäre. Was ist denn überhaupt ein Kinderfilm? Einer, den sich Kinder gerne anschauen, einer, in dem welche die Hauptrollen spielen (wegen des Identifikationsangebots) oder einer, der ab 6 Jahren freigegeben ist. Der Herausgeber meint letzteres, ich habe keine Ahnung. Kinderfilm oder nicht, Godzilla hätte ich damals zum Verrecken nicht sehen wollen. Da stand man drüber, das war was für Prolls oder meinetwegen Prollkinder.
Für die frühen Godzilla-Filme, angeblich die besseren und richtiggehenden Klassikern ihres Genres, war ich nicht rechtzeitig jung, für die Nachzügler, zu denen *Frankensteins Höllenbrut* zählt, definitiv zu alt und vom Qualitätsfilm verdorben. Wieder ein unschlagbares Argument dafür, dass man einer Zwischengeneration angehört. Trotzdem solle ich drüber schreiben, muss ja nicht viel sein, meint der Herausgeber und überreicht mir eine handverzierte Videokassette aus den allerersten Jahren seiner Sammlung.
Von diesem Mist habe ich doch keine Ahnung, und so ein Buch kaufen doch nur die beinharten Fans, die eh schon alles wissen, melde ich scheuen Protest an. Doch der Herausgeber, der einer dieser fast lebenslangen Fans ist, alles über Godzilla weiß (jedenfalls weit mehr als ich hören will) und eine imposante Kollektion teilweise sündhaft teurer Spielzeugfiguren des Herrn sein Eigen nennt, duldet keinen Widerspruch. Als Dreingabe gibt es auf diesem Band noch *Quartett im Bett* mit Insterburg & Co und den Jakob

Sisters, den ich auch schon lange wieder mal begutachten wollte. Ein reifes Werk deutscher Hochkomik, dem der Zahn der Zeit nichts anhaben konnte, so viel sei verraten. Dann aber endlich *Frankensteins Höllenbrut.*

Wenige Minuten genügen, und eines ist sonnenklar: So höllisch simpel der Film auch konstruiert sein mag, sogar einem Ignoranten wie mir entfaltet sich ein ganzer Kosmos trivialsten Edelpops, in den dieses Spätwerk eingewoben ist. Die unverzeihliche Arroganz von früher wird dadurch rigoros bestraft, dass einem jetzt die Bezüge und Anknüpfungsmomente fehlen, über die in Japan angeblich jedes sabbernde Kleinkind verfügt.

Warum tun die Monster das eine und lassen die Menschen das andere? Welches Monster ist schon aus welchen Filmen bekannt? Was hat es mit der Insel auf sich, auf der Godzilla eingangs haust? Fragen über Fragen, die in einem langen Telefonat mit dem Herausgeber ansatzweise einer Klärung nahegebracht werden. So dumm wie 1972 kommen wir jedenfalls nie mehr zusammen, und Godzilla hatte noch gar nicht den Bildschirm betreten, da fragte ich mich, ob es möglicherweise genauso viel Godzilla-Filme gibt wie welche von Fassbinder.

Die Domestizierung des Monsters Godzilla ist bereits vollzogen, das echsenartige Urvieh genießt, wie jeder Japaner zu wissen scheint, gemeinsam mit seinem Kumpel Angilas auf einem den Hauptinseln vorgelagerten Eiland den wohlverdienten Vorruhestand. Ob in einer Art Verbannung, weil er ja, nachdem er so ziemlich jede Großstadt Nippons zu Klump getrampelt hatte, die leidvolle Erfahrung machen musste, dass die Menschheit doch immer noch eine militärtechnologische Trumpfkarte im Ärmel hat (jedenfalls in den Filmen, die er überlebte), oder ob vielleicht doch als Wächter über die japanische Hemisphäre des Pazifikraums, wird hier nicht thematisiert, obwohl die Beantwortung dieser Frage eventuell den interessanteren Film hätte einläuten können. Mit Godzilla als Vorposten auf Iwo Jima oder Okinawa könnte sich jedenfalls kein amerikanischer Flottenverband ungestraft an das Land der aufgehenden Sonne heranpirschen.

Ein allzu großes Ungleichgewicht zwischen ökonomischer und militärischer Stärke hat in der Geschichte schon für manche Kapriolen gesorgt, und Szenarien für einen bevorstehenden Handelsweltkrieg zwischen den USA und Japan gab es in der populären Kultur der 70er Jahre nicht wenige. Und nicht nur dort. Aber dem juvenilen Publikum, dem 1972 dieses Werk vorgesetzt wurde (hierzulande unter dem selten bescheuerten Titel *Frankensteins Höllenbrut),* sollte nicht die Freude verdorben werden, folglich begann das dem Godzilla-Zyklus immanente Ritual fortzeugender Gewalt und Destruktion als Nullsummenspiel. Ganz vielleicht aber, und es macht Spaß sich dem Gedanken hinzugeben, hockt Godzilla auch auf seiner Insel und weiß gar nicht, dass Japan noch existiert, so wie die Struggler, die zu dieser Zeit noch dann und wann in der Inselwelt des Pazifik auftauchten, nicht ahnten, dass der Zweite Weltkrieg längst beendet worden war.

Ein erfolgloser, schon von vierzehn Verlagen abgewiesener Comic-Zeichner, zu dessen Kreationen „Shukra – das Ungeheuer der Schulaufgaben" gehört, findet schließlich doch noch einen Job, und zwar bei den Planern eines gigantischen Weltkinderlandes, das vor den Toren Tokios entstehen soll. Ein paar schlampig einmontierte stockshots, die eher an den Abbau von Braunkohle denken lassen, sollen die imposante Größe des Vergnügungsparks andeuten, von dem bisher nur eine fünfzig Meter hohe Godzilla-Statue zu sehen ist, in deren Kopf die von Anfang an höchst dubios wirkenden Betreiber des Unternehmens residieren, genregemäß in einem schön trashigen Hi-Tech-Labor, bei dessen Anblick die damaligen Fans vor Vergnügen gequiekt haben dürften.

Aber da Filme wie dieser, wie gesagt, keine Geschichte erzählen, sondern ein Ritual zelebrieren, fällt die Exposition so knapp aus, dass von dem sozialen Lebensraum, der alsbald einer tödlichen Bedrohung ausgesetzt sein wird, so gut wie nichts zu sehen ist. Ein Gegenbild des Bösen, bevor dessen apokalyptischen Reiter die Menschheit heimsuchen, wird konsequent verweigert. Ob aus produktionsökonomischen Gründen oder der Wirkungsabsicht heraus, die Bedrohung so indirekter und erträglicher zu machen, hat die Exegeten des utopischen Kinos von jeher tief gespalten.

Die Initiatoren der Mammut-Spielwiese nerven den anfangs gutgläubigen Comic-Zeichner mit ihren erzieherischen Maximalforderungen, die einen perfekten, ewig währenden Frieden auf Erden garantieren sollen. Der Friede, der momentan herrsche, sei nur eine „Show“, klären sie ihn auf. Der so Belehrte schöpft Verdacht, dass seine neuen Arbeitgeber nicht die sein könnten, für die sie sich ausgeben und macht sich ihnen gegenüber selbst verdächtig, nachdem er durch ein aus dem Labor herausgeschmuggeltes Tonband an eine kleine Gruppe von Leuten gerät, die den Erbauern des Weltkinderlandes schon vor längerem auf die Schliche gekommen sind. Da die Beimischung eines Invasionsmotivs schon längst zum Standardrepertoire der Godzilla-Plotten zählte, kann es sich bei ihnen nur um extraterrestrische Fieslinge handeln, die sich von ihrem unbewohnbar gewordenen Heimatplaneten aufgemacht haben, um sich mal wieder Mutter Erde unter den Nagel zu reißen.

Nun sind nicht mehr die fehlgeleiteten Menschen Urheber aller sich ereignender Katastrophen, sondern fremde Wesen von fernen Planeten sorgen für die existentielle Bedrohung, was in der Produktionspraxis nur heißen konnte, das Niveau der Filme auf einem kindgerechten, aber nicht unbedingt niedrigen Niveau einzupegeln. Es hat schon eine unbestreitbare, von allen Moden und Zeitläufen unabhängige, weit über jenen ominösen Punkt, wo etwas so schlecht ist, dass es schon wieder toll wird, hinausgehende Unterhaltungsqualität, wie diese (Selbst)-Entlarvung der Aliens vermittelt wird, ohne dass der geringste Hauch von Spannung entsteht, oder gar ein subjektives Gefühl von Bedrohung. Auch die dürren realpolitischen Anspielungen bezüglich der Motive der Invasoren (sie haben es back home mit der Umweltverschmutzung so arg getrieben, dass sie dort nur in der hyperresistenten Form von Mistkäfern überleben konnten), gehen netterweise nicht über das Level eines Minimalzugeständnisses an einen Erklärungsansatz für das hinaus, was möglichst schnell kommen muss, und auf das alle warten, die finale Keilerei zwischen den guten und den bösen Monstern. Längst war ja der Godzilla-Zyklus schon jenseits jenes point of no return, an dem der einzelne Mensch noch Einflussmöglichkeit auf den Ausgang dieses Showdowns und damit sein eigenes Schicksal hat.

Der Griff nach der Weltmacht, das ist den Aliens nur zu bewusst, führt nur über die Monsterinsel, wohin Godzilla sich zurückgezogen hat. Und um ihn von dort wegzulocken, braucht es schwerstes Kaliber, d. h. angemessene

Kontrahenten. In der Ecke des Herausforderers diesmal, beide extra eingeflogen aus den Tiefen des Alls, das dreiköpfige Weltraumungeheuer Ghidorah sowie König Gigan, ein zum Amoklaufen neigendes Stück Blechspielzeug mit zwei monströsen Kneifwerkzeugen als Arme und einer Kreissäge am Bauchnabel.

Dieser Bursche, deutlich sichtbar ein Kind der 70er Jahre, war ein Neuling im Godzilla-Universum und damit die Attraktion des Films. Beide Heavies haben sich rechtzeitig in Tokio mit einer kleinen Verwüstungsorgie in Hochform gebracht. Titelverteidiger Godzilla steht diesmal der gute alte Angilas zur Seite, der gemeinhin als Mutation eines Igels firmiert, und wie man bald sieht, über erstaunliche Nehmerqualitäten verfügt. Ghidorah und Gigan wurden zwar ursprünglich von den Mistkäfer-Aliens per Funkwellen herbeizitiert, um dann, programmiert durch jenes Tonband, welches den Plot ins Rollen brachte, an der Eroberung der Welt mitzuwirken, aber dieser Erklärungszusammenhang verschwindet augenblicklich aus dem Film, wenn Godzilla und sein stacheliger Sidekick in den Ring steigen. Schlagartig geht es wie in fast allen Genrefilmen nur noch um die Nuancierung des Immergleichen. Und die letzte Viertelstunde des Films ist dann nur noch Good-Clean-Fun, Remmidemmi pur, es geht ausschließlich um Kampftechniken, mit taktischen Kniffen des Zwei gegen Zwei übrigens, die heute noch bei den Profi-Wrestlern Anwendung finden, und die ungefilterte Lust am Kaputtmachen. Um das also, was Achtjährige aller Altersstufen schon immer in diese Art von Filmen gelockt hat. Und die Menschheit, deren heillos überforderte Militärs sich auf halber Strecke des Films mal wieder erfolglos an den Invasoren abgerackert hatten, schaut zu und darf den einen

oder anderen dummen Kommentar absondern; fast wie im richtigen Leben.
Dass Freund Godzilla und seinesgleichen gegen Artilleriebeschuss immun sind, hätte man mindestens nach dem hundertfünfzigsten Streifen wissen können, ob da vielleicht nicht doch mal wieder ein bisschen Aufrüstung angesagt wäre? Andererseits könnten aber auch die Drehbuchautoren schlichtweg vergessen haben, was in den vorigen Filmen des Zyklus los war. Wie der Kampf der Giganten ausgeht, braucht man wohl niemandem zu erzählen. Das Stillhalteabkommen bleibt in Kraft, der Status quo der friedlichen Koexistenz wird, sieht man von den paar lächerlichen Begrüßungssalven ab, nicht angetastet. *Frankensteins Höllenbrut* wäre demnach ein sehr typisches Produkt seiner Zeit. Schließlich stapft der Troubleshooter wider Willen mit seiner Nummer Zwei der Monsterwelt im Schlepptau zum Strand, um zu seiner Insel zurückzukehren. „Mach's gut, Godzilla", rufen ihm die menschlichen Nebenfiguren des Films noch nach, und (wesentlich leiser): „Es muss ja nicht so bald sein."
Tja, und das Trauma der Bombe, mit dem die Japsen doch angeblich leben müssen, seit ihnen der alte Harry Truman zum Einstand die zwei Dinger eingeschenkt hat? Oder der ganze Wust von versteckten Anspielungen auf den brutalen Anpassungsdruck der japanischen Nachkriegsgesellschaft und ihr rabiates Konkurrenzdenken, dem immer wieder in der Popkultur Ventile geschaffen werden müssen? Viel ist von den Genretheoretikern, von denen nicht wenige diese Art Kino letztlich zutiefst verachten, über diesbezügliche Analogien geschrieben worden, und das meiste davon ist nicht ganz falsch, aber so gut wie nie erklären diese Spitzfindigkeiten den naiven Charme ihres

Gegenstandes und noch seltener erreichen sie diejenigen, deren hartnäckiges Fandom einer Figur wie Godzilla überhaupt erst eine so lange Lebensdauer beschert.

AUTOR ULRICH VON BERG

1973 KING KONG – DÄMONEN AUS DEM WELTALL

Dt. Erstaufführung: 14. Dezember 1973 / 81 Min. | DVD-Titel: *Godzilla gegen Megalon* | Jap. Originaltitel: *Gojira tai Megaro* | Jap. Erstaufführung: 17. März 1973 / 82 Min. | US-Titel: *Godzilla vs. Megalon* | US Erstaufführung: April 1976 / 81 Min. | Produktionsfirma: Toho | Produzent: Tomoyuki Tanaka | Regie: Jun Fukuda | Buch: Shinichi Sekizawa, Jun Fukuda Kamera: Yuzuru Aizawa | Musik: Riichiro Manabe | Spezial-Effekte: Teruyoshi Nakano | Darsteller: Katsuhiko Sasaki, Hiroyuki Kawase, Yutaka Hayashi, Robert Dunham, Kotaro Tomita, als Gigan: Kenpachiro Satsuma, als Jet Jaguar/King Kong: Tsugitoshi Komada, als Megaion: Hideto Odachi, als Godzilla: Shinji Takagi

Wenn die Erde bedroht ist, dann zeigt Superheld Godzilla, was er so alles drauf hat. In diesem vielfach als schlechtesten Godzilla-Film bezeichneten Werk von Jun Fukuda wird Godzilla ganz auf diese Rettungsfunktion reduziert. Er ist nur noch der Helfer in der Not, der erst eingreifen muss, wenn alle anderen Mittel versagt haben.

Die Bewohner des Untersee-Reiches Seatopia befürchten, durch die Atombombenversuche der Menschen ausgerottet zu werden. Sie rufen das Monster-Insekt Megalon zu Hilfe, das mit der Zerstörung der menschliche Zivilisation beginnt.

Megalon sieht gar fürchterlich aus, hat er doch Metall-Bohrer als Arme, eine Art Flammenwerfer auf dem Kopf und Reißzahn-Reihen zu beiden Seiten des Mauls. Zudem hat er eine Fähigkeit, von der Soldaten und Guerillakämpfer nur träumen können, er kann Handgranaten spucken.

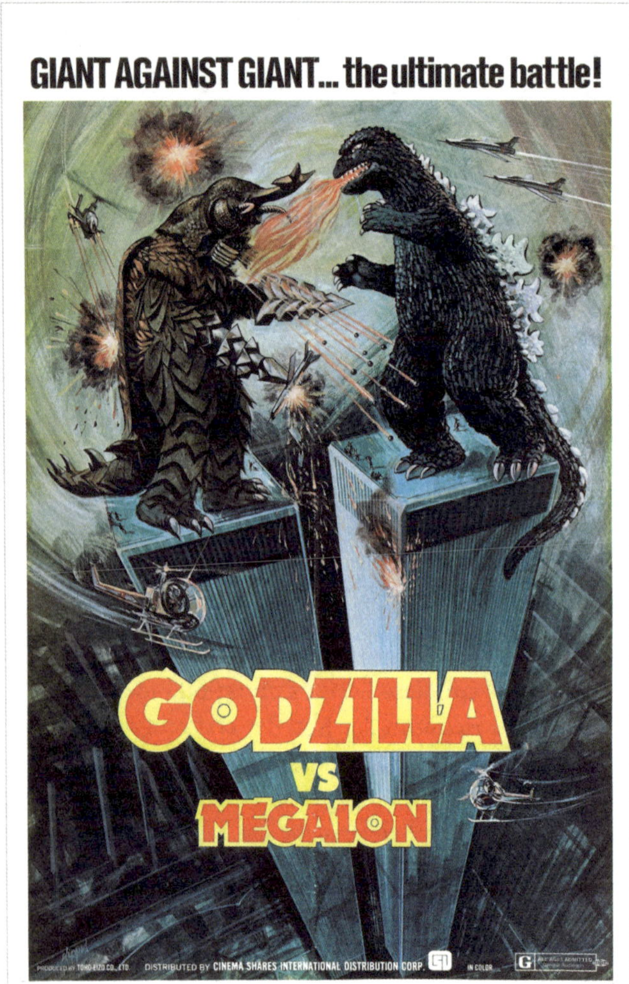

Außerdem versuchen die Seatopianer den von Menschen gebauten Roboter Jet Jaguar (in der dt. Fassung „King Kong"), der sich selbst vergrößern und verkleinern sowie fliegen kann, unter ihre Kontrolle zu bringen. Das Vorhaben misslingt, nicht zuletzt, weil einer der Erdbösewichte, der für die unterseeische Bevölkerung tätig ist, von einem Spielzeugflugzeug außer Gefecht gesetzt wird. Jet Jaguar macht sich selbständig und kämpft gegen Megalon. Die Seatopia-Bewohner holen daraufhin auch noch Gigan zu Hilfe, der bereits aus dem vorigen Godzilla-Film bestens bekannt ist.

Als Gegenmaßnahme fliegt Jet Jaguar zur Monster-Insel, um Godzilla zu verstehen zu geben, dass die Erde ohne ihn verloren sei. Und so macht sich Godzilla auf den Weg. In einer grandiosen zwanzigminütigen Kampfszene, in der mal Megalon und Gigan, mal Jet Jaguar und Godzilla die Oberhand haben, entfachen die Monster nicht nur einen infernalischen Lärm, sondern zeigen sich auch als artistisch veranlagte Kampfsportler. Während des Kampfes wirbeln sie viel Staub auf – was über den Film nicht behauptet werden kann.

In seinem vierten Godzilla-Film für Toho hat Fukuda nicht nur Gigan aus dem vorigen Film übernommen. Da für die Dreharbeiten nur wenig Geld zur Verfügung stand, wurden Szenen, die bei *Frankensteins Höllenbrut* nicht verwendet wurden, nun eingebaut, ebenfalls Szenen aus weiteren alten Filmen. Die Originalszenen halten sich in Grenzen. *Gojira tai Megaro* ist zweifelsohne ein Schnellschuss. Die Kampfszene der Monster lässt vermuten, dass Toho mit diesem Film eine Antwort auf die neuen Superhelden *(Ultraman)* in Fernsehserien geben wollte: Godzilla als Retter und Kung-Fu-Held.

Der Kampf der Monster erinnert eher an Wrestling, das damals noch Catchen hieß. Die Bewegungsabläufe von Gigan, Megalon, Godzilla und Jet Jaguar zeigen deutlich menschliche Züge. Godzilla als Superheld nimmt die Inszenierungen heutiger Wrestling-Championships vorweg. In dieser Rolle kann er seinen wahren guten Kern zeigen und die Menschheit vor bösen Monstern wie Gigan und Megalon schützen und bewahren. Als Superheld ist Godzilla außerdem kinderkompatibel, er bietet sich als Identifikationsfigur an. Als Retter der Menschheit verkörpert er so eine zentrale Pubertätsfantasie. Aber immerhin ist es gut zu wissen, dass wir ohne Godzilla alle verloren wären.

Als der Film 1976 in die amerikanischen Kinos kam, warb der US-Verleih mit einem Plakat, auf dem die King Kong-Geschichte nun noch einmal mit Godzilla und Megalon erzählt wurde. Die Ikonographie von King Kong wurde in das Plakat übernommen, das Empire State Building durch das World Trade Center ersetzt, und statt King Kong sind Godzilla und Megalon zu sehen.

Etwa zur gleichen Zeit war Dino de Laurentis King Kong-Version in die US-Kinos gekommen. Auf den Plakaten zu dieser Produktion war King Kong mit der weißen Frau ebenfalls auf dem World Trade Center zu sehen. Während Hubschrauber und Kampfflugzeuge die beiden um-kreisen, bekämpfen die sich auf den beiden Wolkenkratzer-Türmen des World Trade Center. Natürlich steht Megalon auf dem Turmhaus, das etwas niedriger ist als das andere. Und geworben wird mit der Zeile „Giant against Giant ... the ultimate battle!"

Mit diesen Anspielungen und intertextuellen Verweisen sollte Godzilla die Amerikaner ansprechen, indem er sich in ihr kulturelles Bewusstsein schlich. Toho und dem US-Verleih gelang es auf diese Weise zumindest, Godzilla in den USA populärer zu machen. Der Verweis auf King Kong findet sich auch in der synchronisierten Fassung für den deutschen Markt. Der fliegende Roboter wurde einfach von Jet Jaguar in King Kong umbenannt, und der deutsche Titel lautete entsprechend *King Kong – Dämonen aus dem Weltall.* Ein Frevel, denn damit wird man weder King Kong und noch weniger Godzilla gerecht, der zu einem Dämon aus dem Weltall degradiert wird. Das hat Godzilla nicht verdient.

AUTOR LOTHAR MIKOS

1973 ZONE FIGHTER

Jap. Originaltitel: *Ryusei Ningen Zone* | Intern. Titel: *Zone Fighter/ Zone, The Meteor Man* | 26 Episoden, Sendetermine vom 2. April–24. September 1973 (Nihon TV) | Produktionsfirma: Toho Eizo | Co-Produzent: Tomoyuki Tanaka | Buch: Shozo Uehara | Regisseure: Ishiro Honda, Jun Fukuda, Shokei Nakano | Musik: Go Nizawa | Kamera: Mototoka Tomioka, Takeshi Yamamoto Kampf-Choreograph: Haruhiko Hoshimoto | Spezial-Effekte: Teruyoshi Nakano, Koichi Kawakita | Darsteller: Kazuya Aoyama, Shoji Nakayama, Hideaki Ohara, Teru Kawai als Godzilla.

Als Reaktion auf die erfolgreiche Superhelden TV-Serie *Ultraman* (Tsuburaya Productions) schuf Toho ihre eigene TV-Serie mit der Superfamilie Sakimori vom Planeten Peaceland, die unsere Welt ständig vor dem invasionsgierigen außerirdischen Baron Garoga und reichlich bizarrer Riesenmonster retten muss. Das kampferfahrene Heldentrio besteht aus Zone-Fighter, der sich bei Bedarf in die gängige Monstergröße verwandeln kann, Zone-Angel, der kessen Minirockdame mit dem sechsten Sinn, und Zone-Junior, dem vorwitzigen Superknirps. Zu ihrer Ausrüstung gehört das schmucke fliegende Auto Mighty-Liner und das Raumschiff Smokey (parkt immer in einer Rauchwolke). Erstaunlich. Nachdem Garoga den Heimatplaneten der Sakimoris zerstört hat, haben die Supermenschen Asyl auf

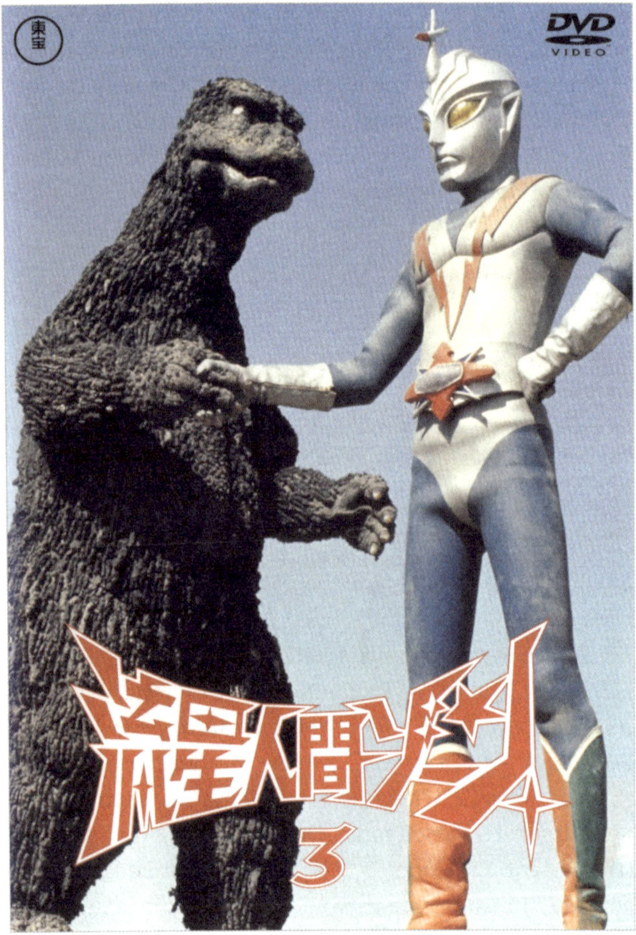

der Erde gefunden. Wenn es wirklich mal wieder zu brenzlig wird, kommt der inzwischen völlig zum Kinderhelden mutierte Godzilla zu Hilfe. Verwendet wurde das Godzilla-Kostüm aus *King Kong – Dämonen aus dem Weltall*, der im selben Jahr in die Kinos kam und mit dem

Superheldenroboter Jet Jaguar eine Ultraman-Kopie als Godzillas Kampfgefährten präsentierte. Auch alte ramponierte (ausrangierte Kostüme) Erzfeinde wie Ghidorah und Gigan haben in *Zone Fighter* Gastauftritte.

Die Serie ist herrlich quietschbunter Kinderquatsch, der nur von hoffnungslosen Hardcore-Fans angemessen gewürdigt werden kann. Der Erfolg der Godzilla-Filme hatte 1966 eine TV-Serie wie *Ultraman* erst möglich gemacht. Jetzt, nur einige Jahre später, musste Godzilla aber versuchen, Ultraman zu imitieren, um bei den Kids angesagt zu bleiben. Die Handlung der 26 Episoden folgt der immer gleichen Formel, so dass man sich beim Ansehen mehrerer Folgen hintereinander wie in einer Endloszeitschleife gefangen fühlt.

Unsere Monster aus dem Godzilla-Universum sind in folgenden Episoden (Die Titel sind ungefähre englische Übersetzungen der japanischen Originaltitel) zu bewundern:

Episode 4: *Invasion! The Attack of Garoga's Army Corps* (mit Godzilla)

Episode 5: *The Arrival of King Ghidorah* (mit Ghidorah)

Episode 6: *The Revenge of King Ghidorah* (mit Ghidorah)

Episode 11: *In the Twinkling of An Eye* (mit Godzilla und Gigan)

Episode 15: *Submersion! Godzilla, You Must Save Tokyo* (mit Godzilla)

Episode 21: *Invincible! Godzilla Enraged* (mit Godzilla)

Episode 25: *Gruesome! Zone & Godzilla vs. The Horrible Allies* (mit Godzilla)

Die TV-Serie ist bislang nur in Japan auf DVD erschienen. Selbstverständlich im japanischen Originalton ohne Untertitel. Der formelhaften Handlung kann man aber trotzdem relativ problemlos folgen.

1974 KING KONG GEGEN GODZILLA

Dt. Erstaufführung: 20. Dezember 1974 / 80 Min. | DVD-Titel: *Godzilla gegen Mechagodzilla* | Jap. Originaltitel: *Gojira tai Mekagojira* | Jap. Erstaufführung: 21. März 1974 / 84 Min. | US-Titel: *Godzilla vs. The Bionic Monster/Godzilla vs. The Cosmic Monster* | Video/TV-Titel: *Godzilla vs. Mechagodzilla* | US Erstaufführung: März 1977 / 82 Min. | Produktionsfirma: Toho | Produzent: Tomoyuki Tanaka | Regie: Jun Fukuda | Buch: Hiroyasu Yamaura | Kamera: Yuzuru Aizawa | Musik: Masaru Sato | Spezial-Effekte: Teruyoshi Nakano | Darsteller: Masaaki Daimon, Kazuya Aoyma, Akihiko Hirata, Hiroshi Koizumi, Reiko Tajima, Barbara Lynn, als Mechagodzilla: Kazunari Mori, als Angilas und King Caesar/König Shi-Saar: Momoru Kusumi, als Godzilla: Isao Zushi

„Wenn ein schwarzer Berg über den Wolken am Himmel erscheint, wird ein riesiges Ungeheuer auftauchen und versuchen, die Welt zu zerstören. Wenn aber der rote Mond untergegangen ist und die Sonne im Westen aufgeht, dann werden zwei weitere Ungeheuer erscheinen und die Menschheit retten." So lautet die uralte Weissagung aus einer Höhle auf Okinawa, und so wird es geschehen.

Erste Verblüffung: Das böse Monster ist unser guter alter Freund Godzilla. Zweite Verblüffung: Das zweite Monster ist ebenfalls Godzilla. Was natürlich nicht sein kann.

Als beide im Hafen von Tokio zum Duell antreten, entpuppt sich Godzilla Nr. 1 denn auch als Fälschung: Nachdem das Ding die Maske fallen lässt, kommt ein titanstählerner Cyborg zum Vorschein. Außerirdische haben ihn gebaut, um die Erde zu erobern. Ferngesteuert aus jener Höhle in Okinawa, feuert „King Kong" (im Original: Mechagodzilla) Raketensalven aus seinen Gliedmaßen und (regenbogenbunte!) Todesstrahlen aus Maul und Brustkorb.

Die erste Schlacht geht unentschieden aus; beide Monster tragen Blessuren davon und müssen sich trollen. Erst spät erfahren wir, wie Godzilla neue Kraft schöpft. Am Meer, bei dunkler Sturmnacht, während der Regen ihm

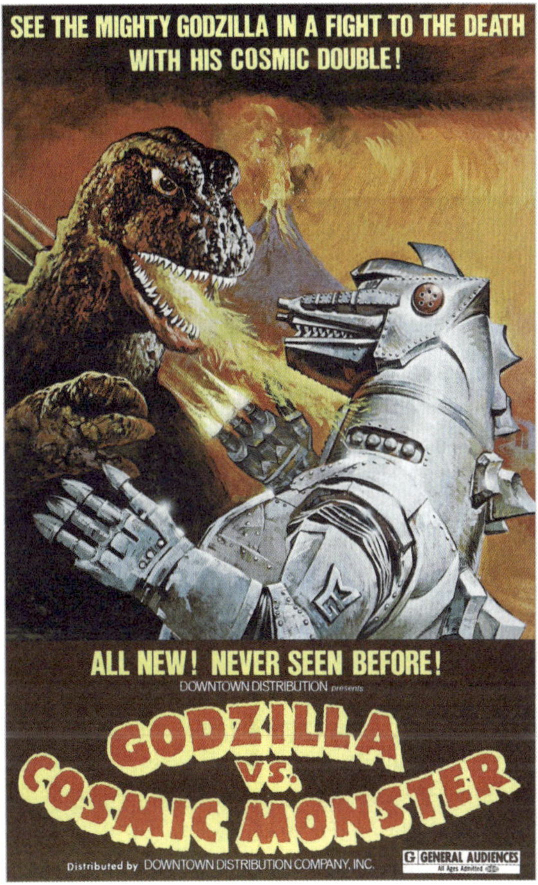

entgegenpeitscht, lässt Godzilla die Blitze auf sich einschlagen, bis sein Körper blau zu glühen beginnt …
Ein schmerzvolles, gleichwohl majestätisches Bild (Gegenlicht!) in einem kurzen Moment reiner Kinomagie. Er fügt der Mythologie Godzillas einen neuen Aspekt hinzu, selbst wenn der bei einem Klassiker entlehnt ist:

Schon in *Frankensteins Braut* führt die Elektrizität des Gewitters zur Wiedergeburt. Wer genau hinhört, meint sogar Franz Waxmans einstige Tonfolge, abgewandelt, wiederzuerkennen.

Am Ende stehen sich Godzilla und „King Kong" (also Mechagodzilla) in einem Dreierduell gegenüber. König Shi-Saar, der fabulöse Schutzgigant des Volks von Okinawa, ist inzwischen aus seiner Todesstarre erwacht und hilft seinem japanischen Kollegen, den Roboter zu vernichten. Derweil lässt das halbe Dutzend menschlicher Hauptdarsteller die Kommandozentrale der Invasoren hochgehen.

Zählt es zu den Pflichtübungen eines Filmkritikers, Godzilla stets als monströse Folge der Atombombenabwürfe von Hiroshima und Nagasaki zu interpretieren, bleiben politische Zusammenhänge dort unbeachtet, wo sie kaum zu übersehen sind. *Godzilla gegen Mechagodzilla* ist dafür ein gutes Beispiel. Denn gewöhnlich wird der Film unter rein (produktions-) technischen Aspekten betrachtet – und zerpflückt.

Sicherlich, der „göttliche" Shi-Saar (a.k.a. King Caesar) ist eine der lächerlichsten Kreaturen, die uns Toho je bescherte. Auch der Gesang, der das Zotteltier erweckt, kommt uns Jüngern der abendländischen Kultur kitschig vor und als unangebracht retardierendes Moment; die Gorillamasken der Invasoren sind nur ein billiger Abklatsch ihres mutmaßlichen *Planet der Affen*-Vorbilds usw. ...

Dabei sollte schon das Stichwort Okinawa genügen, um aufzumerken. Zumal dann, wenn die Produktionszeit des Films (1973/74) dicht auf ein historisches Datum folgt, das weltweite Beachtung fand. Am 15. Mai 1972 gaben die Amerikaner ihren Armeestützpunkt Okinawa offiziell an Japan zurück, nachdem sie die Inselwelt von Ryukyu seit 1945 besetzt hatten. Da der diplomatische Kampf um Okinawa 27 Jahre lang eine der großen Schicksalsfragen der japanischen Nation war, dürfte klar sein, wem hier die Leviten gelesen werden. Zwar werden die Aliens von Japanern dargestellt, doch wenn ihr Chef das Cognac-Glas schwenkt und eine dicke Zigarre schmaucht, verströmt das den Hautgout westlich „dekadenter“ Lebensart.

Fantastisch überhöht wird das Bild des sprichwörtlich „hässlichen“ Amerikaners, der im Zweiten Weltkrieg immerhin einem Fünftel der eine Million Einwohner den Tod brachte, wenn er in den letzten Minuten seines Lebens die Fratze eines Affen zeigt. Auch die vergleichsweise wenig utopische Basis der Aliens fügt sich in den politischen Zusammenhang ein. Was dramaturgisch an James Bond angelehnt ist, kann als Synonym für die Militäranlagen gelesen werden, die sich auf fünfzehn Prozent der Landesfläche erstrecken und weiterhin betrieben werden.

Ohne *Godzilla gegen Mechagodzilla* überinterpretieren zu wollen, dürfte sich das japanische Publikum seinerzeit an Ereignisse erinnert haben, die wenige Jahre zuvor große Angst und Empörung hervorgerufen hatten. Dass ein so schwerfälliger Koloss wie King Kong fliegen kann, mag ein fernes Echo des 29. Juli 1965 sein. Damals hoben die auf Okinawa stationierten B-52-Bomber ab, um Nord-Vietnam zu bombadieren. Nur wütender Massenprotest konnte die Amerikaner dazu bewegen, keine Angriffe mehr von dieser Insel zu fliegen. Selbst die Filmszene, in der die Erdlinge mit giftigen Gasen eingenebelt werden, löst sich vom üblichen Todeskammer-Klischee, wenn man den geschichtlichen Hintergrund hinzuzieht: Am 18. Juli 1969 enthüllte das Wall Street Journal, dass die US-Army chemische und biologische Waffen auf Okinawa lagerte.

Von den internationalen Medien mit größtem Interesse verfolgt, beseitigten die Truppen am 10. September 1971 die letzten zehntausend Tonnen Kampfgas.
Natürlich ist die Vertreibung des Feindes, ob nun Gegner im Zweiten Weltkrieg oder Aggressor „from outer space", nur die halbe Wahrheit von *Godzilla gegen Mechagodzilla*. Im Kern geht es darum, zwei benachbarte aber unterschiedliche Kulturen zu einem Volk zu vereinen. Japaner verstehen die Ryukyu-Sprache nicht, da ihre Grammatik der altjapanischen Struktur folgt und Wörter anders ausgesprochen werden. Schärfer formuliert: Ryukyu, das erst 1879 in Okinawa unbenannt worden war und dem Nachbarstaat endgültig einverleibt wurde, muss endlich einsehen, dass es nur im Verbund mit Japan stark sein kann.
Die (guten) Monster haben damit keine Schwierigkeiten; nur der Mensch muss Argwohn und Hass überwinden. „Oh Godzilla, vernichte das Volk der Japaner, welches einstmals versucht hat, das göttliche Geschlecht der Azumi zu unterjochen. Du wirst das Werkzeug unserer Rache sein!" flucht zu Anfang des Filmes der greise Okinawese. Dieser Herr ist keine Witzfigur, als die er zurechtgemacht wurde, sondern symbolischer Vertreter jener, die nach dem Krieg im Zuge der amerikanischen Besatzung umsiedeln mussten. Tausende protestierten in Naha, der Hauptstadt Okinawas, für die Autonomie. In Tokio lieferten sich noch am 19. November 1971 78.000 Demonstranten wüste Straßenschlachten mit der Polizei. Am Ende des Filmes ist es die Tochter des Alten, eine liebreizende Tempeltänzerin, die als Garant einer gemeinsamen Zukunft gelten darf. Die Kleine sei genau sein Typ, meint einer der Japaner ... Anders gesagt: Wo die Politik versagt, hilft nur die Biologie. Problemlösung im Sinne des Trivialfilms.

Mit *Godzilla gegen Mechagodzilla* feierte die Produktionsfirma Toho den 20. Geburtstag seines beliebtesten Monsters. Doch der Jubel hielt sich in Grenzen. Als 14. direkter Beitrag zur Serie blieb er der vorletzte der klassischen Periode – nur noch gefolgt vom Sequel *Die Brut des Teufels*. Trotzdem hätte der Film die Kraft zur Erneuerung des Genres durchaus gehabt. Denn anders als zuvor wurde ein relativ erwachsenes Publikum angepeilt. Kinder kamen nicht mehr vor. Story, Musik und der Gimmick mit der Hightech-Pfeife verweisen auf 007. Selbst der Schnitt ist ungewöhnlich flott, der Szenenwechsel flüssig. Dass der Film nicht ganz so verkehrt war, wie westliche Kritiker meinten, dürften seine beiden Remakes in den Jahren 1993 und 2002 beweisen.

AUTOR PETER CLASEN

1975 KONGA – GODZILLA – KING KONG: DIE BRUT DES TEUFELS

Dt. Erstaufführung: 22. August 1975 / 83 Min. | TV-Titel: *Godzilla und der Kampf der Titanen* | Blu-ray: *Mechagodzillas Terror* | Jap. Originaltitel: *Mekagojira no Gyakushu* | Jap. Erstaufführung: 15. März 1975 / 83 Min. | US-Titel: *Terror of Mechagodzilla* | Alternativtitel: *The Terror of Godzilla* | US Erstaufführung: März 1977 / 79 Min., TV: 89 Min. | GB-Titel: *Monsters from an Unknown Planet* | Produktionsfirma: Toho | Produzent: Tomoyuki Tanaka | Regie: Ishiro Honda | Buch: Yukiko Takayama | Kamera: Motoyoshi Tomioka | Musik: Akira Ifukube | Spezial-Effekte: Teruyoshi Nakano | Darsteller: Katsuhiko Sasaki, Tomoko Ai, Akihiko Hirata, Katsumasa Uchida, Goro Mutsu, Kenji Sahara, als Mechagodzilla: Kazunari Mori, als Titanosaurus: Tatsumi Fuyamoto, als Godzilla: Teru Kawai

Veteranentreffen beim fünfzehnten und letzten Godzilla-Film der Original-Serie. Ishiro Honda, der seit *Monster des Grauens greifen an* (1970) keinen Monsterfilm mehr gedreht hatte, übernahm ein letztes Mal die Regie. Godzillas Lieblingskomponist und Erfinder des Godzilla-Gebrülls Akira Ifukube kehrte mit traditionellen Klängen zurück. Ein Indiz dafür, dass Toho nach den beachtlichen Zuschauerzahlen von *Gojira tai Mechagojira* die Ernsthaftigkeit in die Serie zurückholen wollte. Auch das Budget wurde im Freudentaumel erhöht. So darf man sich auf aufwändige Zerstörungsorgien im Hafen von Tokio freuen. *Mechagojira no Gyakushu* ist eine direkte Fortsetzung von *Gojira tai Mechagojira/King Kong gegen Godzilla* aus dem Vorjahr. Mechagodzilla ist wieder da, die Außerirdischen sind die Gleichen, und die Story ist ja sowieso immer die gleiche. Ein echter 70er Jahre-Plastik-Film mit köstlichen deutschen Dialogen.

Außerirdische Invasoren vom Black-Hole-Planeten haben sich die Überreste vom explodierten Mechagodzilla unter den Nagel gerissen und daraus einen noch stärkeren Mechagodzilla (MG 2) gebastelt. „Wir sind hier, um die Welt, die ihr Menschen zerstört habt, neu zu erschaffen“, tönt das faschistoide Öko-Alien in Menschengestalt und silbernem 70er Jahre-Outfit. Ja, auch Japaner sehen in 70er Jahre-Klamotten zum Brüllen aus. Der von allen verlachte Mad Scientist Dr. Mafune (noch ein Veteran: Akihiko Hirata in seiner letzten Rolle mit lächerlichem „alter Mann“-Make-up, Grauhaarperücke und angeklebtem Schnauzer, er verstarb 1984) macht mit den Invasoren gemeinsame Sache, um sich an der Gesellschaft zu rächen. Er hat ein Kontrollsystem für den sonst so friedlichen Titanosaurus entwickelt. Das neue Monster Titanosaurus ist ein hässlich pickeliger roter Geselle mit Fischschwanz und elefantösem Gebrüll. MG 2 und Titano verwandeln Tokio (immer wieder Tokio) in ein Flammenmeer. Dr. Mafunes Tochter

Katsura (Tomoko Ai) hat ein künstliches „Herz, so kalt wie ein Eisblock aus dem All", implantiert von den Außerirdischen. Bei dieser Operation sind die ersten nackten Frauenbrüste – wenn auch nur aus Plastik – in einem Godzilla-Film zu sehen. Das Zielpublikum hat die Pubertät erreicht. Trotz allem ist das kalte Herz in der Lage, sich in den heldenhaften Meeresbiologen Akira Ichinosi (Katzuhiko Sasaki) zu verlieben.

Katsuras Hirn, oder ein Teil davon, hingegen ist MG 2 eingepflanzt worden, um ihn zu kontrollieren. Auch Aliens leiden in Japan unter Kontrollzwang.

Godzilla greift ein und an. Nicht erfüllte Liebe bricht Katsuras Herz. Sie wählt den in Japan als ehrenhaft geltenden Freitod und erschießt sich mit einer Außerirdischenpistole selbst. Mechagodzilla verliert ohne Kazuras mentalen Input die Kontrolle und wird von Godzilla fachgerecht zerlegt. Titanosaurus plumpst – von Godzilla vermöbelt – ins Meer, aus dem er einst gekommen war. Als die Außerirdischen in ihren schicken silbernen Ufos abhauen wollen, holt sie Godzilla lässig mit einem radioaktiven Feueratem vom Himmel.

Godzilla ist ein Held. Unser Held. Doch es sollte sein letzter Einsatz in dieser Form sein. Nie waren die Besucherzahlen bei einem Godzilla-Film so schlecht wie bei *Mechagojira no gy Akushu.* Ironie des Schicksals, dass Honda selbst sein Baby zu Grabe tragen musste. Denn so schlecht ist der Film nicht. Die amerikanische Kinofassung und die 1986 auf VHS erschienene US-Videoversion ist um einige Minuten geschnitten. Die menschliche Gewalt wurde entfernt, um den Film noch jugendfreier zu machen. Keine Schüsse, keine Toten, keine Brüste (Plastik). Neun lange Jahre lag Godzilla auf Eis, bis er 1984 neu erfunden wurde.

Ishiro Honda – Hüter der Maserung

„Ishiro Honda war damals zweiter Regieassistent, doch wenn den Bühnenbildnern die Arbeit über den Kopf wuchs, legte er auch hier Hand an. Er achtete stets genauestens darauf, dass das Holz für die falschen Pfosten und Wandtäfelungen mit einer Maserung gestrichen wurde und dass man dort, wo sie fehlte, eine Maserung aufmalte. Daher sein Spitzname: Honda, Mokume no Kami – Hüter der Maserung. Der Grund, weshalb er so sehr auf die Maserung achtete, war einfach der Wunsch, Kajiro Yamamotos Filme um eben diesen Aspekt besser zu machen.“ Akira Kurosawa

Ishiro/Inoshiro (die Übersetzung der japanischen Schriftzeichen erlaubt verschiedene Schreibweisen. Er selbst bevorzugte „Ishiro“) Honda, geboren am 7. Mai 1911 in der Präfektur Yamagata, interessierte sich bereits als Jugendlicher für das Kino. In 1931 begann er ein Studium am Fachbereich Film an der Nippon-Universität in Tokio. Noch vor seinem Abschluss kam er in die Regieabteilung der P.C.L., dem Vorläufer der Toho. Dort begegnete er seinem langjährigen Freund und Weggefährten Akira Kurosawa. Beide arbeiteten mehrere Jahre als Regie-Assistenten bei Kajiro Yamamoto. Nach seiner Rückkehr aus dem Pazifik-Krieg assistierte Honda 1949 Kurosawa bei dessen Film *Nora Inu (Ein streunender Hund)*. Honda erschien nur hier – und sehr viel später bei *Ran* und den anschließenden Filmen Kurosawas – offiziell in den Stabangaben als Regieassistent, bzw. Berater. Dabei hat er bei fast jedem Film von Kurosawa in irgendeiner Form mitgearbeitet, als inoffizieller Assistent, als Berater oder einfach nur als guter Freund. Nach seinem Regiedebüt *Aoi Shinju (Blaue Perlen)*, für das er eigens eine spezielle Unterwasseraufnahmetechnik entwickelte, realisierte Honda 1953 den Kriegsfilm *Taiheyo no washi.* Im Jahre 1954 entstand dann der Film, der ihn mit einem Schlag weltberühmt machte und seine weitere Karriere bestimmte: *Godzilla (Gojira).* Bis 1960 war Honda (fast) der einzige Monster-Regisseur der Toho. Danach teilte er sich die Arbeit mit Jun Fukuda, der in den 60er Jahren vor allem jene billigeren Monsterfilme drehte, die in der freien Natur spielen, sich die Monster gleich scharenweise tummeln und mit allerlei Gegenständen bewerfen. Nebenbei fand Honda noch Zeit, triviale Science-Fiction-Filme auf hohem technischem Niveau zu realisieren wie *Krieg im Weltenraum/Uchu dai Senso* von 1960. So wurde er – gemeinsam mit dem Trickspezialisten Eiji Tsuburaya – Vater des im Ausland erfolgreichstem japanischen Genres, dem Kaiju Eiga. In 1968 konnte Honda dann den „Monster-Geburtstagsfilm" der Toho drehen. Aus Anlass der 20. Produktion entstand *Frankenstein und die Monster aus dem All (Kaiju Soshingeki),* in dem nicht weniger als zwölf Monster ihr (Un)Wesen treiben. Hondas Arbeit setzte Maßstäbe. Dass letztlich alle Monsterfilme wie aus einem Guss wirken, liegt nicht nur an seinem inszenatorischen Einfallsreichtum, der sich etwa in der ausgefeilt-exzentrischen Farbgebung sowie in seinem perfekten Umgang mit dem Cinemascope-Format zeigt. Sondern darüber hinaus vermochte sich Honda stets in ein Team zu integrieren. So waren die Toho-Produktionen über lange Jahre das Ergebnis einer aufeinander eingespielten Gruppenarbeit: Tomoyuki Tanaka (Produktion, zur selben Zeit auch Produzent vieler Kurosawa-Filme), Eiji Tsuburaya (Tricks), Akira Ifukube (Musik) und Akira Takarada (Darsteller). Hondas finanziell erfolgreichen Produktionen ermöglichten der Toho wohl auch, sich einen Akira Kurosawa zu leisten, dessen Filme nicht sehr kassenträchtig und zudem auch nicht gerade billig waren. Nach dem Abflauen der Monster-Welle in den 70er Jahren zog sich Honda vom aktiven Filmemachen zurück. Seit *Kagemusha* fungierte er als Kurosawas Assistent, Berater und künstlerischer Mitarbeiter. So gehen die gesamten Tricksequenzen in Akira Kurosawas *Träume (Konna Yume Wo Mita)* auf das Konto Ishiro Hondas. Es muss ein seltsam-berührender Anblick gewesen sein, als bei der Produktion von *Rhapsodie im August (Hachigatsu no Rapusodia)* die beiden alten Männer am Set standen. Es war die letzte Zusammenarbeit der alten Freunde Kurosawa und Honda. Jeder ist auf seine Art und Weise eine Legende, und eigentlich hätte Honda es nach westlicher Vorstellung überhaupt nicht nötig gehabt als Regieassistent zu arbeiten. Aber indem er es tat und wahrscheinlich stolz darauf war wie sein Freund Kurosawa, das erzählt nicht nur viel über die Freundschaft, sondern auch etwas von der japanischen Mentalität generell. Honda hat für diesen letzten gemeinsamen Film u.a. die Sequenz mit dem Auge über dem Berg inszeniert: einer der gewaltigsten, gewagtesten und großartigsten Momente im Gesamtwerk des Meisters. Kurosawa: *„Nicht viele Menschen sind von solcher Aufrichtigkeit und Verlässlichkeit wie Honda.“* Ishiro Honda starb am 28. Februar 1993 in Tokio.

AUTOREN **OLAF MÖLLER/LUTZ GRÄFE**

1984 GODZILLA – DIE RÜCKKEHR DES MONSTERS

Video-Titel: *Return of Godzilla* | Dt. Erstaufführung: 26. August 1985 / 82 Min. | Jap. Originaltitel: *Gojira* / 103 Min. | Jap. Erstaufführung: 15. Dezember 1984 | US-Titel: *Godzilla 1985* | US Erstaufführung: August 1985 / 91 Min. | Produktionsfirma: Toho | Produzent: Tomoyuki Tanaka, Fumio Tanaka | Regie: Koji Hashimoto | Buch: Shuichi Nagahara (basierend auf „The Resurrection of Godzilla" von Tomoyuki Tanaka) | Kamera: Kazutami Hara | Musik: Reijiro Koroku | Spezial-Effekte: Teruyoshi Nakano | Darsteller: Keiju Kobayashi, Ken Tanaka, Yasuko Sawaguchi, Shin Takuma, Yosuke Natsuki, als Godzilla: Kenpachiro Satsuma (a.k.a.: Kengo Nakayama)

Fast zehn Jahre hatte es keinen Godzilla-Film mehr gegeben. Zwar wurden einige Projekte wie *The Resurrection of Godzilla (Gojira Futsukatsu),* ein Remake des 54er-Originals, *Godzilla versus The Devil (Gojira tai Deberu), Space Godzilla (Supesu Gojira)* oder der amerikanische *Godzilla – King of the Monsters in 3-D* (Fred Dekker schrieb 1983 das Skript, Steve Miner sollte Regie führen) angekündigt, doch erst 1984 war es wieder so weit: 350.000 Besucher stürmten am 15. Dezember in die japanischen Kinos, um der Wiederauferstehung der „fleischgewordenen Anarchie" beizuwohnen. Die 40.000 Mitglieder des Godzilla-Fan-Clubs hatten sich einen furchterregenden Godzilla von Toho-Produzent/Präsident Tomoyuki Tanaka gewünscht. Die auf ein jugendliches Publikum zugeschnittenen Filme der frühen 70er Jahre hatten einen schalen Geschmack hinterlassen. Als FX-Director wurde Tsuburaya-Schüler Teruyoshi Nakano verpflichtet, der schon die FX der letzten sechs Godzilla-Filme realisiert hatte. Nakano versprach der Welt einen computergesteuerten Elektro-Godzilla, der die „Suitmation" ablösen sollte. Tatsächlich wurde ein fünf Meter hoher Godzilla-Roboter gebaut, der aber nicht allzuviel Verwendung im Film fand. Man besann sich doch auf den zeitsparenden Mann (Kenpachiro Satsuma) im Godzilla-Anzug, sowie auf diverse Extremitäten wie Schwanz, Fuß und Kopf für Nahaufnahmen.

Da Altmeister Honda beschäftigt war, wurde Regisseur Koji Hashimoto, der ein Jahr zuvor *Sayonara Jupiter* realisiert hatte, mit dem 6,5 Millionen Dollar (etwa das Vierfache einer normalen japanischen Produktion dieser Zeit) Remake, der Fortsetzung des Ur-Godzillas, betraut. Der Film ignoriert Godzillas Tod am Ende des ersten Filmes, sowie die nachfolgenden vierzehn Filme. Godzilla entsteigt einem ausbrechenden Vulkan auf einer kleinen Insel und bringt fast ein Boot zum kentern. Biologiestudent Okumura ist der einzige Überlebende. Die anderen Besatzungsmitglieder sind übermäßiger radioaktiver Strahlung, bzw. einem dicken Godzilla-Parasiten, der sich auf dem Schiff herumtreibt, zum Opfer gefallen. Als Okumura von Godzilla erzählt, verhängt Premierminister Mitamura (Keiju Kobayashi) eine Nachrichtensperre. Zu groß ist die Gefahr einer Panik, die auch der japanischen Wirtschaft schaden würde. Godzilla tankt Radioaktivität in einem Atomkraftwerk und zerstört ein russisches Atom-U-Boot. Die Russen verdächtigen natürlich die Amerikaner, doch bevor die Supermächte aufeinander losgehen können, klärt Mitamura die Streithähne auf. Sowohl die USA als auch die UdSSR wollen nun ihre Nuklearwaffen gegen Godzilla richten. Japan ist empört und lehnt dankend ab. Ein Hiroshima ist genug.

Godzilla geht in der Bucht von Tokio (wo sonst?) an Land, wobei peinlicherweise eine russische Atomrakete eines Trägersatelliten im All, die auf Tokio gerichtet ist, aktiviert wird. Die Amis jedoch können sie 70 km über der Stadt mit einer Abfangrakete stoppen. Peng. Wetterleuchten über der Stadt. Schlafwandlerisch trampelt Godzilla durch das

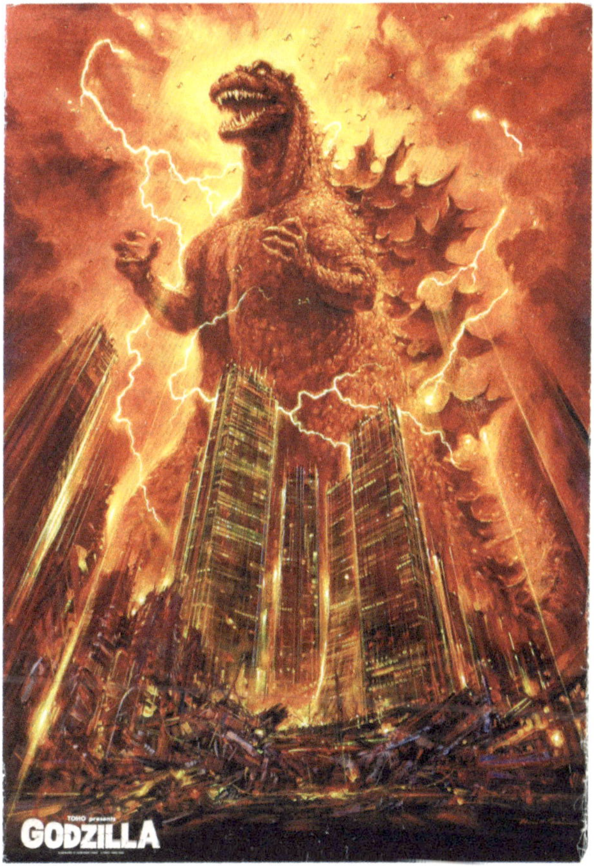

neue Tokio. Wie eine echte Bedrohung der Menschheit sieht er nicht aus. Eher wie ein müdes Reptil, dessen Ruhe gestört wird, weil er sich zufällig in unserem Revier befindet.

Teruyoshi Nakano erinnert sich im Juli 2004 auf dem G-Fest in Chicago: „Inzwischen waren die Wolkenkratzer von

Tokio größer geworden als das Monster. Früher war er immer der Größte und Stärkste gewesen. Doch jetzt war es schwer zu glauben, dass Godzilla eines dieser Hochhäuser so einfach umwerfen könnte. Bis zu diesem Zeitpunkt hatten die Menschen ihn immer für eine Art göttliches Wesen gehalten. Sie waren sich nicht mal sicher, ob er tatsächlich existierte. Also entschieden wir, Godzilla 1984 zu einem normalen Lebewesen zu machen, zu einem großen Tier. Das gab ihm eine Verletzlichkeit und machte ihn zu einer tragischen Figur."

Japans Geheimwaffe, der fliegende Panzer „Super X", schießt Kadmium-Bomben in Godzillas Maul. Besinnungslos fällt er in einen Wolkenkratzer. Blitze aus der hübschen radioaktiven Wolke über der Stadt beleben ihn wieder, bis man den Ärmsten zurück in einen Vulkankrater lockt und Bomben zündet.

Das ist alles nicht besonders neu oder originell, aber zumindest ein Schritt in die richtige Richtung, der die Serie wieder in Gang brachte. Schmerzlich vermisst man die Musik Akira Ifukubes, der Gerüchten zufolge kein Interesse mehr hatte, die Filmmusik zu schreiben. Reijiros Korokus Soundtrack ist stimmungsvoll, aber wenig aufregend und klingt irgendwie zu Amerikanisch. Die japanische Originalversion läuft lange 103 Minuten. Für die amerikanische Version wurden (wie schon 1956 für *Godzilla – King of the Monsters*) zusätzliche Szenen mit Raymond Burr gedreht. Angeblich stand er nur einen Arbeitstag als amerikanischer Reporter vor der Kamera. Trotz des Burr-Materials beträgt die Laufzeit der US-Fassung nur ca. 91 Minuten, ungefähr dreißig Minuten des Originalmaterials flogen heraus. Die Übersetzung geriet betont heiter und als Vorfilm wurde Marv Newlands Trickfilm *Bambi Meets*

Godzilla (1969) gereicht. So richtig ernst wollte man den neuen Godzilla-Film in Amerika nicht nehmen.

1989 GODZILLA – DER URGIGANT

Jap. Originaltitel: *Gojira tai Biorante* | Jap. Erstaufführung: 16. Dezember 1989 / 105 Min. | US-Video/DVD-Titel: *Godzilla vs. Biollante* | Deutsche Videopremiere: 1. Februar 1991 / 105 Min. | Produktionsfirma: Toho | Produzent: Tomoyuki Tanaka, Shogo Tomiyama | Regie: Kazuki Omori | Buch: Kazuki Omori, Shinichiro Kobayashi | Kamera: Yudai Kato | Musik: Koichi Sugiyama | Spezial-Effekte: Koichi Kawakita | Darsteller: Kuniko Mitamura, Yoshiko Tanaka, Masanobu Takashima, Megumi Odaka, Tohru Minagishi, Kenpachiro Satsuma als Godzilla sowie Masao Tagegami als Biollante

Die Toho gab in der Zeitung eine Anzeige auf: Hilfe, uns gehen die Ideen für weitere Godzilla-Filme aus! 5.025 besorgte Fans setzten sich hin und schickten der Toho Treatments für weitere Godzilla-Filme. Ausgewählt wurde das Umweltverschmutzungs-Opus – was nicht weiter überrascht. In Japan setzte man sich schon mit der Umweltverschmutzung auseinander, als man hier noch nicht einmal eine Idee von dieser Bedrohung, geschweige denn ein Wort dafür hatte. Die meisten Japaner, wenn ihre Umwelt sie denn überhaupt interessiert, sind fanatische Umweltschützer. Aber wenn die Geschichte des Hilferufes und den eingeschickten Treatments auch nur ein Reklamegag der Toho gewesen sein sollte, so war er doch ziemlich gut, mit einem möglichen, ergo realistischen Ergebnis. Im Übrigen gab es mit Hedora zu diesem Zeitpunkt ja schon ein Umweltverschmutzungsmonster in der Godzilla-Welt. Nur war Hedora nicht mit Godzilla verwandt. Biollante dagegen schon, gentechnisch betrachtet. Biollante ist nämlich die Mutation einer Godzilla-Zelle. Jetzt liegt es da vor Japan im Meer, das schönste und faszinierendste aller Toho-Monster:

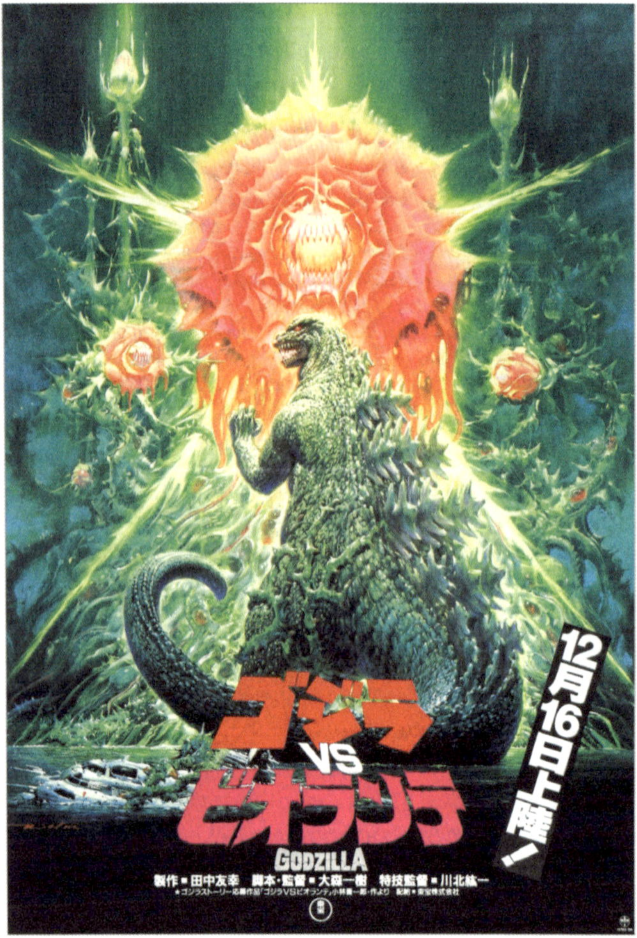

Eine gigantische Rose mit Drachenkopftentakeln und der Seele einer jungen schönen Frau. Die G-Force, ziemlich offensichtlich eine Erfindung von Kazuki Omori, eingeführt in dem von ihm geschriebenen *Gojira* (1984), hat also alle Hände voll zu tun. Die G-Force mit ihrem G-Detector

und G-Was-weiß-ich-nicht-noch-alles ist so etwas wie der Stellvertreter des Zuschauers im Film ... und überhaupt, irgendwie wirken die G-Men wie ein Haufen leicht durchgedrehter Godzilla-Fans in einer Welt, wo Godzilla die einzig wahre, allgewaltige Konstante darstellt. Als der G-Detektor kritische G-Aktivitäten registriert, steht einer der G-Men da, krault liebevoll seinen Gummi-Godzilla und murmelt so etwas wie: „Bist du also auch mal wieder da!"
Überall stehen kleine und große Godzilla-Figuren herum. Ein Fernseher zeigt kurz Bilder aus der Godzilla-Zeichentrickserie. Godzilla ist so etwas wie die zur Rache-Essenz gewordene Kollektivschuld, mit der man versucht, so gut wie möglich zu leben. Da ist es doch am besten, man integriert sie direkt ins Alltagsleben.
Das ist, ganz klar, die Sicht eines Nachgeborenen, der mit Godzilla-Filmen (G-Filmen? G-Aktivitäten? ...) aufgewachsen ist. Der Autodidakt Kazuki Omori gehört zu den wenigen Regisseuren in der kontemporären japanischen Filmindustrie, die ihre Ursprünge in der Super-8-Szene der 60er und 70er Jahre haben. Wohlgemerkt: Es gibt sehr viele Ex-Super-8-Regisseure, die jetzt professionelle Filme machen, aber nur die allerwenigsten – erwähnen sollte man da Nobuhiko Obayashi und Shunichi Nagasaki – dürfen auch für die großen Firmen die teuren Filme machen. Omori reanimierte die Serie mit der ihm eigenen Sensibilität des erwachsenen Fans und seinem Hang zum entspannt Selbstreflexiven. Das dürfte daher kommen, dass für Omori Godzilla nie etwas anderes war als ein manchmal böses, meistens gutes Kino-Monster, ein belebtes Bild also. Er hat nicht diesen Ernsthaftigkeits-Ballast früherer Godzilla-Regisseure, die sich immer der Tatsache bewusst waren, dass der erste Godzilla-Film eine ernsthafte

Anklage der Gefahren des Atom-Zeitalters war. Für Omori waren die Godzilla-Filme immer unfreiwillige Spiegel der japanischen Befindlichkeiten. Das, was früher unbewusst in die Filme floss, packte er bewusst hinein. So kam die (Post)-Moderne in die Godzilla-Welt.

AUTOR **OLAF MÖLLER**

Sushi schmeckt in Japan am besten!

Interview mit Regisseur und Autor Kazuki Omori

Um einen Veteranen des Kaiju-Eiga zu interviewen musste ich bislang immer bis nach Japan oder in die USA reisen. Doch am 26.5.2012 war der Autor und Regisseur Kazuki Omori, der Ende der 80er Jahre Godzilla erfolgreich wiederbelebt hat, beim Japanischen Filmfest Hamburg zu Gast um seine beiden Monsterkracher *Godzilla vs. Biollante* (1989) und *Godzilla vs. King Ghidorah* (1991) höchstpersönlich vorzustellen.

Im ersten Film muss die radioaktive Riesenechse in Hamburgs Partnerstadt Osaka gegen die gigantische Monster-Rose Biollante kämpfen, die ein trauriger Wissenschaftler aus Genen seiner verstorbenen Tochter und eingefrorenen Godzilla-Zellen erschaffen hat. Im zweiten Film legt die japanische Monster-Ikone im Duell mit dem dreiköpfigen goldenen Drachen King Ghidorah Tokios Geschäftsviertel Shinjuku auf ästhetisch höchstem Niveau in Schutt und Asche. Nur etwa 70 beinharte Monster-Nerds saßen mit feuchten Augen im Metropolis Kino und schauten gemeinsam mit Herrn Omori die aus Japan eingeflogenen 35mm Filmkopien.

In japanischen Monstern, den Kaiju, spiegeln sich schon immer die Ängste und Befindlichkeiten der Japaner.

Deshalb wollte ich im Gespräch mit Herrn Omori wissen, ob die Erdbeben/Tsunami/Reaktor-Katastrophe von 2011 wohl einen Einfluss auf die zukünftige japanische Monsterfilmkultur haben wird: *„Eigentlich sollte ich schon im letzten Jahr mit meinen Godzilla Filmen nach Hamburg kommen. Doch dann kam die Katastrophe und die Festivalleitung vom JFFH hat sich entschieden, die Veranstaltung zu verschieben. Das war für mich überraschend. Denn gerade im letzten Jahr, unmittelbar nach Fukushima, wären meine Godzilla-Filme ja umso relevanter gewesen. Der inzwischen verstorbene Produzent der Toho, Herr Tomoyuki Takanka (der schon den ersten Godzilla-Film im Jahr 1954 produzierte), hat mir wiederholt deutlich gemacht, dass Godzilla immer als ein Symbol gegen die Atomkraft porträtiert werden muss. Das war eine unbedingte Vorgabe von ihm. Ansonsten konnte ich machen, was ich wollte. Sollte in Zukunft ein neuer Godzilla Film produziert werden, wird man nicht um einen Verweis auf Fukushima herumkommen. Aber das wird sicher nicht einfach.“*
Mit Blick auf das Durchschnittsalter der anwesenden Zuschauer gibt Omori zu bedenken: *„Für ältere Generationen ist Godzilla bestimmt eine Ikone. Ob wir allerdings die heutigen Teenager und Twens mit Godzilla Filmen erreichen können, wage ich zu bezweifeln. Kennen Teenies von heute Godzilla überhaupt noch?“*
Auf die Frage, ob er seine Godzilla Filme für ein japanisches oder internationales Publikum konzipiert hat, sagt Omori: *„Sicher hätte ich meine Godzilla-Filme gerne für ein internationales Publikum mit mehr ausländischen Stars besetzen wollen. Doch Toho entschied sich damals dafür, ausschließlich für den japanischen Markt zu produzieren. Wie sie ja vielleicht wissen sind bei den alten Godzilla Filmen*

in USA oft Szenen mit amerikanischen Darstellern nachgedreht worden. Toho hat sich damals sogar vertraglich dazu bereit erklärt, keine Einwände gegen diese amerikanischen Fassungen zu erheben. Doch meine Godzilla-Filme wurden leider nicht für eine Kinoauswertung nach Amerika verkauft. Als die Filme dann unverändert in Amerika auf Video erschienen, war ich sehr glücklich. Im Nachhinein habe ich erfahren, das Godzilla vs. King Ghidorah erst nicht nach USA verkauft werden konnte, weil dem Film eine antiamerikanische Haltung vorgeworfen wurde (lacht)."

Seine Godzilla-Filme haben also keine unterschwelligen politische Botschaften? *„Also keine antiamerikanischen. Im Gegenteil. In Godzilla vs. Biollante geht es um die japanische Gen-Technologie, die zu weit gegangen ist und dadurch ein Monster erschaffen hat. Das ist also eher eine Kritik an der japanischen Gen-Technologie. Und in Godzilla vs. King Ghidorah geht es unterschwellig um den überzogenen Wirtschaftsboom dieser Zeit und das Platzen der ‚Bubble Economy' der großen Spekulationsblase. Dadurch hat die japanische Wirtschaft einen erheblichen Rückschlag erlitten. In Japan hat man mich dafür kritisiert, dass Japan in meinem Film so schlecht dargestellt wird."*

Welche Erwartungen oder auch Befürchtungen hat Omori, als einer der Väter von Godzilla, an den neuen angekündigten amerikanischen Godzilla-Film unter der Regie des Briten Gareth Edwards? *„Man muss schon sagen, Godzilla ist tief in der japanischen Kultur verwurzelt. Das wurde mir umso mehr bewusst, als ich den letzten nicht-japanischen Godzilla Film von Herrn Roland Emmerich gesehen habe. Lassen Sie mich das so formulieren: Würstchen schmecken in Deutschland am besten. Und Sushi ist nun mal in Japan am besten."*

1991 GODZILLA – DUELL DER MEGASAURIER

Dt. Erstaufführung: 26. März 1992 / 103 Min. | Dt. Videoveröffentlichung: 21. Mai 1992 | Jap. Originaltitel: *Gojira tai Kingu Ghidorah* | Jap. Erstaufführung: 14. Dezember 1991 / 103 Min. | Internationaler Titel: *Godzilla vs. King Ghidorah* | Produktionsfirma: Toho | Produzent: Tomoyuki Tanaka, Shogo Tomiyama | Regie: Kazuki Omori | Buch: Kazuki Omori | Kamera: Yoshinoru Sakiguchi | Musik: Akira Ifukube | Spezial-Effekte: Koichi Kawakita | Darsteller: Anna Nakagawa, Megumi Odaka, Isao Toyohara, Kiwako Harada, Tokuma Nishioka, Shoji Kobayashi, Richard Berger, Chuck Wilson, Kenji Sahara, Robert Scott Field sowie als Godzilla-Saurus: Wataru Fukuda, als King Ghidorah: Huricane Ryu, als Godzilla: Kenpachiro Satsuma (Mecha-King Ghidorah war eine Marionette)

Das Godzilla-Phänomen begründet sich auch damit, dass wir Europäer, bzw. die in abendländischer Tradition erzogenen Zeitgenossen, vermutlich niemals hundertprozentig dahinterkommen werden, was im Reich der mutierten Urweltmonster beabsichtigter Trash und was unfreiwillig komisch ist. Das Fremde ist ja nur so lang faszinierend, wie es fremd bleibt. Gerade weil sich diese merkwürdigen Filme mehrheitlich einer strengen Analyse entziehen und wissenschaftliches Instrumentarium zumindest teilweise versagt, bleibt stets ein unversehrter Kern erhalten. Glücklicherweise. So können wir uns damit be- und vergnügen, das Faszinosum zu registrieren, es mit kindlichen Augen zu bestaunen. Deutungsversuche bleiben rudimentär. In dieser Beziehung nimmt *Godzilla vs. King Ghidorah* eine Sonderstellung ein. Wie in keinem anderen Film der Godzilla-Reihe kommen hier westliche Einflüsse ins Spiel, in doppelter Weise. Zum einen handlungsbedingt, denn eine Verschwörung amerikanischer Zeitreisender wird zum Anlass für eine Kette von Katastrophen. Zum anderen in formalästhetischer Hinsicht, denn zahlreiche Zitate und Anspielungen verweisen auf Erfolgsproduktionen aus Hollywood.

Der Film ist also insgesamt weniger hermetisch als seine Vorgänger und erodiert an wesentlichen Stellen. Möglicherweise resultieren diese Stilbrüche aus marktstrategischen Überlegungen, um den auch in Japan geänderten Sehgewohnheiten Tribut zu zollen oder mit Blick auf den internationalen Markt. Leider, denn aus der Sicht des Liebhabers muss es natürlich heißen: Zum Glück gerät diese Koketterie derart unbeholfen, ja grotesk, dass auch *Godzilla vs. King Ghidorah* wieder den erhofften Spaß bereitet. Und was internationale Kompatibilität betrifft, es ist wohl kein Zufall, dass *Godzilla – Duell der Megasaurier,* so der deutsche Verleihtitel, der letzte Godzilla-Streifen gewesen ist, der das Licht der hiesigen Leinwände erblickt hat. Ein kolossaler Flop. Entgegen allen bracheninternen Sperrfristen wurde der Film bereits im Mai 1992, also nicht einmal acht Wochen nach seinem Kino-Start, für die Videoauswertung verramscht. Der verantwortlich zeichnende Metropol-Filmverleih stellte sogar wenig später seine Geschäftstätigkeit völlig ein. Godzilla teilt nun das Schicksal vieler anderer Monster, sowie ganzer Subgenres der Filmproduktion. Er ist zur Leinwandabstinenz verdammt und kann seinen Charme lediglich im Videoformat entfalten. Dabei ließ sich sein letzter Auftritt in Breitwand und Dolby-Stereo, rein technisch gesehen, gar nicht schlecht an.

Was seine Entstehungszeit angeht, so spielt die Handlung des vorliegenden Filmes „in sehr naher Zukunft", nämlich 1992. Unruhe macht sich breit, als ein leibhaftiges Ufo Japan anfliegt. Noch größere Verwirrung kommt auf, als dem Flugobjekt keine Aliens entsteigen, sondern gewöhnliche Menschen – allerdings aus dem 23. Jahrhundert. Sie weisen sich als Abgesandte einer künftigen Weltregierung aus, die in graue Vorzeit zurückgeschickt wurden, um

Godzilla zu eliminieren. Das Ungeheuer werde demnächst auferstehen und schreckliche Verwüstungen anrichten. Das wolle man verhindern.

Nun erweisen sich die beiden futuristischen Amerikaner aber als schnöde Betrüger. Sie beabsichtigen, den Einfluss Nippons durch die Erweckung Godzillas und King Ghidorah (eines dreiköpfigen Drachen) zurückzudrängen. Diesen Plan enthüllt die japanische Begleiterin der Bösewichte und schlägt sich mit einem Androiden auf die Seite ihrer Landsleute. Nach reichlich 45 Minuten kommt es endlich zur ersten obligatorischen Zerstörung des Modelleisenbahnbrettes: Godzilla kämpft auf der Seite Japans gegen den amerikanisch gesteuerten King Ghidorah, poltert aber nach seinem Interimssieg weiter durch diverse Städte. Glücklicherweise gelingt es den Japanern, den ins Meer gestürzten King Ghidorah zu reparieren und wieder gegen Godzilla loszuschicken. Dieses absurde Hin und Her findet erst mit dem Sieg über Godzilla ein Ende, und die amerikanischen Diversanten werden irgendwie in die vierte Dimension gebeamt.

In dieser knappen Nacherzählung fehlen eine ganze Reihe von höchst verwirrenden Nebenlinien. Offenbar ins Drehbuch genommen, um den Film überhaupt auf eine abendfüllende Länge zu bringen, vermögen diese Szenen aber nicht, die fehlende Logik der Haupthandlung zu übertünchen. Von Interesse für die Godzilla-Mythologie ist allerdings eine Anekdote zur Herkunft des Ungeheuers. Ursprünglich handelte es sich dabei nämlich um einen übriggebliebenen Dinosaurier, ein lebendes Fossil, das auf einer Insel im Pazifik sein friedliches Leben führte. Als 1944 jedoch amerikanische (!) Marineeinheiten das Eiland belagern, vertreibt der patriotische Dino an der Seite einer kleinen japanischen Einheit die Unruhestifter. Der Kommandant General Shindo läßt am (vermeintlich) tödlich getroffenen Tier zum Appell zu Ehren des Tennos antreten. Später missbrauchen die amerikanischen (!) Invasoren die Insel für ihre Atombombenversuche und bewirken damit die Mutation des Sauriers zu Godzilla. Im Nachkriegs-Japan wird nun ausgerechnet jener General Shindo, der sein Leben ja dem Eingriff des Prä-Godzillas zu verdanken hat, zum einflussreichsten Wirtschaftslenker des Landes. Mit anderen Worten: Japan hat seine industrielle Stärke eigentlich Godzilla zu verdanken.

Eine drollige Szene schenkt uns der Film im letzten Drittel. Shindo und „sein" Amok laufender, zu Godzilla gewordener Saurier stehen voreinander und blicken sich in die Augen. Obwohl beide zu Tränen gerührt sind, setzt das Ungeheuer nach kurzer Besinnungspause sein Zerstörungswerk fort und macht auch vor Shindo nicht halt. Wo das Schicksal zuschlägt, bleibt eben kein Stein auf dem anderen ... Verblüffend hoch ist das Maß des Nationalismus, der hier unverblümt formuliert wird, vermutlich sogar sehr ernst gemeint. Denn darüber macht man in Japan vermutlich keine Scherze. Als Grund für das hinterhältige Eingreifen Amerikas wird übrigens der Umstand angeführt, dass Japan im 21. Jahrhundert zu mächtig geworden sei. Durch seine enorme Finanzkraft konnte es in Afrika und Lateinamerika reihenweise bankrotte Staaten aufkaufen.

Um alle Anschlussfehler, szenischen Ungereimtheiten und logischen Brüche aufzulisten hieße, mehr Zeit und Aufwand als die Drehbuchautoren zu investieren. Spaß macht der Film aber gerade durch dieses Holterdiepolter. Trash in Reinkultur. Mäßige Spezial-Effekte und schlechte Schauspieler runden das Bild ab. Vor allem die europäischen Mimen, teilweise in bayerisch-folkloristisch inspirierter Kleidung, agieren derart hölzern und stereotyp, dass man sie allesamt für Androiden halten möchte. Dramaturgisch zeichnet sich das Werk durch völlige Konzeptionslosigkeit aus. So konnte man sich nicht entschließen, die Handlung an eine Hauptfigur zu knüpfen. Mal verweilt sie hier, mal da und zappt lustig durch die Jahrtausende. Nun gut, Godzilla ist immer die Hauptfigur, ließe sich entgegnen. Aber auch er ist wankelmütig und tauscht mit King Ghidorah ständig die Rolle des Böseren. Vielleicht verbirgt sich hinter dieser unbeholfenen Ambivalenz auch ein Subtext zum Godzilla-Verständnis: Ufos sind gleichzeitig Zeitmaschinen, freundliche Europäer erweisen sich als Weltverschwörer, böse Androiden werden zu Handlangern des Guten, possierliche Kuscheltiere zu feuerspeienden Drachen und Ungeheuer zu Lebensrettern. Alles befindet sich in einem ständigen Wechselverhältnis gegenseitiger Durchdringung – so wie in einem sehr schlechten Film auch ein sehr lustiger versteckt sein kann.

AUTOR **CLAUS LÖSER**

Ein amerikanischer Android in Japan

Interview mit Schauspieler Robert Scott Field

Robert Scott Field ist Amerikaner und lebt in Japan. In *Godzilla – Duell der Megasaurier* spielt er einen außerirdischen Androiden in Menschengestalt.

Jörg Buttgereit: **Wie sind Sie als amerikanischer Schauspieler dazu gekommen, in einem japanischen Monsterfilm zu spielen?**

Robert Scott Field: Ich bin als professioneller Baseballspieler nach Japan gekommen. Nach einem Jahr gab es allerdings Schwierigkeiten und mein Vertrag wurde aufgelöst. Ich lernte dann einen berühmten japanischen Komiker kennen, der Englisch lernen wollte. Dabei habe auch ich recht gut japanisch gelernt und konnte beim Radio in Osaka arbeiten. Ich arbeitete ein paar Jahre mit dem späteren Godzilla-Regisseur Kazuki Omori für eine Sendung. Als er für seinen Film *Godzilla vs. King Ghidorah* einen Ausländer suchte, der schnell rennen konnte und „gut" aussah, bin ich zum Casting gegangen.

Was für einen Ausländer spielen Sie?

Ich bin ein Androide aus dem 23. Jahrhundert, nicht ganz so exotisch wie der Terminator. Ich komme mit ein paar Japanern, Russen und anderen zurück ins Japan der Gegenwart, um Godzilla zu töten und um ihn sozusagen aus der Weltgeschichte zu radieren. Die Menschen aus der Zukunft wollen, dass die Japaner der Gegenwart ein Computersystem benutzen, um Godzilla los zu werden, damit sie aber Japan fortan über dieses Computersystem kontrollieren können. Godzilla ist der einzige, der diesen Plan verhindern kann. Deswegen soll auch er ausgelöscht werden. Zu Beginn bin ich noch ein böser Android, aber als den Japanern klar wird, was ihren Landsleuten angetan werden soll, tauschen sie die Computerchips in meinem Hirn aus. Ich werde ein guter Roboter und helfe ihnen nun, die Zukunftsmenschen zu stoppen. Eine tolle Rolle.

Wie fühlt es sich an, in einer japanischen Produktion mitzuarbeiten?

Ich komme aus Süd-Kalifornien und hatte schon als Statist gearbeitet. Ich wollte aber kein Filmstar sondern lieber Baseballspieler werden. Trotz meiner damals noch bescheidenen Japanischkenntnisse hat es viel Spaß gemacht, in Japan zu arbeiten. Alles war neu und die Japaner mochten mich. Die Crew in Tokio lachte immer über meinen Osaka-Dialekt. Einen Ausländer mit Osaka-Slang hatten Sie noch nicht erlebt. Herr Omori kam ja auch aus Osaka und wir arbeiteten sehr gut zusammen, viele Überstunden. Mir machte das nichts aus, aber einige der weiblichen Stars sahen abends nicht mehr so frisch aus. Die bekamen dann noch eine extra Schicht Make-up aufgetragen. Wir hatten einen prima Stuntman, der uns bei den Actionszenen zur Seite stand. Es war eine schöne Produktion. Nicht so kompliziert, wie man vermuten möchte, weil ich gut genug mit Regisseur Omori kommunizieren konnte.

Was bedeuten Riesenmonster für die Japaner?

Ich glaube, die Japaner wollen viele Dinge tun, die sie sich aber nicht trauen. Also tun die Monster diese Dinge stellvertretend für sie. Nicht, dass alle Japaner Städte zerstören wollen, aber sie haben jede Menge Stress, den sie über die Monster abbauen wollen.

Manche Leute sagen, die Monster haben auch viel mit Ökonomie und Politik zu tun. Als ich 1991 in dem Godzilla-Film spielte, war die „economic bubble" gerade geplatzt. Alle Amerikaner im Film werden von Godzilla getötet. Man unterstellte Herrn Omori sogar eine antiamerikanische Haltung, er wolle die unterschwellige Angst der Japaner den Amerikanern zu unterliegen, ausdrücken. Ich glaube allerdings nicht daran. Es ist viel simpler. Godzilla ist groß und mächtig. Das mögen die Japaner. Das Leben sollte einfach sein.

Wie ist es für Sie als Schauspieler neben einem berühmten Filmmonster zu spielen?

Als Android sollte ich sowieso anders sprechen als die Menschen im Film. Auch wenn wir aus dem 23. Jahrtausend stammen und über eine ausgereiftere Technologie verfügen. Ich sollte die Worte etwas „mechanisch" aussprechen. Das war nervig, weil ich normalerweise flüssig spreche. Die Monster sehen dich ja kaum, so klein bist du. Du musst also aufpassen, dass sie dich nicht zertreten. In Wirklichkeit waren es natürlich nur Schauspieler in den Kostümen. Mit denen zu arbeiten ist ein bisschen so wie nach Disney-Land zu fahren. Nur machen die Monster immer alles kaputt.

Ich hatte vorher noch nie in so einem Monsterfilm gearbeitet. Es war also sehr spaßig und hat sich nicht wie Arbeit angefühlt. Zu sehen, wie sie den dreiköpfigen King Ghidorah mit Seilen und Mechaniken animierten, während Hurricane Ryu in dem Kostüm steckt und es bewegt. Das war schon erstaunlich. Ich habe mir oft Sorgen um die Leute in den Monsterkostümen gemacht.

Japanische Monsterfilme sind bei uns im Westen nicht mehr sonderlich angesagt. Was glauben Sie, woran das liegt?

Ich weiß nicht wie das in Europa ist, aber in Amerika will das Publikum einfach größere Explosionen und mehr High-Tech sehen. Damals war alles viel simpler. Man konnte diese lustigen Monster, die an Schnüren herbeiflogen und aufeinander los gingen, einfach genießen und seinen Spaß haben. Heute muss alles eine Nummer größer sein. Big-Budget-Filme mit Computereffekten. Das wollen die Jugendlichen heute in Amerika sehen. Sie stehen einfach nicht mehr auf Godzilla. Aber es gibt die enthusiastischen Fans, die genau diese japanischen Monsterfilme sehen wollen. Sie bedrängen die amerikanischen Firmen, die Monsterfilme wenigstens auf DVD zu veröffentlichen. Vielleicht führt das auch zu einer Wiederbelebung des Genres. Simple is best.

Verstehen wir Westler die japanischen Monsterfilme überhaupt?
Ich verstehe die japanischen Monsterfilme auch nicht. Wir können sie nur auf unsere Weise verstehen, weil es verschiedene Kulturen sind. Das heißt nicht, dass Japaner leichter an Monster glauben. Wenn die japanischen Filme ins Englische übertragen werden, bleiben einige Botschaften auf der Strecke. Vieles bleibt den westlichen Zuschauern so verborgen. Aber wir versuchen unser Bestes. Viele Fans fragen mich nach der Bedeutung einzelner Szenen und Sätze. Aber die ganze Bandbreite des japanischen Monsterfilms wird uns wohl immer verborgen bleiben. Ich habe mit vielen japanischen Regisseuren gesprochen. Die verstehen manche Dinge selbst nicht. Das ist wie mit den Beatles-Songs. Ich kenne zwar die Worte, aber die Bedeutung mancher Songs verstehe ich trotzdem nicht.

1992 GODZILLA – KAMPF DER SAURIERMUTANTEN

Jap. Originaltitel: *Gojira tai Mosura* | Jap. Erstaufführung: 12. Dezember 1992 / 102 Min. | Internationaler Titel: *Godzilla vs. Mothra* | Deutsche Videopremiere: 25. November 1993 / 99 Min. | Produktionsfirma: Toho | Produzent: Tomoyuki Tanaka | Regie: Takao Okawara | Buch: Kazuki Omori | Kamera: Masahiro Kishimoto | Musik: Akira Ifukube | Spezial-Effekte: Koichi Kawakita | Darsteller: Tetsuya Bessho, Satomi Kobayashi, Keiko Imamura und Sayaka Osawa als The Cosmos, Akira Takarada, Emi Odaka, Matoko Otake, Shoji Kobayashi, Shinja Owada, als Battra: Ryu Hurricane, als Godzilla: Kenpachiro Satsuma

Ich hatte kaum Zeit, mir anständig mit Chips und Brause die Finger klebrig zu machen. Da waren bereits drei Monster im Anmarsch, zwei Zwergenfrauen sangen, die Chronik eines untergegangenen Volkes dargelegt, ein Grabräuber

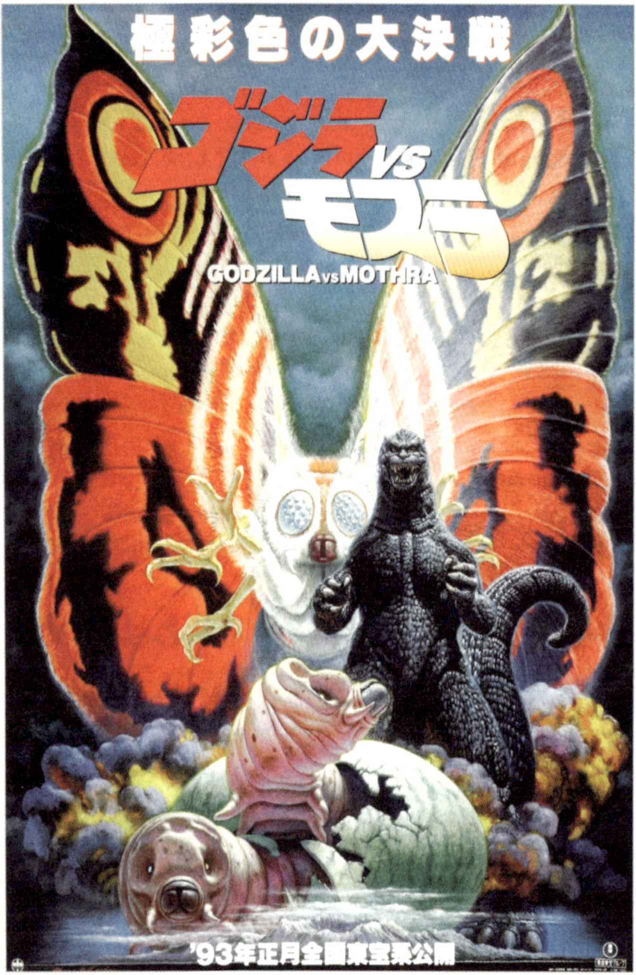

gefasst, eingesperrt, freigelassen, mit seiner Ex-Frau wieder zusammengeführt, ein böser Unternehmermensch auch schnell ausgemacht und eine segelige Ohrenfrau übte sich mit einer Riesenraupe in Telepathie.

Für die ersten zwanzig Minuten eines Films ganz anständig. Nur reichte es nicht, um den Wachzustand der 4–7jährigen Japan-Buben und -maiden, die etwa 70% des Kinopublikums ausmachten, aufrechtzuerhalten, was meinem Wohlbefinden zugutekam, da das Gekreische, Gefrage und Geheule verstummte. Die mitgebrachten Eltern mussten sich fortan kindverlassen und allein durch den Film schieben.

Dem ungeübten Godzilla-Filmzuschauer (Japan hat auch davon viele) mag bei *Godzilla vs. Mothra* zeitweise das Gefühl kommen, im Stau zu stehen. Sobald Kreaturen unter fünfzig Meter Körpergröße die Leinwand ... jetzt wollte ich schreiben „beherrschen", „die Leinwand beherrschen", aber eben das tun sie ja nicht ... mmh ... „Mmh" sollte jetzt eigentlich dem Leser nahe bringen, dass ich überlege, doch ist's mir, als überlege man schriftlich mit „hmm". Also, hmm ... ah ja ...

Also, sobald Kreaturen unter fünfzig Meter Körpergröße auf der Leinwand sind (einfach sind), bleibt die so beliebte kinematographische Lustigkeit gute 2,50 Meter vor der ersten Reihe hängen, hängt sogar ziemlich durch. Diese teilweise arg hingeschlunzte Story, irgendwo zwischen *Kramer vs. Kramer* und *Indiana Jones* verdrängt sich zum Glück selbst durch viel zu viel Personen, die den Schnurz personifizieren. Aber natürlich ist es der altbewährte Schnurztrick, der, wenn es dann endlich losgeht, einen glauben macht, es gehe nun so richtig ganz doll los. Denn auf einmal geht es so richtig ganz doll los.

All die, denen der Bezug zur Menschheit verlorengegangen ist und die sich die Realität nicht einfach so gefallen lassen, kommen dann voll auf ihre Kosten. Ein umfassender Kitsch mit Riesenschmetterlingen (Mothra und Battra), die je nach Anforderung alles mit gutmütigem Goldstaub besprühen oder Riesenräder durch die Gegend werfen und einem bockig an seinem Monstergesetz „Alles, was nicht ich ist, muss weg" festhaltenden Godzilla, der sich nun wirklich alle Mühe gibt, haucht und faucht wie kaum zuvor, aber wie mir schien, hier mit einer Nebenrolle bedacht wurde und nicht so recht zum Zuge kommt.

So wird zum Glück, mit Ausnahme von grobgeschätzt 800.000 Menschen, niemand verletzt. Auch unser flauschiger orangeweißer Schmetterling mit den blauen Leuchteaugen kommt natürlich heil durch. Der Zuschauer auch. Zwei Stunden vergehen recht schnell, nicht wenig unterstützt von der Musik und dem Zwergfrauen-Singsang. Beides aus alten Mothra-Filmen zusammengetragen. Leider sind die beiden Mädels nicht so recht gelungen und geben in ihren Camp-Disco-Fickikleidchen den früheren Versionen recht. Die Musik jedoch muss jeden, der mit Empfindsamkeit zumindest zu einem Drittel ausgegossen ist, ins Herz treffen.

Mein Gott, was für ein Meisterwerk verspäteter Zuspätromantik. Picture-CD kaufen! Lieder 26, 41 und 42 hören, bevor es ins Kino geht (sollte er ins Kino kommen, was unbedingt zu wünschen ist), damit man auf den Kampf mit den Tränen vorbereitet ist. Der stellt sich ein, wenn sich die Mothra-Raupe am Tokioter Parlamentsgebäude einspinnt (obwohl ich normalerweise nie weinen würde, wenn sich eine Riesenraupe an einem Parlamentsgebäude einspinnt), und dann als Schmetterling erscheint (Lied 26). Und wenn zum Schluss Mothra in den Weltenraum entflieht, begleitet von Harfenmusik, die dann auf die Abspanngeigen hinarbeitend vorsätzlich den Weinkrampf heraufbeschwört (Lied 41, 47).

Ein nie gesehener Kitsch, wunderbarer und tragischer als Weihnachten. Einfach sehen und hören. Nicht fragen, glauben! „Ja" sagen. Danach allein nach Haus gehen, aus dem Fenster in den klaren Nachthimmel sehen und schlafen gehen. Nächsten Morgen aufstehen, zur Arbeit gehen ... usw.

Godzilla vs. Mothra ist ein Film für kleine Mädchen ... und für mich. Ich habe geweint. Ich danke dem Herrn der Weltschöpfung, dass ich gerade zu dieser Zeit ins Rennen geschickt und mir die Herrlichkeit Mothras zuteil wurde. Ich danke ihm für mein Augenlicht und meinen Gehörgang inklusive Trommelfell, Bogengängen und Gehörknöchelchen. Ich danke Dir, Mothra. Danke, dass Sie gelesen haben. Bitte gehen Sie ins Kino! Danke, dankerfüllt.

AUTOR DAKTARI LORENZ

Ein Mann wie ein Hurrikan

Interview mit Monster-Darsteller Hariken „Hurricane" Ryu

Das Interview mit Hariken „Hurricane" Ryu (geb. 1958) fand am 12. Juli 2002 auf dem G-Fest in Chicago statt.

Jörg Buttgereit: **Können sie uns ihren Künstlernamen erläutern?**

Hariken Ryu: Hariken leitet sich vom englischen Wort „hurricane" ab. Ryu bedeutet Drachen. Ich war immer ein großer Bruce Lee-Fan, der ja „Der kleine Drache" genannt wurde.

Verstehen Sie sich als Schauspieler oder als Stuntman?

Ich verstehe mich als Schauspieler in einem Monsterkostüm. Manchmal tauche ich auch in kleinen Nebenrollen als Mensch auf. Aber wenn ich im Monsterkostüm spiele, möchte ich nicht nur Action zeigen, sondern auch richtig schauspielern.

Welche Monster haben Sie bisher dargestellt?

In der Godzilla-Serie habe ich die Gegner von Godzilla gespielt, also beispielsweise King Ghidorah oder Battra, sowie Godzillas Söhne, Baby-Godzilla und Godzilla Jr. Zudem stelle ich Godzilla auch in Werbespots und Godzilla-Live-Shows in Vergnügungsparks dar. Seit mittlerweile achtzehn Jahren spiele ich Godzilla in diesen Shows.

Wie bereiten Sie sich auf Ihre Monsterrollen vor?

Wichtig ist, das ich die drei Monate andauernden Dreharbeiten physisch durchhalte. Dazu muss ich körperlich topfit sein. Das ist die absolute Mindestvoraussetzung, denn die Kostüme sind sehr schwer und hart. Den Charakter des Monsters lasse ich in Übereinstimmung mit dem Regisseur und dem Kameramann entstehen. Als Monster muss man cool und furchteinflößend sein. Um wirklich beurteilen zu können, wie ich als Monster auf der Leinwand wirke, kontrolliere ich ständig die „Rushes". Manchmal bin ich unzufrieden und korrigiere dann bestimmte Gesten und Bewegungen. Ich würde Godzilla gern auch mal als „Motioncapture"-Kreatur spielen, also mit Bewegungssensoren an meinem Körper, die dann auf einen digitalen Godzilla übertragen werden.

Wie sind Sie dazu gekommen, Monsterdarsteller zu werden?

Seit meiner Kindheit liebe ich Monster. Mit 20 Jahren habe ich angefangen, als Statist beim Film zu arbeiten. Dann habe ich jemanden bei diesen Monster-Live-Shows kennengelernt, der mir eine Rolle in einem Monsterkostüm verschafft hat. So habe ich auch Godzilla getroffen. Toho hat mich dann 1989 für die Werbekampagne von

Godzilla – Der Urgigant gebucht. So begegnete ich auch dem FX-Regisseur Kawakita, der mir die Rolle von King Ghidorah in *Godzilla – Duell der Megasaurier* anbot. Ursprünglich sollte ich ja den Godzilla-Saurus spielen. Es war geplant, Ghidorah von einem 1,80 großen Menschen spielen zu lassen. Aber es stellte sich heraus, dass das Ghidorah-Kostüm dann zu „unhandlich" geworden wäre. Also kam man auf den Gedanken, das Kostüm für einen kleineren Menschen, so einen wie mich, anzufertigen. So passte das Monster auch besser in die Kulissen des Studios. Ich habe sozusagen aus der Not heraus die Rolle von King Ghidorah übernommen. Ghidorah war das bislang schwerste Kostüm. Ich habe nur den Körper des Drachen bewegt, die drei Köpfe wurden von Helfern per Fernsteuerung und unsichtbaren Drähten bewegt. Sie waren so schwer, dass die Drähte oft rissen.

In *Godzilla – Kampf der Sauriermutanten* habe ich die Monsterraupe Battra gespielt. Battra ist ein langes und schmales Monster. Daher sollte das Kostüm von einem kleineren Menschen getragen werden, sonst wäre es wieder schlecht zu handhaben gewesen. Ein Schauspieler, der kleiner als ich war, wurde für diese Rolle ausgewählt. Der Dreh hatte bereits begonnen. Damals habe ich neben der Tätigkeit als „Suitactor" auch als Storyboard-Zeichner gearbeitet. Als ich zum Drehort kam, um die neusten Storyboards Herrn Regisseur Kawakita zu übergeben, war die Stimmung etwas komisch. Herr Kawakita sagte: „Ryu, schlüpf doch mal in das Battra-Kostüm!" Ich dachte, es wäre ein Scherz. Aber der Regieassistent fragte ernsthaft: „Ryu, hast du heute noch etwas vor?" Ich sah mich um und spürte die angespannte Stimmung. Alle waren ganz ernst und erzählten mir, dass der Schauspieler, der für die Rolle von Battra verpflichtet worden war, Angst vor Explosionen hatte. Das Sprengpulver musste aber direkt am Körper von Battra angebracht und später zur Explosion gebracht werden. Vor dieser Explosion hatte der Schauspieler Angst. So habe ich ganz spontan die Rolle von Battra übernommen und hatte nicht einmal meinen Trainingsanzug dabei, den man unter dem Kostüm eigentlich trägt. Ich behielt meine ganz normale Straßenkleidung an. So musste ich plötzlich ins Battra-Kostüm und, ohne großartig zu überlegen, Battra spielen. Da das Kostüm nicht für mich angefertigt worden war, war es natürlich zu klein.

Wie fühlt man sich in so einem Monsterkostüm?

Anfangs ist das sehr klaustrophobisch. Umgeben von Schaumstoff, Stahl und Plastik kommt man da nur mit fremder Hilfe über einen verschraubten Ausstieg am Rücken wieder heraus.

Jeder Flügel von Ghidorah wiegt um die vierzig Kilo, dazu kommt das Gewicht des Körpers. Das ist keine leichte Arbeit. Heute hat man natürlich ein besseres Know-how als damals. Früher hat man die Mund- und Augenbewegungen des Monsterkopfes mit Radiowellen ferngesteuert. Heute benutzt man dafür verschiedene Techniken wie Luftdruck. Man hat viel Technik im Kostüm. Das macht es natürlich viel schwerer als die alten Monsteranzüge. Selbst wenn man nun leichtere Materialien, wie Rohgummi oder Schaumstoff benutzt, machen die Mechanik und Batterien für die ganzen „Gimmicks" die Kostüme immer schwerer. Das ist ein Problem. Andererseits aber findet der Schauspieler heute mehr Unterstützung als damals. Beispielsweise bekommt er einen Sauerstoffschlauch. Heute wird etwas mehr Rücksicht auf uns genommen.

Ist ihre Arbeit bei den Live-Shows einfacher?
Im Gegenteil. Zwischen den einzelnen Filmtakes kann man kurz aus dem Anzug schlüpfen und verschnaufen. Bei den Shows stecke ich für 30–40 Minuten im Kostüm. Das kostet viel Energie. Ein Helfer aktiviert dabei von Zeit zu Zeit meinen atomaren Atem, bestehend aus Carbon Dioxid, mit dem ich die Zuschauer besprühe. Die Kinder lieben das. Die Düse mit dem Gas ist direkt über meinem Kopf. Wenn ich zuviel davon einatme, wird mir allerdings schwindelig. Ich muss also die Luft anhalten, solange das Gas ausströmt. Wenn die Kinder gut mitgehen, kann es aber eine Weile dauern, bis ich wieder Atem holen darf. Da ich durch den Lärm so gut wie nichts höre, muss ich mir im Vorfeld eine Choreographie zurecht legen, um nicht die Orientierung zu verlieren. Das ist dann fast wie ein Tanz.
Was repräsentieren Ihrer Meinung nach die Monster heute?
Die Monster stehen für Naturkatastrophen, Kriege und die negative Seiten des Menschen, wie Neid oder Hass. Für mich persönlich sind Monster eine Art Stressabbauer und auch Symbole der Stärke. Verschiedene Elemente vermischen sich in ihnen. Sie sind nicht nur angsterregend oder böse. Es gibt auch gute und zuverlässige Monster. Solche Monster mag ich sehr.
Können westliche Fans die japanischen Monsterfilme überhaupt richtig verstehen?
Es geht nicht darum, Filme richtig oder falsch zu verstehen. Ich glaube, dass westliche Fans die Filme mit einem anderen Gespür sehen als wir. Auch wenn Japaner eine andere Sichtweise haben, können wir durch westliche Menschen etwas Neues entdecken und lernen, wie sie unsere Filme sehen und wahrnehmen. Wenn ich amerikanische

oder europäische Filme sehe und darüber spreche, könnten Deutsche und Amerikaner das für befremdlich halten. Das bedeutet jedoch nicht, dass die Filme kulturell nicht richtig vermittelt wurden. Unsere unterschiedlichen Kulturen lassen uns dieselben Dinge aus einem anderen Blickwinkel sehen.

Woran arbeiten sie zur Zeit?

Ich produziere momentan den Slapstick-Video-Film *P-Man: Cyberdoll Zero,* ein Superheldendrama. P-Man kämpft gegen die böse Gruppe F-Dan aus dem Weltall, die Kyoko, P-Mans Ex-Freundin, in einen Cyborg verwandelt haben. Es ist ein sehr unterhaltsames Video-Movie. Als Spezialgast spielt Godzilla-Darsteller Kenpachiro Satsuma einen Samurai-Kämpfer und zeigt uns seine Schwertkunst.

1993 GODZILLA VS. MECHAGODZILLA 2

Jap. Originaltitel: *Gojira tai Mekagojira* | Jap. Erstaufführung: 11. Dezember 1993 / 108 Min. | Deutsche DVD-Premiere: 2002 / 108 Min. | Amerikanische VHS-Video-Premiere: 1999 / 108 Min. (auf DVD seit 2004) | Produktionsfirma: Toho | Produzent: Tomoyuki Tanaka, Shogo Tomiyama | Regie: Takao Okawara | Buch: Wataru Mimura | Kamera: Yoshinori Sekiguchi | Musik: Akira Ifukube | Spezial-Effekte: Koichi Kawakita | Darsteller: Masahiro Takashima, Ryoko Sano, Megumi Odaka, Yusuke Kawazu, Leo Mengetti, Sherry Sweeney, Kenji Sahara, Tadao Takashima, als Baby-Godzilla: Hariken Ryu, als Mechagodzilla: Wataru Fukuda, als Godzilla: Kenpachiro Satsuma

Mechagodzilla, das ist der technische Größenwahn Japans. Die Superwaffe des Anti-Godzilla-Kommandos „UNGCC“ (United Nations Godzilla Countermeasures Center) und der „G-FORCE“, der Kontrollzwang gegen das Fleischliche, das Unberechenbare: Godzilla. Masochistisch liebgewonnene atomare Bedrohung, die die Japaner nun schon zum x-sten Mal heimsucht. Mechagodzilla, erbaut aus den Trümmern des durch Technik reanimierten dreiköpfigen Drachen Mecha-King Ghidorah, *Godzilla – Duell der Megasaurier* (1991), ballert, fliegt, sticht seinen metallenen „Godzilla-Crusher" tief in Godzillas Nervenzentrum. Eine Schutzbeschichtung aus künstlichen Diamanten reflektiert Godzillas radioaktiven Strahl und konfrontiert die erstaunte Echse mit dem eigenen todbringenden Atem. Eine zierliche Japanerin sitzt steuernd im Kopf Mechagodzillas, ist sein Gehirn, die Entschlossenheit, die Naturgewalten zu bändigen, das Schicksal unter Kontrolle zu bringen.

Mechagodzilla hat Tradition. In 1974 erblickte er unter der Leitung einiger böser Außerirdischer das Licht der Toho-Studios und wurde schließlich von Godzilla geköpft *(King Kong gegen Godzilla)*. Ein Jahr später war er repariert. In *Die Brut des Teufels* hatte er sogar noch einen Freund dabei: Titanosaurus. Doch Godzilla war wie immer stärker.

So gesehen ist *Godzilla vs. Mechagodzilla 2* eine Art Revival. Diesmal kämpft Mechagodzilla auf der „guten" Seite, bei uns Menschen. Früher war auch Godzilla mal kurzzeitig auf unserer Seite, heutzutage ist ihm alles egal, er ist Naturgewalt, längst jenseits von Gut und Böse. Wir haben ihn verdient. Mechagodzilla ist schöner geworden. Rundungen statt Kanten. Wie ein klobig runder Damenpumps in einer Art Porsche Design.

Godzilla vs. Mechagodzilla 2 hat noch mehr alte Bekannte aus dem Toho-Universum zu bieten. Ebenfalls modifiziert sind dabei: Rodan, der Flugsaurier von 1956, jetzt fast schon ein prähistorisch echtes Pteranodon. Aus irgendeinem bizarren Grund transformiert das Flugmonster im Laufe des Films zu Fire-Rodan und läuft ganz rot an. Er kämpft auf Godzillas Seite und gibt im Verlauf der Story auf dramatische Art und Weise sein Leben für ihn. Denn beide suchen den bislang nur mannshohen Baby-Godzilla, der aus einem „Kuckucksei“ in einem prähistorischen Rodan-Nest geschlüpft ist, und die niedliche Japanerin Azusa Gojo (Ryoko Sano) als Mama akzeptiert, die ihn mit Hamburgern füttert. Im Gegensatz zum alten Sohn Godzillas, Minilla (aus *Frankensteins Monster jagen Godzillas Sohn,* 1967), der ja eher wie der Pilsbury-Back-Boy aussah, hat Baby-Godzilla die seit *Jurassic Park* angesagte vornübergebeugte Saurierform und -haltung. Extrem niiiieeedlich. Godzilla, der den Kleinen als seinen Sohn erkannt hat, und Rodan, der ihn fälschlicherweise für seinen Bruder zu halten scheint, wollen Baby-G zurück haben. Doch die Menschen wollen ihn für die Forschung behalten und schicken Mechagodzilla auf die beiden Monster los. MG verbindet sich mit „Garuda“, einem Kriegsflugzeug, und wird zu Super-Mechagodzilla. Rodan übergibt dem gefallenen Godzilla seine Lebensenergie, um ihn zu reanimieren und sogar noch mächtiger zu machen. Die Natur siegt über die Technik, den artifiziellen MG, der letztendlich doch unter Godzillas Feueratem dahinschmilzt. Heißer als tausend Sonnen. Wie damals in Hiroshima. Vater und Sohn sind endlich vereint, waten gemächlich ins Meer und schwimmen davon. Für Godzilla-Geeks ein Ritual, ähnlich der Teezeremonie, ohne das man nicht ruhig schlafen gehen kann.

Godzilla selbst (also das Gummikostüm, das er ja ist) hat um die Hüften etwas zugelegt und seinen Kopf proportional etwas verkleinert bekommen. Steht ihm gut und macht ihn noch gewaltiger. Abermals konnte der inzwischen recht betagte Hauskomponist Akira Ifukube für den Film gewonnen werden. Erstmals seit Wiederaufnahme der Godzilla-Serie hat Ifukube eigens für *Godzilla vs. Mechagodzilla 2* einige neue Stücke komponiert. So hat er in guter alter Tradition einen neuen Militärmarsch hingeschmettert, zu dem die Spielzeugpanzer ihren aussichtslosen Kampf gern wieder aufnehmen. Außerdem gibt es ein schwerfällig dahin wuchtendes neues Mechagodzilla-Thema, bei dem man vor Begeisterung weinen möchte. Und das telepathisch mit Godzilla verbundene Mädchen Miki Saegusa (Megumi Odaka) singt ein schönes Lied für ihren Godzilla. Sie ist vielleicht die einzige, die ihn wirklich versteht.

Gojira vs. Mekagojira ist großes Kino im verkleinerten Maßstab. Es sollte eigentlich der vorerst letzte japanische Godzilla-Film sein. Seit Anfang 1993 war der Deal mit der amerikanischen Produktionsfirma Tristar klar, und als ein möglicher Starttermin für den ersten US-Godzilla-Film war ursprünglich Weihnachten '93 angedacht. Diese auswärtige Produktion versprach auch für Toho größere Profite, und man wollte sich nicht gegenseitig Konkurrenz machen.

Doch, wie wir mittlerweile wissen, kam es erst viel später zu Roland Emmerichs Tristar-Godzilla. Obwohl Regisseur Takao Okawara gegen eine Neuversion von Godzillas Sohn Minilla (a.k.a. Minya) war, bestand Produzent Tanaka darauf, das Baby für das weibliche Publikum (das einen Großteil des Kinopublikums in Japan ausmacht) zu inkludieren. Schon seit 1989 hatte Toho die Wichtigkeit guter Frauenrollen in der Serie erkannt. Außerdem lässt der süße Kleine die Sympathien des Zuschauers auf die Monster überschwappen. Obwohl „unser" Mechagodzilla das Duell der Giganten verliert, hat der Film mit der Zusammenführung von Vater und Sohn ein rührendes Happy-End.

Godzilla bekommt sein Recht zur Ko-Existenz neben den Menschen. Und das ist gut so.

1994 GODZILLA VS. SPACE GODZILLA

Jap. Originaltitel: *Gojira tai Supeesu Gojira* | Jap. Erstaufführung: 10. Dezember 1994 / 111 Min. | Deutsche DVD-Premiere: 2002 / 111 Min. | Amerikanische DVD-Premiere: 2000 / 111 Min. | Produktionsfirma: Toho | Produzent: Tomoyuki Tanaka, Shogo Tomiyama | Regie: Kensho Yamashita | Buch: Hiroshi Kashiwabara, Kanji Kashiwa | Kamera: Masahiro Kishimoto | Musik: Takayuki Hattori (Der Song „Echoes of Love" von Date of Birth) | Spezial-Effekte: Koichi Kawakita | Darsteller: Jun Hashizume, Megumi Odaka, Zenkichi Yoneyama, Towako Yoshikawa, Akira Emoto, Yosuke Saito, als Godzilla: Kenpachiro Satsuma, als Space Godzilla: Ryo Hariya, als Mogera: Wataru Fukuda, als Little Godzilla: Little Frankie

Godzilla vs. Space Godzilla war der erste Monsterfilm von Regisseur Kensho Yamashita. Zuvor hatte er sich einen Namen mit Teenie-Filmen wie *Nineteen* gemacht und war 1975 Regieassistent Ishiro Hondas bei *Die Brut des Teufels.* Jetzt galt es für ihn, den von allen enthusiastisch gefeierten *Godzilla vs. Mechagodzilla 2* aus dem Vorjahr zu toppen. Keine leichte Aufgabe.

Aus durch Biollante oder Mothra in die Galaxis getragenen Godzilla-Zellen hat sich in einem schwarzen Loch ein neues böses Monster zusammengebraut. Verpackt in einen kristallenen „Kronleuchter" nähert sich Space-Godzilla der Erde und somit Japan. Das klobige Design von SG basiert auf dem des Super-Godzilla aus dem gleichnamigen „Super Nintendo" Videospiel.

Der neue Kampfroboter der „UNGCC": „Mogera" (Mobile Operation Godzilla Expert Robot Aero-Type), eine modifizierte Neuauflage des außerirdischen Metall-Maulwurfs aus *Weltraumbestien/The Mysterians/Chikyu Boeigun* (1957), versucht vergeblich, Space-Godzilla im All abzufangen. Der „UNGCC"-Direktor Segana wird wieder von Altstar Kenji Sahara verkörpert. Inzwischen ist das telepathische Mädchen Miki Saegusa (wieder Megumi Odaka) mit Hilfe eines Senders, der Godzilla in den Nacken geschossen wurde, mit diesem geistig verbunden. Aber sind wir das nicht irgendwie alle?

Major Akira Yuki (Akira Emoto) hat ein Hühnchen mit Godzilla zu rupfen und versucht andauernd, ihn mit giftigen Kugeln zu erschießen. Doch G's Haut ist zu dick. Ganz nebenbei interessiert sich auch noch eine Mafia-Bande für das mentale Godzilla-Kontrollsystem und entführt Miki. Aber natürlich geht es in der Hauptsache um die Konfrontation der Monster, in die auch Little Godzilla auf Birth-Island verwickelt wird. Doch keine Sorge, Papa kommt ihm zu Hilfe. Der garstige Space-Godzilla versorgt sich mit pritzelnder Energie aus den überall in seiner Umgebung aus dem Boden sprießenden Space-Monolithen. Klingt abgefahren – ist es auch.

In Fukuoa treffen Godzilla (Spitzname diesmal „Mogegoji") und Mogera auf Space-Godzilla. Monster Mayhem! Ein hypnotisches Energiesummen umgibt SG und lässt den Film streckenweise recht psychedelisch wirken. Bunte Lichter, zuckende Blitze und Monsterstrahlen überall. Wolkenkratzer explodieren im einlullenden Schneckentempo der Zeitlupe. Goldregen umschwirrt die Riesen. Godzilla rettet die Welt vor einem Abbild seiner selbst. Ein für westliche Augenpaare sicher gewöhnungsbedürftiges Schauspiel bilden auch die explosiven und umherschwebenden Kristall-Monolithen, die in Godzillas Körper und Gebäude krachen. Mit der Selbstverständlichkeit, das zu akzeptieren, was da an ästhetischem Kinderzimmerchaos auf japanischen

Leinwänden abgeht, tun sich Filmegucker in unseren Gefilden schwer. An *Godzilla vs. Space Godzilla* wird viel herumgenörgelt. Und das hat seine Gründe. Zuerst einmal lag die Messlatte nach *Godzilla vs. Mechagodzilla* extrem hoch. Dann dauert es in diesem dramaturgisch behäbigen Werk eine kleine Ewigkeit, bis alle zu Potte kommen und die Monster endlich loslegen können. Der Mafia-Plot erscheint überflüssig und ist nach einigen Minuten kein Thema mehr. Little Godzilla ist unerträglich verniedlicht und sieht aus wie ein übergroßer grüner Kuschelbär. Die Weltraumschlacht zwischen Mogera und Space-Godzilla ist auf dem technischen Stand der 50er Jahre, zwar schön, aber alles andere als überzeugend. Das Weltall besteht augenscheinlich aus wenigen aufgehängten Styropor-Meteoriten und Gummiballplaneten, durch die zwei steife Plastikmonsterpuppen an Fäden sausen und sich mit Sylvesterfeuerwerk beschießen. Selbst für Freunde des wundersam Trivialen eine harte Nuss.

Und schließlich hinterlässt das Fehlen von Akira Ifukubes gewohnter Filmmusik eine Lücke, die der „zu amerikanisch" klingende Soundtrack von Takayuki Hattori trotz seiner Qualitäten nicht zu füllen vermag. Das wird besonders deutlich, wenn ab und an musikalische Reminiszenzen an Ifukubes unsterbliche Melodien gemacht werden. So kommt es dann auch, dass sich der gesamte Film irgendwie „anders" anfühlt. Was ja nicht unbedingt schlecht sein muss. Ihr merkt schon, ich bin hin und her gerissen. Doch was soll's? Wir haben schon ganz andere Dinger mit Godzilla durchgestanden. Die Monsterkämpfe sind klasse, und einige der Trickszenen, in denen Godzilla aus dem Meer steigt und im Vordergrund ameisengroße Menschlein durch die Gegend laufen, gehören zu den schönsten der Heisei-G-Serie. Das ist natürlich vor allem FX-Supervisor Koichi Kawakita zu verdanken, der zum fünften Mal für die Spezial-Effekte verantwortlich war.

Godzilla-Darsteller Kenpachiro Satsuma erinnert sich im Januar 1995 in einem Interview in „G-Fan" Nr. 17: „Godzillas Ausdrucksmöglichkeiten sind ja recht limitiert. Ich habe Godzilla in *Space Godzilla* zum sechsten Mal gespielt und mit ihm so ziemlich alles ausprobiert, was man sich denken kann. Kämpfen, brüllen und atomaren Atem versprühen. Es wäre mein Wunsch, subtilere Emotionen darzustellen. Es gab da diese Schlusssequenz in *Space Godzilla,* wo ich als Godzilla kurz innehalte, bevor ich im Meer verschwinde. Das sind solche Momente, die ich meine. Aber die Regisseure mochten es nicht. Sie wollten Godzilla immer in Bewegung haben. Und wenn der Film dann etwas zu lang ist, werden solche Dinge natürlich herausgeschnitten. Man sollte in Zukunft bei der Herstellung der Godzilla-Anzüge darauf achten, dass man mehr emotionale Ausdrucksmöglichkeiten hat. Ich werde Godzilla noch ein letztes Mal spielen, dann wird diese Epoche vorbei sein und sich auch das gesamte Team auflösen. Die Produktionszeit der Filme ist einfach zu kurz und das Budget zu niedrig. Doch wenn man sich die Zeit und das Geld nehmen würde, das man tatsächlich benötigt, wäre Toho wahrscheinlich bankrott."

Zeitgleich mit der Veröffentlichung von *Godzilla vs. Space Godzilla* ereignete sich ein Erdbeben in Kobe, der Stadt, die im Film von *Space-Godzilla* attackiert wird. Toho senkte daraufhin die Eintrittspreise für *Space-Godzilla.* Natürlich nur im Erdbebengebiet.

Ich bin stolz auf Toho

Das Interview fand im August 2002 in Tokio statt.

Interview mit Regisseur Kensho Yamashita

Jörg Buttgereit: **Wie kam es zu ihrer Regiearbeit für *Godzilla vs. Space Godzilla?***

Kensho Yamashita: Ich hatte damals eigentlich einen Drehplan für eine Komödie, der sich eine Woche vor Drehbeginn aber als undurchführbar erwies. Ich musste mir etwas Neues ausdenken und sprach mit meiner Firma, der Toho. Wie Sie wissen, werden Godzilla-Filme einmal im Jahr gedreht. So habe ich das Angebot erhalten, den aktuellen Godzilla-Film zu machen. In Japan werden längst nicht mehr so viele Filme produziert wie früher. Da ich seit Langem den Wunsch hatte, einen Godzilla-Film, bzw. einen FX-Film zu drehen, habe ich es als Chance und Herausforderung gesehen.

Sie haben aber schon 1975 als Regieassistent für Ishiro Honda an *Die Brut des Teufels* mitgearbeitet.

Stimmt. Das war ein Job als erster Regieassistent und die Voraussetzung dafür, bald selbst zum richtigen Regisseur werden zu können. Es war mein Sprungbrett. Daher erinnere ich mich noch sehr gut an den Film. Regisseur Ishiro Honda war ein sehr erfahrener Regisseur. Ich hatte große Hoffnungen und Erwartungen, bei ihm viel lernen zu können, und habe den Job mit Freude wahrgenommen, obwohl ich kein allzu großes Selbstbewusstsein hatte. Aber ich studierte damals die Fähigkeiten eines guten Regisseurs genau. Die Art und Weise, wie Honda so einen Film gedreht hat, hat mich schwer beeindruckt.

Können Sie sich auch an den Godzilla-Darsteller Haruo Nakajima erinnern?

Ja, ich kannte ihn sehr gut. Herr Nakajima war Schauspieler bei Toho. Er spielte nicht nur Godzilla, sondern auch normale Rollen als Schauspieler in anderen Filmen. Wir waren sozusagen Kollegen. Ich kannte ihn nur als normalen Schauspieler, so dass ich mir überhaupt nicht vorstellen konnte, wie er in so ein Monsterkostüm schlüpft. Als ich ihn einmal gerade aus einem Kostüm herauskommen sah, fehlten mir die Worte. Sonst spielte er immer entweder im Anzug einen Angestellten oder angeberisch in Kimono und mit einem Schwert in Samurai-Filmen. Er war immer ein Grobian. Als er aus dem schweren Monsterkostüm herauskam, sah er schrecklich aus. Das war ein Schock für mich. Sein Körper ist ja fast zierlich, aber er hat ein hartes Gesicht. Beeindruckend, dass er in einem so schweren Kostüm spielen konnte.

Als Zeitzeuge, der sowohl in der alten wie auch der neuen Godzilla-Serie gearbeitet hat, können Sie uns vielleicht die Unterschiede in der Produktionsweise von damals zu heute erläutern?

In technischer Hinsicht gibt es einen enorm großen Unterschied. Viel spannender ist aber, wie sich der Charakter von Godzilla oder wie die Menschen sich Godzilla gegenüber verhalten, verändert hat. Am Anfang war Godzilla etwas, vor dem man Angst hatte. Langsam wurde er aber freundlich. Das Verhalten der Menschen gegenüber Godzilla und die Interpretation von Godzilla haben sich weiterentwickelt. Wenn Godzilla immer nur als Monster, als Gegenstand der Angst dargestellt wird, ist das für die Filmproduzenten wie auch für das Publikum unbefriedigend.

Ihr Film *Godzilla vs. Space Godzilla* ist zum Zeitpunkt des Erdbebens von Kobe angelaufen. Es heißt, dass Toho die Eintrittspreise für den Film in Kobe gesenkt hat.

Während der Film anlief, hielt ich mich in Los Angeles auf, so dass ich nicht genau weiß, wie die Situation in Japan war. Im letzten Jahr befasste ich mich selbst mit einer Dokumentation über das Erdbeben von Kobe. Es ist zu vermuten, dass Toho den Opfern in dieser Gegend Spaß oder Trost geben wollte, indem man die Eintrittsgelder herabsetzte und den Menschen dadurch ermöglichte ins Kino zu gehen. Toho wollte sicherlich, dass auch die Menschen, die im Chaos leben müssen, den Film sehen können. Als ich das vorhin von Ihnen hörte, hat es mich gewundert. Gleichzeitig war ich überzeugt, dass dies eine der vielen möglichen Vorgehensweisen ist, mit dem Erdbeben umzugehen. Ich fühle mich etwas erleichtert und bin stolz auf Toho.

Sie haben Ihren Dokumentarfilm über das Erdbeben von Kobe erwähnt.

Dieser Film ist eine kurze Dokumentation, die zum Zweck der Vorführung im „Kobe shinsai memoriaru horu“ (Kobe-Erdbeben-Gedenkhaus) produziert wurde. Er zeigt wie die Menschen sechs Jahre nach dem Beben dort leben.

Warum hatten Sie nur einmal das Angebot, bei einem Godzilla-Film Regie zu führen?

Das weiß ich nicht so genau. Mein Film hat sich gut verkauft, und ich habe das Budget nicht überzogen. Vielleicht wollte man einer neuen Generation von jüngeren Regisseuren die Chance geben, einen Godzilla-Film zu drehen. Das hat Tradition bei Toho.

Wie viel künstlerische Freiheit hat man, wenn man für eine Firma wie Toho arbeitet?

Um im Rahmen des zur Verfügung gestellten Budgets einen Film zu produzieren, braucht man gewisse Fertigkeiten.

Die künstlerische Freiheit des Regisseurs wird im Prinzip nicht eingeschränkt. Allerdings sollte das Drehbuch schon ohne Umschweife umgesetzt werden.

Können westliche Zuschauer die japanischen Monsterfilme überhaupt richtig verstehen, oder gibt es da eine kulturelle Barriere?

Das würde ich gern von ihnen wissen. Ich kann das nicht beurteilen. Der amerikanische Godzilla-Film zeigt aber, das schon einiges verstanden wurde.

1995 GODZILLA VS. DESTROYAH

Deutsche DVD-Premiere: 2002 / 103 Min. | Jap. Originaltitel: *Gojira tai Desutoroia* | Jap. Erstaufführung: 9. Dezember 1995 / 103 Min. | Internationaler Titel: *Godzilla vs. Destoroyah* | Amerikanische DVD-Premiere: 2000 / 103 Min. | US-DVD/Video-Titel: *Godzilla vs. Destroyah* | Alternativ-Titel: *Godzilla vs. Destroyer* | Produktionsfirma: Toho | Produzent: Tomoyuki Tanaka, Shogo Tomiyama | Regie: Takao Okawara | Buch: Kazuki Omori | Musik: Akira Ifukube | Spezial-Effekte: Koichi Kawakita | Darsteller: Tatsumi Takuro, Megumi Odaka, Akira Nakao, Yoko Ishino, Masahiro Takashima, Yasufumi Hayashi, als Godzilla: Kempachiro Satsuma, als Godzilla-Junior: Hariken Ryu

Schon 1993 schlug Regisseur Takao Okawara den Produzenten von Toho vor, Godzilla in seinem Film *Godzilla vs. Mechagodzilla* sterben zu lassen. Der Chefetage war das zu heiß. Warum sollten sie ihr goldenes Kalb schlachten? Zwei Jahre später sah die Sache anders aus. Die schlechten Reaktionen auf *Godzilla vs. Space Godzilla* (von Kensho Yamashita, 1994) von Fans und Kritik gleichermaßen, sowie der enthusiastisch aufgenommene Neustart der Gamera-Serie der Konkurrenzfirma Daiei, brachte Toho in Bedrängnis. Wie konnte die Marktführerposition in Sachen Kaiju-Eiga, dem Monsterfilm, behalten werden? Aufs Ganze gehen. „Gojira shizu = Godzilla stirbt“, schreit der Slogan des Werbefeldzuges. Außerdem gibt es kaum einen besseren Werbegimmick, als Godzilla in Japan sterben zu lassen, bevor er in Amerika (für Tristar unter der Regie von „unserem" Roland Emmerich) zu neuem Leben erwacht. Die Bekanntgabe von Godzillas Tod im Vorfeld nimmt dem Film natürlich vieles an Spannung. Das ist schade. Doch ein Spannungselement bleibt: Tun sie's wirklich? Und wie tun sie's?

Godzilla, Nachgeburt der A-Bombe, steht kurz vor dem Meltdown. Sein glühendes Herz, das man sich wie einen defekten Atomreaktor vorstellen muss, droht jede Minute zu bersten. Rot glühend taumelt er durch Hongkong und hinterlässt traditionsgemäß nur Trümmer. Ab und zu muss er mit Gefrierraketen gekühlt werden, damit er bis zum Filmende durchhält.

Derweil tauchen in Tokio mannshohe Krabbeltiere auf, die sich irgendwie (jetzt bitte nicht logisch werden) aus der alten Wunderwaffe, dem Oxygen-Zerstörer, entwickelt haben. Godzilla-History: 1954 wurde Godzilla auf dem Meeresgrund von besagtem Oxygen-Zerstörer in seine Bestandteile zerlegt. Momoko Kochi, die Hauptdarstellerin des ersten Godzilla-Films ist abermals in der Rolle der Emiko zu sehen und erinnert mahnend an die damalige Katastrophe.

Auch Godzilla-Junior, auf der Suche nach seinem kranken Daddy, steigt in Japan aus dem Meer. Als die Krabbelmonster von uns Erdenmenschen attackiert werden, fügen sie sich zu einem Riesenkrabbler zusammen. Destoroyah ist geboren. Dem Smogmonster Hedorah (1971) gleich, ändert Destoroyah seine Gestalt, wird größer und kann fliegen. Jedoch sind die Verwandlungen in den verschiedenen Stadien nicht zu sehen. Es macht einfach nur „Puff", und fertig ist ein noch furchteinflößenderer Destoroyah.

Er schnappt sich den kleinen Godzilla jr., fliegt mit ihm in die Höhe und wirft ihn auf ein Gebäude. Junior ist platt. Mausetot, denkt man. Doch Meltdown-Godzilla eilt zu Hilfe, haucht seinem eigen Fleisch und Blut mit letzter Kraft so etwas wie Lebenswillen (ist orange und glitzert) ein, zerschmettert mit freundlicher Unterstützung der SuperX-3 und Gefrierstrahlern in einem farbenprächtigen Finalkampf Destoroyah und stirbt schließlich schmelzend-rot-leuchtend.

Ifukube spielt ein letztes musikalisches Geleit, als Godzilla in rot-orangenen Funkelsternchen aufwärts gen Himmel steigt.

In einem Interview mit Steve Ryfle im Januar 1996 sagte Akira Ifukube: „Die Musik für Godzillas Tod zu schreiben, war eine der größten Herausforderungen. Irgendwie war es, als würde ich die Musik zu meinem eigenen Tod komponieren. Mit Godzillas Geburt begann eine neue Phase meines Lebens. Nun, da Godzilla weg ist, ist diese Phase vorüber. Mit 82 Jahren hatte ich das Gefühl, ich würde der Nächste sein, der sterben müsse. Das war sehr ergreifend. Fast jeder, der am Original mitgearbeitet hatte, war inzwischen gestorben. Nur Momoko Koichi, die Emiko als alte Dame spielt, war dabei. Und natürlich Tomoyuki Tanaka.

Er hatte schon den ersten Godzilla produziert und war sehr krank. Er hat mich persönlich gebeten, ein letztes Mal Musik für Godzilla zu schreiben. Tanaka war es, der mir 1949 meinen ersten Job als Komponist bei dem Toho-Film *Snow Trail* gegeben hatte. Ich konnte also unmöglich ablehnen. Als ich Tanaka den Score vorstellte, hat er nur meine Hand genommen und geweint. Er konnte wegen seiner Krankheit kaum sprechen.“ (Tomoyuki Tanaka verstarb am 2. April 1997)

Godzilla ist tot. Stille. Schweigen. Tränen. Dann ein Hoffnungsschimmer: Als sich der Rauch über der ausgebrannten Erde verzieht, wird die Silhouette von Godzilla-Junior sichtbar. Die durch Daddys Meltdown frei gewordene radioaktive Energie hat Junior neues Leben geschenkt. Ausgewachsener als zuvor stößt er den wohlbekannten Godzilla-Schrei aus. Ein würdevoller Abschluss. Flott inszeniert, stellenweise etwas schluderige, aber schöne FX und an den richtigen Stellen viel Pathos. Am Abend der Premiere von *Gojira tai Desutoroia* gab Special-Effects-Director Koichi Kawakita bekannt, sich von seinem Posten zurückzuziehen und fortan als Berater für die Spielzeugfirma „Bandai" zu arbeiten. Bandai ist der bekannteste Hersteller von Godzilla-Figuren. Die größten Gewinne erzielt Toho ohnehin durch Godzilla-Lizenzvergaben an derartige Merchandising-Firmen. Da kann man sich im Filmproduzieren ruhig mal eine kreative Pause gönnen und andere, ja sogar die Amis (Tristar), die Arbeit machen lassen. Im Jahre 1996 aber war Kawakita wieder als FX-Director bei *Mosura* dabei. Drei Tage nach der Premiere von *Desutoroia* waren bei Toho 10.000 Protestbriefe trauriger Fans eingetrudelt, die sich über den Tod Godzillas empörten. Godzilla durfte einfach nicht sterben, die Serie nicht enden. Die postatomaren Wunden der Japaner waren noch nicht verheilt, die nächste Naturkatastrophe sicher schon im Anmarsch. Nein, Godzilla werde noch gebraucht. Shogo Tomiyama, mit der Gewissheit Godzilla-Junior in petto zu haben, beschwichtigte: „Solange Godzilla ein Star ist, ist auch ein Comeback möglich." Wir können unsere Tränen trocknen.

Monster sind vielleicht Götter

Interview mit Spezial-Effekt-Regisseur Koichi Kawakita:

Das Gespräch mit Koichi Kawakita (*1942 – †2014) fand am 12. Juli 2002 auf dem G-Fest in Chicago statt.

Jörg Buttgereit: **Sie arbeiten bereits seit den frühen Siebzigerjahren in der Spezial-Effekt-Abteilung der japanischen Produktionsfirma Toho. Sind Sie mit den Monsterfilmen der Toho aufgewachsen und haben sozusagen Ihren Traumberuf gefunden?**

Koichi Kawakita: Meine Brüder arbeiten auch in der Filmbranche in den Bereichen Vertrieb und Produktion. Damals wollte ich Kameramann werden. Besonders haben mich aber Monumentalfilme wie *Die zehn Gebote* fasziniert. In den Religionsfilmen ging es immer darum, das Unmögliche möglich werden zu lassen. Besonders schockierte mich die Szene, in der sich das Meer spaltet. Ich fand heraus, das man Spezial-Effekte einsetzte, um ein solches „Wunder“ zu erzeugen. Deshalb wollte ich in diesem Bereich arbeiten.

In Ihren neuen Godzilla-Filmen arbeiten Sie auch mit Computeranimationen. Dennoch werden die Monster noch immer von Schauspielern in Kostümen dargestellt.

Wir nutzen CGI (Computer Grafic Images) ganz bewusst nicht zum Erschaffen unserer Monster. Es geht mir darum, dem Publikum mit Hilfe der Monster etwas zu vermitteln. Das geht immer noch am besten mit „Suitmation“. Die Schauspieler in den Kostümen übertragen Gefühl und Atmosphäre spürbarer auf den Zuschauer. Simple Nuancen wie Wind oder Luft lassen sich mit digitalen Bildern nicht vermitteln.

Worin unterscheidet sich Ihre Arbeit als FX-Regisseur heute von der ihres Vorgängers, dem Godzilla-Schöpfer Eiji Tsuburaya?

Der Unterschied zu Herrn Tsuburaya liegt wohl darin, dass ich nicht nur Regisseur bin, sondern als Vorstandsmitglied der Toho Co. Ltd. auch das Management leite und somit Verantwortung für die Finanzen des Unternehmens trage. Aber US-Regisseure sind ja heute auch Businessmänner.

In den 60er und 70er Jahren war Deutschland ein großer Markt für Godzilla- und Gamera-Filme. Heute werden die Filme bei uns gar nicht oder erst verspätet und lediglich auf Video und DVD ver-öffentlicht.

Wir haben in den letzten Jahren jedes Jahr einen Godzilla-Film produziert. Mit einem Budget von ca. 10–12 Millionen Dollar sind das die teuersten Produktionen in Japan. Die Filme laufen im Kino, im Fernsehen und werden auf DVD verkauft. So viele Vermarktungskanäle haben in Japan nur Monsterfilme. *Godzilla 2000* wurde in Amerika von Tristar in die Kinos gebracht. Tristar kümmert sich jetzt um den Weltvertrieb unserer neuesten Filme. Früher hatte Toho in Europa, London und Rom eigene Niederlassungen. In den USA, Hawaii und Los Angeles hatten wir Vertragskinos, die unsere Filme gespielt haben. Wir hatten damals einen sehr aktiven Vertrieb und exportierten die Filme von Akira Kurosawa oder eben die Godzilla-Filme regelmäßig ins Ausland. Bedauerlicherweise produzieren wir derzeit mehr für den einheimischen Markt.

Können Sie uns etwas über die Bedeutung der Monster in der japanischen Kultur sagen?

Das ist eine schwierige Aufgabe. In Japan gibt es ja eine regelrechte Monsterkultur. Wir haben diese Monster sozusagen verinnerlicht. Im Westen findet man nichts derartiges. Japaner verneigen sich vor unterschiedlichen Gottheiten. Es gibt acht Millionen japanische Götter und Göttinnen. Unsere Vorstellung von Gott ist wahrscheinlich etwas anders als die westlicher Menschen. Wir haben andere Götter. Und Monster sind vielleicht ebenfalls eine Art von Götter. Man sagt bei uns „Not lehrt beten". Man könnte auch sagen „Not lehrt Monster". Die Ängste, die Schwächen, aber auch die Stärken, die man in sich trägt, verwandeln sich in Monster. Das Aussehen der Monster ist zwar von den größten Tieren der Erdgeschichte inspiriert, aber sie sind keine Dinosaurier. Es sind gigantische, fiktive Lebewesen, die den Wurzeln der japanischen Kultur entstammen. Gerade Kindern haben die Monster immer wieder Träume und Kraft gegeben.

Japaner gelten als Naturverbunden. Gibt es eine Beziehung zwischen der Natur und den Monstern?

Ja, die gibt es. In Japan gibt es keine Region, die nicht von Erdbeben heimgesucht wird. Dazu kommen Taifune. Die Erfahrungen mit diesen Naturkatastrophen generiert in uns vielleicht einen Zerstörungswunsch, der in den Monstern verkörpert wird. Ich habe übrigens gerade einen Film über das Erdbeben von Kobe beendet. Ich mache also nicht nur Monsterfilme.

1998 GODZILLA

Dt. Erstaufführung: 10. September 1998 / 139 Min. | US Erstaufführung: 20. Mai 1998 / 139 Min. | Produktionsfirma: Tristar, Centropolis | Produzent: Dean Devlin | Regie: Roland Emmerich | Buch: Roland Emmerich, Dean Devlin | Spezial-Effekte: Volker Engel (Visual FX), Patrick Tatopoulos (Creature FX), | Musik: David Arnold | Darsteller: Matthew Broderick, Jean Reno, Maria Pitillo, Hank Azaria, Harry Shearer

Die Entstehungsgeschichte des ersten amerikanischen Godzilla-Films ist ein langer zäher Krampf, der nicht unbedingt vom Verständnis der Amerikaner für den japanischen Mythos Godzilla geprägt ist. Die Produktionsfirma

Tristar hatte kein gesteigertes Interesse an der Huldigung einer japanischen Ikone. Ihr schwebte eine Art *Jurassic Park* mit einem bereits wohlbekannten Monster mit Starpotenzial vor. Die symbolische Dimension, die Gojira in seiner Heimat besitzt, interessierte nicht, war vielleicht sogar hinderlich.

Dabei hatte ILM (Industrial Light and Magic), die Spezial-Effekt-Firma von *Star Wars*-Schöpfer George Lukas, 1992 den Turnschuh-Werbespot *Godzilla vs. Barkley* für Nike mit dem für Toho typischen „Suitmation"-Verfahren realisiert. ILM kreierte einen aus mehreren Teilen zusammengesetzten leichten Godzilla-Schaumstoffanzug, in dem ein Animateur steckte.

Die Gesichtsbewegungen des Monsters wurden ferngesteuert. Abgerundet wurde der Kampf zwischen Godzilla und dem überdimensionalen Basketballspieler Charles Barkley in Downtown Tokio mit digitalen optischen Effekten. Es entstand ein kurzer effektvoller Werbespot, der mit ausreichender Sensibilität dem Original-Godzilla seinen Respekt erweist.

Der Vertrag zwischen Tristar und Toho wurde Anfang 1993 abgeschlossen. *Godzilla* sollte sogar schon zu Weihnachten 1993 in die Kinos kommen, und Toho wurde eine Millionen Dollar plus Gewinnbeteiligung zugesichert. Regisseure wie Alex Cox *(Repo Man),* Tim Burton *(Batman, Mars Attacks)* und Jan de Bont *(Speed, Twister)* waren im Gespräch. Letzterer war 1994 schon unter Vertrag, sollte einen Trailer drehen, wollte den Film aber nicht unter 130 Millionen Dollar fertigstellen. Damals noch eine Unsumme. Tristar aber wollte maximal 100 Millionen investieren und kündigte den Vertrag mit einer Abfindung von 4 Millionen für de Bont. Zum Vergleich: Toho hatte 1994 für *Godzilla vs.*

Space Godzilla die „Rekordsumme" von 12 Millionen Dollar ausgegeben.

Ende 1995 ließ Tristar verkünden, dass der deutsche Regisseur Roland Emmerich und dessen Produzent Dean Devlin *Godzilla '98* in die Hand nehmen. Emmerich und Devlin hatten mit *Stargate* und *Independence Day* bewiesen, dass sie in der Lage waren, Großproduktionen unter 100 Millionen erfolgreich zu realisieren. Im Mai 1997 begannen die Dreharbeiten zu ihrem Film, der dann doch 120 Millionen kosten sollte.

Schon im Sommer 1997 startete „unser" Roland Emmerich, der nach Hollywood ausgewanderte „Spielberg von Sindelfingen", seine Kampfansage an den echten Steven Spielberg und dessen überaus erfolgreichen Saurierknaller *Jurassic Park* und *The Lost World*. In einem fulminanten Teaser sieht man eine Horde interessierter Schulkinder im New Yorker Museum of Natural History staunend vor dem Skelett eines Tyrannosaurus Rex stehen. Vom größten Raubtier auf Erden spricht der Lehrer. Wow! Doch dann bricht, angekündigt von einem donnernden Stampfen, ein wirklich gigantischer Monsterfuß durch die Decke über dem Saurierexponat und zermalmt beiläufig Spielbergs Jurassic-Star. „Size does matter" lautete der erste Werbeslogan zu *Godzilla*. Emmerich und seinem Produzenten Dean Devlin gelang mit diesem Teaser eine witzige Realfilm-Umsetzung von Marv Newlands Zwei-Minuten-Cartoon *Bambi Meets Godzilla* (1969), in dem das zarte Reh das gleiche Schicksal ereilt.

Mit zwei weiteren Trailern und wolkenkratzergroßen Anzeigen wurde im Laufe der folgenden Monate die Erwartungshaltung auf den ersten amerikanischen Godzilla-Film ins Unermessliche geschraubt. Angesichts massiver

Werbekampagnen (Kostenpunkt angeblich 50 Millionen Dollar) schien eine Enttäuschung, bzw. Übersättigung des Publikums fast vorprogrammiert.

Das erklärte Kassenziel, das 93-Millionen-Rekordeinspielergebnis des Startwochenendes von *Jurassic Park 2 – The Lost World* zu überbieten, wurde schließlich nicht erreicht. Nur popelige 56 Millionen flossen, trotz einiger Tricks, wie der Vorab-Megapremiere im New Yorker Madison Square Garden, in die Kinokassen. Nach einer Woche waren es 78 Millionen. Das ergab seinerzeit aber „nur" das dritthöchste Starteinspielergebnis (Platz zwei: *Mission Impossible*). Tristars arrogante Prognose, der Film werde am ersten Wochenende garantiert über 100 Millionen einspielen, ließen *Godzilla* trotz seines durchaus eindrucksvollen Starts wie einen Flop erscheinen.

Doch nun zum Film selbst. Die Story, zusammengehauen von Emmerich und Devlin, ist verdammt zweckmäßig und humorlos. Eine aufgeblasene amerikanische Neuversion des düsteren japanischen Nachkriegsfilms *Gojira* (1954) von Ishiro Honda. Jedoch ohne die damals politisch relevante Manifestierung des atomaren Holocaust von Hiroshima und Nagasaki.

Bei Emmerich sind es lediglich französische Atomtests in Polynesien, die einen hässlichen Leguan in ein gigantisches Wesen mutieren lassen, das dann nach New York schwimmt und im Madison Square Garden haufenweise Eier legt. Aus diesen alienhaften Eiern schlüpfen Spielbergsche Minisaurier. Eine Prise zuviel *Jurassic Park,* denn ein besserer Filmemacher als Emmerich ist Spielberg allemal. Aber auch sonst setzen Devlin und Emmerich eine der größten Leichenfleddereien der Filmgeschichte in Gang, in der sie sich für „ihre" Godzilla-Geschichte bei so viel amerikanischen – nicht japanischen – Genrevorbildern bedienen, dass der zulässige Rahmen des Zitatenkinos gesprengt wird. Roland klaut, und er klaut auch noch bei den Falschen. Aber die Amis waren schon immer besonders unsensibel im Umgang mit den japanischen Godzilla-Filmen. Schon das Original *Gorija* brachte man 1956 unter dem Titel *Godzilla – King of the Monsters* in einer verstümmelten und brutal amerikanisierten Version in die Kinos. Beginn einer traurigen Tradition, die sich leider mit grottenschlechten Synchronisationen und unsinnigen Schnitten bei der Veröffentlichung nachfolgender Godzilla-Filme fortsetzte.

Aber dieses Mal gibt es ein dickes Trostpflaster für die japanische Produktionsfirma Toho. Sie wird an Lizenzen und Profitbeteiligungen vom US-*Godzilla* ein Vielfaches mehr verdienen, als hätten sie selbst einen neuen Godzilla-Film produziert. Aber wisst ihr, Jungs, manchmal ist Geld eben nicht alles. Habt ihr da mit eurem Wappenmonster nicht auch eure Seele verkauft? Ironischerweise hatte der Ami-Godzilla auch noch den bis dahin erfolgreichsten Kinostart Japans. Habt ihr denn gar keine Würde mehr? Den neuen Film im Nachspann Tomoyuki Tanaka zu widmen, dem kurz zuvor verstorbenen Produzenten der ersten 22 Godzilla-Filme, wirkt im Angesicht des Riesenleguans schon etwas zynisch.

Doch zurück zu Roland und seinen langweiligen Schauspielern. Abgesehen von Jean Reno (er spielt den französischen, an amerikanischer Esskultur verzweifelnden Secret-Service-Mann Philippe Roache, der das peinliche Missgeschick seines Landes zu vertuschen sucht) und Hank Azaria (ein draufgängerischer News-Kameramann, der auf den Namen „Animal" hört und Kennern als die

US-Synchronstimme von Homer Simpson bekannt sein dürfte) flüchten ein Haufen farbloser Schauspieler (Matthew Broderick) in New York vor den Riesenquadratlatschen von „Big G". Sie können froh sein, dass auf Godzilla, den eigentlichen Star des Spektakels, dann doch Verlass ist.

Auch wenn das Biest aufgrund seines zu stark veränderten, garstigen Erscheinungsbildes, und der damit verbundenen mangelnden Identifikationsmöglichkeit den Namen Godzilla nicht verdient hat, sind Visual-Effects-Supervisor Volker Engel viele wirklich schöne Monsterszenen gelungen. Überwiegend ganz natürlich und organisch wirkende Computeranimationen. Aber auch ein paar gute alte Mann-im-Gummimonsterkostüm und Model-Shots für Nahaufnahmen sind dabei. Die Kombination verschiedener Effekt-Techniken, stets eingefangen aus extremer Untersicht, um die Größe Godzillas zu betonen, ergeben die atemberaubende Illusion vom Riesenmonster, das durch die Straßen von New York walzt, sich in der Brooklyn Bridge verfängt und Helikopter vom Himmel holt. Das macht den Film für Monsterfreunde sehenswert.

Wenn da nur nicht dieser schale Beigeschmack wäre. Aber was soll's. Wir konnten von Roland nicht erwarten, dass er in alter, infantil japanischer „Suitmation"-Tradition einen schwitzenden Stuntman in ein Godzilla-Kostüm steckt und ihn auf einer offensichtlichen Plastikstadt herumhopsen lässt. Dafür ist er nicht der richtige Mann. Schließlich wollte er auch weiterhin großkalibrige Event-Movies in der Traumfabrik drehen. So hat sein durch New York springender „realistischer" Godzilla mehr mit Spielbergs T. Rex gemein als mit Hondas mutierten, menschelnden Saurier. Ihm fehlt der wundersam naive Charme, der

Camp-Appeal, der die Herzen aller Godzilla-Freunde weich werden lässt.
Der einzige Hollywood-Mainstream-Regisseur, dem ein stilechter Umgang mit Godzilla zuzutrauen gewesen wäre, war seinerzeit Tim Burton, der mit *Mars Attacks* bewiesen hatte, wie einfühlsam und treffsicher er klassische Genrestoffe augenzwinkernd in die heutige Zeit versetzen kann. In einem Interview, das ich einige Jahre nach dem US-Godzilla mit Burton führen durfte, verriet er mir aber, dass er sich an eine so heilige Kuh wie Godzilla nie herangewagt hätte. Die japanischen Godzilla-Filme seien aus seiner Sicht so perfekt und schön, dass er dem nichts hinzufügen wolle. Schon ein Jammer. Denn das traurigste am amerikanischen *Godzilla* ist, dass man als Godzilla-Fan merkt, dass Roland Emmerich eben keiner ist. Die Rechte für zwei weitere Godzilla-Sequels haben Emmerich und Devlin verstreichen lassen. Sie haben jedoch eine solide Kinder-Zeichentrickserie für das Fernsehen mit „ihrem" Godzilla produziert.

Um einen guten Godzilla-Film zu machen, braucht man auch ein zweites Monster!

Interview mit Regisseur Jan de Bont

Im September 1999 war der erfolgreiche Hollywood-Regisseur Jan de Bont *(Speed)* in Deutschland, um seinen neuen Film *The Haunting/Das Geisterschloss* zu promoten. In dem Interview, das ich zu *The Haunting* führen sollte, ergab sich auch die Gelegenheit, einige Minuten über de Bonts nie realisierte Godzilla-Adaption für Tristar zu sprechen.

Jörg Buttgereit: **Vor einigen Jahren waren sie als Regisseur für den amerikanischen Godzilla-Film, den nun**

unser deutsches „Wunderkind" Roland Emmerich realisiert hat, im Gespräch. Können sie uns etwas über ihre Herangehensweise an das Projekt verraten?

Jan de Bont: Wir hatten ein tolles Skript (von Terry Rossio und Ted Elliot). Meine Version war ganz anders als die von Roland. Er hat ja Godzilla völlig anders aussehen lassen, und das gesamte Konzept eines Godzilla-Films geändert. Ich glaube, um einen guten Godzilla-Film zu machen, benötigt man immer auch ein zweites, böses Monster. Schließlich kann man Godzilla doch nicht als Bösewicht portraitieren. In meiner Version gab es also dieses fantastische neue Monster (ein außerirdisches Monster mit dem Namen Griphon), mit dem Godzilla im Höhepunkt des Films in New York aneinandergerät. Eine riesen Monsterschlacht, bei der Godzilla New York rettet. Das war meine Grundidee. Darum geht es für mich bei Godzilla-Filmen. Und ich muss es ja wissen, ich habe sämtlich Filme auf Video. Dummerweise war Tristar der Meinung, zwei Monster würden den Kostenrahmen des Projekts sprengen. Ein Monster erschien ihnen schon teuer genug. Ein zweites Monster stand für sie außer Frage. Dabei hatte ich schon einen speziellen Deal mit „Industrial Light and Magic". Die waren bereit, die Spezial-Effekte für einen festen Preis zu realisieren. Der war natürlich entsprechend hoch, das gebe ich zu. Das Studio dachte aber, sie könnten Rolands Film günstiger produzieren. Natürlich ist der Film letzten Endes noch teurer geworden als meine Version.

Mit meinem Godzilla wäre Tristar besser dran gewesen. Und sie hätten ein Produkt gehabt, das viel eher wie ein echter Godzilla-Film ausgesehen hätte.

Sie müssen wissen, das ich mich selbst als großen Godzilla-Fan bezeichnen würde. Meine Kinder lieben ihn auch.

Sie sind jetzt acht Jahre alt. Sie gucken sich diese Filme ständig an und finden das klassische Konzept mit zwei Monstern prima. Wenn Godzilla sich nicht mit einem bösen Monster wie Ghidorah prügelt, dann stimmt doch was nicht.

Sie hätten Godzillas Erscheinung also nicht verändert?

Natürlich nicht. Wenn ich eine neue Version von King Kong drehen würde, würde ich Kong ja auch nicht ändern.

Andererseits kann ich schon nachvollziehen, dass Roland Emmerich Angst davor hatte, vom amerikanischen Publikum ausgelacht zu werden, wenn er einen klassischen Mann im Gummianzug abliefern würde. Man hätte ihn dann wohl aus Hollywood verjagt.

Genau das war es, wovor Tristar Angst hatte. Aber ich glaube nicht, dass das Publikum sich totgelacht hätte. Schließlich kennen und lieben sie Godzilla. Das Studio wollte unbedingt modern sein. Sie wollten, dass Godzilla wie ein Saurier daherkommt. Wie einer der Velociraptoren oder der T. Rex aus *Jurassic Park*. Am Schluss hatten sie dann aber ein völlig anderes Monster, das nichts mehr mit Godzilla gemein hat.

Emmerichs Film ist definitiv kein Godzilla-Film. Er ist ein gewöhnlicher Monster-Film.

Ein amerikanischer Monster-Film.

Es hat mich schon immer erstaunt, dass deutsche Regisseure wie Emmerich oder Wolfgang Petersen diese extrem patriotischen Filme in Amerika drehen.

Ich als Holländer würde es nie wagen, einen patriotischen amerikanischen Film zu drehen.

1999 GODZILLA 2000 MILLENNIUM

Dt. DVD-Premiere: 12 Juli 2006 | Jap. Titel: *Gojira Nisen Mireniamu* | Jap. Erstaufführung: 11. Dezember 1999, 107 Min. | US-Titel: *Godzilla 2000* | US Erstaufführung: 18. August 2000, 99 Min. | Produktionsfirma: Toho | Produzent: Shogo Tomiyama | Regie: Takao Okawara | Buch: Wataru Mimura, Hiroshi Kashiwabara | Kamera: Katsuhiro Kato | Spezial-Effekte: Kenji Suzuki | Musik: Takayuki Hattori | Darsteller: Yukichi Murata, Shiro Sano, Hiroshi Abe, Naomi Nishida, Mayu Suzuki, als Godzilla: Tsutomu Kitagawa

Seit knapp 50 Jahren drehen die Japaner immer den gleichen Monster-Film. Das ist nicht besonders innovativ, aber ungemein beruhigend. Die Prügel, die Roland Emmerich für seine 1998er US-Version von *Godzilla* von der Kritik und den G-Fans einstecken musste, hat die japanische Produktionsfirma Toho offenbar beflügelt, ihre im Jahre 1995 *(Godzilla vs. Destoroyah)* zu Grabe getragene Monster-Ikone früher als geplant wieder zu beleben. Eigentlich hätte erst im Jahre 2005 ein neues Godzilla-Abenteuer auf dem Toho-Produktionsplan stehen sollen. Doch als sich die Nachfrage nach einer Fortsetzung zum Emmerich-Fiasko (das in Wirklichkeit ein recht anständiger amerikanischer Monsterfilm mit State-of-the-Art Effekten ist, bloß eben kein Godzilla-Film) in Grenzen hielt, produzierte Toho mal eben fix einen Millenniums-Godzilla, in dem sogar einige Versatzstücke aus dem US-Godzilla verbraten werden. Diese unnötige Anbiederung an amerikanische Standards können sich die adaptierfreudigen Japaner nicht verkneifen. Auch Godzillas erster Auftritt, als er mit einem Dampfer im Maul in einen Leuchtturm blickt, ist ein direkter Verweis auf Ray Harryhausens Rhedosaurus in *The Beast From 20.000 Fathoms* (1953, *Panik in New York*), der wiederum als Inspirationsquelle für Ishiro Hondas ersten *Godzilla* (1954) gilt.

Und Godzilla hat sich verändert. Zum ersten Mal in seiner Karriere ist der große Grüne wirklich Grün und nicht grau, wie sonst. Seine Rückenplatten sind gefährlich bizarr verzahnt. Sieht echt wild aus. Und er ist auf eine handliche Größe von 55 Metern geschrumpft. Das macht die Arbeit der Modellbauer etwas leichter, die ihre Plastik-Häuser nun in einem größeren Maßstab basteln können. Aus Godzillas blauem Atomic-Ray ist ein warmer orangefarbener Feuerstrahl geworden. Keck schmeißt er den Kopf zurück, bevor er spuckt.

Der Plot ist wieder herrlich infantil. Da wird ein von Emmerichs *Independence Day* beeinflusstes Ufo in der Form eines Fahrradsattels im Meer entdeckt, aus dem ein digital animiertes Wabbel-Alien kommt, das sich Godzilla-DNA einverleibt und zu dem buckligen Monsterkontrahenten Orgah wird. Die Wissenschaftler der „Godzilla Prediction Network" (eine Art Godzilla-Greenpeace-Organisation) stehen fassungslos auf einem Hochhaus, als sich die beiden Giganten in Tokio prügeln. Das leitende Oberhaupt der CCI (Crisis Control Intelligence) Katagiri kann die Scham nicht ertragen, Godzilla, das Ufo und Orgah nicht rechtzeitig gestoppt zu haben. Godzilla, mittlerweile Symbol für die Unberechenbarkeit der Naturgewalten, widersetzt sich erfolgreich dem Kontrollzwang eines hochtechnisierten Japans. Godzilla darf das, denn er ist gottgleich. Bevor Katagiri sich mutwillig von Godzilla zermatschen lässt, zündet er sich cool eine Zigarette an und schreit dem grünen Biest dessen Namen entgegen: „Gojiraaaaaaaa" Ein japanischer Mann muss tun, was ein japanischer Mann tun muss. Hai! So desu.

Godzilla ist wieder da, wo er hingehört: In Japan. Seine Anhänger können beruhigt sein, denn trotz eines Neuanfangs (die Geschehnisse der vorherigen G-Filme werden wieder mal ignoriert), hat sich nicht wirklich etwas verändert im Nippon-Monsteruniversum. Mit umgerechnet elf Millionen Dollar Budget war *Godzilla 2000* der bislang kostenintensivste G-Film der Toho. Und so wirkt der Film denn auch edel und campy zugleich. Die Qualität der Trickszenen des neuen FX-Directors Kenji Suzuki reicht von atemberaubend (Miniaturen, Explosionen) bis „typisch japanisch" (Spielzeugautos, Stuntman Tsutomu Kitagawa im Godzilla-Kostüm). Eine gesunde Mischung. So muss das sein. Wir Fans lieben identifizierbare Handarbeit. Nur der Rest der Welt wird wie immer den Kopf schütteln über soviel Mut zur Trivialität.

Im August 2000 hat Tristar *Godzilla 2000* mit mäßigem Erfolg in die amerikanischen Kinos gebracht. Um den etwas behäbigen Film für die Amis attraktiver zu machen, wurde er um ca. neun Minuten gestrafft, mit einer stellenweise hölzernen Synchronisation versehen, die Sound-Effekte wurden generalüberholt und aufgemotzt und die Musik von Takayuki Hattori *(Godzilla vs. Spacegodzilla)* wurde stellenweise durch frühere Kompositionen von Godzillas Hauskomponist Akira Ifukube oder neuen Stücken von J. Peter Robinson ergänzt. Insgesamt hat sich Tristar für die „Americanisation" erstaunlich viel Mühe gegeben.

2000 GODZILLA VS. MEGAGUIRUS

Dt. DVD-Premiere: 17. August 2006 | Jap. Originaltitel: *Gojira x Megaguirus* | Jap. Erstaufführung: Dezember 2000, 106 Min. | Amerikanische DVD-Premiere: 2004, 106 Min. | Produktionsfirma: Toho | Produzent: Shogo Tomiyama. | Regie Masaaki Tezuka | Buch: Hiroshi Kashiwabara, Wataru Mimura | Musik: Michiru Oshima | Spezial-Effekt-Regie: Kenji Suzuki | Darsteller: Misato Tanaka, Shosuke Tanihara, Yuriko Hoshi, Masato Ibu, Tsutomu Kitagawa als Godzilla.

So richtig zufrieden war Toho-Produzent Shogo Tomiyama wohl mit den Einspielergebnissen von *Godzilla 2000* nicht, der offiziellen japanischen Wiederbelebung des nationalen Monsterguts nach dem amerikanischen Emmerich-Fiasko. Dementsprechend ließ er das Budget für die 24. Fortsetzung etwas herunter schrauben und verpflichtete einen (preisgünstigeren?) Erstlingsregisseur mit Namen Masaaki Tezuka. Dieser hatte schon 1993 bei *Godzilla vs. Mechagodzilla* die Regieassistenz übernommen und war scheinbar der Nächste auf der Regie-Warteliste der Toho. Denn in Japan wird man nicht so einfach Regisseur eines neuen Godzilla-Films. Da gilt es, sich mühsam in einem hierarchischen System nach oben zu ackern. Wie so oft wird die Handlung der vorangegangenen Godzilla-Filme weitestgehend ignoriert. Zu Beginn von *Godzilla x Megaguirus* werden wohlbekannte Szenerien des ersten Godzilla-Films von 1954 mit dem neuen Godzilla nachgestellt. Das Biest hatte ja im letzten Jahr eine optischen Grunderneuerung erfahren, war kleiner und irgendwie zackiger geworden. Jedenfalls hat man nun herausgefunden, dass der große Grüne immer dann Japan heimsucht, wenn es ihn nach Atomkraft oder anderen deftigen Energiequellen dürstet. Bei seinem letzten Besuch in Osaka in den Neunziger Jahren hatte Godzilla unglücklicherweise einige Gebäudeteile

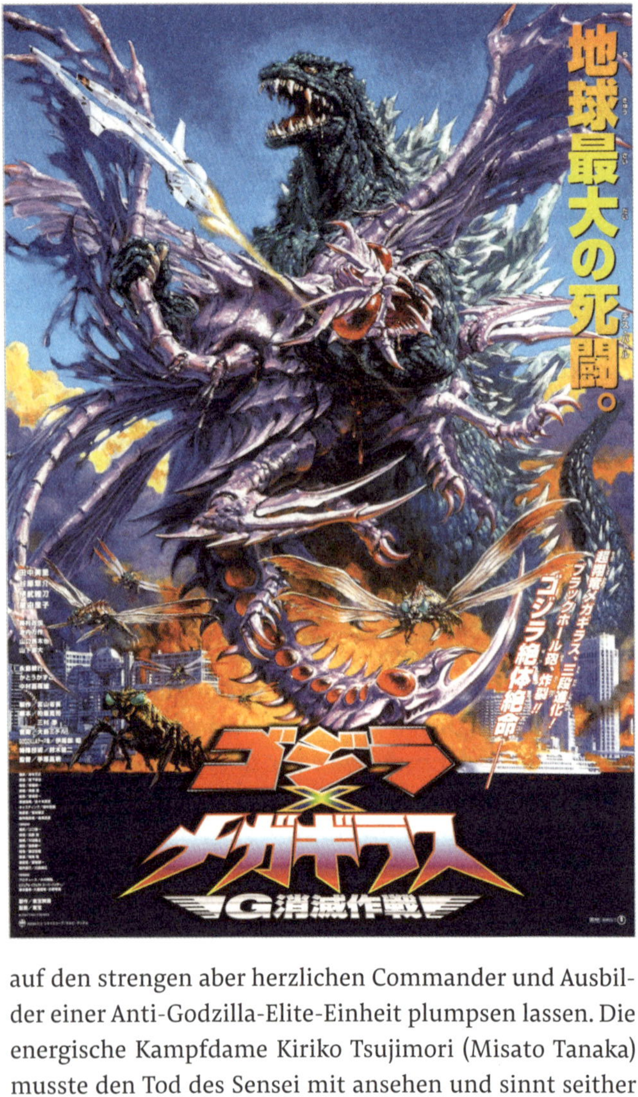

auf den strengen aber herzlichen Commander und Ausbilder einer Anti-Godzilla-Elite-Einheit plumpsen lassen. Die energische Kampfdame Kiriko Tsujimori (Misato Tanaka) musste den Tod des Sensei mit ansehen und sinnt seither auf Rache. Ja, die schroffe 23-jährige ist inzwischen gar die Oberfrau der „G-Grasper“ (Godzilla-Grapscher?), einer Anti-Godzilla-Defense-Organisation, die gerade dabei ist den „Dimension Tide“ zu entwickeln. Das ist ein praktisches, zwei Meter großes schwarzes Loch, das man von einer Kanone, die auf einem Satelliten im All stationiert ist, auf den armen Godzilla schießen will. Die Echse soll dann einfach in dem besagten schwarzen Nichts in eine andere Dimension befördert werden. Tolle Idee eigentlich. Doch beim Austesten des Dimension Tide schlüpft durch das kurzzeitig geöffnete schwarze Loch eine urzeitliche Riesenlibelle: Megaguirus. Das ändert natürlich die Problematik. Schon steht der schicke Hochhausbezirk Shibuya in Tokio unter Wasser. Da nisten im Feuchten die vielen kleinen Megaguirus Libellen, die alsdann auf Godzilla losstechen, um Energie abzuzapfen und diese dann in eine echt große böse Megauirus-Libelle zu injizieren. Dieser Brummer trifft sich dann mit Godzilla im Hafengebiet von Tokio. Und dann geht’s ab ...

Menschen, die sich der zwingenden Tatsache bewusst sind, das Godzilla unbedingt, auch heute noch im neuen Jahrtausend, von einem schwitzenden Stuntmen im Godzilla-Gummi-Kostüm dargestellt werden muss, der darf nun über die vielen optisch harmonisch ausgefeilten Spezial-Effekte staunen: Das auf Godzilla zukullernde Loch, sein orangefarbener Feueratem, der haufenweise Libellen röstet, die computeranimierten Unterwasser-Schwimm-Aufnahmen des Monsters und eben das altmodische Monsterduell der Giganten in einem liebevoll nachgebauten Spielzeug-Tokio. Das alles wird ausgewogen dramaturgisch zelebriert. Allzu langes Warten auf die Monster entfällt. Der Film ist straff und unterhaltend, sogar besser als sein Vorgänger. Und als besonders auffallend, ja geradezu fortschrittlich, muss unterstrichen werden, dass die Hauptrolle (neben Godzilla natürlich) tatsächlich von einer Frau gespielt wird. In Japan und speziell in diesem Genre keine Selbstverständlichkeit.

2001 GODZILLA, MOTHRA AND KING GHIDORAH: GIANT MONSTERS ALL-OUT ATTACK

Dt. DVD-Premiere: 28. Juli 2006 | Jap. Originaltitel: *Gojira, Mosura, Kingu Ghidorah-Daikaiju Sokogeki* | Jap. Erstaufführung: 15.12.2001 / 105 Min. | Internationaler Titel/US-Titel für DVD-Auswertung: *Godzilla, Mothra and King Ghidorah Giant Monsters All-Out Attack* | US-DVD-Premiere: 2004 / 105 Min. | Produktionsfirma: Toho | Produzent: Shogo Tomiyama | Regie: Shusuke Kaneko | Buch: Kei'ichi Hasegawa, Shusuke Kaneko, Masahiro Yokotani | Kamera: Masahiro Kishimoto | Spezial-Effekte: Makoto Kamiya | Musik: Kow Otani | Darsteller: Chiharu Niiyama, Ryudo Uzaki, Hideo Amamoto, Masahiro Kobayashi, Godzilla:Mizuho Yoshida, Baragon: Rie Ota, King Ghidorah: Akira Ohashi

Zehn Jahre hat Regisseur Shusuke Kaneko warten müssen, bis ihn Godzilla-Produzent Shogo Tomiyama einen Godzilla-Film für Toho hat drehen lassen. In einem extrem hierarchisch aufgebauten System kann man nicht so einfach einen Firmenfremden in den Regiestuhl setzen, der zuvor nur durch Horrorfilmchen und Pink-Movies in Erscheinung getreten ist. Also marschierte Kaneko Mitte der Neunziger rüber zur Konkurrenzfirma Daiei und drehte dort mal eben drei grandiose Monsterfilme mit der atomaren Riesenschildkröte Gamera. Seitdem gilt Kaneko als innovativer Erneuerer des Kaiju Eiga. Diesem Ruf wird er nun auch mit seinem ersten Godzilla-Film *GMK* gerecht. Kaneko wirft die Historie der Riesenechse über Bord und legt neue Regeln fest. In seiner Timeline hat nur der erste

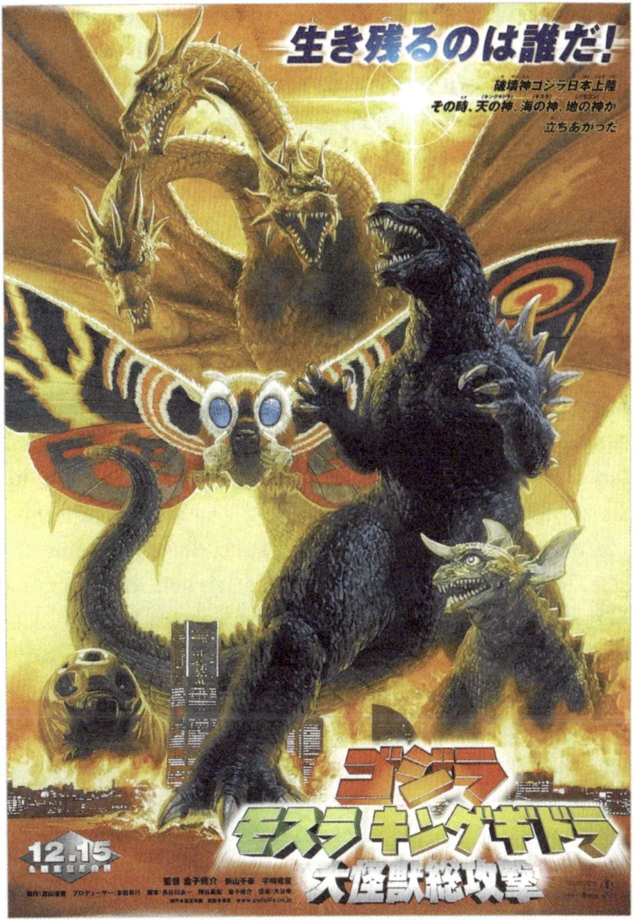

Godzilla-Film im Jahre 1954 stattgefunden. Im Jahre 1998 verwüstete zwar ein gigantischer Leguan New York, den die Amerikaner Godzilla nannten, aber das war nicht der Echte. Erst jetzt taucht der wahre Godzilla aus den Tiefen des Meeres auf, um Japan zu vernichten. Getrieben von den ruhelosen Seelen der gefallenen Soldaten des Pazifikkrieges geht er an Land, um sich alsbald im bekannten Ausflugsort Hakone mit dem Monster Baragon zu raufen. Baragon ist Kennern aus Ishiro Hondas *Frankenstein – Der Schrecken mit dem Affengesicht* (1965) vertraut. In *GMK* ist er der „Gott des Landes", der erste von drei „Beschützern von Yamamoto (dem alten Japan)". Riesenfalter Mothra ist der „Gott der See" und der dreiköpfige King Ghidorah der „Gott der Lüfte". Erweckt werden die drei guten Monster fast zufällig. Jugendliche Rowdies und ein Mann, der sich im Wald aufhängen will, werfen aus Versehen ein paar magische Steine um, die die Biester seit 10.000 Jahren durch einen Bann gefangen halten. Es könnte also auch die moralische Entrüstung der göttlichen Monster über die jungen Delinquenten oder den unehrenhaften Selbstmordversuch sein, die sie zu neuem Leben erwachen lässt. Die drei moralischen Monster haben jedenfalls die Aufgabe, diesen äußerst fiesen Godzilla zu bezwingen, der inzwischen in Yokohama Menschen mit seinem atomaren Feueratem brutzelt. Die junge und hübsche Fernsehreporterin Yuri (Chiharu Niiyama) beobachtet das Inferno mit ihrer Sony-Digicam und entgeht immer wieder nur knapp den Zerstörungsorgien der Monster. Ihr Vater Taizo Tachibana (Ryudo Uzaki) ist General bei der japanischen „Selbstverteidigungs-Armee" und hat damals seine Eltern durch Godzilla verloren. Als die drei guten Monster dem übermächtigen Godzilla unterliegen, schwingt sich Tachibana in ein U-Boot und fährt im verwüsteten Hafengebiet von Yokohama direkt in das Maul des radioaktiven Urweltgiganten ...

Kaneko ist grimmiger und absoluter in der Darstellung von Zerstörungen. Bei ihm sieht man die Menschen durch die Luft purzeln, wenn der Feuerschwall eines Monsters durch die Straßenschluchten fegt. Um so erstaunlicher ist es, das

GMK in Japan im Doppelprogramm mit einem 60-Minütigen Zeichentrickabenteuer von Hamutaro, einem niedlichen debilen Hamster, in die Kinos kam. An der Kinokasse konnte man gar kleine Hamutaros im Godzilla-Kostüm als Schlüsselanhänger kaufen. Apokalypse im Kinderzimmer. Reminiszenzen (oder sind es Seitenhiebe?) an den amerikanischen *Godzilla* von Roland Emmerich sind unübersehbar. Ganz so, als wolle Kaneko sagen: „Seht her, das können wir auch", dreht er prägnante Einstellungen des US-Godzillas nach: Die verdatterten Angler, auf die eine sich aufbäumende Welle zurast, aus der Godzilla steigen wird. Den Fischmarkt, den Godzilla bei seinem ersten Auftritt verwüstet. Mit einem Zehntel des Budgets, das Emmerich 1998 in USA zu Verfügung hatte, gelingt Kaneko mit *GMK* ein großer Wurf. Ein Monsterfilm wie Fans ihn sehen wollen. Er bringt das Gefühl der alten Monsterfilme mit der modernen Technik zusammen. Die altmodische Tricktechnik „Suitmation" (der berühmte Mann im Gummianzug) geht eine kreative Symbiose mit der Digitaltechnik ein. Selbst der eher unübliche Elektro-Industrial-Soundtrack von Kou Otani integriert sich problemlos in das naive Fantasy-Spektakel.
Ursprünglich sollte Kanekos Film der vorerst letzte Godzilla-Film werden. Doch die Einspielergebnisse in Japan waren so gut, das Tomiyama schnell die Produktion von *Godzilla x Mechagodzilla* startete. Leider nicht unter der Regie von Shusuke Kaneko.

Ich durfte kein Blut zeigen

Das Gespräch mit Shusuke Kaneko wurde am 10. August 2002 in den Daiei-Studios in Tokio geführt.

Interview mit Regisseur Shusuke Kaneko

Jörg Buttgereit: **Warum wollten Sie nach ihren erfolgreichen Gamera-Filmen unbedingt auch einen Godzilla-Film drehen?**

Shusuke Kaneko: Als Kind habe ich Godzilla schon im Kino bewundert. Er ist ein mächtiges, riesiges Wesen. Er ist irgendwie hässlich und schön zugleich. Er denkt nicht nach, handelt intuitiv und ignoriert seine Umwelt. Mit meinem Godzilla-Film wollte ich das traumhafte Gefühl, das ich schon damals als Kind immer hatte, wiedererwecken. Bevor ich *GMK* drehen konnte, sollte ich aber erst noch den Spielfilm *Crossfire* für Toho drehen. Dabei habe ich schon viel über die Art und Weise gelernt, wie man in dieser äußerst konservativen Produktionsfirma arbeitet.

Wie unterscheidet sich Ihr neuer Godzilla in *GMK* von seinen Vorgängern?

Mein Godzilla ist voller böser Absichten. Er tut was er will, völlig rücksichtslos. Es besteht also ein extremer Unterschied zu Gamera, mit der ich ja immerhin drei Filme gedreht habe. Im Gegensatz zu meinem Godzilla war Gamera ein armer Kerl, der einfach aufgrund seiner Größe viel kaputt gemacht, Städte zertrampelt und die Menschen belästigt hat. Eigentlich ist Gamera ein gutes, friedfertiges Monster, das gegen böse Monster kämpft. Gamera kann einem eigentlich leid tun.

In ihrer ursprünglichen Drehbuchvorlage zu *GMK* sind neben Baragon noch Angilas und Varan gegen Godzilla angetreten.

Diese drei Monster ähneln sich ja alle sehr. Keines dieser Monster ist so groß oder kräftig wie Godzilla. Er sollte der König der Monster sein. Doch der mächtigste Mann bei Toho, der Vorsitzende Matsuoka San hat angeordnet, dass ich Mothra und King Ghidorah im Film verwenden soll. Aus kommerzieller Sicht war das sicher eine richtige Entscheidung. Mothra und Ghidorah sind ja sehr bekannte und beliebte Monster.

War es schwer für Sie als freier Regisseur im Studiosystem von Toho zurecht zu kommen?

Im Gegensatz zu Daiei, für die ich die Gamera-Filme gedreht habe, konnte ich bei Toho mit höheren Budgets arbeiten. Dafür war der Zeitraum für die Dreharbeiten sehr beschränkt. Die Entscheidung, meinen Film zu machen, fiel im Januar 2001. Im Dezember 2001 war der Starttermin. Doch vorher, Anfang November 2001 sollte *GMK* schon auf dem Tokyo-International-Filmfestival laufen. Mir blieben also für die Vorbereitungen, den Dreh und die Postproduktion nur knappe zehn Monate. Zum Vergleich: Bei Daiei hatte ich fast zwei Jahre Zeit für *Gamera 3*. Bei der Premiere von *GMK* auf dem Filmfestival war der Film dann auch nicht ganz fertig. Ein paar Digital-Effekte waren noch nicht ausgereift.

Es gibt mittlerweile 26 Godzilla- und 11 Gamera-Filme. Alle wurden von Männern gemacht. Sind Monsterfilme Männersache?

Ich weiß von meinen weiblichen Bekannten, dass sie sich in jungen Jahren nicht so für Monster interessiert haben wie die Jungs. Sie waren eher genervt von den Jungs, die immer die Monsterschreie imitiert haben. Ich habe selbst einen 9-jährigen Sohn, der Monster und Spukhäuser mag. Meine 6-jährige Tochter hat hingegen Angst vor solchen

Dingen. Monster sind vielleicht ein Symbol für den männlichen Zerstörungstrieb.

In *GMK* steht jedes der drei guten Monster für ein Naturelement. Was gibt es für eine Beziehung zwischen der Natur und den japanischen Monstern?

Naturkatastrophen wie Taifune oder Erdbeben werden mit den Monstern in Verbindung gebracht. Doch der eigentliche Grund dafür, dass es so viele verschiedene Monster in Japan gibt, ist der Erfolg des ersten Godzilla-Films im Jahre 1954. Ich habe mich gefragt, warum Godzilla zum Kassenschlager und Volkshelden wurde? Ich glaube, dass das Bild des Krieges, der durch den Abwurf der Atombomben beendet wurde, mit Godzilla in Verbindung gebracht wird. Die allgemeine Bevölkerung ist der Ansicht, das Militär habe ihr Land in die furchtbare Niederlage geführt. Seltsamerweise betrachten die Japaner den Krieg als Naturkatastrophe. All diese Gedanken versinnbildlichen sich in der Figur des Godzilla.

Das japanische Militär ist in Ihrem Film machtlos gegen Godzilla. Das war schon immer so.

Die meisten Japaner haben kein Vertrauen mehr in das Militär. Deshalb müssen auch deren Waffen unzuverlässig sein. Unsere Verfassung untersagt, Streitkräfte zu unterhalten. In Wirklichkeit hat Japan jedoch eine so genannte Selbstverteidigungs-Armee. Die Regierung behauptet, es seien keine Streitkräfte. Aber die Menschen halten es für Selbstbetrug. Sie haben den Respekt vor den Streitkräften verloren. Nicht zuletzt wegen der Niederlage im Krieg. Deswegen will das Publikum Monster sehen, gegen die das Militär machtlos ist. Der amerikanische Godzilla hingegen flüchtet vor den Waffen der amerikanischen Armee und stirbt am Ende auch durch sie. Die größten Schäden in Manhattan entstehen durch die eigenen Raketen der Amerikaner, denen der US-Godzilla zuerst noch ausweichen kann. Für Amerikaner ist es unvorstellbar, dass ein Monster den Angriff ihrer Waffen überleben könnte. Also muss ihr US-Godzilla auch sterben. Unseren langsamen und unverwundbaren Godzilla halten die Amerikaner für unrealistisch. Die Monster-Filme können also einiges über das Bewusstsein unserer Nationen aussagen.

Sie lassen in *GMK* Menschen vor der Kamera sterben. Eigentlich ein Tabu für japanische Monsterfilme, die ja als Familienunterhaltung vermarktet werden.

Ich wollte dem Publikum die Macht und Zerstörungswut von Godzilla realistisch vermitteln. Wenn man niemanden durch die Monster sterben sieht, ist das nicht nachvollziehbar. Der Produzent Shogo Tomiyama gab mir sein okay, solange die Menschen nicht allzu grausam sterben. Er wollte vermeiden, dass sich die Zuschauer schlecht fühlen, wenn sie aus dem Kino kommen. Also habe ich kein Blut gezeigt. Ich wollte ja auch keinen Splatter-Film drehen. Mir kam es lediglich darauf an, die Monster als eine echte Bedrohung darzustellen.

In den Endsechzigern und frühen Siebziger Jahren wurden japanischen Monsterfilme in alle Welt exportiert. Die USA und auch Deutschland waren ein großer Markt für diese Filme. Heute ist das nicht mehr so. Wie sehen Sie die Zukunft des Kaiju Eiga?

Die gesamte japanische Filmindustrie schwächelte in den 70er und 80er Jahren. Doch Monsterfilme haben sich seit gut zehn Jahren wieder als Genre etabliert. Doch es ist heute sehr schwierig, dieses ewig gleiche Handlungsmuster der Filme zu durchbrechen: Ein Riesenmonster zerstört Städte, Menschen sind auf der Flucht. Diese immer wiederkehrenden Rituale lassen sich nicht vermeiden. Es gibt inzwischen zwar so viele verschiedene Monster, dass ich selbst den Überblick verloren habe, aber es mangelt nach wie vor an frischen innovativen Storys. Sicher wird auch die Synthese von Suitmation und Computeranimation weiter entwickelt werden. Wer weiß, vielleicht wird die Handlung nach China oder USA verlegt. In Europa oder gar Deutschland können unsere Monster jedoch nicht angreifen. Sie müssten zu viele Berge und Täler überwinden. Das wäre ihnen zu beschwerlich und zu weit weg. Aber japanische und deutsche Wissenschaftler könnten doch gemeinsam überlegen, wie man die Monster bezwingen kann. Kennen Sie den Film *Frankenstein – Der Schrecken mit dem Affengesicht?* In der ersten Szene wird das Herz von Frankenstein von Deutschland nach Japan gebracht. **Natürlich. Einer meiner absoluten Lieblingsfilme.**

2002 GODZILLA AGAINST MECHAGODZILLA

Dt. DVD-Premiere: 10. August 2006 | Jap. Originaltitel: *Gojira x Mekagojira* | Jap. Erstaufführung: 14. Dezember 2002 / 88 Min. | Internationaler Titel/US-Titel für DVD-Auswertung: *Godzilla Against Mechagodzilla* | US-DVD-Premiere: 2004 / 88 Min. | Produktionsfirma: Toho | Produzent: Shogo Tomiyama | Regie: Masaaki Tezuka | Buch: Wataru Mimura | Kamera: Masahiro Kishimoto, Kenichi Eguchi | Spezial-Effekte: Yuichi Kikuchi | Monster-Kostüme: Shiichi Wakasa | Musik: Michiru Ôshima | Darsteller:Yumiko Shaku, Shin Takuma, Kumi Mizuno, Tsutomu Kitagawa als Godzilla

Japan rüstet auf. Doch bevor der Rest der Welt aus Angst vor einer neuen Supermacht in Alarmbereitschaft versetzt wird, stellt Japans erste weibliche Premierministerin (Kumi Mizuno, eine der erotischsten und stärksten Frauen im Godzilla-Universum der Sechziger Jahre, feiert ihr

Comeback in einer schwergewichtigen Nebenrolle) die Sache für das Ausland klar. Laut Verfassung ist es Japan untersagt, Streitkräfte zu unterhalten. Die neue Superwaffe Kiryu oder Mechagodzilla ist von Japans intellektueller Elite lediglich zum Schutz vor den seit 1954 regelmäßig auftauchenden Riesenmonstern entwickelt worden. Mit Hilfe von allerlei Gen-Hokus-Pokus hat man aus der DNA vom Skelett des ersten Godzillas, der 1954 in der Bucht von Tokio sein Ende fand, einen gigantischen Bioroboter erbaut. Ein bis zur Selbstaufgabe motiviertes Team steuert den künstlichen Riesen aus umherschwirrenden Fluggleitern fern. Doch als sich die beiden gigantischen Zwillinge gegenüberstehen, löst der Urschrei Godzillas Erinnerungsfetzen in Mechagodzillas DNA-Blueprint, seiner Steuerzentrale aus, die ihn schmerzlich an seinen verblichenen biologischen Godzilla-Vater erinnern. Die Superwaffe läuft Amok. Nach zwei Stunden hat er zum Glück keinen Saft mehr. Erst als die tapfere zierliche Pilotin Akane selbst in den Kopf des Metallbiestes steigt, boxt Mechagodzilla im Hafengebiet von Shinagawa in Tokio ein Unentschieden gegen Godzilla heraus. Der Urgigant trottet bedient von dannen. MG bleibt reparaturbedürftig zurück. Ein offenes Ende, das im Dezember 2003 mit Masaaki Tezukas *Gojira x Mosura x Mekagojira: Tokyo S.O.S.* (schön hysterischer Titel) seine Fortsetzung in den japanischen Kinos fand.

Yumiko Shaku spielt Akane Yashiro, die unerträglich pflichtbewusste Lenkerin des Kampfroboters. Bekannt ist die bezaubernde junge Schauspielerin aus dem düsteren Retro-Samurai-Film *The Prinzess Blade* (2001), in dem sie von ihrem Talent mehr zeigen durfte als in einem Godzilla-Vehikel. Hier darf sie leider nicht mehr sein, als eine reizvolle Supporting-Actress für Nippons Monsterikone.

Was sich aber sicher positiv auf ihre Karriere auswirken wird. Gegen den letzten Beitrag der Godzilla-Serie, *GMK – Giant Monsters All-Out Attack* von Wunderkind Shusuke Kaneko, wirkt *G x MG* von Masaaki Tezuka wie ein überlanger Werbespot für Godzilla-Spielzeug. Was natürlich durchaus seinen Unterhaltungswert hat, aber einen Godzilla-Profi nicht unbedingt ins Staunen versetzt. Die Story ist nicht neu, aber schnell und knackig erzählt. Der Film macht Spaß. Die Revolution im Godzilla-Universum, die Kaneko mit *GMK* lostreten konnte, wird mit *G x MG* aber leicht ausgebremst. Ken Belson gibt in einem Artikel in der „New York Times" im Jahre 2002 die Produktionssumme von *Godzilla Against Mechagodzilla* mit umgerechnet 8,5 Millionen US-Dollar an. „Das ist teuer für japanische Verhältnisse, entspricht aber nur etwa 8% des Produktionsetats einer vergleichbaren amerikanischen FX-Produktion wie *Star Wars: Episode Two.* Auch wenn die japanischen Filmemacher nicht solche globalen Ambitionen wie ihre amerikanischen Kollegen haben, lernen wir daraus: Größere und schnellere Hochglanzproduktionen müssen nicht unbedingt besser sein. Eigenwilliges Design und eine Portion Kitsch sind oft genug, um die Leute ins Kino zu ziehen. Etwa 2 bis 4 Millionen Fans sehen sich die Godzilla-Filme im Kino an".

Japan hat eine Monster-Kultur

Interview mit Monstermacher Shinichi Wakasa

Das Gespräch fand im August 2002 am Set von *Godzilla x Mechagodzilla* in den Toho-Studios in Tokio statt.

Jörg Buttgereit: **Welche Monsteranzüge haben Sie schon geschaffen und wie sind sie zu diesem Job gekommen?**

Shinichi Wakasa: Bei Toho habe ich 1993 Mechagodzilla und Radon für den Film *Godzilla x Mechagodzilla* entworfen. Das war meine erste Arbeit für Toho. Im letzten Jahr hat Toho GMK produziert, an dem ich nicht mitgewirkt habe. Abgesehen von diesem Film war ich bei den Produktionen aller Godzilla-Filme

und der Mothra-Trilogie als Monster-Macher beteiligt. Seit meiner Schulzeit, ich muss so um die dreizehn Jahre alt gewesen sein, bin ich vernarrt in Monster. Ich wollte immer wissen, wie sie gemacht werden. Deshalb habe ich einmal im Monat eine Werkstatt besucht, in der Filmmonster hergestellt wurden. Ich habe die Angestellten der Firma um Rat gefragt, wie ich später „Suitmaker" werden könnte. Sie sagten, dass ich erst eine Kunsthochschule besuchen und nach dem Abschluss wieder zu ihnen kommen sollte. Ich wollte aber einen kürzeren Weg finden. Drei Jahre lang, im Alter zwischen fünfzehn und siebzehn Jahren, habe ich als „Suitactor" gearbeitet, also als Schauspieler im Monsteranzug. Kurz bevor ich die Hochschule absolvierte, musste ich mich dann entscheiden, ob ich „Suitmaker" oder „Suitactor" werden wollte. Damals wurde gerade der Film *Uchu kara no Messeji (Message from Space)* gedreht. Es war ja die Blütezeit der FX-Filme in Japan. Und die Zeit von *Star Wars*. Jedenfalls habe ich mich dann für den Beruf des „Monstermachers" entschieden.

Hat man eine Verantwortung, wenn man ein neues Godzilla-Kostüm kreiert?

Seit die Serie mit *Godzilla* im Jahre 1954 begann, existieren in Japan Lebewesen, die nicht Monster, nicht Kreatur, sondern von uns „Kaiju" genannt werden. Seit ca. 50 Jahren ist diese Monster-Kultur in Japan im Grunde genommen unverändert erhalten geblieben.

Immer wenn ich neue Monsteranzüge schaffe, denke ich daran, dass wir uns an die Tradition halten sollten, die Herr Sadami Toshimitsu und Kanzi Yagi 1954 mit ihrem Design des ersten Godzilla-Kostüms begründet haben. Darin sehe ich während des Schaffensprozesses meine größte Verantwortung.

Könnten Sie uns erklären, was Sie mit ihrer Firma „Monsters Inc." konkret bei der Produktion *Godzilla x Mechagodzilla* **gemacht haben?**

Mein Titel im Abspann lautet „Zoukei" (Suitmaker). Genau ge-sagt bin ich der „Monster-Anzug-Produzent". Ich verantworte das Budgetmanagement, produziere die Charaktere, die im Film auftreten, und pflege sie beim Dreh. All dies gehört zu meinen Aufgaben in der Produktion. Die Hauptaufgabe meiner Firma ist die Herstellung von Monsterkostümen oder besser: von Filmcharakteren. Außerdem übernehmen wir „Special Make-up-Effekte" bei japanischen Horror-Filmen wie *Evil Death Trap*. Das sind die beiden Hauptaufgaben von „Monsters Inc.".

Können Sie uns kurz und knapp den Prozess erklären, wie man so einen Monsteranzug fertigt?

Man wählt zuallererst den Darsteller aus, der den Monsteranzug trägt. Dann schafft man eine Form, die dem Körper des Darstellers angepasst ist. Auf diese Form legt man Plastilin und schnitzt dann aus dem Plastilin das Monster. Von dem geschnitzten Monster nimmt man wieder eine Form. Zwischen das erste „Mannequin" und der zweiten Form gießt man Kunststoff. So schafft man die Grund-Proportion des Monsters. Das war jetzt ganz grob zusammengefasst.

Warum wird heute, im digitalen Zeitalter, noch mit „Suitmation" gearbeitet?

Bei den meisten europäischen und amerikanischen Großproduktionen werden heutzutage immer mehr Kreaturen mit Hilfe von CGI geschaffen. Wenn man jedoch bedenkt, wie schnell und preisgünstig in Japan ein Monsterfilm gedreht wird, ist es viel zu problematisch und zeitaufwendig, Kreaturen mittels CGI dar-zustellen. Außerdem erfasst man den Charakter von Godzilla immer noch am Besten, wenn man ihn von einem guten Schauspieler im Monsteranzug spielen lässt.

Welches war das komplizierteste Monsterkostüm, das Sie je gebaut haben?

Den dreiköpfigen riesigen Drachen King Ghidorah in *Mothra III – King Ghidorah kehrt zurück* im Jahre 1998. Das war das komplizierteste Kostüm, das wir je angefertigt haben. Auch beim Dreh war dieser Koloss schwer zu handhaben.

Haben Sie Vorbilder im Spezial-Effekt-Bereich?

Es gibt viele Menschen, von denen ich inspiriert werde. Wenn ich mich entscheiden müsste, würde ich die Amerikaner Dick Smith und Rick Baker nennen. Da die beiden zu mir sehr nett waren und da ich von ihnen viel gelernt habe, sehe ich in ihnen so etwas wie Vorbilder.

Amerikanische Vorbilder?

Ihr Verhältnis zur Arbeit und die Art und Weise, wie sie arbeiten, sind einzigartig. Sie erfüllen ihre Aufgabe mit Liebe und Hingabe.

Wieviel künstlerische Freiheit hat man, wenn man für Toho an einem neuen Godzilla-Film arbeitet?

Im Prinzip bin ich frei. Aber natürlich stehen zuerst einmal die Wünsche und Forderungen des Regisseurs im Vordergrund. Danach beginnt meine kreative Arbeit. Die Handlung von *Godzilla x Mechagodzilla* geht davon aus, dass Godzilla, nachdem er im Jahre 1954 in der Tokioter Bucht gestorben ist, nicht mehr aufgetaucht ist. Alle Godzilla-Filme zwischen dem ersten und dem neuen haben also nicht stattgefunden. In diesem Sinne ist der Godzilla, den wir schaffen, der zweite Godzilla überhaupt. Andere Monster sind nach 1954 zwar nach Japan gekommen, aber Godzilla selbst ist nicht wieder in Japan aufgetaucht.

2003 GODZILLA – TOKYO S.O.S.

Dt. DVD-Premiere: 29. September 2006 | Jap. Originaltitel: *Gojira x Mothra x Mekagojira: Tokyo S.O.S.* | Jap. Erstaufführung: 13. Dezember 2003 / 91 Min. | Internationaler Titel: *Godzilla: Tokyo S.O.S* | US-Titel für DVD-Auswertung: *Godzilla: Tokyo S.O.S* | US-DVD-Premiere: 2004 / 91 Min. | Produktionsfirma: Toho | Produzent: Shogo Tomiyama | Regie: Masaaki Tezuka | Buch: Masahiro Yokotani, Masaaki Tezuka | Kamera: Yoshinori Sekiguchi | Musik: Michiru Oshima | Spezial-Effekte: Eiichi Asada | Darsteller: Noboru Kaneko, Miho Yoshioka, Mitsuki Koga, Masami Nagasawa, Chihiro Otsuka, Hiroshi Koizumi u.a.

Nachdem in *Godzilla Against Mechagodzilla* die Knochen des 1954er Godzillas dafür verwendet wurden, die ultimative Abwehrwaffe gegen Papa Lurch entstehen zu lassen, muss Kiryu (Mechagodzilla) generalüberholt werden – zu aufreibend waren die Scharmützel des ersten Gefechts. Bevor es allerdings zu einem weiteren Aufeinanderprall der Kolosse kommen kann, erscheinen Plüschmotte Mothra und ihre beiden Zwillinge, um den Menschen einen weiteren Einsatz der Wunderwaffe auszureden. Mothra bietet ihre Hilfe an, vorausgesetzt, die Knochen des alten Sauriers werden respektvoll im Meer versenkt. Doch bevor sich Militär und Politik dazu entschließen können, dem Ansinnen Folge zu leisten, steht der grüne Haudrauf auf der Schwelle.

Da guter Rat (und vor allen Dingen gute Tat!) teuer ist, entschließt man sich dazu, den stählernen Giganten aus dem Trockendock zu holen. Auch Mothra schaut vorbei und lässt sich nicht lumpen. Und wäre der Showdown komplett ohne die Raupen-Nachkommenschaft? Er wäre es selbstverständlich nicht, und so mühen sich alle redlich ab, Tokio einzuebnen und dem Fan feuchte Augen zu bescheren ...

Die letzte Angriffswelle der Monster, die seit 1984 über die Leinwände der Welt schwappt, stand vor dem großen Problem, den Charme der naiven Originale mit der neuen Tricktechnik neu entstehen zu lassen. Roland Emmerich demonstrierte mit seinem Hollywood-Spektakel, wie es nicht geht: Aufwendige Technik ohne das kindliche Staunen, das so viele von uns aus den Jugendmatineen der Kinos gewohnt waren, mündet in Multimillionendollar-Popanzerei und letztlich Langeweile. Ganz anders der japanische Ansatz. Ohne Scham vor der Naivität klotzt man ran und verbindet (maßvoll) Computereffekte und bunten Schangel mit dem Mann im Gummikostüm, der Miniaturstädte plattwalzt. Und das Tolle ist: Es funktioniert – *Tokyo S.O.S.* ist eine Freude, von Anfang bis zum Ende!

Mothra war schon immer mein Lieblingsmonster. Obwohl es ja eigentlich weiblichen Geschlechts ist, identifizierte ich mich mit dem schmucken Wonneproppen von der „Infant Island“, wann immer sie sich von Eingeborenenmädchen ansingen und sich die Sonne auf die Flügel brennen ließ. Das ist gelebtes Dandytum! Und wann immer Not an der Motte war, schwang sie sich empor und segelte elegant zum Ort des Geschehens, um Ordnung zu schaffen ganz ohne Waffen.

In *Tokyo S.O.S.* entzückte mich vor allem der Umstand, dass sie vermutlich das einzige Monster der Filmgeschichte ist, das mit seinen Schuppen kämpft, will heißen: sie wie kleine Geschosse aus ihrem Gefieder wirbeln lässt. Tatsächlich kann man *Tokyo S.O.S.* einen familiären Subtext unterstellen, der Spannungen in der monströsen Familie thematisiert. Mothra erscheint da als die selbstbestimmte, alleinerziehende Monsterfrau von heute, die sich kein X für ein U vormachen lässt und ihren Platz mitnichten in der Küche sieht. Macker kann sie auf den Tod nicht ausstehen, und natürlich ist solch ein Macho-Monster. Aufbrausend donnert er durch alles hindurch, was ihm nicht genehm ist. Er sieht sich als Alphatier des Monsterspektrums und kann mit verzickten Konkubinen nichts anfangen – da holt er den Weiberhammer heraus! Zu leiden haben am meisten natürlich wieder einmal die Kinder, aber die Würmchen sind durchaus wehrhaft und spinnen, was das Zeug hält. Wie weiland 1961 unterstützen sie ihre aufmüpfige Mutti nach Leibeskräften und lassen die Seide fliegen. Welchen Platz Mechagodzilla in diesem Familienbild einnehmen könnte, weiß ich nicht. Vielleicht ist er der Liebhaber im Schrank?

Jenseits aller Subtexte freut sich das Herz des Fans über Puff und Peng in anmutiger Verpackung. Regisseur Masaaki Tezuka (der auch an einigen der Vorgänger mitgewirkt hat) versieht das Spektakel mit vielen visuellen Leckerli, denen auch die Computereffekte nicht zum Nachteil gereichen. Das Design der Monster orientiert sich weitgehend an den alten Vorbildern, wobei mir Godzilla mit größerem Schädel (=Dickkopf) besser gefallen hat. Die Entscheidung überlasse ich den Lurchdamen im Publikum! Ein Wiedersehen gibt es mit dem Schauspieler Hiroshi Koizumi, der nicht nur Held des 1961er *Mosura* war, sondern auch schon in der ersten Fortsetzung des 1954er *Gojira* mitmischte und dem Lurch gab, was des Lurches ist.

Ich kann mir vorstellen, dass der Film besonders viel Spaß macht, wenn man die Soundanlage ordentlich aufdreht. Videogucker mit toleranter Nachbarschaft sollten deshalb richtig Gas geben, um die Zerstörung Tokios voll auszukosten. Wenn alle neuen Godzillas so viel Spaß machen, dann darf die Serie endlos weitergehen.

AUTOR CHRISTIAN KESSLER

2004 GODZILLA: FINAL WARS

Dt. DVD-Premiere: 22. November 2005 | Jap. Originaltitel: *Gojira: Fainaru Uozu* | Jap. Erstaufführung: 4. Dezember 2004, 124 Min. | US-DVD-Premiere: Dez. 2005 | Produktionsfirma: Toho | Produzent: Shogo Tomiyama | Regie: Ryuhei Kitamura | Buch: Wataru Mimura und Isao Kiriyama | Spezial-Effekte: Eiichi Asada | Monsterkostüme: Sinichi Wakasa | Kamera: Takumi Furuya | Musik: Keith Emerson, Nobuhiko Morino, Daisuke Yano | Darsteller: Masahiro Matsuoka, Rei Kikukawa, Don Frye, Maki Mizuno, Kazuki Kitamura, Kane Kosugi, Kumi Mizuno, Kenji Sahara, Akira Takarada, Masami Nagasawa, Chihiro Otsuka u.a.

Zu seinem 50. Geburtstag wurde die japanische Monsterikone Godzilla in Los Angeles mit einem Stern auf dem Hollywood Walk of Fame geehrt. Zudem wurde an diesem denkwürdigen 29. November 2004 zum ersten Mal die Premiere eines japanischen Films im altehrwürdigen Grauman`s Chinese Theatre gefeiert. *Godzilla: Final Wars,* der nunmehr 28. japanische Film mit der Riesenechse, hatte schon im Vorfeld der Produktion für heftige kontroverse Reaktionen unter den Fans gesorgt. Denn mit der Wahl von Ryuhei Kitamura als Regisseur war jedem klar, dass Veränderungen im Godzilla-Universum anstehen. Kitamura ist im Jahr 2000 mit seinem billigen, blutigen und selbst produzierten Horror-Action-Film *Versus* aufgefallen. Seine Filme *Alive* (2002), *Aragami* (2002) und *Azumi* (2003) waren auch bei uns in Deutschland zu bewundern und etablierten Kitamura als wilden, wenig zimperlichen Regisseur von schnellen und harten Action-Filmen. Kein Wunder, denn als einflußreiche Lieblingsfilme benennt Kitamura in einem Interview Perlen wie *The Evil Dead* und *Mad Max*. Seit der folgenschweren Hollywood-Premiere des Jubiläumsfilms *Final Wars* ist die weltweite Godzilla-Community nun gespalten und befindet sich in einer Art Schockzustand. Den unsensiblen amerikanischen *Godzilla* von Roland Emmerich aus dem Jahr 1998 konnte man noch vereint als Feindbild akzeptieren. Doch nun hängt auch zuhause bei den Gummimonstern in Japan, wo der Film am 4. Dezember 2004 (also genau 50 Jahre, einen Monat und einen Tag nach der Premiere des ersten Godzilla-Films von Großmeister Ishiro Honda) enttäuschend anlief, der Haussegen schief. Euer treu ergebener Rezensent hat sich also mit dementsprechend gemischten Gefühlen und von einer fiesen Erkältung geschwächt in den kalten Morgenstunden des 14. Februar 2005 ins Berliner Sony-Center begeben, wo im Rahmen des European Filmmarket der Berlinale eine von der Produktionsfirma Toho initiierte Vorführung von *Final Wars* für Filmeinkäufer angesetzt war.

Nur knapp zwanzig Leute, die alle nicht wie millionenschwere Filmeinkäufer aussahen, hatten sich um 9:45 Uhr im Kino versammelt. Ein letzter strenger Blick des International Sales Managers der Toho, Herrn Yukio Kotaki, über die kalte Schulter auf sein verlesenes Publikum, dann ging es los, mit voller Lautstärke.

Überall auf der Welt tauchen Monster auf und verwüsten unsere Städte. Haben unsere gedankenlosen Waffentests und die fortschreitende Umweltverschmutzung die göttlichen Riesenmonster zornig gemacht? Oder stecken wieder diese obligatorischen außerirdischen Invasoren dahinter? Die in Japan ausgebrütet und ausgebildeten Super-Mutanten-Soldaten der Earth Defence Force, kurz E.D.F., nehmen den Kampf gegen die Urweltgiganten auf. Und siehe da, Außerirdische mit Matrix-Ledermänteln und supercoolen Sonnenbrillen vom Planeten X, die Xiliens, kommen mit ihrem dicken Kugelraumschiff zur Erde nieder gebraust und bieten uns ihre Hilfe im Kampf gegen die unzähligen aktiven Monster an. Außerdem setzen sie uns davon in Kenntnis, dass sich ein riesiger Meteor, der auf den Namen Gorath hört, auf Kollisionskurs mit der Erde befindet. In Wirklichkeit wollen diese Xiliens natürlich unsere Erde erobern. Der Meteor ist ein Fake, und sie haben sogar schon den U.N.-General Daigo (Schauspiel-Veteran Akira Takarada) gegen einen Doppelgänger ausgetauscht. Als der Schwindel auffliegt und ein schleimiger Alienkopf aus Takaradas Gesicht birst, lassen die Xiliens noch mehr ferngesteuerte Monster auf die Erde los. Der unerschrockene Captain Gordon (gespielt von dem bulligen, in Japan lebenden amerikanischen K1-Kämpfer Don Frye) zieht mit seinem fliegenden U-Boot Gotengo los, um Godzilla aus dem ewigen Eis des Südpols zu befreien, wo er den König der Monster im Prolog des Filmes eingefroren hat. Denn obwohl Godzilla den Menschen nicht unbedingt freundlich, eher indifferent gegenübersteht, so ist er doch erwiesenermaßen das einzige Lebewesen unserer Erde, das feindliche Monster und Aliens bezwingen könnte.

Diese haarsträubende Plotmischung aus *X-Men, Matrix, Independence Day* und einem Dutzend Godzilla-Filmen bietet eine prima Entschuldigung für zwei pralle Stunden mit Prügeleien zwischen Menschen, Mutanten, Monstern und Aliens. Der adaptierfreudige Kitamura legt dabei ein irres Tempo vor, und huldigt so der nur kurzen Aufmerksamkeitsspanne seines mit den *Power Rangers* sozialisierten Publikums, das mittlerweile mehr Zeit vor der Spielkonsole als vor der Kinoleinwand verbringt. Dabei wirkt sein Film nun aber wie ein 124-minütiger Trailer, der mit seinem Schnittgewitter und Getöse auf der Tonspur beim ersten Mal schlichtweg überfordert. Zumindest wenn man kein abgebrühter 14-jähriger, zappeliger Japaner ist.

Sicher ist es toll, mit fünfzehn Monstern auf dem schmucken Filmplakat prahlen zu können. Doch umso mehr Kaiju man in einen Film stopft, um so weniger kann man mit jedem einzelnen Vieh anstellen. Godzilla selbst verschläft die erste Hälfte des Films eingeschlossen in einem Eisberg am Südpol. Der Riesenkrebs Ebirah wird massiv von den EDF-Mutanten bombardiert, bevor ihn die Xiliens neutralisieren. Der Flugsaurier Rodan macht mit seinen Schwingen in New York kräftig Wind und verscheucht affige Hip-Hop-Gangster. Der mumifizierte Cyborg Gigan wird auf Hokkaido entdeckt und später von Godzilla geköpft, nur um sich später, wieder aufgerüstet, mit Kettensägen an den Armen und neuen Super-Duper-Waffen nochmals in den Kampf zu stürzen. Der Riesenigel Anguirus hüpft wie ein Igelball zusammengerollt durch Shanghai. Die Heuschrecke Kamacuras springt auf dem Wahrzeichen von Paris herum. Der löwenähnliche King Sheesar verwüstet seine Blumeninsel Okinawa, deren Schutzpatron er eigentlich ist. Die Seeschlange Manda umringelt das U-Boot Gotengo genau so, wie sie es 1963 schon in *Atragon/U 2000 – Tauchfahrt des Grauens* getan hat. Die Riesenspinne Kumonga wird vom König der Monster wie in einem Cartoon an ihrem eigenen Spinnfaden durch die Luft gewirbelt.

In Sydney wird Roland Emmerichs US-Godzilla-Leguan, an dem Toho scheinbar auch das Copyright hat, vom japanischen Original nach einem deftigen Schwanzhieb mit atomarem Feueratem geröstet. Wenn bizarre Bestien wie das Smogmonster Hedorah in wenigen Sekunden von Godzilla abgefrühstückt werden, ist das natürlich frustrierend. Auch die liebliche Riesenmotte Mothra hat nur einen kurzen Cameo-Auftritt. Doch das lässt sich verschmerzen. Hat die vor allem bei den Mädchen beliebte Motte in den letzten Toho-Produktionen doch oft genug die Leinwand bevölkert. Wir befinden uns hier schließlich in einem ausgesprochenen Jungsfilm.
Eine Neuerscheinung ist das so genannte Monster X, ein etwas zu menschenähnliches Viech, das besser in eine *Ultraman* TV-Episode passen würde und sich im Verlauf des finalen Kampfes gegen Godzilla in den Ruinen von Tokio in den dreiköpfigen Kaiser Ghidorah, einer hässlich unproportionierten Mutation des majestätischen King Ghidorah, verwandelt. In einer drolligen Hommage an den in Deutschland nie erschienenen, schlechtesten G-Film aller Zeiten, *Godzillas Revenge* (1969), setzt sich im Finale Godzillas pummeliger Sohn Minilla für den Friedenspakt zwischen Mensch und Monster ein. Soviel zu den Kaiju. Habt ihr mitgezählt? Es sind tatsächlich 15 Monster. Ein neuer Rekord. Bei *Destroy all Monsters/Frankenstein und die Monster aus dem All,* der Blaupause für *Final Wars,* waren es 1968 nur zwölf Ungetüme. Monsterkostüm-Macher Shinichi Wakasa hat mit seinem Team jeden einzelnen Monsteranzug neu geschaffen. Seine Neuversionen der klassischen Toho-Monster sind schlanker und agiler, denn die Darsteller in den Kostümen müssen schnelle und harte Kämpfe überstehen.

In der Unübersichtlichkeit dieses Monster-Matrix-Patchwork-Films eine Beziehung zu den menschlichen Darstellern aufzubauen, fällt zu Anfang recht schwer. Am einfachsten findet man noch Zugang zu dem hölzern agierenden Laiendarsteller und nicht zimperlichen K1-Koloss Don Frye, der mit markigen Onelinern in seiner Muttersprache Amerikanisch für einige Lacher sorgt. Hilfesuchend klammert man sich in dem Chaos an die lieb gewonnenen Veteranen aus dem goldenen Zeitalter der Godzilla-Serie Kumi Mizuno, Akira Takarada und Kenji Sahara, die im Laserkugelhagel der Aliens durch den Film hecheln.

Man kommt mit Kopfschmerzen aus diesem auf heilsame Weise schockierenden Film für Konsolen-Kids. Irgendwie ist man auf eine angenehme Weise gerädert. Die Geburtstagsparty war laut und heftig. Da hat man eben einen Kater und kann sich auch nicht mehr genau an alle Details erinnern. Vielleicht ist man es einfach auch nicht mehr gewohnt, japanische Monster auf der großen Kinoleinwand toben zu sehen. In der westlichen Welt werden die Filme, wenn überhaupt, gleich auf Video und DVD ausgewertet. Auf DVD wird man auch *Final Wars* neu entdecken können. Auf der heimischen Mattscheibe wird der Film greifbarer sein. Wer weiß, vielleicht beschert uns Kitamura sogar einen Directors-Cut des ohnehin schon überlangen Werkes mit mehr Screentime für die benachteiligten Monster.

Sicher hat Kitamura frischen Wind in das Genre des künstlerisch stagnierenden Kaiju Eiga geblasen. Schon der rasant geschnittene und wundervoll apokalyptisch aus alten Godzilla Aufnahmen zusammengesetzte Vorspann des Amerikaners Kyle Cooper setzt Akzente für ein neues Seherlebnis. Doch für viele Godzilla-Traditionalisten ist diese frische Brise einfach etwas zu heftig. Vergleiche mit einem filmischen Tsunami, der ihren geliebten Godzilla mitsamt allen Traditionen hinfort zu spülen droht, tauchten in den Fanpublikationen auf. Die älteren Godzilla-Nerds jammern, dass sie sich den neuen Godzilla nicht mit ihren Kindern ansehen können. Richtig: *Final Wars* ist kein Familienfilm mehr. Wer hier einen Fußtritt in die Fresse kriegt, der blutet und kriegt Beulen. Es ist eine eklektische Endlosklopperei aus Versatzstücken des SF-Genres für medienkompetente Halbwüchsige und nicht erwachsen-werden-wollende Kindsköpfe. Man erkennt in Kitamura den infantilen Fan, der vor allem mit den trashigen Monsterfilmen der Endsechziger und frühen Siebziger aufgewachsen ist. Martial-Arts-Plastik-Superhelden auf Motorrädern wie die *Kamen Rider* sind ihm ebenfalls nicht fremd. Kitamura will alles, hier und jetzt in einem Film. Hat er doch so viele Monster zum spielen, so viele Filme zu zitieren. Und er weiß, dass der wilde Westen, in den die Toho seinen Film nur zu gerne exportieren will, über die Tatsache lächelt, dass Godzilla noch heute von einem Stuntman im Gummikostüm dargestellt wird. Um auch im traditionsbewussten Japan „hip" zu bleiben, darf er diesen Umstand nicht leugnen, muss ihn aber mit einer gehörigen Portion Selbstironie abfangen. Manchmal wird er dabei allerdings respektlos gegenüber der Monsterikone. Über weite Strecken fühlt sich sein Film einfach nicht wie ein Godzilla-Film an, sondern eher wie ein zugegeben auf bizarre Weise sehr unterhaltsames, japanisches Matrix-Rip-Off. Stilistisch orientiert sich Kitamura an den zumindest bei Fans sehr beliebten Videospielen *Godzilla: Destroy All Monsters Melee* und dessen Nachfolger *Godzilla: Save the Earth,* die von der amerikanischen Firma Pipeworks für Atari entwickelt wurden. Um den Spielfluss nicht zu bremsen, werden hier aus den schwerfälligen Monstern flinke Biester gemacht, die sich rasant die Köpfe einrennen und mit Wolkenkratzern bewerfen. Diese Schnelligkeit der Konsolen-Monster hat Kitamura in seinen Film übernommen. In jedem der bisher 27 produzierten G-Filme wurden die Monster immer in Zeitlupe gefilmt, um ihre gigantische Größe und Macht zu demonstrieren. Dadurch bekamen Godzilla und seine Monsterkollegen etwas Göttliches, Naturgewaltiges. Durch Kitamuras Schnittgewitter fegen nun schnelle, in Kampfkunst geübte Monster im Zeitraffer.

Der bombastische und stellenweise auch etwas dünne Synthie-Rock-Soundtrack von Keith Emerson (von der alten Progressiv-Rock-Kapelle Emerson, Lake & Palmer) wirkt beim ersten Hören ebenfalls befremdend und klingt so gar nicht nach dem Erfinder des Godzilla-Marsches Akira Ifukube. Nur in den ersten 29 Sekunden des Filmes, wenn das alte Toho-Wappen aus den sechziger Jahren auf der Leinwand zu sehen ist, hört man kurz Ifukubes Godzilla-Thema. Unterstützt wird Emerson von den beiden wilden japanischen Elektronik-Musikern Daisuke Yano und Nobuhiko Morino, die schon bei früheren Kitamura-Produktionen für hämmernde Break-Beats gesorgt haben. Ihre treibenden Stücke geben *Final Wars* einen kernigen Drive. Erst beim Hören der japanischen Soundtrack-CD bemerkt man, dass sich auch in der Synthie-Soße von Keith Emerson einige tolle Melodien verstecken.

Hoffen wir mit der Toho, dass sich der Mut zu all diesen umstürzlerischen Änderungen im Godzilla-Universum auszahlen, und die Zuschauer im Westen nicht mehr über die japanischen Gummi-Monster lachen, sondern mit ihnen. Mit gut 18 Millionen Dollar Budget war Ryuhei Kitamuras G-Film fast doppelt so teuer wie seine Vorgänger.

Gegen die Science Fiction Blockbuster aus Hollywood, die das vielfache Budget eines japanischen Monsterfilms auffahren können, ist Kitamura nicht gewappnet. Dass man auch in Japan lieber in die großen amerikanische Eventmovies geht, zeigt das bescheidene Einspielergebnis von *Final Wars* im Dezember 2004 in Japan. Schon nach fünf Wochen verabschiedete sich *Final Wars* aus den Kino-Top-Ten und hatte gerade mal die Hälfte seiner Produktionskosten eingespielt. Etwa eine Millionen Zuschauer haben in Japan den neuen Godzilla gesehen. Das sind enttäuschend wenige, wenn man bedenkt, dass sich 1962 noch 12 Millionen Japaner für *King Kong gegen Godzilla* interessierten. Schon im Vorfeld der Produktion von *Final Wars* hatte der Produzent Shogo Tomiyama verlauten lassen, dies sei vorläufig der letzte Godzilla-Film. Frühestens in zehn Jahren sei wieder mit einem G-Film einer neuen Generation zu rechnen. In der Zwischenzeit wird Toho seinen umfangreichen Monster-Backkatalog auswerten und Lizenzen für Tonnen von Plastik-Godzilla-Figuren einheimsen. „After half a century of terror, the king of the monsters meets its end!" stand schon auf dem Filmplakat von *Final Wars*. Mit 50 Jahren geht Godzilla also in seinen wohlverdienten Ruhestand. Er ist es leid, das ewige B-Film-Monster zu sein. Schwerfällig stapft er ins Meer, schwimmt der untergehenden roten Japansonne entgegen. Und wir bleiben am Ufer zurück, schauen ihm nach, winken und rufen „Auf Wiedersehen Godzilla".

Man darf in Japan nicht laut sagen, dass man Godzilla mag

Interview mit Regisseur Yoshikatsu Ishii

Yoshikatsu Ishii ist ein unabhängiger Regisseur von Filmen wie *Game Master Death Sushi* (2016) und *Attack of the Giant Teacher* (2018). Er hat als „Special Effects Assistant Director" bei *Godzilla Final Wars (2004)* oder *Ultraman Saga (2012)* gearbeitet . Das folgende Interview wurde 2002 in seiner Wohnung in Tokio geführt.

Jörg Buttgereit: **Warum sind Sie ein Fan von Riesenmonstern?**

Yoshikatsu Ishii: Als ich noch ein Kind war, hat mich mein Vater zu Monsterfilmen ins Kino mitgenommen. Ich habe sehr viele Godzilla-Filme gesehen. Als Kind hatte ich dabei großen Spaß. Im Fernsehen lief damals auch die *Ultraman*-Serie. In Japan sagt man, wenn die Kinder in die Pubertät kommen, dürfen sie nicht mehr Kinder bleiben. Deswegen gab es eine Phase, in der ich keine Monsterfilme mehr gesehen habe. Für eine lange Zeit. Erst in den 80er Jahren kam wieder ein Monsterboom auf. Ich kaufte die alten Bücher von Ultraman, den ich als Kind im Fernsehen gesehen hatte. Die waren teuer. Meine Freunde fanden mein Verhalten albern. Die neuen Godzilla-Filme habe ich mir auch alle im Kino angeschaut.

Sie sind ein sehr engagierter Kaiju-Fan. Was tun Sie alles im Zusammenhang mit Kaiju? Sie organisieren Ausstellungen ...

Godzilla mag ich seit meiner Kindheit. Daher habe ich mir alle Godzilla-Filme, auch wenn ich mich dabei manchmal langweilte, im Kino angesehen. Eines Tages kam ein Angebot, zum G-Fest nach Chicago zu fahren. Mein Lehrmeister, Herr Hiroshi Kashiwabara, der mich in diese Branche

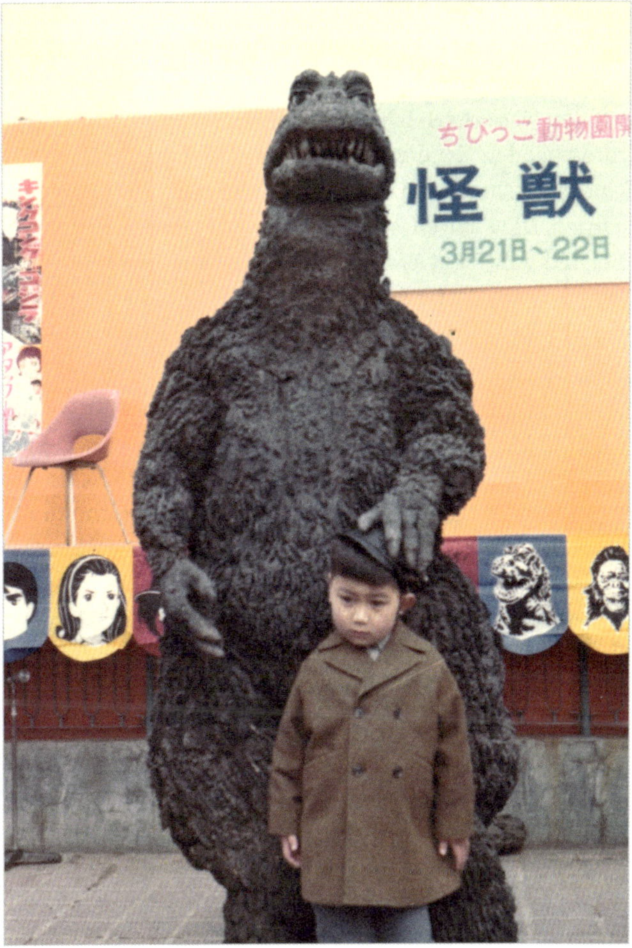

Yoshikatsu Ishii und Godzilla auf dem Dach des Tokyu Department Store in Shibuya (1970).

eingeführt hat – ich habe damals als Regieassistent gearbeitet – hat damals ein Drehbuch für Godzilla geschrieben. Er hat mir angeboten mit zum G-Fest zu kommen.

Als Kind habe ich zahlreiche Monsterfiguren gehabt und schlief mit ihnen in meinem Bett. Später habe ich alle weggeworfen.
Auf dem G-Fest sah ich die vielen importierten Monsterfiguren bei den Händlern dann wieder und wurde an meine Kindheit erinnert. „Aha, da ist ja Hedorah!" habe ich geschrien. Die Figuren waren dort viel teurer, und ich kaufte die Hedorah-Figur erst in Japan nach der Rückkehr vom G-Fest. Das war die erste Figur, die ich mir als Erwachsener zugelegt habe. Als ich zum ersten Mal auf dem G-Fest war, waren alle, vor allem der Veranstalter J.D. Lees, sehr freundlich zu mir. Mein Lehrmeister musste damals, weil sein Vater von uns gegangen war, noch vor Beginn des Festes nach Japan zurückfliegen. Er sagte mir, dass ich mich bei allen Beteiligten für seine Abwesenheit entschuldigen sollte. Ich habe in seiner Vertretung einen Vortrag über japanische Regieassistenten gehalten. Die Beteiligten des G-Festes waren alle sehr nett und so kam es, dass ich künftig diese Veranstaltung unterstützen wollte. Im darauffolgenden Jahr habe ich die Gästebetreuung übernommen.
Regisseur Koichi Kawakita wurde im Jahr 2000, in dem das G-Fest in Hollywood veranstaltet wurde, als Gast eingeladen. Damals haben wir uns kennengelernt und er sagte mir: „Du arbeitest als Regieassistent. Dann komm doch zu Toho."
Es gibt in Japan eine TV-Serie mit dem Titel *Kyushi ni Issho (Knapp mit dem Leben davonkommen)*, die ziemlich beliebt ist. Als Spezialprogramm im Rahmen dieser Serie war ein Dokumentarfilm über Godzilla-Filme geplant. Herr Kawakita hat mich angerufen und gesagt: „Wenn du Zeit hast, komm und arbeite bei uns!" Ich dachte, das wäre ein Job als Regieassistent. Als ich aber zu ihm kam, gab er mir ein

Drehbuch und sagte: „Du hast einen Tag Zeit für die Dreharbeiten." So musste ich mich plötzlich entscheiden, ob ich das Angebot als Regisseur annehme oder nicht. Es geht in dem Film darum, wie schwierig und gefährlich der Job eines Suitactors sein kann.

Als ich zu Toho kam, haben sich die Mitarbeiter des Drehteams versammelt. Herr Kawakita war der einzige, der mich kannte. Die anderen haben mich so komisch angeguckt ... „Wer ist denn dieser Kerl?" Sie hatten kein Vertrauen in mich. Als ich Herrn Kawakita nach dem Dreh sagte, wie schwierig die Atmosphäre am Anfang war, sagte er, dass er sich auch Sorgen gemacht hätte. Er hatte ebenfalls kein hundertprozentiges Vertrauen. Er dachte, wenn es nicht gut ginge, könnte er sich einmischen und den Film selbst fertigstellen. Letztendlich fand er meinen Film aber ganz okay.

Gleich danach kam das Angebot für die Extras zu den DVDs *Human Vapor* und *Sanda tai Gaira*. Toho wollte, dass in dem Film die Requisiten von Toho vorgestellt werden und Herr Kawakita dabei ist. Dem Wunsch von Toho entsprechend habe ich dann zwei Extras gedreht. Die Requisiten, die im Toho-Studio noch erhalten geblieben sind, wurden möglichst schön auf eine Drehscheibe gelegt und abgefilmt. Herr Kawakita und eine Schauspielerin liefen langsam durch das Studio und blickten gemeinsam zurück auf die damalige Zeit. Durch die Arbeit an den DVD-Extras habe ich erfahren, was im Toho-Studio alles noch vorhanden ist. So konnte ich bei der Vorbereitung der Ausstellungen, die gerade laufen, beratend tätig werden und Hinweise geben, was ausgestellt werden sollte. Ich habe mit Herrn Kawakita gesprochen, die Ausstellungsstücke ausgewählt, beschrieben und aufgestellt.

Was bedeuten Ihnen persönlich die Monster?

Ich kaufe heute Monster-Merchandise wenn ich viel Stress habe. Es könnte sein, dass ich unbewusst dem Alltag entfliehen möchte. Der Kauf von Godzilla-Figuren versetzt mich in die Freiheit meiner Kindheit zurück. Im Alltag muss ich mal eine Nacht durcharbeiten oder es gibt andere Widrigkeiten. Ich möchte vielleicht im Unterbewusstsein vor all dem fliehen.

Worin unterscheidet sich der japanische von dem westlichen Fan?

Was mich auf dem G-Fest sehr gewundert hat, war, dass alle Menschen auf dem Fest wirklich ihren Spaß mit Godzilla hatten. Wir Japaner haben immer ein schlechtes Gewissen dabei. Wenn ich ohne meine Kinder Godzilla-Figuren kaufe, finde ich das so peinlich, dass ich nicht gern allein an die Kasse gehen möchte. Amerikaner haben dieses Problem offensichtlich nicht. Deshalb war es gut für mich, sie auf dem G-Fest kennenzulernen. Sonst hätte ich mich gar nicht getraut, nochmals Monsterfiguren zu sammeln. Und ich könnte mir Monsterfilme heute nicht so unbeschwert anschauen. Meine Eltern halten mich für kindisch. Sie sagen, ich soll alle Monsterfiguren wegschmeißen. In Japan sammeln nur „Otakus“ (Sonderlinge) diese Figuren. Solche Sammel-Fimmel sind in Japan eher auffällig.

Auffällig?

Man darf in Japan nicht zu laut sagen, dass man Godzilla mag. Das ist verpönt. Es gibt Väter, die ihre Kinder als Ausrede benutzen, um die neuen Godzilla-Filme im Kino sehen zu können.

2014 GODZILLA

Dt. Erstaufführung: 15. Mai 2014 / 123 Min. | US Erstaufführung: 15. Mai 2014 | Jap. Erstaufführung: 25. Juli 2014 | Produktionsfirma: Legendary | Produzenten: Jon Jashni, Mary Parent, Thomas Tull | Regie: Gareth Edwards | Buch: Max Borenstein, David Callaham | Kamera: Seamus McGarvey | Musik: Alexandre Desplat | Visual Effects Supervisor: Jim Rygiel, Guillaume Rocheron | Darsteller: Aaron Taylor-Johnson, Elizabeth Olsen, Bryan Cranston, Sally Hawkins, Juliette Binoche, Ken Watanabe. Motion-Capture-Darsteller Godzilla: T. J. Storm alias Juan Ricardo Ojeda

Das amerikanischen Reboot *Godzilla* kam 2014 rechtzeitig zum 60. Geburtstag der japanischen Riesenechse in die Kinos. Die Faszination für die Kinderzimmer-Ästhetik des Kaiju Eiga lässt sich schön am Beispiel der Augsburger Puppenkiste veranschaulichen. Bei den Fernsehaufzeichnungen des Marionettentheaters ging es nie darum Realität abzubilden. Die Fäden an den Puppen sind immer deutlich sichtbar und gehören zum ästhetischen Selbstverständnis der Darbietung, die genau daraus ihren Reiz gewinnt. Eine blaue Plastikplane, von Hand in Wellenbewegung gesetzt, ist künstlerisch ergiebiger als echtes Wasser. Die detailverliebten Kulissen vor handgemalten Bildleinwänden, die formvollendet speziell in den 60er Jahren auf der Studiobühne der Tokioter Toho Studios unter der künstlerischen Leitung des Spezial-Effekt-Regisseurs Eiji Tsuburaya entstanden, sind bis heute unerreicht. In den Miniaturlandschaften und detailgetreuen Nachbauten japanischer Großstädte fühlte sich auch die wandelbare Sauriermutation Godzilla (traditionell dargestellt von einem Schauspieler im Monsterkostüm) wohler als in der Realität. Glauben musste man den liebenswerten Gojira nie. Aber man konnte sich wunderbar mit diesem unverstandenen Kind, das 1954 als Nachgeburt der Atombombe entstanden ist, identifizieren.

Ein Godzilla-Blockbuster aus Hollywood, mit modernen digitalen Effekten und ausdrücklichem Realismusanspruch wirkt da erst mal wie ein großes Missverständnis. Besonders, wenn er mit geschätzten 160 Millionen US-Dollar Produktionskosten teurer ist als alle bisherigen japanischen Godzilla-Filme zusammen. Doch anders als sein Vorgänger Roland Emmerich mit seinem ungeliebten *Godzilla*-Remake von 1998, erweist sich der junge britische Regisseur Gareth Edwards als sensibler Fan, der die japanischen Wurzeln und die atomare Kinderstube der Monsterikone bewahrt. Die amerikanischen Atombombentests auf dem Bikini Atoll in den 50er Jahren waren nur hilflose Versuche Godzilla zu töten. Das Erdbeben, das 1999 eine Kernschmelze im Janjira Atomkraftwerk in der Nähe von Tokio ausgelöst hat, wurde in Wirklichkeit von einem unterirdischen Monster verursacht. Der Atomwissenschaftler Joe Brody (Bryan Cranston aus der Serie *Breaking Bad*) hat seine Frau Sara (Juliette Binoche) bei der Reaktorkatastrophe verloren und so etwas schon immer geahnt. Mit seinem Sohn Ford (Aaron Taylor-Johnson aus *Kick-Ass*) macht sich Brody jetzt auf in ihr verwüstetes Heim in der radioaktiven Sperrzone um der von der japanischen Regierung verschleierten Wahrheit auf die Spur zu kommen. Seit vielen Jahren schon schlummert ein insektenhaftes MUTO (Massive Unidentified Terrestrial Object) unter der Atomruine und labt sich an der nuklearen Strahlung. Mit Szenen eines Störfalls in einem japanischen Atomkraftwerk und der riesigen Flutwelle, die Godzilla beim Auftauchen erzeugt, beschwört Edwards die realen Bilder der Tsunami- und Reaktorkatastrophe von Fukushima. Er baut darauf, dass sich die Nachrichtenbilder von 2011 ins kollektive Unterbewusstsein eingebrannt haben und

nun einen Moment wahrhaftiger Bedrohung auslösen. Katastrophen-Kino ist am wirkungsvollsten, wenn es aktuelle Ängste aufgreift.
Der Wissenschaftler Dr. Serizawa (Ken Watanabe) erklärt den amerikanischen Militärs, dass es sich bei Gojira um eine Art Gottheit, eine regulierende Naturgewalt handelt, die man nicht bekämpfen kann und mit der sich der Mensch zu arrangieren hat. Regisseur Edwards hat damit das Kami (die Wesensart) der radioaktiven Monsterikone erfasst und übernimmt die japanische Sicht der Dinge. Wie schon in seinem Independent-Erfolg *Monsters* (2010) entwickelt er dabei ein nahezu zärtliches Verhältnis zu dem Untier. Wenn der sanfte Riese im Hafen von San Francisco auftaucht, um die Menschheit von der MUTO-Plage zu erlösen, gleicht das einem spirituellen Ereignis. Die sorgfältig besetzten Schauspieler werden dabei zwangsläufig zu ungläubigen Nebendarstellern degradiert. Trotz mancher Zugeständnisse ans Mainstreamkino ist Edwards mit dieser brachialen Erlösungsphantasie ein ungewöhnlich schöner und versöhnlicher Monsterfilm gelungen.

2016 SHIN GODZILLA

Dt. Erstaufführung: 4. Mai 2017 / 120 Min. | Jap. Originaltitel: *Shin Gojira* | Jap. Erstaufführung: 29. Juli 2016 | Intern. Alternativtitel: *Godzilla Resurgence* | US Erstaufführung: 11. Oktober 2016 | Produktionsfirma: Toho | Produzenten: Minami Ichikawa, Taichi Ueda | Regie Schauspielszenen: Hideaki Anno | Regie Monsterszenen: Shinji Higuchi | Buch: Hideaki Anno | Musik: Shiro Sagisu | Darsteller: Hiroki Hasegawa, Yutaka Takenouchi, Satomi Ishihara, Ren Ôsugi, Akira Emoto, Kengo Kôra

Der Erfolg des amerikanischen *Godzilla*-Remakes von 2014 hat auch die japanische Produktionsfirma Toho dazu bewogen ein japanisches Reboot ihres berühmten

Riesenmonsters vorzulegen. *Shin Gojira* ist der 29. Godzilla-Film aus dem Inselreich und der erste, in dem das Monster nicht mehr von einem Schauspieler in einem Latexkostüm dargestellt wird. Spezialeffekt Regisseur Shinji Higuchi erweckt Shin Godzilla in einer Mischung von Computeranimation, Motion Capture und Puppentrick zu neuem Leben.

Ein seltsames Unterwasserwesen hat im Hafen von Tokio vom versenkten Atommüll gefressen und damit in sich eine unaufhaltsame Mutationskettenreaktion ausgelöst. Das radioaktiv strahlende Kaiju kommt an Land und entwickelt sich in einer Zeitraffer-Evolution vom kriechenden Amphibienungetüm zum 118 Meter großen, aufrecht stehenden *Shin Gojira* (die japanische Schreibweise des Wortes „shin" lässt mehrere Deutungen zu. Man kann es sowohl als der „neue", als auch der „wahre" oder gar der „göttliche" übersetzen). Das unkontrollierbare Monster steht in diesem nunmehr dritten Reboot der Serie überdeutlich als Sinnbild für die Reaktorkatastrophe von Fukushima. Seelenlos und unaufhaltsam wie der Tsunami von 2011 ergießt das Kaiju seinen radioaktiv glühenden Körper auf das Festland bis nach Tokio. Gojira ist das Salz in der Wunde. Das manifestierte Schuldeingeständnis einer sonst so stolzen Nation. Japanisch bis ins Mark.

Noch immer knabbert Japan am Gesichtsverlust gegenüber der Weltöffentlichkeit. Im Film opfert man deshalb nun den japanischen Regierungschef dem Monster. Der Hubschrauber, der den Premierminister und seinen Stab evakuieren soll, wird von Gojiras atomarem Feueratem im Flug pulverisiert. Ein ehrenvoller Abgang sieht anders aus. Doch einfache Schuldzuweisungen liegen den Regisseuren Anno Hideaki und Higuchi Shinji fern.

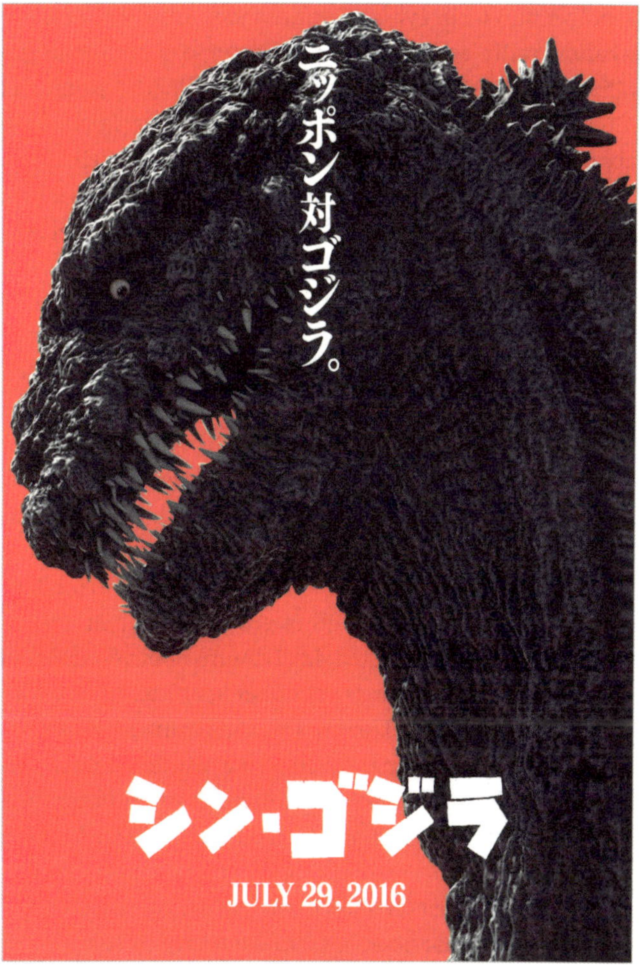

Vereint nimmt man den Kampf gegen die radioaktive Bestie in der Hauptstadt auf. Nur durch Kühlung kann die Kernschmelze des monströsen Organismus in Schach gehalten werden. Das Gemeinschaftsgefühl der Japaner wird gestärkt durch ein zynisch anmutendes Angebot der Amerikaner. Sollte es Japan nicht gelingen, das strahlend gefährliche Ungetüm herunterzukühlen, soll zum Wohle der Menschheit eine amerikanische Atombombe über Tokio abgeworfen werden. Die würde Gojira vermutlich töten. Und Tokio mit Sicherheit dem Erdboden gleichmachen. Was 2011 in der Realität im Angesicht der Kernschmelze in Fukushima Daiichi als unmöglich galt, funktioniert jetzt im Film ganz vorbildlich: Die Millionenmetropole wird evakuiert.

Erst als die Bevölkerung in Sicherheit ist, kann man sich der Bändigung des von innen brodelnden Ungeheuers widmen. Der Beschuss mit modernen Waffen löst eine farbenfrohe Kettenreaktion der Zerstörung und Verstrahlung aus. Das Atommonster wird schließlich unter einstürzenden Wolkenkratzern besinnungslos begraben und mit einer Kühlflüssigkeit schockgefroren. Ein letztes Aufbäumen des Kaiju noch, und es erstarrt zu einem gigantischen Mahnmal inmitten der Trümmer der verstrahlten Hauptstadt. *Shin Gojira* ist ein überaus bitterer Film, der vornehmlich für ein japanisches Publikum gemacht ist. Für erste Testscreenings in Amerika wurde deshalb zunächst eine um 20 Minuten gekürzte Fassung unter dem internationalen Titel *Godzilla Resurgence* erstellt. *Shin Gojira* ist eine für japanische Verhältnisse ungewöhnlich selbstkritische Zustandsbeschreibung der Hilflosigkeit gegenüber der immer noch bedrohlichen Lage in Fukushima. Trivial relevantes Befindlichkeitskino, wie es nur von der Monsterinsel Japan kommen kann. Mit einem weltweiten Einspielergebnis von rund 78 Millionen US-Dollar ist *Shin Gojira* der finanziell erfolgreichste Godzilla-Film aus Japan.

2017 GODZILLA: PLANET DER MONSTER

Dt. Netflix Erstaufführung: 17. Januar 2018 / 88 Min. | Jap. Originaltitel: *Gojira: Kaiju Wakusei* | Jap. Erstaufführung: 17. November 2017 | Intern. Titel: *Godzilla Part 1: Planet of the Monsters / Godzilla: Monster Planet* | Produktionsfirma: Polygon Pictures, Toho Animation | Produzent: Ryu Yoshizawa | Regie: Kobun Shizuno, Hiroyuki Seshita | Buch: Gen Urobuchi | Musik: Takayuki Hattori

2018 GODZILLA: EINE STADT AM RANDE DER SCHLACHT

Dt. Netflix Erstaufführung: 18. Juli 2018 / 101 Min. | Jap. Originaltitel: *Gojira: Kessen Kido Zoshoku Toshi* | Jap. Erstaufführung: 18. Mai 2018 | Intern. Titel: *Godzilla Part 2: City on the Edge of Battle* | Produktionsfirma: Polygon Pictures, Toho Animation | Produzent: Takashi Yoshizawa | Regie: Kobun Shizuno, Hiroyuki Seshita | Buch: Sadayuki Murai, Tetsuya Yamada, Gen Urobuchi | Musik: Takayuki Hattori

2018 GODZILLA: THE PLANET EATER

Dt. Netflix Erstaufführung: 9. Januar 2019 / 91 Min. | Jap. Originaltitel: *Gojira: Hoshi o Ku Mono* | Jap. Erstaufführung: 9. November 2018 | Intern. Titel: *Godzilla Part 3: The Planet Eater* | Produktionsfirma: Polygon Pictures, Toho Animation | Produzent: Takashi Yoshizawa | Regie: Kobun Shizuno, Hiroyuki Seshita | Buch: Gen Urobuchi | Musik: Takayuki Hattori

Als 2017 der erste Teil einer Godzilla-Anime-Trilogie an den Start ging, weckte die Idee einer animierten Variante des populärsten Kaiju-Charakters der Filmgeschichte gleich eine ganze Reihe von Assoziationen. Bereits zwei Mal war Godzilla zuvor als Zeichentrickfigur in Aktion getreten. Von 1978 bis 1979 produzierten die für ihre rudimentäre Animationstechnik berühmt-berüchtigten

Hanna-Barbera-Studios eine Cartoon-Serie. Von 1998 bis 2000 folgte eine Animationsserie als *Fortsetzung* zu Roland Emmerichs Hollywood-Remake. Die wahrscheinlich raffinierteste Variante hatten in einer kurzen Sequenz wieder einmal die *Simpsons* realisiert. Bei ihrem Ausflug nach Japan in der Episode *30 Minutes over Tokyo* (1999) kam es am Flughafen von Tokio durch Godzilla und Mothra zu Verzögerungen im Betrieb.

Die von den TV-Professionals Kôbun Shizuno (*Detective Conan*) und Hiroyuki Seshita (*Ajin*, 2016) von 2017 bis 2018 realisierte Trilogie *Planet of Monsters, City on the Edge of Battle* und *The Planet Eater* wählt jedoch überraschenderweise einen anderen, zuvor wenig beschrittenen Weg als die bisherigen Godzilla-Animationsserien. Die in Zusammenarbeit von Toho Animation und Polygon Pictures produzierten Filme nehmen die immer wieder angedeutete Endzeitstimmung der Godzilla-Reihe wörtlich und entwerfen eine post-apokalyptische Welt. Sie verzichten sowohl auf die sonst in den meisten Fällen genommene Ausfahrt ins vergnügliche Pop-Art-Spektakel, als auch auf die gerade noch verhinderte Katastrophe. Stattdessen geht die Welt gleich zu Beginn des ersten Films unter. Nach einer mehrere Generationen umfassenden Odyssee durch die kargen Weiten des Alls kehren die Menschen um Captain Haruo Sakaki zur post-apokalyptischen Erde zurück, nur um festzustellen, dass Godzilla inzwischen noch gewaltigere Ausmaße angenommen hat. Zwischen dem undurchsichtigen, aus einer fernen Galaxie stammenden Priester Metphies, und Haruo entsteht ein Konflikt, wie mit der Gefahr umzugehen sei. Den Waffensystemen einer Stadt, die aus den Restbeständen des Mechagodzillas geschaffen wurde, sowie dem tribalistischen Clan um ein

Paar von Zwillingskriegerinnen kommt in der Auseinandersetzung eine Schlüsselrolle zu. Zum Showdown findet sich sogar der von Metphies verehrte King Ghidorah ein und Haruo muss die komplexen kosmischen Verstrickungen zwischen Monstern und Menschen erkennen.
Inhaltlich ergänzt sich die in Japan in den Kinos und international als Streaming-Angebot bei Netflix veröffentlichte Anime-Trilogie unmittelbar mit den Themen und Motiven des animierten japanischen Science-Fiction-Films. Als eines von dessen zentralen Motiven benennt die Filmwissenschaftlerin und Animationsexpertin Susan Napier in ihrer empfehlenswerten Einführung *Anime from Akira to Howl's Moving Castle* (2001) apokalyptische Szenarien, die sich im Anime auf besonders vielseitige Weise umsetzen lassen.
Die Finesse der von Kritik und Publikum gemischt aufgenommenen Godzilla-Anime-Filme besteht gerade darin, dass er nicht die Action-Set-Pieces der Kaiju-Filme im animierten Format zu überbieten versucht. Stattdessen entwickelt die Trilogie sich zur philosophischen Reflexion der Themen Katastrophe, Verantwortung und Neuanfang, die sonst nur im Vorbeigehen in den Dialogen gestreift werden.
Der einprägsame visuelle Animationsstil der Filme setzt ganz auf die ausdrucksstarke Wirkung der Cel Shading Technik. Mit deren Hilfe verfügen die von Polygon Pictures animierten 3D-Passagen, wie zuvor bereits in Mamoru Oshiis *Ghost in the Shell – Innocence* (2004) trotz aller Tiefeneindrücke in der Darstellung der Figuren und Objekte nach wie vor über einen zweidimensionalen Look. Wenn man sich auf die Entdeckung der Langsamkeit und einen gewissen Hang zur Abstraktion einlässt, bietet die Godzilla

Anime-Trilogie ästhetisch und thematisch eine reizvolle Abwechslung. Sie eignet sich bestens als anregendes atmosphärisches Anime-Zwischenspiel, bevor einen Film später wieder einmal King Kong zum Spielen vorbeikommt.

AUTOR ANDREAS RAUSCHER

2019 GODZILLA II: KING OF THE MONSTERS

Dt. Erstaufführung: 30. Mai 2019 | US-Titel: *Godzilla: King of the Monsters* | US Erstaufführung: 31. Mai 2019/ 131 Min. | Jap. Erstaufführung: 31. Mai 2019 | Produktionsfirma: Legendary | Produzenten: Jon Jashni, Mary Parent, Thomas Tull | Regie: Michael Dougherty | Buch: Max Borenstein, Michael Dougherty | Kamera: Lawrence Sher | Musik: Bear McCreary | Visual Effects Supervisor: Guillaume Rocheron | Darsteller: Kyle Chandler, Vera Farmiga, Millie Bobby Brown, Sally Hawkins, Charles Dance, Ken Watanabe, Zhang Ziyi. Motion-Capture-Darsteller: T. J. Storm (Godzilla), Alan Maxson, Jason Liles, Richard Dorton (Ghidorah).

Die Fortsetzung zum amerikanischen *Godzilla*-Reboot von 2014 kam pünktlich zum 65. Geburtstag der japanischen Riesenechse in die Kinos. Militante Öko-Terroristen, angeführt von Colonel Alan Jonah (Charles Dance), haben die Biologin Emma Russell (Vera Farmiga) und ihre Tochter (Millie Bobby Brown) entführt. Denn Russell, die für die kryptozoologische Agentur Monarch arbeitet, hat einen Weg gefunden, via Sonar mit Monstern wie Godzilla zu kommunizieren. Jetzt soll sie den dreiköpfigen Drachen King Ghidorah, den Flugsaurier Rodan und den Riesenfalter Mothra aus ihrem Tiefschlaf erwecken. Denn um das ökologische Gleichgewicht der Welt wieder herzustellen, sollen die Titanen die Menschheit ausrotten. Doch zum Glück scheint Godzilla eine Schwäche für die menschliche Spezies zu entwickeln.

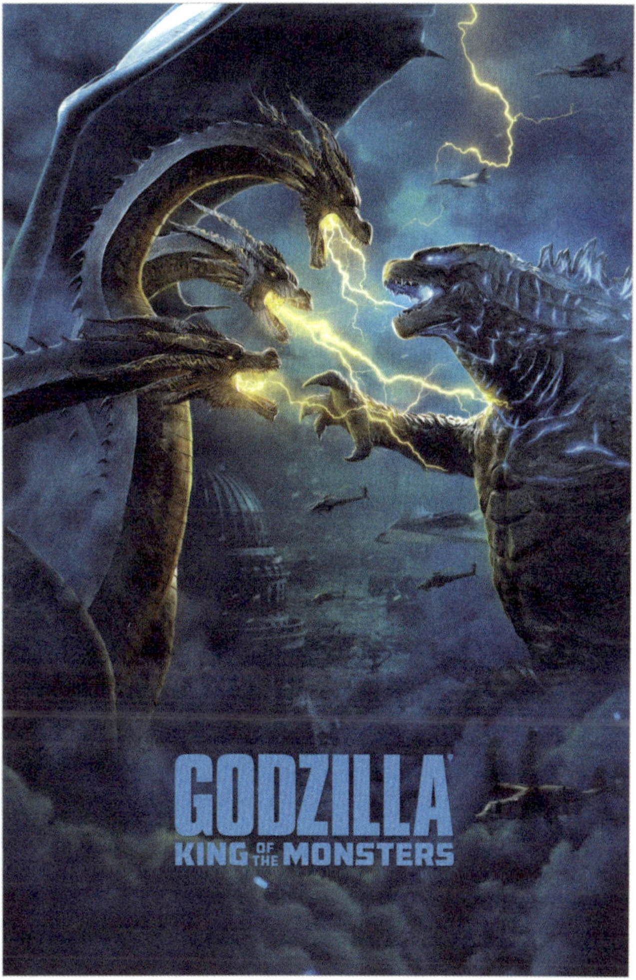

Als Blaupause für das neue Sequel diente Ishiro Hondas Monsterspektakel *San Daikaiju Chikyu Saidai no Kessen* (deutscher DVD Titel: *Frankensteins Monster im Kampf gegen Ghidorah*) aus dem Jahr 1964.

Der Film gilt als Klassiker, weil Godzilla hier langsam menschenfreundliche Züge entwickelte und sein Erzfeind, der goldene Drache King Ghidorah, erstmals in Erscheinung trat. Um die Weltraumbestie in die Flucht zu schlagen, bekam Godzilla Hilfe von den bereits aus eigenen Filmen bekannten Kaiju Mothra und Rodan.

Die bildgewaltige amerikanische Neuinterpretation bietet eine Fülle inhaltlicher Versatzstücke, die man aus den bislang 29 japanischen Godzilla-Filmen kennt. Nur werden sie hier in konzentrierter Form auf das dramaturgisch Notwendigste reduziert. Die menschlichen Filmfiguren sind entsprechend holzschnittartige Genre-Stereotypen, die keiner ausführlichen Exposition mehr bedürfen. Die internationalen Schauspielgrößen Vera Farmiga, Sally Hawkins, Ken Watanabe oder Zhang Ziyi haben entsprechend wenig Zeit ihre Charaktere mit Leben zu füllen. Sie agieren lediglich als Stichwortgeber oder Ringrichter für die monströsen Hauptdarsteller.

Der Lustgewinn für Fans liegt in der zeitgemäßen Neuinterpretation der altbekannten Kaiju. Die digitale Visualisierung der Titanen folgt dabei einem unbedingten Realitätsanspruch. Wie würde es wohl aussehen, wenn Riesenmonster wirklich existieren würden? Diese für Hollywood typische Herangehensweise ist das genaue Gegenteil der bewusst artifiziell und poetisch angelegten Phantasiewelt japanischer Godzilla-Filme. 1964 wurde der dreiköpfige Ghidorah noch von einem Schauspieler im Drachenkostüm dargestellt, der an unsichtbaren Drähten wie eine Marionette über Miniaturstädte in den Toho Filmstudios flog. Damals eine logistische Höchstleistung mit den Mitteln des traditionellen japanischen Theaters. Der moderne King Ghidorah ist ein digital im Computer erschaffenes

Wesen, dessen drei Köpfe von verschiedenen Schauspielern per Motion-Capture ihre Mimik erhalten. Formal hat *G II* nichts mehr mit dem naiven Charme der japanischen Vorlage zu tun. Doch die im Film immer nur als „Titanen" bezeichneten Monster sind von ihrem majestätischen Wesen her echte Kaiju: Gigantische mythologische Fabelwesen wie Naturgewalten, mit denen sich der Mensch arrangieren muss.

2021 GODZILLA VS. KONG

US Erstaufführung: 31. März 2021 / 113 Min. | Dt. Erstaufführung: 1. Juli. 2021 | Produktionsfirma: Legendary | Produzent: Thomas Tull, Jon Jashni u.a. | Regie: Adam Wingard | Buch: Eric Pearson, Max Borenstein | Kamera: Ben Seresin | Musik: Thomas Holkenborg Visual Effects Supervisor: D. J. DesJardin | Darsteller: Rebecca Hall, Millie Bobby Brown, Kaylee Hottle, Alexander Skarsgård, Shun Oguri, Eiza González, Kyle Chandler, Facial-Motion-Capture-Darsteller Kong: Eric Petey

Schon die Produktion des ersten japanischen Godzilla Films im Jahre 1954 war eine Reaktion der Produktionsfirma Toho auf den großen Erfolg der Wiederaufführung des wegweisenden amerikanischen Monsterfilmklassikers *King Kong und die weiße Frau* aus dem Jahr 1933. Beim ersten unvermeidlichen Zusammentreffen der berühmten Filmmonster in Ishiro Hondas japanischer Monsterkomödie *Kingu Kongu tai Gojira* im Jahr 1962 waren die Zuschauer in Ost und West etwas enttäuscht, weil aus dem Kampf der Monsterikonen kein eindeutiger Gewinner hervorging. Denn die verspielte Bolzerei zwischen der atomaren Riesenechse aus Japan und dem Riesengorilla aus Amerika war damals auch ein politisch aufgeladenes Kräftemessen zweier Nationen, die seit den Atombombenabwürfen über Hiroshima und Nagasaki ein angespanntes

Verhältnis verband. In dem damals auch mit amerikanischem Geld mitfinanzierten Film einen klaren Sieger auszurufen, hätte womöglich eine kulturpolitische Krise ausgelöst. Trotzdem ist der Film bis heute einer der erfolgreichsten Produktionen der langlebigen Godzilla-Serie. Allein in Japan gingen damals über 12 Millionen Menschen ins Kino, um das familientaugliche Kaiju Eiga zu sehen. Aus kommerziellen Gesichtspunkten war es also nachvollziehbar, dass nach den Reboots *Godzilla* (2014) und *Kong: Skull Island* (2017) sowie dem Sequel *Godzilla: King of the Monsters* (2019) nun im vierten Film des „Monster-Verse" ein modernes amerikanisches Rematch der beiden erfolgreichsten Riesenmonster der Filmgeschichte anstand. Und diesmal sollte es auch einen Gewinner geben. „One will fall" versprach schon das Ankündigungsplakat. Godzillas guter Ruf als friedlich regulative Naturgewalt steht auf dem Spiel, als er scheinbar unvermittelt dem Meer entsteigt und die Anlagen von Apex Cybernetics in Florida zerstört. Der zwielichtige Apex CEO Walter Simmons (Demián Bichir) finanziert eine Expedition ins Innere der Erde. Hier soll sich die Heimat der Titanen und der Ursprung einer ergiebigen Energiequelle befinden. Kong-Flüsterin Ilene Andrews (Rebecca Hall) willigt ein, den Riesenaffen von Skull Island als Expeditionsführer zum Einstiegsloch der Hohlerde in die Antarktis zu schaffen. Mit dabei ist auch die kleine gehörlose Jia (Kaylee Hottle), die mit Kong über Gebärdensprache kommunizieren kann. Auf dem Weg zur Arktis greift Godzilla den von der US-Navy eskortierten Schiffs-Konvoi mit Kong an. Unter Wasser und auf den Flugzeugträgern kommt es zur ersten spektakulären Konfrontation der Giganten. Es gelingt den Menschen Kong zu retten und Godzilla abzuschütteln.

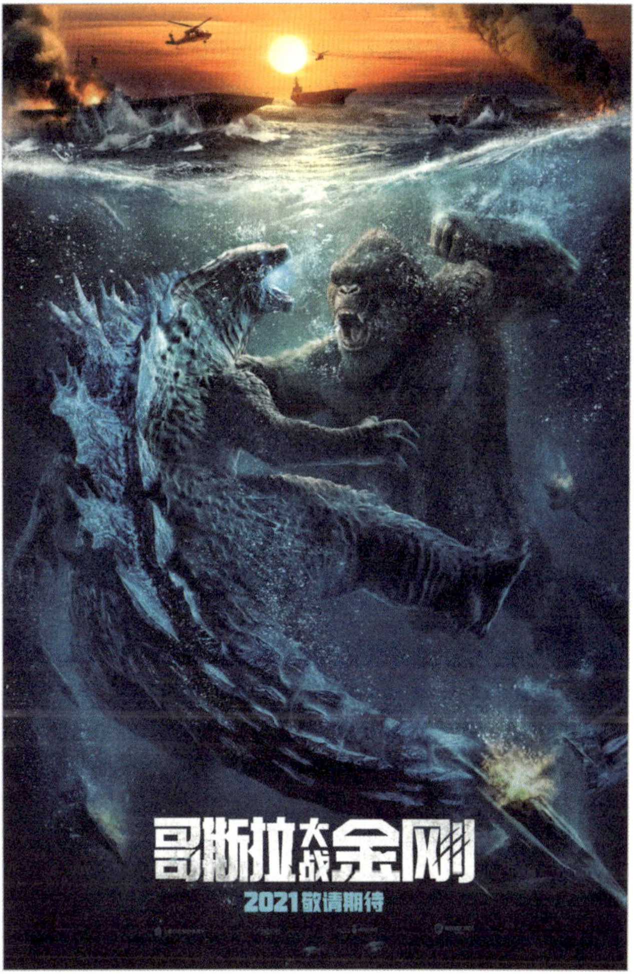

In der Hohlerde findet das Team tatsächlich ein Ecosystem wie auf Skull Island und die Überreste eines Thronraums für Riesenaffen. Eine aus der blau glühenden Rückenplatte Godzillas gefertigte Axt zeugt von einem uralten Krieg zwischen den Urahnen von Kong und Godzilla. Das Apex Team zapft die Energiequelle der Hohlerde an und leitet sie direkt nach Hongkong weiter, um damit den gigantischen Mechagodzilla anzutreiben. Godzilla ist schon in Hongkong und bohrt mit seinem atomaren Atem einen Gang bis zum Thronraum im Erdinnern. Bewaffnet mit der blau glühenden Schlachtaxt können Kong und die Überlebenden des Teams nach Hongkong fliehen, wo Godzilla den Riesenaffen inmitten der Häuserschluchten abermals besiegt. Doch dann taucht der außer Kontrolle geratene Mechagodzilla auf, gegen den sich die beiden Titanen in einer finalen Schlacht verbünden müssen. Zeichnet sich hier womöglich der Beginn einer großen Monsterfreundschaft ab?

Der herrlich haarsträubende Plot von *Godzilla vs. Kong* wirkt auf charmante Weise naiv in seiner Anlehnung an Motive aus Jules Vernes über 150 Jahre alten Erzählung *Die Reise zum Mittelpunkt der Erde*. Der Film ist überaus flott erzählt, und Regisseur Adam Wingard scheint die Figurenentwicklung seiner menschlichen Darsteller für reine Zeitverschwendung zu halten. Die beiden Monsterikonen sind schließlich die eigentlichen Protagonisten. Dabei hegt Wingard eindeutig mehr Sympathien für die Befindlichkeiten des sanftmütigen Underdog Kong. Godzilla porträtiert er als eine aggressive und übermächtige Zerstörungsmaschine, die in ihrer Seelenlosigkeit nur noch von seinem Doppelgänger Mechagodzilla übertroffen wird.

Im alten japanischen Original *Kingu Kongu tai Gojira* wirken die Monster aus heutiger Sicht eher putzig und naiv. Die handgemachten Tricks sind wunderschön anzusehen aber auch leicht zu durchschauen. Die amerikanische Neuauflage ist digitales Überwältigungskino für einen globalisierten Weltmarkt. Wie genau die Monstren auf die Leinwand kommen ist für den Zuschauer nicht mehr nachvollziehbar. Offenbar hat Animation-Supervisor Eric Petey aber dieses Mal weniger auf das Motion-Capture-Verfahren gesetzt. Die Schöpfer von *King Kong und die weiße Frau* (1933) und *Kingu Kongu tai Gojira* (1962) würden sicher große Augen machen, wenn sie sehen könnten, wie agil und erwachsen ihre ikonischen Filmkreaturen im digitalen Zeitalter geworden sind.

Eigentlich sollte *Godzilla vs. Kong* schon im März 2020 weltweit in den Kinos starten. Doch der Termin wurde mehrmals verschoben, erst, um bedrohlich wirkenden Filmstarts anderer Blockbuster wie dem James-Bond-Film *Keine Zeit zu sterben* auszuweichen, und dann wegen weltweit geschlossener Lichtspielhäuser aufgrund der Corona-Pandemie. Nach einem Jahr in der Corona-Warteschleife startete *Godzilla vs. Kong* schließlich ab dem 24. März 2021 zaghaft in einigen asiatischen Ländern, in denen die Pandemie einigermaßen unter Kontrolle schien. Da die Kinos in Pandemiezeiten nur mit begrenzter Kapazität operieren konnten, wurde der Film in den USA am 31. März 2021 erstmals zeitgleich im Kino und auf dem kostenpflichtigen Streamingdienst HBO gestartet. Schon bald konnte *Godzilla vs. Kong* Christopher Nolan's *Tenet* als umsatzstärksten Hollywood-Film überholen, der während der Pandemie in die Kinos kam. Der Löwenanteil des Einspielergebnisses stammte aus China. Nach vier Wochen hatte *Godzilla vs. Kong* bereits das weltweite Gesamteinspielergebnis des Vorgängerfilms *Godzilla II: King of the Monsters* übertroffen, der 2019 noch unter ganz normalen Bedingungen ins Kino kam – bevor er überhaupt in Japan oder Europa angelaufen war.

2021 GODZILLA SINGULAR POINT

Dt. Netflix-Premiere: 24. Juni 2021 / 13 Episoden à 24 Minuten | Jap. Originaltitel: *Gojira Shingyura Pointo* | Jap. Netflix-Premiere: 25. März 2021 | Produktion: Bones Inc., Orange Co., Ltd. | Regie: Atsushi Takahashi | Buch: Toh Enjoe | Kaiju-Design: Eiji Yamamori | Musik: Kan Sawada | Songs: BiSH (Brand-new idol Shit), Polkadot Stingray, „Alapu Upala" gesungen von Annette Philip

Die 13-teilige Serie *Gojira Shingyura Pointo* ist eine überbordende Mischung aus computeranimierter und handgezeichneter Animation, in der neben Godzilla auch der Roboter Jet Jaguar (aus *Gojira Tai Megaro*, 1973) und neue Varianten populärer Kaijus wie Flugsaurier Rodan, Riesenigel Anguirus, die Spinne Kumonga oder die Seeschlange Manda zu sehen sind. Das majestätisch erhabene Erscheinungsbild von Godzilla orientiert sich mit seinen verschiedenen Evolutionsstufen (Godzilla Aquatilis, Godzilla Amphibia, Godzilla Terrestris und Godzilla Ultima) an dem übermächtigen Godzilla aus *Shin Gojira*, dem letzten, sehr erfolgreichen japanischen Godzilla-Realfilm aus dem Jahr 2016. Mit einem recht anspruchsvollen Handlungs- und Figurengeflecht überführt *GSP* beliebte Kaijus und altbekannte Plotelemente aus dem Godzilla-Filmuniversum in einen optisch reizvollen, modernen Anime-Bilderreigen.

Als im Jahr 2030 überall auf der Welt prähistorische, von einem mysteriösen roten Staub bedeckte Kaijus auftauchen, beginnen die Studentin der Naturwissenschaft Mei Kamino und der junge Ingenieur Yun Arikawa von der Erfinder-Firma „Otaki Factory" der Sache auf den Grund zu gehen. Obwohl Mei und Yun an unterschiedlichen Orten verschiedene Phänomene erforschen, stoßen beide auf die alte indische Ballade „Alapu Upala", die den wild gewordenen Kaijus als Kommunikationssignal zu dienen scheint.

Der Ursprung des Tonsignals ist das morsche Knochengerüst des ersten Godzilla, das im geheimen Untergeschoss einer Funküberwachungsstation ruht. Bald wird klar, dass sich beim Auftauchen eines neuen, formwandelnden Godzilla in Tokio eine alte Vorhersehung bewahrheitet und die Apokalypse begonnen hat. Wie gut, dass Goro Otaki, der greise Boss der „Otaki Factory" gerade im Begriff ist, seinen Roboter Jet Jaguar fertigzustellen, der als Monsterbezwinger konzipiert ist. Mei, Yun und eine unübersichtliche Vielzahl von menschlichen und nichtmenschlichen Mitstreitern machen sich auf, die geheimen Forschungsunterlagen eines gewissen Professor Ashihara zu entschlüsseln, um den Untergang des gesamten Universums mit dem so genannten „orthogonalen Diagonalisierer" zu verhindern. Die japanische Animations-Serie *Gojira Shingyura Pointo* bietet ein formal krasses Kontrastprogramm zum zeitgleich ausgewerteten Realfilm *Godzilla vs. Kong* aus dem amerikanischen MonsterVerse. Das Zielpublikum von *GSP* ist eine junge Generation von Anime-Fans, deren Sehgewohnheiten man mit rasanten Bildfolgen, einer komplexen Handlungsstruktur und melodiösen Popsongs im Vor- und Abspann bedient. Als nostalgische Anknüpfungspunkte für erfahrene Godzilla-Nerds fungieren die Reinkarnationen der bekannten Kaijus und die pathetisch orchestrale Filmmusik von Kan Sawada, der einmal mehr Akira Ifukubes unverwüstliches Godzilla-Thema variiert.

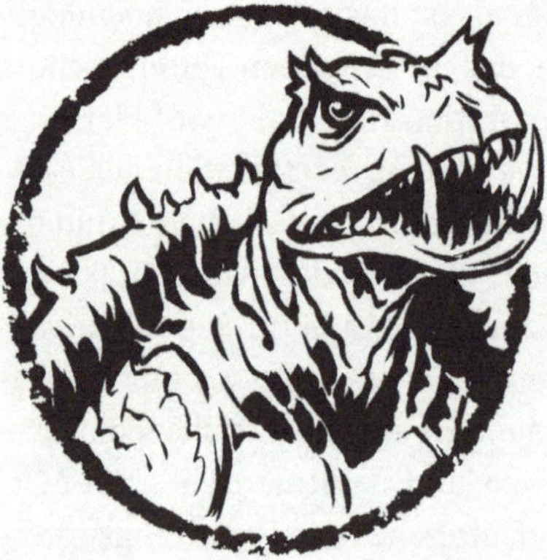

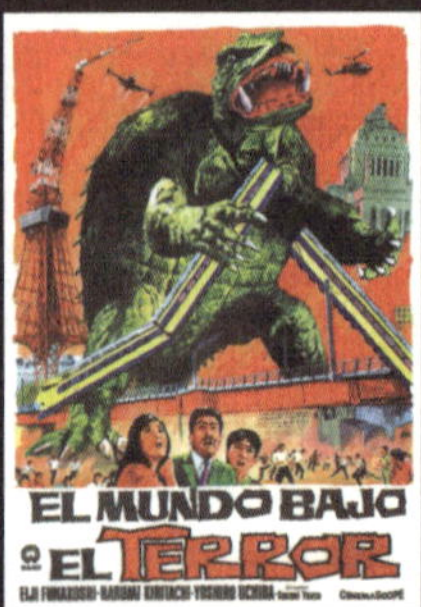
EL MUNDO BAJO
EL TERROR

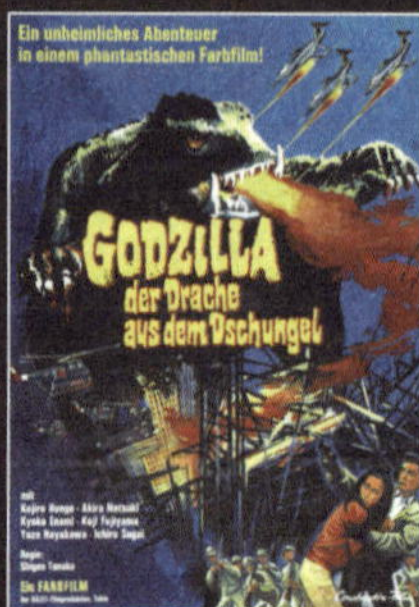
Ein unheimliches Abenteuer
in einem phantastischen Farbfilm!
GODZILLA
der Drache
aus dem Dschungel

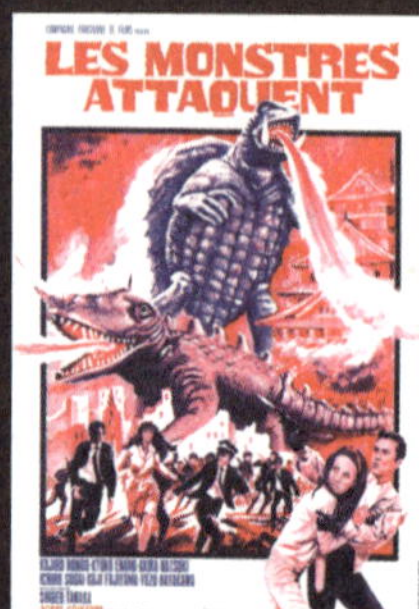
LES MONSTRES
ATTAQUENT

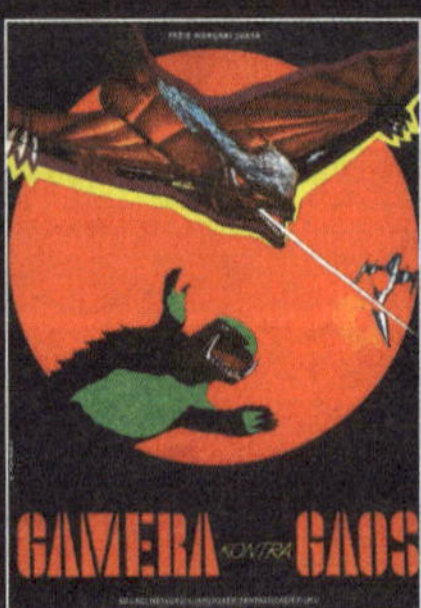
GAMERA KONTRA GAOS

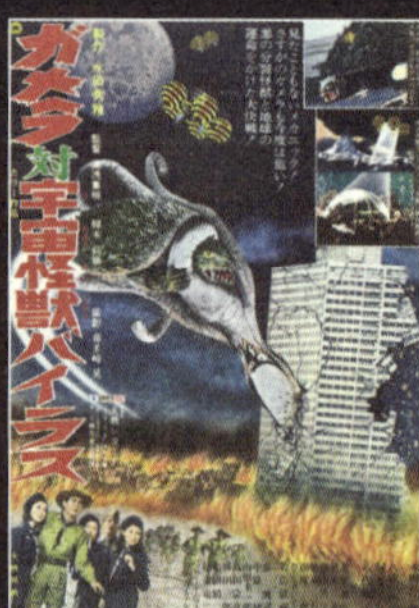
ガメラ対宇宙怪獣バイラス

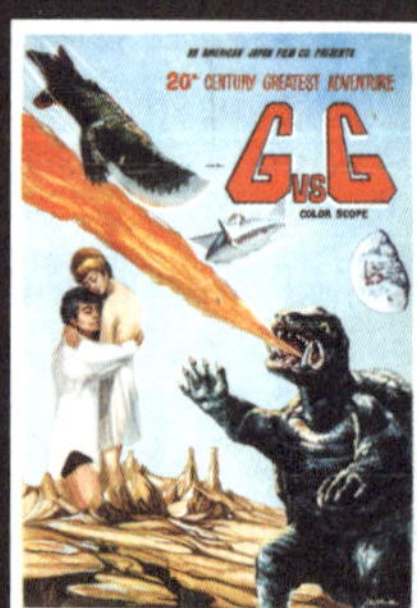
20th CENTURY GREATEST ADVENTURE
G vs G
COLOR SCOPE

GAMERA

ガメラ

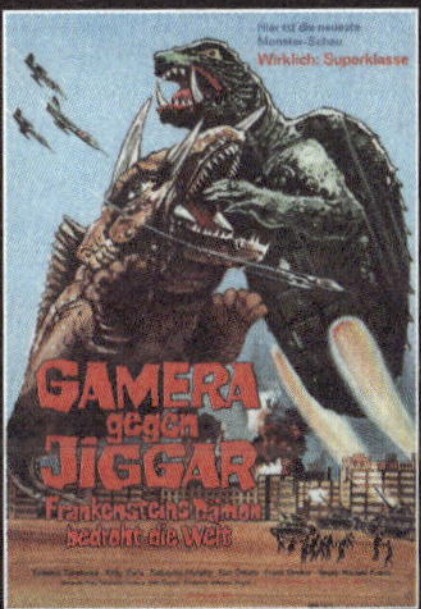

Wirklich: Superklasse
GAMERA gegen JIGGAR
Frankensteins Dämon bedroht die Welt

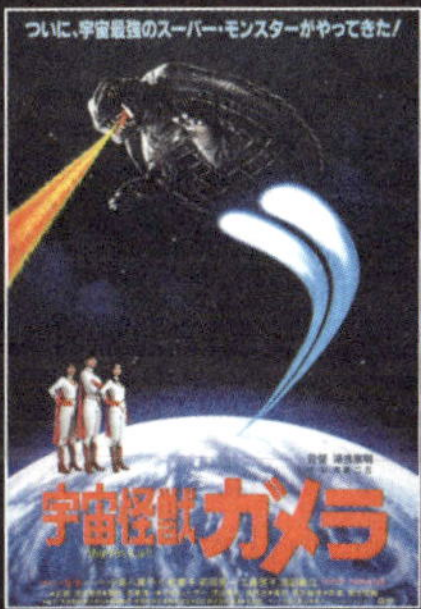

ついに、宇宙最強のスーパー・モンスターがやってきた!
宇宙怪獣ガメラ

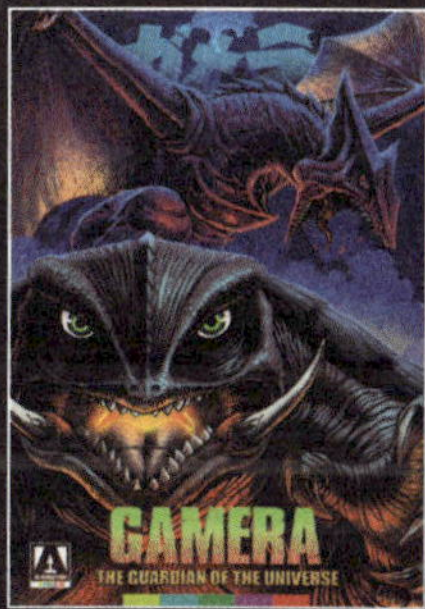

GAMERA
THE GUARDIAN OF THE UNIVERSE

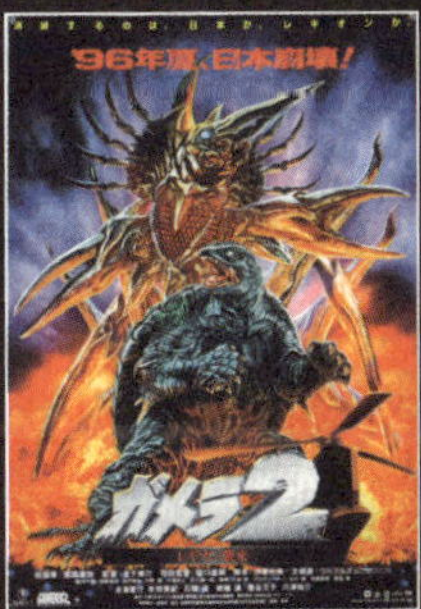

ガメラ2

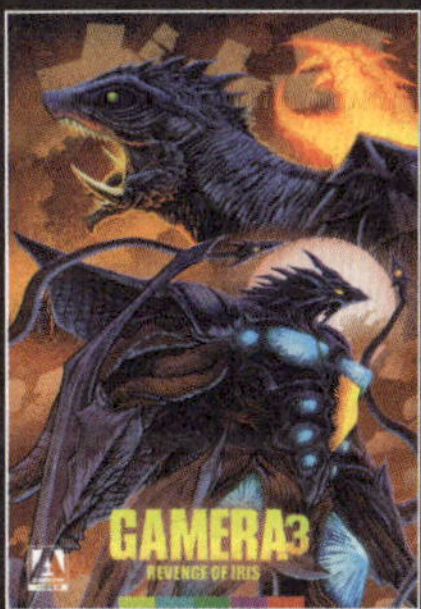

GAMERA3
REVENGE OF IRIS

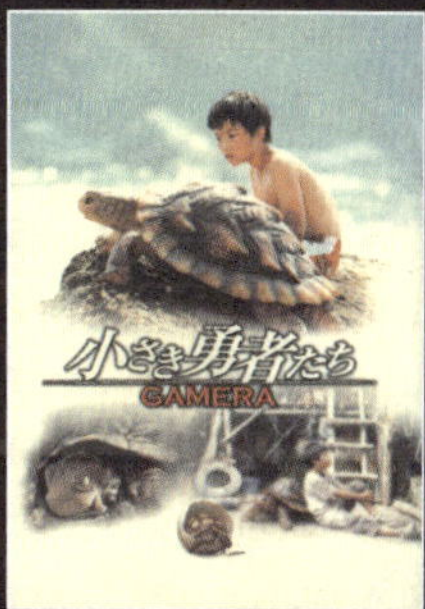

小さき勇者たち
GAMERA

1965 GAMERA – FRANKENSTEINS MONSTER AUS DEM EIS

Dt. DVD-Premiere: 18. November 2011 / 76 Min. | Jap. Originaltitel: *Daikaiju Gamera* | Jap. Erstaufführung: 27. November 1965 / 78 Min. | US-Titel: *Gammera – The Invincible* | US-Video/TV-Titel: *Gamera: The Giant Monster* | US Erstaufführung: 15. Dezember 1966 / 86 Min. | Produktionsfirma: Daiei | Produzent: Masaichi Nagata, Hidemasa Nagata | Regie: Noriaki Yuasa | Buch: Nizo (Fumi) Takahashi | Kamera: Nobuo Nakashizu | Spezial-Effekte: Yonesaburo Tsukiji | Darsteller: Eiji Funakoshi, Harumi Kiritachi, Junichiro Yamashiko, Yoshiro Uchida, Michiko Sugata, Yoshiro Kitahara. Darsteller US-Version: Brian Donlevy, Albert Dekker, Diane Findlay

Wie wir wissen, machen seit 1954, dem Entstehungsjahr von *Gojira,* riesige Urweltungeheuer mit einer stoischen Selbstverständlichkeit das Inselreich Japan immer wieder dem Erdboden gleich. Den favorisierten Schauplatz stellt zweifellos die Hauptstadt Tokio dar. Eines dieser unermüdlichen Ungeheuer ist Gamera, eine gigantische, feuerspeiende und feuerfressende Schildkröte, die wie ein Ufo fliegen, tauchen und auf den Hinterbeinen umherspazieren kann.

Dabei gehören Schildkröten eigentlich zu einer kleinen Gruppe primitiver, stark spezialisierter Reptilien und sind sicher die altertümlichsten Kriechtiere (!), die heute noch leben. Ihre Vorfahren waren kleine Reptilien, deren eidechsenartiger Körper von verhältnismäßig gedrungenem Bau war. Ursprünglich lebten diese Tiere in Sümpfen, siedelten aber mit fortschreitender stammesgeschichtlicher Entwicklung auf dem Festland. Dieser Änderung der Lebensumgebung folgte die Entwicklung eines Panzers um ihren kurzen breiten Körper, der aus einem gewölbten Rückenschild und einem flachen Bauchschild besteht. Der Rückenpanzer setzt sich aus Knochenplatten zusammen, die durch Verbreiterung der Rippen und der Wirbelsäule

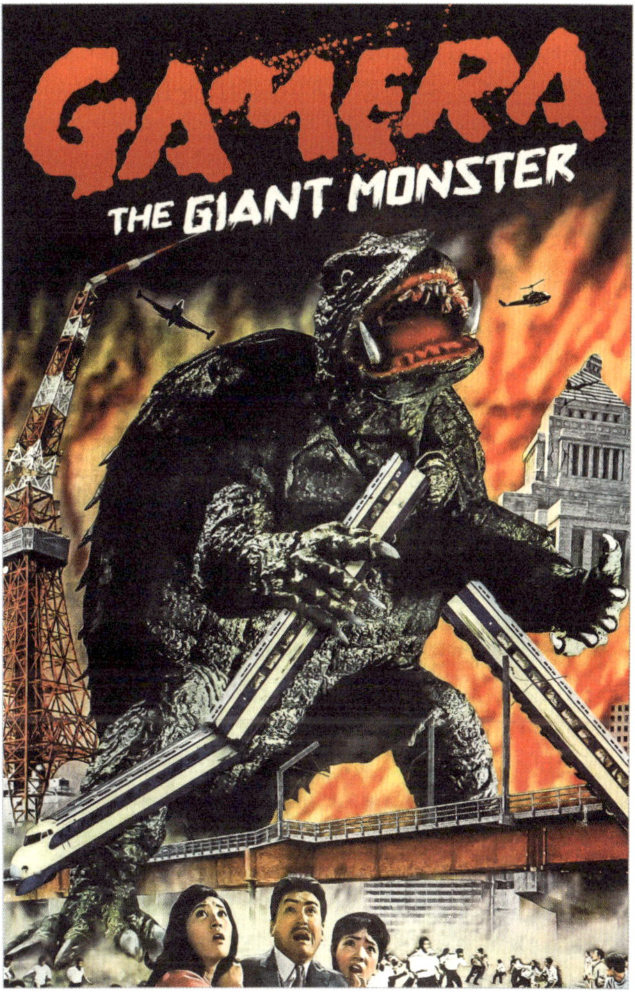

entstanden sind. Um Schutz vor Angreifern zu haben, kann die Schildkröte den Kopf und die Extremitäten in den Panzer einziehen (Gamera beginnt in diesem Fall zu rotieren und sich einem Ufo gleich in die Lüfte zu erheben).

Die Lebensräume von Schildkröten sind außerordentlich vielfältig. Man trifft sie in Wüstengegenden, Sümpfen, Seen und Teichen gleichermaßen wie im Salzwasser der offenen See an. Gamera fühlt sich zusätzlich noch in den Tiefen des Weltalls zu Hause. Zähne haben Schildkröten nicht, aber ihre hornigen Kieferränder bilden scharfe Schneiden. Gamera hat jede Menge großer Säbelzähne in ihrem feurigen Maul. Die Landschildkröten fressen hauptsächlich pflanzliche Kost, die Wasserschildkröten dagegen ernähren sich vorwiegend von Fleisch. Sie legen ihre Eier im Sand oder lockeren Erdreich ab und überlassen die Brut der Bodentemperatur. Die größte Spezies ist die Lederschildkröte, eine Meeresbewohnerin von über 2,50 m Länge und einem Gewicht von ca. 700 kg – Gamera ist mal 60, mal 100 Meter hoch und bringt 80 Tonnen auf die Waage. Durch diese naturwissenschaftlichen Tatsachen ließen sich die kreativen Köpfe der japanischen Produktionsfirma Daiei offensichtlich nicht beeinflussen, als sie 1965 ihre Atomic Turtle zum Leben erweckten. Gamera war ihre Antwort auf Tohos Godzilla, der zu diesem Zeitpunkt schon auf eine erfolgreiche 11-jährige Leinwandpräsenz zurückblicken konnte und zusehends kinderfreundlicher wurde. Und nicht nur an der Kinokasse versuchte man, Godzilla den Rang streitig zu machen. Während des ersten großen Monster-Spielzeug-Booms (1966–69) waren Plastik-Godzillas so beliebt, dass die Firma „Nino" als erste beschloss, motorisierte Gamera-Modelle auf die japanischen Kinderzimmer loszulassen.

Obwohl die späteren bizarr-lächerlichen Gamera-Filme an Popularität und formaler Schönheit nie mit der Godzilla-Filmserie konkurrieren konnten, wurde in der 1. Staffel (1965–1980) die beachtliche Zahl von acht Filmen produziert. Nur drei davon schafften es zwischen 1967 und 1971 in die deutschen Kinos. Regisseur Noriaki Yuasa sagte im Juli 2003 auf dem G-Fest in Chicago: „Bei dem ersten Gamera-Film ging es Daiei darum, Geld zu machen. Das ist mir auch gelungen. Inhaltlich konnte ich hier schon Gameras zukünftige Rolle als Beschützer der Kinder anlegen. Obwohl Daiei mir schon damals sagte, die Szene mit dem Kind am Leuchtturm sei zu kindisch."

Ein Bomber unbekannter Herkunft wird von den Amerikanern über der Arktis abgeschossen. Die Wissenschaftler, die unweit der Absturzstelle herumstehen, stellen mit Erstaunen fest, dass sich an Bord des Flugzeugs eine Atombombe befunden haben muss (!). Durch diese Bombe wird Gamera aus ihrem Jahrhunderte andauernden Tiefschlaf geholt und aufgetaut. Ein Eskimo kommt aus seinem Iglu und überreicht den Forschern einen uralten Stein aus Atlantis, auf dem Schildkrötenhieroglyphen zu sehen sind. Zum Schrecken der Wissenschaftler – und später auch dem Rest der Welt – hat die radioaktive Strahlung das Urzeitwesen Gamera aus seinem eisigen Grab geholt. Bald wird über einigen Großstädten ein rotierendes Ufo gesichtet. Es ist die fliegende Schildkröte Gamera, die in Tokio landet und ein Kraftwerk verwüstet, um Energie zu tanken.

Zur gleichen Zeit muss sich der Sohn eines Leuchtturmwärters auf Hokkaido, Toshio (Yoshiro Uchida), ein ausgesprochener Schildkröten-Freund, von seiner Lieblingsschildkröte Chibi trennen und sie aussetzen. Kurz darauf erscheint Gamera und zerstört den Leuchtturm. Seltsamerweise rettet das Ungeheuer aber den kleinen Toshio, in der US-Version heißt er Kenny, vor dem sicheren Sturz in die Tiefe, indem sie ihn in ihrer Pranke auffängt und sachte auf dem Erdboden absetzt. Toshio ist überzeugt, dass es sich bei Gamera um die Reinkarnation seiner verwaisten Chibi handelt und setzt sich fortan tapfer für die Belange des Monsters ein. Dennoch soll dem Vernichtungstoben Gameras mit Hilfe eines Professors mit einer seltsamen Frisur ein Ende bereitet werden. Militärgewalt und Einfrierungsversuche schlagen jedoch fehl. Schließlich greift man zu Plan Z und lockt die Kröte auf eine Plattform, um die sich augenblicklich eine Raumkapsel schließt. Die Gefahr ist gebannt und Gamera wird Richtung Mars in den Himmel geschossen.

Die Spezial-Effekte dieses zügig und sehr unterhaltsam inszenierten Klassikers sind für seine Zeit durchaus State of the Art. Warum der Film in Cinemascope-Breitbild, jedoch nur in Schwarzweiß gedreht wurde, klärte Regisseur Noriaki Yuasa auf dem G-Fest auf: „Wir hatten ja noch keine Erfahrung mit Spezial-Effekten bei Daiei. Glücklicherweise hatten wir jedoch einige Mitarbeiter, die mit Tsuburaya an den Godzilla-Filmen gearbeitet hatten. Wir fanden schnell heraus, dass es einfacher war, den Film in Schwarzweiß zu drehen. So konnte man viele Fehler in den Schatten verstecken und das Ausleuchten der Sets war nicht so kompliziert."

Für die amerikanische Kinofassung *Gammera – The Invincible* wurden, wie schon 1954 bei *Godzilla,* zusätzliche Szenen mit US-Schauspielern gedreht. In Deutschland war *Daikaiju Gamera* nie im Kino zu sehen. Erst im Jahr 2011, also 45 Jahre nach seiner Entstehung, ist er deutsch synchronisiert worden und unter dem Titel *Gamera – Frankensteins Monster aus dem Eis* auf DVD erschienen.

Wir sollten auf die Stimmen der Kinder hören!

Interview mit Regisseur Noriaki Yuasa

Noriaki Yuasa, Erfinder der Riesenschildkröte Gamera und Regisseur der alten Gamera-Filmserie, hat schon als Kinderdarsteller seine Karriere begonnen. Ab 1955 arbeitete er bei der Produktionsfirma Daiei als Regieassistent in der Spezial-Effekt-Abteilung und als Regisseur für Trailer. Nach sechzig Filmen als Regieassistent bekam er 1965 den Auftrag, in Eigenregie einen Monsterfilm für Daiei zu drehen. Mit seiner „Atomic-Turtle" sollte er Tohos Erfolgsmonster Godzilla Konkurrenz machen. *Daikaiju Gamera* war ein Hit, und Yuasa führte bei sieben der acht Gamera-Filmen die Regie. Zusätzlich war er bei allen Gamera-Filmen als Spezial-Effekt-Regisseur tätig. Später arbeitete Yuasa ausgiebig für das japanische Fernsehen und drehte Krimiserien wie *The Guard Man,* die Liebeskomödie *Okusama wa 18 Sai,* Superheldentrash *Ultraman 80* und Tierserien wie *Keijiken Karu (Polizeihund Karl).* Yuasa ist am 14. Juni 2004 an den Folgen eines Schlaganfalls gestorben. Er wurde 70 Jahre alt. Das Interview wurde am 10. August 2002 in Tokio geführt.

Jörg Buttgereit: **Als Sie 1965 den ersten Gamera-Film gedreht haben, wollten Sie damit Godzilla Konkurrenz machen?**

Noriaki Yuasa: Viele Regisseure hatten *Daikaiju Gamera* abgelehnt. Schließlich kam man auf mich. Godzilla konnte ja schon auf eine 11-jährige, sehr erfolgreiche Leinwandkarriere zurückblicken, als Daiei 1965 die Idee hatte, auch einen Monster-Film zu drehen. Unser Vorstandsvorsitzender, Herr Nagata, hat sich damals gedacht, dass nicht allein Godzilla, also die Produktionsfirma Toho, Profit mit Monsterfilmen machen sollte. Auch wir müssten mit einem eigenen Monster Geld verdienen. Obwohl Daiei wenig Erfahrung mit Spezial-Effekt-Filmen hatte, war uns von Anfang an bewusst, dass wir mit Gamera Godzilla Konkurrenz machen. Bis zu diesem Zeitpunkt hatte ich übrigens noch keinen einzigen Godzilla-Film gesehen.

Worin unterscheidet sich Gamera von Godzilla?

Mir war aufgefallen, dass Godzilla immer stehend auftritt. Aber Gamera ist ein Tier, eine Schildkröte. Daher muss er kriechen. Er darf nie aufrecht stehen, höchstens am Ende, wenn er schließlich wütend wird und seine Monstergegner stehend bezwingt. Ich wollte Gamera als ein reales Tier darstellen. Wie das letztendlich beim Publikum ankam, weiß ich allerdings nicht.

Ihre Gamera-Filme sind auf ein sehr junges Publikum zugeschnitten. War das Ihre Entscheidung?

Im ersten Schwarzweiß-Film von 1965 kommt eine Szene vor, in der Gamera zufällig ein Kind rettet, das aus einem Leuchtturm fällt. Diese Szene hat bei Kindern ein starkes Echo hervorgerufen. Wir haben daraufhin viele Briefe von Kindern erhalten. So entwickelte sich Gamera bald ganz von selbst zu einem „Monster für Kinder". Am Anfang hatten der Drehbuchautor und ich zwar tief in unseren Herzen auf eine derartige Reaktion gehofft, jedoch nie laut ausgesprochen. Gamera entwickelte sich von ganz allein auf eine natürliche Art und Weise in diese Richtung. Darüber haben wir uns natürlich sehr gefreut.

Warum mögen Kinder Monster?

In ausländischen Filmen sind Monster ja immer böse. In japanischen Filmen ist das nicht der Fall. Sie sind zwar auch Monster, aber sie sehen nicht vollständig wie Monster aus. In Japan denkt man, dass Monster auch Freunde der Kinder sind oder dass sie den Menschen auf jeden Fall helfen, wenn sie sich in Not befinden. Die Wurzel dieser

Vorstellung von Monstern liegt wahrscheinlich in der japanischen Tradition. Es gibt ein Kabuki-Theaterstück mit dem Titel *Yoshitsune Senbon-Zakura/The Thousand Cherry Trees of Yoshitsune*. Da wird einem alten Fuchs das Fell abgezogen und damit eine Tsuzumi (Schultertrommel) bespannt. Später kommt ein kleiner Fuchs, der seine Eltern sehr liebt, und verwandelt sich in einen Menschen, um die Schultertrommel zu holen. Im Grunde genommen verschwimmt bei Japanern die Differenz zwischen Tier und Mensch.

Hatten Ihre Filme eine Botschaft?

Ich habe ja sehr viele Filme gedreht. Eine Botschaft, die ich mit meinen Filmen vermitteln wollte, lautet, dass man auf die Stimmen der Kinder hören soll. Ich hatte das Gefühl, dass die Welt, in der die Erwachsenen auf ihre Kinder eingehen, sie wahrnehmen und sie lieben, beinahe verloren gegangen ist. Das rührt aus meinen eigenen Erfahrungen her. Ich habe einmal in einem Heim für Kinder, die von ihren Eltern ausgesetzt wurden, gedreht. Ich habe die tragische Lage dieser Kinder gesehen, und von da an war ich fest entschlossen, dass zumindest in meinem Film Gamera der Freund dieser Kinder sein muss. Gamera sollte sie aufmuntern. Auch wenn ihr weder Vater noch Mutter habt, Gamera ist immer für euch da. Das wollte ich den Kindern sagen. Wenn ich so etwas sage, werden Menschen im Ausland wahrscheinlich böse und sagen, Gamera ist doch bloß eine Schildkröte, die niemals Eltern ersetzen kann. Aber Gamera ist anders als beispielsweise King Kong. Gamera ist für mich wie „Murasakizukin", der Held eines Kinderbuches. Sie kennen ihn wahrscheinlich nicht. „Murasakizukin" ist ein Samurai. Er kommt und rettet die Kinder immer dann, wenn sie eine Flöte spielen.

Ich wollte den Kindern mit meinen Filmen eine Welt schenken, in der immer jemand für sie da ist.

Das Publikum in Deutschland hat ebenfalls verstanden, dass Gamera ein Freund der Kinder ist.

Vielen Dank. Das freut mich. Ich hatte damals sogar mal die Idee, einen Gamera-Film zu drehen, in dem Gamera nur von Kindern gesehen werden kann, für Erwachsene aber überhaupt nicht sichtbar ist.

Wie beurteilen Sie ihre alten Gamera-Filme aus heutiger Sicht?

Einerseits finde ich, dass sie sehr gut gemacht sind. Andererseits gibt es doch sehr viele Teile darin, die ich heute etwas peinlich finde. In Japan haben sich die Spezial-Effekte weiter entwickelt. Heute gibt es Computeranimationen. Zu meiner Zeit gab es solche Techniken nicht. Wir haben alle Spezialeffekte manuell vor der Kamera realisiert. Wenn ich meine Filme heute sehe, wundere ich mich, wie ich so naiv und gleichzeitig auch mutig sein konnte.

Wie finden Sie die drei neuen Gamera-Filme ihres „Nachfolgers“ Shusuke Kaneko?

Ich habe mit den neuen Gamera-Filmen von Anfang an zu tun gehabt, weil ich nach dem Bankrott von Daiei die Rechte für Gamera freigeben musste. Bei der Frage, ob die Regie von Shusuke Kaneko gut oder schlecht ausgefallen ist, erlauben sich Regisseure niemals ein Urteil über die Arbeit anderer Regisseure. So sind Regisseure nun mal. Deswegen will ich hier auch keine Kritik äußern. Ich habe Kaneko 1999 in Los Angeles auf einem Festival getroffen. Er hat mir erzählt, dass er mit meinen Gamera-Filmen aufgewachsen sei.

Heißt das, Sie mögen die neuen Gamera-Filme nicht?

Doch, es sind gute Filme, sie haben viele Stärken.

Die Spezial-Effekte sind natürlich auf einem viel höheren Level als damals. Mir tut es ein bisschen Leid, dass die Kinder in den neuen Filmen zu kurz kommen. Es sind doch eher Filme für Erwachsene. Das Verständnis für japanische Monsterfilme hängt ja auch mit der Vorstellung von Religion zusammen. Entschuldigen Sie bitte, dass ich hier etwas über ein anderes Werk erzähle. Sie kennen doch bestimmt *Ultraman. Ultraman* ist in Japan sehr beliebt. Man kann ihn aber im Ausland nicht verfilmen, denn Ultraman verwandelt sich und wird überdimensional groß. In dem Moment, wo er so groß wird, ist er kein Mensch mehr. Er hat etwas übergroßes und göttliches. Es gibt in ausländischen Filmen keinen Menschen, der sich verwandelt und übergroß wird. Superman wird nicht groß und auch keiner der anderen Superhelden. Das wäre unmöglich und unrealistisch. Darin ein menschliches Wesen zu spüren, ist für ausländische Zuschauer unmöglich. Denn wenn jemand groß wird, ist dieser für sie eher ein böses Monster. Wir haben unterschiedliche Religionsvorstellungen. Ich denke, man muss sich dieser Tatsache bewusst sein.
Ich habe den US-Godzilla gesehen. In diesem Film kommt eine Szene vor, in der Godzilla einem Menschen gegenübersteht. Die beiden sehen einander ins Gesicht, aber es fällt überhaupt kein einziges Wort. Sie sehen beide dem anderen nur ins Gesicht und dann geht Godzilla weg. Das ist vielleicht realistisch. Gamera ist jedoch anders. Wenn man ihn ruft, antwortet er, beispielsweise mit einem Grunzen. In meiner TV-Serie *Keijiken Karu (Polizeihund Karl)* habe ich den Hund Karl ebenfalls antworten lassen. Das ist zwar komisch, aber in Japan geht das problemlos. Ich halte es zwar für irgendwie furchtbar, aber wir sind ein Volk, dass das ohne weiteres akzeptieren kann.

Wenn es diese kulturelle Barriere gibt, warum haben die Menschen in den USA und Europa ein so starkes Interesse an Japan?

Weil die japanische Kultur so eine hervorragende Kultur ist (lacht). Der Unterschied zwischen der westlichen und östlichen Kultur geht vor allem meiner Generation nicht aus dem Sinn. Wir haben viele Bücher über diese Differenzen gelesen. Die heutige Generation kann Dinge nicht über die Theorie, sondern nur über Empfindungen akzeptieren. Sie übernehmen einfach Dinge aus der westlichen Kultur, und erst danach, während sie sich damit beschäftigen, erleiden sie eine Art Kulturschock. Dieser Schock wird dann allmählich überwunden. Wenn man wie die älteren Generationen nur anhand von Theorien mit den kulturellen Unterschieden umgehen will, kann man die Barrieren nicht vollkommen überwinden. Wir Älteren leiden deshalb noch immer an einer Art Kulturschock.

Ich habe vorhin über die Sichtweise auf *Ultraman* erzählt, dass es für das westliche Publikum keinen Menschen geben kann, der groß oder gar göttlich wird. Die Tsuburaya-Produktion hat damals nach Kräften versucht, in den USA einen Film zu produzieren, letztendlich aber erfolglos. Denn die amerikanische Sichtweise ist die der Mehrheit, des Mainstreams, der ganzen Welt. Das Japanische Volk ist von der Bevölkerungsanzahl eine Minderheit. Die Japanische Kultur wird oft als eine besondere Kultur angesehen, die aber keine allgemeine Gültigkeit erlangen kann. Wir spüren die Differenz, aber wir müssen diesen Unterschied nicht überwinden, sondern wir sollten eigentlich denken, dass es egal ist, ob es überhaupt eine Differenz gibt oder nicht. Wir sollten hartnäckig und tapfer unsere Ansichten in der Welt vertreten.

1966 GODZILLA – DER DRACHE AUS DEM DSCHUNGEL

Dt. Erstaufführung: 3. Mai 1967 / 92 Min. | DVD-Titel: *Gamera gegen Barugon – Frankensteins Drache aus dem Dschungel* (2011)/ 96 Min., *Dragon Wars – Krieg der Monster* (2003)/ 88 Min., *Godzilla – Monster des Grauens / 88 Min.* Video/TV-Titel: *Panik – Dinosaurier bedrohen die Welt* | Jap. Originaltitel: *Daikaiju Ketto Gamera tai Barugon (Riesenmonster-Duell: Gamera gegen Barugon)* | Jap. Erstaufführung: 17. April 1966 / 100 Min. | US-TV-Titel: *War of the Monsters* | US-Video-Titel: *Gamera vs. Barugon* / 100 Min. | GB-Titel: *The War of the Monsters* | Produktionsfirma: Daiei | Produzent: Hidemasa (Hideo) Nagata, Masaichi Nagata | Regie: Shigeo Tanaka | Buch: Nizo Fumi Takahashi | Kamera: Michio Takahashi | Musik: Okumura Yukio | Regie der Spezial-Effekte: Noriaki Yuasa | Spezial-Effekte: Kazufumi Fujii | Darsteller: Kojiro Hongo, Kyoko Enami, Akira Nazuki, Koji Fujiyama, Yuzo Hayakawa, Ichiro Sugai

Wenn auch dramaturgisch etwas unproportioniert, Titelmonster Gamera ist bestenfalls ein Drittel der Laufzeit in Aktion, ist der zweite Gamera-Film zweifellos einer der schönsten. *Daikaiju Ketto Gamera tai Barugon* besticht in Farbe und Cinemascope durch eine tragisch-schaurige Atmosphäre und wunderschöne Miniatur-Sets. Man fühlt sich betrogen, entlarvt man eine Landschaft mal als realen Drehort. Hier triumphiert Noriaki Yuasa mit einer im Studio kopierten Miniaturidylle über die Realität. 1967 wurde *Daikaiju Ketto Gamera tai Barugon* bei uns in Deutschland unter dem irreführenden Titel *Godzilla – Der Drache aus dem Dschungel* (aus Gamera wurde Baragon und aus Barugon wurde Godzilla – alles klar?) im Kino gestartet und arbeitete sich zu einem echten Jugendvorstellungsknaller empor.

Die Handlung ist ein naiver Mix aus Abenteuer-, Science-Fiction- und Monsterfilm. Ein Meteor knallt im All auf die Raumkapsel, in die unsere Riesenschildkröte im ersten Film gesperrt worden war, und befreit sie.

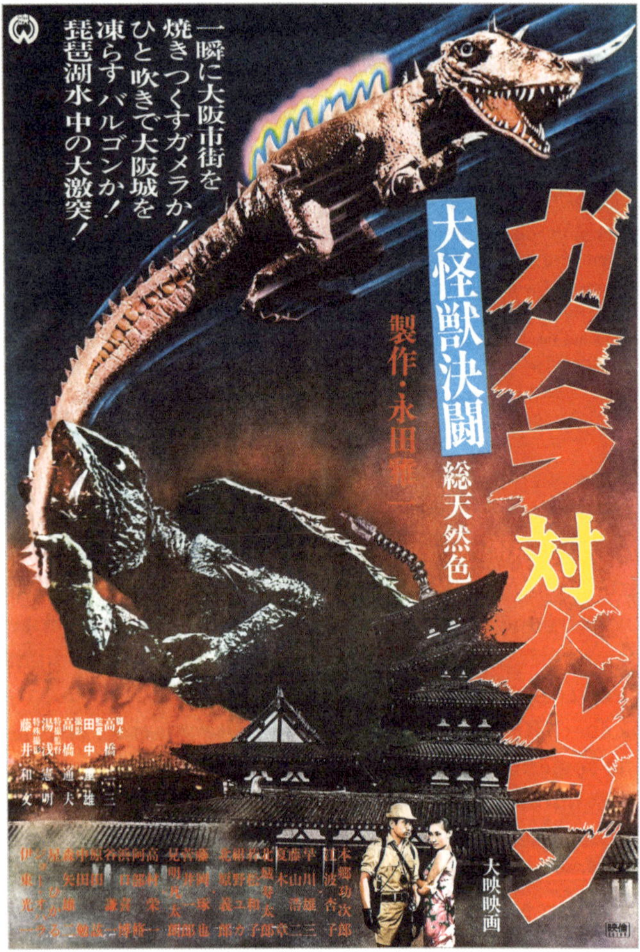

Zur gleichen Zeit machen sich drei kernige Japaner, Kazuke der Held, der Bösewicht Onodera und ein Mitgelaufener, der von einem Skorpion getötet wird, in den Urwald von Neu-Guinea auf, um in einer feuchten Pappmachéhöhle einen versteckten Opal zu suchen, aus dem dann,

wieder in der Zivilisation – also Tokio – angekommen, das Ungetüm Barugon (im deutschen Godzilla) schlüpft.
Das Militär ist wie immer machtlos. Das Ungetüm versprüht mit seiner langen phallusartigen Zunge einen vereisenden Strahl und macht alles kaputt. Vom tosenden Radau angelockt und nach einem alles vernichtenden Kampf der Urweltgiganten, wird auch Gamera (im deutschen Baragon) tiefgefroren zurückgelassen. Alle Versuche der Menschheit, das blaublütige Ungeheuer Barugon aus der Welt zu schaffen, schlagen fehl, bis Gamera endlich wieder auftaut und Barugon im Bibersee ersäuft. Rechtzeitig wird aber noch vorher der geldgeile Bösewicht (Akira Nazuki) von Barugons langer Zunge gegriffen und aufgefressen, der Gute (Kojiro Hongo) verliebt sich in die Eingeborene (Kyoko Enami), die er sich aus dem Dschungel mitgebracht hat, und beide beschließen, in den Busch, also Neu-Guinea, da wo alles begann, zurückzukehren. Besonders positiv fällt auf, dass in *Gamera tai Barugon* keine, für die nachfolgenden Gamera-Filme sonst so obligatorische kleine Göre mitspielt. Das liegt daran, dass sich Kinderfreund und Gamera-Erfinder Noriaki Yuasa bei diesem Werk nur auf die Regie der Monsterszenen beschränkt hat. Yuasa: „Weil Daiei die Szenen mit dem kleinen Jungen im ersten Film *Daikaiju Gamera* zu kindisch waren, haben wir den zweiten Film nur mit erwachsenen Schauspielern besetzt. Mir ist dann allerdings bei den Vorführungen aufgefallen, dass sich die Kinder langweilten und aus dem Film gegangen sind, um sich Süßigkeiten zu holen. Da wusste ich, dass wir noch die richtige Balance zwischen den Drama-Spielszenen und den Monsterszenen finden mussten."
Die leicht gekürzte deutsche Kinofassung *Godzilla – Der Drache aus dem Dschungel* ist unter diversen Titeln

(*Panik – Dinosaurier bedrohen die Welt, Dragon Wars – Krieg der Monster, Godzilla – Monster des Grauens)* auf Video und DVD ausgewertet worden. Erst im Jahr 2011 ist die ungekürzte Fassung als *Gamera gegen Barugon – Frankensteins Drache aus dem Dschungel* auf DVD erschienen.

1967 GAMERA GEGEN GAOS – FRANKENSTEINS KAMPF DER UNGEHEUER

Dt. Erstaufführung: 15. Oktober 1971 / 83 Min. | Jap. Originaltitel: *Daikaiju Kuchusen Gamera tai Gyaosu (Riesenmonster-Schlacht im Himmel: Gamera gegen Gyaos)* | Jap. Erstaufführung: 15. März 1967 / 86 Min. | US-DVD/TV-Titel: *Return of the Giant Monsters* | US-Video-Titel: *Gamera vs. Gaos*, 1987 | US Erstaufführung (nur TV): 1967 / 86 Min. | Produktionsfirma: Daiei | Produzent: Masaichi Nagata, Hidemasa Nagata | Regie: Noriyaki Yuasa | Buch: Fumi Takahashi | Kamera: Akira Uehara | Musik: Tadashi Yamauchi | Spezial-Effekte: Kazufumi Fujii | Monster-Design: Ryosaku Takayama | Darsteller: Kojiro Hongo, Naoyuki Abe, Kichijiri Ueda, Reiko Kasahara, Taro Marui, Yukitaro Hotaru, Yoshio Kitahara

In diesem Film ist er zu finden, der fortan obligatorische und gleichsam gefürchtete kleine Junge in der Hauptrolle. Für das jugendliche Publikum mag dieser Mops mit offensichtlichen Essstörungen prima als Identifikationsfigur funktioniert haben. Doch für erwachsene Monsterfilmfans stellt er eine harte Bewährungsprobe dar.

In einer Höhle am Fuße eines Vulkans lauert die Riesenvampirfledermaus Gaos und zerteilt vorbeifliegende Hubschraubermodelle mit seinem gelben Todesstrahl in zwei Hälften. Als der vorlaute Pummeljunge (Naoyuki Abe) einen Fotoreporter an den Höhleneingang führt, birst Gaos aus der Erde, frisst den Fotografen und wird (leider) von der gerade noch rechtzeitig auftauchenden Gamera daran gehindert, den Kleinen auch noch zu verspeisen. Auf dem Buckel der Riesenschildkröte fliegt das ungleiche Paar in Sicherheit davon. Von jetzt an spielt sich der altkluge Japanknirps als Gamera-Experte auf und findet heraus, dass sich Gaos wie ein echter Vampir vom Blut seiner Opfer ernährt und obendrein noch tageslichtempfindlich ist. Deshalb trampelt er auch nur nachts in den Miniaturkulissen herum oder bläst Spielzeugpanzer mit seinen gewaltigen Flügelschlägen weg. Nachdem auch die viel zu kinderliebe Gamera ein paar Mal von Gaos verdroschen wurde, ihm dafür aber einen Fuß abbeißen konnte, der alsbald wieder nachwächst, kommt man auf die abgehobene Idee, die garstige Fledermaus mit einer menschenblutähnlichen Substanz auf eine riesige rotierende Scheibe zu locken, um sie so schwindelig zu machen, dass sie vor Tagesanbruch nicht mehr in ihren Schlupfwinkel zurückkehren kann. Doch die Motoren des Riesenkarussells halten der ungeheuren Belastung nicht stand und fliegen in die Luft. Die gebeutelte Gamera muss nun doch allein mit Gaos fertig werden. Nach einem erbitterten Kampf schmeißt Gamera die fliegende Maus in den Vulkan, und alle winken zum Abschied, als Gamera davonsaust.

Ein Großteil der Schauspieler (allen voran Kojiro Hongo als erwachsener Held) aus *Gamera tai Barugon* sind noch einmal dabei. An die Qualitäten seines Vorgängers aus dem Vorjahr reicht der Film nicht heran. Der naive Charme ist einer nervtötenden Infantilität gewichen. Zu deutlich zeichnet sich schon der trashige Wahnsinn ab, der die noch folgenden Teile der Gamera-Serie kennzeichnen sollte.

Im Jahr 1995, zu Gameras 30. Geburtstag, sollte mit Shusuke Kanekos *Gamera – Guardian of the Universe* ein aufwendiges Remake das furiose Comeback der Riesenschildkröte einläuten. In Deutschland ist *Gamera gegen Gaos* erst 2012 auf DVD erschienen.

1968 GAMERA GEGEN VIRAS – FRANKENSTEINS WELTRAUMMONSTER GREIFT AN

Dt. DVD-Premiere: 9. November 2012 / 78 Min. | Jap. Originaltitel: *Gamera tai Uchu Kaiju Bairusu (Gamera gegen das Weltraum-Monster Viras)* | Jap. Erstaufführung: 20. März 1968 / 72 Min. | US-TV-Titel: *Destroy All Planets* | US-Erstaufführung (nur im TV): 1969 / 90 Min. | US-Video-Titel: *Gamera vs. Viras* | Produktionsfirma: Daiei | Produzent: Masaichi Nagata, Hidemasa Nagata | Regie: Noriyaki Yuasa | Buch: Fumi Takahashi | Kamera: Akira Kitazaki | Musik: Kenjiro Hirose | Spezial-Effekte: Kazufumi Fujii, Yussuf Kaneko | Monster-Design: Ryosaku Takayama | Darsteller: Kojiro Hongo, Toru Takatsuka, Peter Wilmas, Carl Craig, Michiko Yaegaki, Mari Atsumi, Juno Yashiro

In einem Raumschiff, bestehend aus fünf aneinandergefügten Kugeln, kommen Außerirdische zur Erde, weil sie unsere Atmosphäre so angenehm finden. Doch Gamera beschützt die Weltkugel und fängt die Eindringlinge schon im Weltenraum ab. Eben noch sind die beiden Lausbuben Im und Masao aus dem amerikanisch-japanischen Pfadfinderkinderdorf in einem U-Boot neben Kinderfreund Gamera umhergetaucht. Jetzt sind sie Gefangene der Außerirdischen mit den Blinkeaugen. In der grafisch sehr interessant gestalteten Raumschiffkulisse finden die Bürschchen ein Geschöpf, eine Mischung aus Krake, Seestern und Papagei. Es ist Viras, der Boss der Außerirdischen, die in Wirklichkeit auch alle wie Kraken aussehen und die menschlichen Hüllen nur als Tarn- und Raumanzüge verwenden. Gamera wird per Brain-Wave-Control

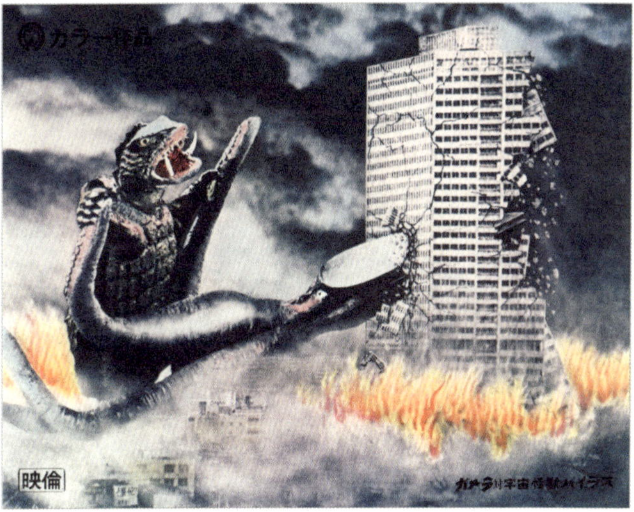

von den Aliens ferngesteuert und soll Tokio vernichten. Die U.N. ist bereit, sich den Invasoren zu ergeben; so ausweglos scheint die Lage. Doch die Knirpse befreien Gamera mit einer List aus ihrer Versklavung, und schon bald kämpft die Kröte gegen die inzwischen auf Kaiju-Größe herangewachsene Krake Viras. Dazu ertönt hirnzersetzende debile Musik.

Gamera tai Uchu Kaiju Bairusu hat keinen wirklichen Spannungsaufbau, besticht aber durch eine Aneinanderreihung bizarrer optischer Ideen, die das Herz des Monster-Fans höher schlagen zu lassen. Der Einsatz von Stock-Footage aus den drei vorherigen Gamera-Filmen zeugt vom Sparzwang im Hause Daiei.

Von dem Film existieren gleich drei Schnittfassungen: Für die amerikanische Fernsehaustrahlung im Jahr 1969 unter dem Titel *Destroy All Planets* wurde die nur 72 Minuten lange japanische Originalfassung durch die

Wiederverwendung von Monsterkämpfen aus den Vorgängerfilmen *Gamera tai Barugon* und *Gamera tai Gyaosu* um 18 Minuten auf eine Laufzeit von 90 Minuten verlängert. Aus dieser amerikanischen Langfassung schnitt Regisseur Noriaki Yuasa 1991 einen 81-minütigen „Director's Cut" für die japanische Laserdisc-Veröffentlichung. Auf diesem „Director's Cut" basiert auch die erst 2012 für deutsche DVD-Premiere synchronisierte Fassung *Gamera gegen Viras – Frankensteins Weltraummonster greift an.* Auf der 2020 bei Arrow Video in Großbritannien erschienenen Blu-ray *Gamera vs. Viras* sind alle drei Schnittfassungen enthalten.

Auf der G-Fest Convention in Chicago im Juli 2004 plauderte der Darsteller Carl Craig, Sohn eines 1968 in Tokio stationierten Amerikaners und einer Japanerin, über seine Erlebnisse am Set von *Gamera vs. Viras:* „Ich war damals elf Jahre alt. Mein Onkel wohnte direkt neben einem der Produzenten von Daiei und hat so erfahren, dass dort ein amerikanischer Junge, der Japanisch sprechen kann, für die Rolle in einem Film gesucht wird. Das bedeutete für mich drei Monate schulfrei. Allerdings musste ich jeden Morgen um 4:30 Uhr aufstehen und 23 Meilen mit einer Limo zum Daiei-Studio gefahren werden. Danach kam mir die Schule gar nicht mehr so schlimm vor. Abends, wenn Herr Yuasa mit unseren Schauspieler-Szenen fertig war, ist er herübergegangen in die Halle 3, wo die Monster-Szenen gedreht wurden. Einmal durften Toru und ich mit und zusehen. Ich war beeindruckt, was sie alles an den Klaviersaiten aufhingen. Viras hatte ja sechs Krakenarme. Der Typ hatte seine Beine und Arme in vier Tentakeln, die beiden übrigen wurden mit den Klaviersaiten bewegt. Alle Arme sollte immer in Bewegung sein. Wenn man genau hinsieht, erkennt man die Saiten. Um Schnabel und Augen zu bewegen, hatte der Schauspieler Vorrichtungen im Kostüm, die er mit dem Kopf oder Mund bedienen konnte. Der arme Kerl war eng verschnürt. Die Reißverschlüsse waren auf dem Rücken von Viras. Deshalb sieht man das Monster so gut wie nie von hinten. Ich habe damals so um die 6.700 Dollar verdient, die mein Vater für mich auf einem Sparbuch angelegt hat."

Thomas Kerpen schreibt in dem Buch *Monster aus Japan greifen an:* „Zum Schluss weiß man dann als Zuschauer nicht so recht, ob die persönliche Erleichterung daher stammt, dass mal wieder alles gut gegangen ist, oder weil man den Film endlich überstanden hat. Außerdem vermisst man irgendwie die Anwesenheit verrückter Wissenschaftler und hart durchgreifender Militärs, die diesem etwas schiefen, scheinbar ausschließlich von mit guten Monstern befreundeten Kinderchen bevölkerten Kosmos, wieder die nötige Bodenhaftung verliehen hätten. Die mal mehr, mal weniger unfreiwillig komischen Höhepunkte dieses doch recht dürftigen und eindimensionalen Monstertrashs sind hauptsächlich ein aus gelbschwarz geringelten Bällen montiertes Raumschiff, ein herrenlos durch die Gegend fliegender Arm und eine Massenenthauptung (natürlich völlig unblutig) der Außerirdischen plus anschließender Metamorphose in weitere Viras-Viecher."

1969 GAMERA GEGEN GUIRON – FRANKENSTEINS MONSTERKAMPF IM WELTALL

Dt. DVD-Premiere: 19. Juli 2013 / 79 Min. | Jap. Originaltitel: *Gamera tai Daikaiju Guiron* | Jap. Erstaufführung: 21. März 1969 / 82 Min. | US-TV-Titel: *Attack of the Monsters* | US-Video- und neuer TV-Titel: *Gamera vs. Guiron* | US Erstaufführung (nur TV): 1969 / 82 Min. | Produktionsfirma: Daiei | Produzent: Masaichi Nagata, Hidemasa Nagata | Regie: Noriaki Yuasa | Buch: Fumi Takahashi | Kamera: Akira Kitazaki | Musik: Shunsuke Kikuchi | Spezial-Effekte: Kazufumi Fujii | Monster-Design: Ryosaku Takayama | Darsteller: Nobuhiro Kazima, Christopher Murphy, Miyuki Akiyama, Yuko Hamada, Eiji Funakoshi, Kon Omura

Drei kleine Rotzlöffel, Brüderchen, Schwesterchen und ihr amerikanischer Sandkastenkumpel, beobachten mit ihrem popeligen Fernrohr, wie ganz in der Nähe ein Raumschiff landet. Die beiden Bürschchen wollen natürlich das Raumschiff erkunden und klettern in die einladend geöffnete Luke. Plötzlich hebt das Raumschiff ab und entführt beide ins All. Mutter schenkt jedoch den aufgeregten Erzählungen der zurückgebliebenen Tochter über die Entführung in die unendlichen Weiten keinen Glauben. Es ist aber auch immer das Gleiche mit den Erwachsenen. Unsere kleinen Helden sind inzwischen auf dem unbekannten Planeten Tera gelandet, der sich von uns aus gesehen genau auf der anderen Seite der Sonne befindet. Deswegen kennen wir den Planeten auch nicht. Dort werden sie von zwei kessen Damen, in der amerikanischen Version haben sie die schönen Namen Barbella und Flobella, in todschicken Space-Anzügen empfangen, die ihre Hirne aufessen wollen, um genauso klug zu werden wie wir Erdenmenschen. Auf Tera existiert eine Art Galaxy-Gaos, die Fledermaus von 1967, jetzt in schickem Silber, die schon ganze

Landstriche und auch den Rest dieser Zivilisation zerstört hat und sich einen blutigen Kampf mit dem „Wachhund" der Space-Girls, genannt Guiron, ein monstergroßes Messer mit Armen und Beinen, liefert. Unter diesen Umständen wollen die Tera-Girls nicht auf ihrem Heimatplaneten verweilen, sondern lieber zu uns auf die Erde kommen. Zum Glück kommt Gamera vorbei, um diese Invasionspläne zu durchkreuzen und die Mädels vom Hirnessen abzuhalten. Der Schädel des japanischen Bubis ist bereits zur Operation kahl geschoren worden. Doch Kinderfreund Gamera hat die Rechnung ohne Guiron gemacht. Ein Kampf zu Wasser, in der Luft, auf dem Land und um Leben und Tod entbrennt. Guiron schießt spitze Wurfsterne, dem Martial-Arts-Fan als Shuriken geläufig, aus seinem Kopf, die sich tief in Gameras Fleisch bohren. Letztendlich kommen ihr die pfiffigen Knirpse mit Raketengeschossen der Teraner zu Hilfe. Guiron wird erlegt, die Damen lösen sich auf. Gamera bringt die Kinder mit dem mittlerweile fluguntauglichen Raumschiff im Maul zurück auf die Erde, wo die beiden Gören die staunenden Wissenschaftler über den neuen Planeten aufklären.

Man muss dieses Wunderwerk trivialer Filmkunst einfach gesehen haben, um es für möglich zu halten. Jeder, der die Pubertät überschritten hat, wird mit dem billig produzierten Film seine Probleme haben. Selbst die erwachsenen Schauspieler haben offenbar Schwierigkeiten, dem kruden Stoff mit der nötigen Ernsthaftigkeit zu begegnen. Die Kinder jedenfalls sind voll dabei und spielen die großen Knalltüten alle an die Wand. Der Film sieht bestenfalls aus wie eine TV-Produktion und ist in den USA auch gleich in seinem Premierenjahr (1969) ins Fernsehen gekommen. In Deutschland ist *Gamera tai Daikaiju Guiron* erst 2013 synchronisiert und unter dem Retro-Titel *Gamera gegen Guiron – Frankensteins Monsterkampf im Weltall* auf DVD veröffentlicht worden.

1970 GAMERA GEGEN JIGGAR – FRANKENSTEINS DÄMON BEDROHT DIE WELT

Dt. Erstaufführung: 21. April 1972 / 83 Min. | Jap. Originaltitel: *Gamera tai Daimaju Jaiga (Gamera gegen den Dämon Jigger)* | Jap. Erstaufführung: 21. März 1970 / 83 Min. | Internationaler Titel: *Gamera vs. Jiger – Monster Invade Expo 70* | US-TV Titel: *Gamera vs. Monster X* | US-TV-Erstaufführung: 1970 | GB-Titel: *Monsters Invade Expo 70* | Produktionsfirma: Daiei | Produzent: Masaichi Nagata, Hidemasa Nagata | Regie: Noriyaki Yuasa | Buch: Fumi Takahashi | Kamera: Akira Kitazaki | Musik: Shunsuke Kikuchi | Spezial-Effekte: Kazufumi Fujii | Monster-Design: Ryosaku Takayama | Darsteller: Tsutomu Takakuwa, Kelly Varis, Katherine Murphy, Kon Omura, Junko Yashiro, Frank Gruber

Wann und warum schaut man sich im Alter von vierzig Jahren eigentlich noch Kinderfilme an? Da bietet sich einmal der Tag nach einer durchsoffenen Nacht an, wenn alles etwas langsamer gehen sollte, der Plot nicht so schwierig und das Happy End sicher ist. Meine aktuelle Variante für diesen Genuss ist aber die auferlegte Bettruhe zum Auskurieren einer Sommergrippe. Ein Zustand, in dem man gern wieder etwas kindhaft ist.

Nun also *Gamera gegen Jiggar*. Der Film liegt mir auf DVD in der japanischen Version mit englischen Untertiteln vor. Die brauche ich auch, obwohl des Japanischen einigermaßen mächtig. Erstens sind Teile des Dialogs im launigen Osaka-Dialekt gesprochen, der für mich so kryptisch wie Schwäbisch klingt. Zweitens radebrechen auch die zwei mitspielenden amerikanischen Kinder und deren

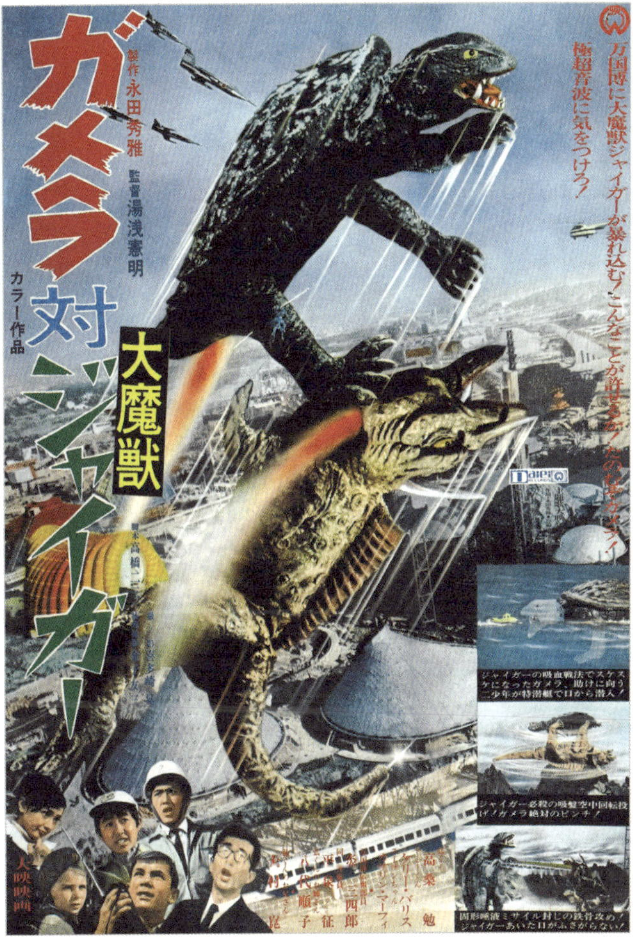

Vater auf Japanisch. Der Film-Mutter hört man den Französischen Akzent zwar stark an, aber ihre Nebenrolle ist so klein und – Langnase ist eben Langnase – irgendwie musste man die Familie Williams ja komplett bekommen. „Gamera“ kommt von japanisch kame – die Schildkröte.

Der Zusatz -ra klingt verniedlichend und ... weiblich! Dazu später mehr. Nur zu Jiggar habe ich nichts Aufschlussreiches gefunden. Sprachforschung beiseite und auf zu Vorzug A – unschwieriger Plot:

Die Vorbereitungen zur EXPO 1970 in Osaka laufen auf Hochtouren. Die Pavillons der Nationen sind fertig. Die Japaner arbeiten noch an einigen Gimmicks wie einem Kinder-kompatiblen U-Boot sowie am i-Tüpfelchen der bevorstehende Weltausstellung. Von der entfernten Wester-Insel in der Südsee soll eine archaische Statue eingeflogen werden. Das Motto der EXPO lautet „Der Fortschritt der Menschheit“, und man plant, eine „Botschaft an künftige Generationen“ zu senden. Die weise Einsicht, dass es ohne Vergangenheit keine Zukunft gibt, bringt die Statue ins Spiel. Nur heißt das Ding „Teufelspfeife“ und birgt außer einem Fluch auch Jiggar, der rächend in Aktion tritt, nachdem die Statue von Dr. Williams Expedition nach Japan verschifft wird.

Nur Gamera kann helfen, auch Dank des Kinder-Trios Hiroshi, Tommy und Susan, die unsere Super-Schildkröte um die Wette blökend anfeuern.

Vorzug B – die Langsamkeit: Gamera kann fliegen und Feuer spucken, jedoch alles mit Gemach.

In den Kämpfen mit Jiggar gibt es einiges einzustecken, sogar einen Stachel, der einen Baby-Jiggar einpflanzt. Und langsam dämmert es. Ganz klar! Gamera wurde vergewaltigt!!! Natürlich nicht durch die auch bei Monstern vorgesehenen Körperteile. Auf den Röntgen-Bildern (japanisch: rentugen!) trägt Gamera den kleinen Killer verschämt unter dem Herzen. Es spielen schließlich Kinder mit und es gucken welche zu. Doch Gamera gibt nie auf und haut beim zweiten Versuch des geilen Jiggar den bösen Stachel ab.

Und wie sie über den seinerzeit sowjetischen Pavillon mit Hammer und Sichel fliegt, wunderschön.
Vorzug C – das Happy End: In Monsterfilmen hat es schon immer Menschen gebraucht, die an das Gute im Monster glauben. In *Gamera gegen Jiggar* geht man noch einen Schritt weiter und lässt die Kinder die eigentlichen Helden sein. Mit einem Mini-U-Boot fahren die Knirpse in Gamera hinein (ganz so wie in Richard Fleischers *Die Phantastische Reise,* USA 1965), machen sie in ihrer schwächsten Stunde wieder flott und überzeugen die Erwachsenen ein ums andere Mal von ihren Rettungsmethoden.
Vielleicht hat man vor lauter Völkerverständigung die Kurve nicht ganz gekriegt. Selbst bei einem weniger nationalistischen Volk als den Japanern bleiben zwei Dinge unklar. Weshalb führt ein amerikanischer Wissenschaftler samt Familie die japanische Expedition an? Die ganze Expedition sieht zudem eher wie eine Militäroperation aus, und Dr. Williams hat fatale Ähnlichkeiten mit General McArthur, dem U.S.-Oberbefehlshaber über Japan nach dessen Kapitulation. Fünfundzwanzig Jahre nach Kriegsende spricht er nun fließend Japanisch mit Kaugummi-Akzent. Das mildert wohl den Komplex und schließlich heißt die Oster-Insel hier auch Wester-Insel. Auch nimmt es Wunder, dass sich die Entscheidungsträger im Lagezentrum mehr Sorgen um das EXPO-Gelände machen, als um das in weiten Teilen in Schutt und Asche gelegte Osaka. Immerhin bleibt das Wahrzeichen der Stadt, das fünfstöckige Osaka-Schloss, stehen. Und wie zu Kinderfilmzeiten im Schlüterkino scheint nach Filmende ebenfalls noch die Sonne.

AUTORIN SIMONE SPÖRL

Nach der Kinoauswertung ist *Gamera gegen Jiggar* hierzulande 40 Jahre in der Versenkung verschwunden. Eine deutsche Auswertung auf DVD fand erst 2013 statt. Da keine alte Kinokopie mehr erhalten war, wurde eine neue deutsche Synchronisation erstellt.

1971 GAMERA GEGEN ZIGRA – FRANKENSTEINS WELTRAUMBESTIE SCHLÄGT ZU

Dt. DVD-Premiere: 29. November 2013 | Jap. Originaltitel: *Gamera tai Shinkai Kaiju Jigura (Gamera gegen das Tiefsee-Monster Zigra)* | Jap. Erstaufführung: 17. Juli 1971 / 87 Min. | US-Titel: *Gamera vs. Zigra* | US Erstaufführung (nur im TV): 1987 / 87 Min. | Produktionsfirma: Daiei | Produzent: Masaichi Nagata, Hidemasa Nagata, Yoshihiko Manabe | Regie: Noriaki Yuasa | Buch: Fumi Takahashi | Kamera: Akira Uehara | Musik: Shunsuke Kikuchi | Spezial-Effekte: Kazufumi Fujii | Monster-Design: Ryosaku Takayama | Darsteller: Eiko Yanami, Reiko Kasahara, Mikiko Tsubouchi, Koji Fujiyama, Isamu Saeki, Yasushi Sakagami, Arlene Zoellner, Gloria Zoellner

Der siebte und letzte Gamera-Film vor der Wiederbelebung der Figur neun Jahre später ist ein Zeugnis der Agonie, in die die Reihe Anfang der Siebzigerjahre verfallen war. Mit armseligen Spezial-Effekten, einer sprunghaften Handlungsstruktur und der Verwendung von viel zu viel „stock footage“ hinterlässt er einen wirren Eindruck, obwohl der zeitgleich mit Tohos psychedelischem *Gojira tai Hedorah* (1971) abgedrehte Film ebenfalls das neue Thema der Umweltverschmutzung aufgreift, das nach dem Ende des Kalten Krieges und der Furcht vor der atomaren Selbstvernichtung der Menschheit für einige Jahre ein fester Topos des Science-Fiction-Genres werden sollte. Vor demselben thematischen Hintergrund entstanden in den USA etwa Douglas Trumbulls *Silent Running* (1972), Richard Fleischers *Soylent Green* (1973) und George McCowans Trendsetter *Frogs* (1972), der das gesamte Subgenre des Tierhorrorfilms begründete.

Während Godzilla zum Kampf gegen das „Smog-Monster"-Hedorah antrat, das sich aus Abfällen entwickelt hat, kam der neue Gegner der Riesenschildkröte Gamera von einem verseuchten Planeten zur Erde, um sie als Lebensraum für sich zu beanspruchen, bevor die Menschen sie völlig unbewohnbar gemacht haben. Der Vorstoß in den Weltraum hat die Menschen bis dahin ungeahnten Gefahren ausgesetzt, erfahren wir zu Beginn, als ein Ufo aus dem All die neugebaute Mondbasis vernichtet. Das Raumschiff vom Planeten Zigra beherbergt jedoch keine Mannschaft feindseliger außerirdischer Invasoren, sondern entpuppt sich als einzelnes lebendes Wesen, als ein in der Geschichte des Monsterfilms wahrscheinlich einziges Ungeheuer aus dem All, das Intelligenz besitzt und zur Kommunikation fähig ist. In Zigra vereinen sich die Motive der eroberungswütigen Aliens, die die Erde unterwerfen wollen, der technologischen Superwaffen sowie der städtezertrampelnden Monster, die sie zur Erreichung ihrer Ziele einsetzen, zu einer Synthese.

Während eines Angelausflugs beobachten zwei Wissenschaftler eines Aquarium-Parks die Unterwasserlandung Zigras. Samt ihren beiden Kindern, dem japanischen Jungen Kenny, laut englischsprachiger Fassung, und dem amerikanischen Mädchen Helen, das bei der japanischen Familie lebt, solange ihre Mutter in New York im Krankenhaus ist (ein Element zur besseren US-Vermarktung des Films), werden sie von Zigra an Bord geholt, um der Menschheit ein Ultimatum zu überbringen.

Entweder sofortige Übergabe der Erde oder Vernichtung der Bevölkerung.
Eine junge Frau im Außerirdischen-Dress, die die beiden Wissenschaftler durch Blickkontakt unter Gedankenkontrolle bringen kann, scheint das einzige Besatzungsmitglied des Ufos zu sein. Erst später stellt sich heraus, dass sie von der zerstörten Mondbasis entführt wurde, um als Sprachrohr für das offenbar semi-organische Ungeheuer zu fungieren. Zur Unterstreichung seiner Forderung löst Zigra eine gigantische Erdbebenwelle aus, die die japanischen Städte dem Boden gleichzumachen droht. Erdstöße der Stärke 18 erschüttern die Inseln, während sich die Kinder der mentalen Kontrolle der Ufo-Kommandantin entziehen und ihre apathischen Väter von Bord schaffen können.
Der wütende Zigra befiehlt den Tod der Kinder, als zu seinem Erkennungslied Gamera erscheint und die vier samt ihrem Motorboot in Sicherheit bringt. Ein halbherziger Flugzeugangriff des Militärs, der nur aus Archivaufnahmen besteht und bei dem kein einziges Modell verwendet wurde, wird von Zigra zurückgeschlagen. Gamera liefert sich einen Unterwasserkampf mit dem Alien, der sich aus seiner Ufo-Form in ein fischähnliches Monster verwandelt und die Schildkröte besiegen kann. Tödlich verwundet bleibt Gamera am Schauplatz zurück. Lachend im Ozean herumschwimmend, kündigt der Bösewicht an, die Weltbevölkerung umzubringen.
Dann aber finden die Wissenschaftler heraus, dass Zigras Gedankenkontrolle per Ultraschall funktioniert und versetzen die Frau, die er vom Mond entführt hat, in ihr normales Bewusstsein zurück. Von ihr erfahren sie, dass Zigra die Menschen als riesigen Nahrungsvorrat betrachtet.

Doch ehe sich die Menschheit dem Fischmonster unterwirft, erweckt ein Blitzschlag, den die Kinder mit Hilfe ihrer Väter von einem Tauchboot aus in Gameras Körper leiten, die Schildkröte wieder zum Leben. Endlich kann Gamera Zigra den Garaus machen. Am Ende hebt einer der Väter eine leere Cola-Flasche vom Strand auf. Die Erwachsenen haben gelernt, dass sie ihren Planeten nicht weiter so verschmutzen dürfen wie bisher. *Gamera tai Shinkai Kaiju Jigura* folgt zum großen Teil dem Handlungsverlauf des Vorgängers *Gamera tai Maju Jaiga* (1970), in dem die Kinderhelden mit einem Mini-U-Boot durch den Blutkreislauf der Riesenschildkröte fahren, um sie von einer Verletzung zu heilen, woraufhin sie ihren Gegner besiegen kann.

Ausschließlich auf ein jugendliches Publikum zugeschnitten, hat der deutlich mit billigsten Mitteln und unangenehm schlampig produzierte Film in seiner Unstrukturiertheit Ähnlichkeit mit einem Traum. Dass Zigra zum Menschen fressen gekommen ist, entstammt ebenso der Angst-Imagination von Kindern wie die Tatsache, dass die Erwachsenen unter dem Einfluss des Hypnosestrahls so apathisch werden, dass sie ihnen nicht mehr beistehen können, als die vermeintliche Außerirdische sie jagt, um sie zu töten.

Eine Handlungsmotivation dafür gibt es nicht. Gut und Böse sind hier jeweils zu einem symbolischen Singular eingedampft. Als Deus ex machina hat Gamera zudem auch jede mythische Ambivalenz verloren.

Er ist wie Godzilla auch zum Kuscheltier geworden. Aber der weitaus stärkere Märchencharakter der Gamera-Filme hat die Serie jedes soziologischen Kontextes entkleidet. Es gibt nichts mehr zu erzählen. Er solle bald wiederkommen, rufen die Kinder Gamera nach, als er davonfliegt. Er kam lange nicht wieder.

AUTOR BODO TRABER

1980 GAMERAS KAMPF GEGEN FRANKENSTEINS MONSTER

Dt. DVD-Premiere: 29. November 2013 | Jap. Originaltitel: *Uchu Kaiju Gamera (Weltraum-Monster Gamera)* | Jap. Erstaufführung: 20. März 1980 / 92 Min. | US-Titel: *Super Monster/Gamera Super Monster* | US Erstaufführung (untertitelt): 7. Mai 1980 / 92 Min. | Produktionsfirma: Daiei | Produzent: Masaya Tokuyama, Shigeru Shinohara, Hirozaku Ohba | Regie: Noriaki Yuasa | Buch: Fumi Takahashi | Kamera: Michio Takashi, Akira Uehara | Musik: Shunsuke Kinkuchi, „Love for Future" gesungen von Mach Fumiake | Spezial-Effekte: Noriaki Yuasa, Kazufumi Fujii | Darsteller: Mach Fumiake, Yaeko Kojima, Yoko Komatsu, Keiko Kudo, Koichi Maeda, Toshie Takada, Osamu Kobayashi

Diese kolossale Gurke dürfte alle Zuschauer begeistern, die mit dem türkischen Exploitationkino der 70er Jahre etwas anzufangen wissen. Als Regisseur ist Noriaki Yuasa angegeben, der das Schildkrötenmonster Gamera einst aus der Taufe hob und durch eine Reihe spektakulärer Abenteuer toben ließ. Wer diese Filme nicht gesehen hat, bekommt bei *Uchu Kaiju Gamera* Gelegenheit, Versäumtes nachzuholen, denn der Film besteht zu einem Drittel aus den Highlights der vorangegangenen Werke. Was an neuem Material in die Knallschote eingeflossen ist, mag ebenfalls von Yuasu stammen, aber schön wäre es nicht.

Ein Sprecher aus dem Off verschafft dem Zuschauer am Anfang des Films einen Eindruck von der unermesslichen Größe des Universums, in der der Einzelne nur ein Staubkorn und den Angriffen fremder Mächte schutzlos ausgeliefert ist. Eine solche Macht befehligt das Weltall-Piratenschiff Zanon, das im Begriff ist, die Erde zu unterjochen.

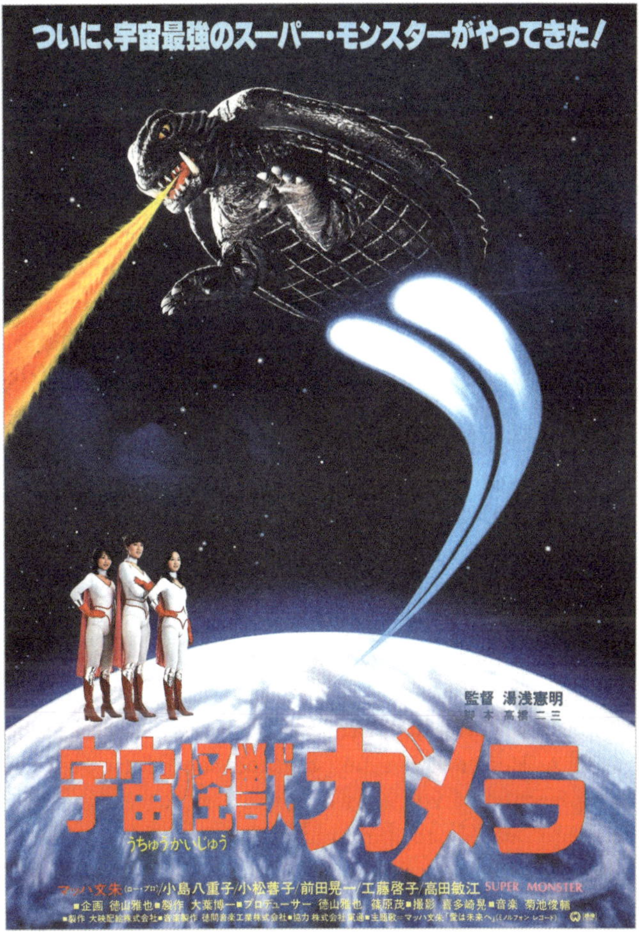

Da Zanon offenbar verräterische Signale ausstrahlt, bekommen das drei junge Damen mit, die sich sofort in eine Superheldenkluft schmeißen: weißer Strampelanzug und rote Lackstiefeletten. Gemeinsam trifft man sich in einem Kastenwagen, der von einem quietschgelben Kraftfeld umgeben ist. Innerhalb des Kraftfeldes befindet sich ein leerer Raum, der von weißen Bettlaken eingerahmt wird. Die Mädels erhalten eine ernsthafte Warnung der Zanoniden, sich aus allem rauszuhalten. Dann kommen die Kinder. Und hier beginnen die Probleme, die Kinder sind wirklich die Pest! Besonders abstoßend wirkt der kleine Kaichi, der seinen Niedlichkeitsbonus dadurch zu rechtfertigen versucht, indem er ständig an seiner Heimorgel dumme Lieder singt. (Vgl. „Der Gamera-Marsch".) Anstatt ihm das Folterinstrument links und rechts um die Ohren zu hauen, sitzen alle neben ihm und finden es ganz reizend. Auch die Herzen der drei „Space-Women" erobert der Brausespatz im Nu. So kommt es, dass er bei der Bekämpfung der bösen Zanoniden helfen kann – er und sein Freund Gamera! Der Gigant kommt nämlich flugs herbeigedüst und schaut starr in die Landschaft. (Extrablatt: Eine 20 Meter große Schildkröte fliegt durch die Stadt!) Und obwohl die Schurken aus dem Weltraum kurzfristig zu triumphieren scheinen und Gamera „umpolen", hängt sich der grüne Koloss voll rein und gibt alles ...

Ich hatte vor diesem Spektakel noch keinen Gamera-Film gesehen. Hoffentlich sehen die anderen besser aus. Die Kampfszenen wirken ein wenig wie die „Augsburger Puppenkiste" auf Speed und sind musikalisch entsprechend untermalt. Mein persönlicher Favorit ist das Haimonster Guiron, das mit seiner Schnauze Kampfsterne verschießen kann. Das Finale, in dem Gamera das Raumschiff der Zanoniden angreift, ist wirklich ein spezialeffektetechnisches Highlight, etwas Ähnliches habe ich seit dem „Sandmännchen" nicht mehr gesehen! *Gamera Super Gurke* ist der Beweis dafür, dass man an Sonderschulen keine Drogen verteilen sollte. Naivität ist zwar ein unverzichtbarer

Bestandteil des japanischen Monsteruniversums, aber dieser Film ist einfach nur blöd. Und zwar so richtig blöd.

AUTOR CHRISTIAN KESSLER

Nach fast zehn Jahren Leinwandabstinenz wurde die achte Runde für Gamera und ihre Gummikameraden eingeläutet. Daiei scheint zu diesem Zweck das Filmarchiv ausgemistet zu haben, denn die Außerirdischen vom Planeten Zanon in diesem „Best of Gamera“-Werk beauftragen zuerst Gaos, dann Zigra, Viras, Jiggar, Guiron und schließlich Barugon, ihnen bei der obligatorischen Welteroberung zu helfen. Alle Monsterkämpfe sind aus den alten Filmen „entliehen“ und mit flotter Musik unterlegt. Neu sind lediglich die noch billiger produzierten Verbindungsszenen mit den drei Superfrauen (eines der Supermädels wird von der singenden Ringerin Mach Fumiake verkörpert), der Hammondorgel-Boy, der besessenen Gamera-Lieder singt und orgelt, sowie einige schlecht gemachte Einstellungen mit der Riesenschildkröte. In einer an Majestätsbeleidigung grenzenden Szene trampelt Gamera eine Godzilla-Werbetafel um. Grund genug den Film in der Türkei unter dem Titel *Gamera Uçan Godzilla* in die Lichtspielhäuser zu bringen. Für Normalsterbliche, die die alten Gamera-Filme nicht kennen, mag der Film eine temporeiche Offenbarung sein. Für alle anderen ist er schlichtweg eine Zumutung. Ein beunruhigendes Gefühl hinterlässt das Ende. Nach Gameras Kamikaze-Kollision mit dem Invasorenraumschiff bleibt die tapfere Schildkröte in den Weiten des Alls verschollen. Hat sie sich gar für das Wohl der Mutter Erde aufgeopfert? Ganze fünfzehn lange Jahre sollten wir nichts mehr von Gamera hören. Dass sich Anfang der 80er Jahre kein deutscher Verleih mehr für *Uchu Kaiju*

Gamera interessiert hat, versteht sich von selbst. Erst 2013 wurde eine deutsche Fassung für die DVD Auswertung erstellt.

1995 GAMERA – GUARDIAN OF THE UNIVERSE

Deutsche VHS-Videopremiere: 27. Juni 1996 / 93 Min. | Jap. Originaltitel: *Gamera Daikaiju Kuchu Kessen* | Jap. Erstaufführung: März 1995 / 100 Min. | US-Titel: *Gamera – The Guardian of the Universe* | US-DVD-Premiere: 2003 | Produktionsfirma: Daiei | Produzent: Yasuoshi Tokuma | Regie: Shusuke Kaneko | Buch: Kazunori Ito | Kamera: Junichi Tozawa, Kenji Takama | Musik: Kow Otani | Spezial-Effekte: Shinji Higuchi | Darsteller: Tsuyoshi Ihara, Akira Onodera, Shinoubu Nakayama, Ayako Fujitani, Yukijiro Hotaru, Kojiro Hongo, Hatsunori Hasegawa, Akira Kubo.

Fünfzehn lange Jahre – bis zu ihrem 30. Geburtstag – musste Gamera warten, bis sie wieder auf die Leinwand durfte. Und sie kam, animiert von Tohos neuer Godzilla-Reihe, zu einem Zeitpunkt, als ganz Japan (na ja, fast) vom großartig angekündigten *Godzilla vs. Space Godzilla* enttäuscht war. Ein gutes Timing also, denn allzu hohe Erwartungen hatte niemand von einem modernen, ernstgemeinten Riesenschildkrötenfilm.
Irgendwie stand für alle fest, dass die menschenfreundliche Gamera immer die zweite Geige nach „Big G" spielen würde. Umso freudiger stimmten alle Monsterliebhaber dieser Welt nach Inansichtnahme von *Gamera – Guardian of the Universe* in das enthusiastische Loblied auf die neue Gamera ein und den frischen Wind, den sie ins Kaiju Eiga brachte. Selbst Quentin Tarantino erzählte mir 1996 auf dem „Festival Internacional De Cinema Fantastic" in Sitges, Spanien, er habe sich um die Verleihrechte für den amerikanischen Raum beworben.

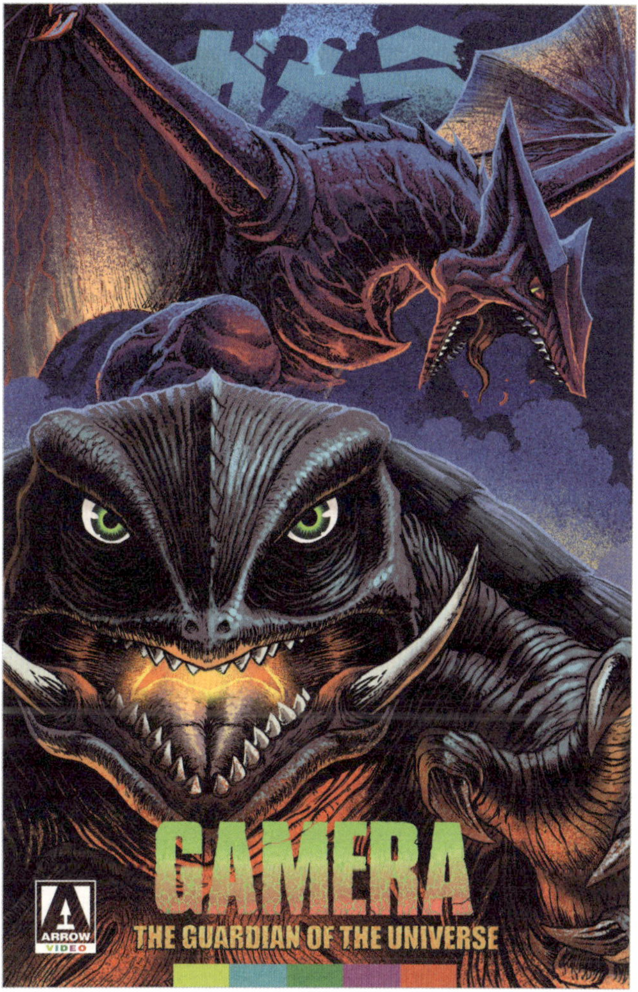

Doch Daiei hatte diese bereits an einen kleinen unbedeutenden Videovertrieb abgetreten.

Kurzum: Alle waren begeistert, auch wenn der Monsterfilm mit diesem flott inszenierten Remake von *Gamera gegen Gaos – Frankensteins Kampf der Ungeheuer* (1967) nicht gerade neu erfunden wurde. Ein stundenlanges Warten auf die Riesenviecher entfällt. Die junge Ornithologin Mayumi Nagamine (gespielt von der 1973 geborenen Shinobu Nakayama, die 1993 eine kleine Rolle als Wissenschaftlerin in *Godzilla vs. Mechagodzilla* spielen durfte) entdeckt auf einer Insel drei junge Monstervögel mit einer Flügelspannweite von immerhin schon fünfzehn Metern. Die Gyaos fressen Professoren und bellende Hunde direkt von der Leine weg. In einem Sportstadion in Fukuoa will man sie mit Schweinehälften anlocken und mit „Muskelrelaxern" betäuben und einfangen. Inzwischen ist der Plutoniumtanker Kairyu-Maru mit Gamera-Altstar Kojiro Hongo *(Gamera tai Barugon, Gamera tai Gyaos, Gamera tai Viras)* und Godzilla-Altstar Akira Kubo (*Frankensteins Monster jagen Godzillas Sohn, Frankenstein und die Monster aus dem All* etc.) an Bord, auf die im Pazifik schlafende Gamera aufgelaufen. Trotzdem es die alten Monsterfilmveteranen ja eigentlich besser wissen müssten, halten sie die schlummernde Schildkröte für ein Atoll und spazieren munter auf ihrem Panzer umher. Man macht sogar einen 10.000 Jahre alten Fund. Eine Platte aus unbekanntem Metall mit einer Inschrift aus dem alten Atlantis. Nach dreißig Jahren wird die nie so richtig geklärte Herkunft der Monsterschildkröte erneuert. Gamera erwacht, schwimmt ebenso in Richtung Fukuoa, und los geht es mit dem Monstergetümmel, das sogar den japanischen Yen an der Börse ins Wanken bringt.

Nur ein Gyaos überlebt, der unaufhaltsam wächst, bis seine Flügelspannweite hundert Meter umfasst. Er nistet sich im Tokio-Tower ein. Es folgen bodenständige Urweltduelle, geschickt gefilmt aus niedrigen Kamerapositionen, als würde man leibhaftig als kleines Menschlein in den Häuserschluchten auf die 50-Meter-Giganten (Tsuburayas klassische Monstergröße) treffen. Schüler schwänzen die Schule, weil „das wird doch sicher im Fernsehen übertragen, wie sie die Monster bekämpfen". Die Spezial-Effekte von Shinji Higuchi sind kraftvoll, modern und geschickt mit Computeranimationen verfeinert. Gamera sieht besser aus, fliegt besser, speit besser. Ein Produktionsstandard, den man von den alten Gamera-Heulern nicht gewohnt ist. Die Zeiten haben sich geändert. Anstelle eines nervtötenden kleinen Jungen in der Hauptrolle gibt es eine schöne und kluge Ornithologin und das Schulmädchen Asagi, das mental mit Gamera kommunizieren kann, aber auch ihre Schmerzen mit erleiden muss. Hier hat sich Regisseur Shusuke Kaneko arg von der telepathischen Miki Saegusa aus den Godzilla-Filmen der 90er Jahre inspirieren lassen. Alles ist ein bisschen billiger als bei Toho. Der Film hat nur schlappe 7 Millionen Dollar gekostet, aber er ist nicht minder wirkungsvoll. „Trash de luxe", der viel zu schnell in dem Moment endet, als Gamera tief Luft holt und einen energischen Plasma-Feuerball ausspuckt, der Gyaos solide den dreieckigen Kopf wegpustet.

Die Musik von Kou Otani erinnert stellenweise an John Williams *Jurassic Park*. Eine unnötige Anbiederung an den westlichen Markt. Aber eigentlich gibt es hier nichts zu meckern. Gamera ist wieder da. Und besser denn je. Wie heißt es so schön am Schluss? „Auf Gamera können wir uns immer verlassen." So sollte es sein.

1996 GAMERA – ATTACK OF THE LEGION

Dt. DVD/Blu-ray-Premiere: 3. März 2011 | Jap. Originaltitel: *Gamera 2: Legion Shurai (Gamera 2: Legion Invasion)* | Jap. Erstaufführung: 13. Juli 1996/ 99 Min. | Internationaler Titel: *Gamera 2 – Advent of Legion* | US-DVD-Titel: G2: *Gamera vs. Legion* | US-DVD-Premiere: April 2003 | Produktionsfirma: Daiei | Produzent: Tsutomu Tsuchikawa | Regie: Shusuke Kaneko | Buch: Kazunori Ito | Kamera: Hiroshi Kidokoro | Musik: Kow Otani | Spezial-Effekte: Shinji Higuchi | Darsteller: Miki Mizuno, Tsuyoshi Ihara, Toshiyuki Nagashima, Ayako Fujitani, Akira Ohashi als Gamera

Nach dem durchschlagenden Erfolg von *Gamera – Guardian of the Universe* sowohl bei Fans wie der Kritik lag die Messlatte für den zweiten Gamera-Film der neuen Generation reichlich hoch. Zudem musste der Film zwangsläufig Daieis direkte Antwort auf Tohos *Godzilla vs. Destroyah* aus dem Vorjahr sein. Natürlich war es zwecklos, das kitschige Pathos von Godzillas Tod toppen zu wollen. Die Studiobosse überließen Regisseur Shusuke Kaneko die kreative Kontrolle über *Gamera – Attack of the Legion.* Doch der ging auf Nummer Sicher und übernahm dreist einige Versatzstücke von *Godzilla vs. Destroyah* in sein Werk.

Auch wenn Daieis Monstren aus Kostengründen nicht ganz so große Miniatursets zertrampeln dürfen, ist *Gamera – Attack of the Legion* eine runde Sache, meilenweit entfernt von dem Billig-Pappmonster-Kasperletheater der Endsechziger und mit einem echt bizarren Ungetüm, dessen „Über-Design“ seinen Ursprung im Japanimation haben muss. Am Anfang weiß man nicht so recht, wo bei dem Vieh vorne und hinten ist. Gebaut wurde Legion, so der Name des Ungetüms, von dem FX-Studio „Bishop“ in Tokio, das 1989 auch Biollante für Toho hergestellt hat. Am besten kauft man sich vor dem Genuss des Films die

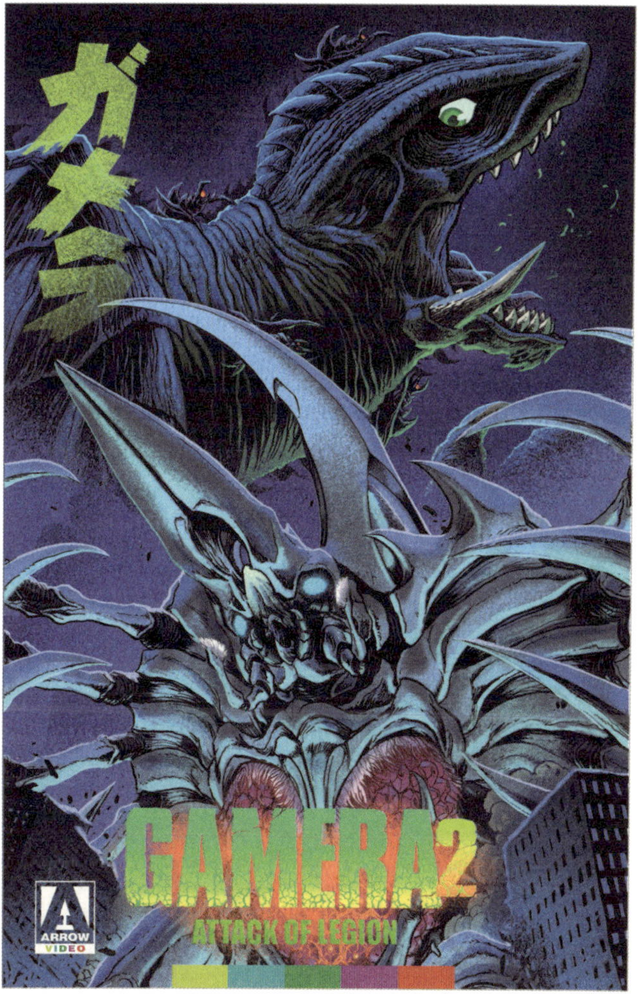

Legion Action-Figur des japanischen Spielzeugkonzerns Bandai, um besser durchzublicken. Spezial-Effekt-Regisseur Shinji Higuchi erklärte mir das Konzept seines Legion-Monsters im Interview: „Legion sind Monster, die wie Insekten eine Gesellschaft bilden und aus dem Weltall kommen. Wie in der Ameisengesellschaft gibt es sogenannte Soldaten und eine Königin. Diese Monster haben eine pyramidenförmig organisierte Gesellschaft, an deren Spitze die „Ameisenkönigin" steht. Anders als die bisher gewohnten Einzelmonster tritt Legion in Massen auf. Die Soldaten stellen die unterste Schicht ihrer Gesellschaft dar."

Wie schon viele seiner Vorgänger stammt Legion aus einem vom Himmel gefallenen Meteor, der in Sapporo landet. Viele kleine, knapp zwei Meter große chitingepanzerte Legion-Soldaten errichten in einem Hochhaus ein blumentopfartiges Nest, das, wie gesagt, wie ein Ameisenhaufen funktioniert.

Im Übrigen ernährt sich Legion („Unser Name ist Legion – denn wir sind so viele.") von Silikon (!), von dem es in einer Stadt wie Tokio, die mit dem Wiederaufbau nach dem letzten Gamera/Gaos-Kampf noch nicht mal fertig ist, ja einiges gibt, möchte man meinen.

Gamera, die jetzt mehr einer Wasserschildkröte mit Flugflossen ähnelt, fliegt herbei und spuckt einen Feuerball ins Legionnest. Tausende Legionsoldaten schwärmen daraufhin aus und beißen sich an Gamera fest. Vergleich *Godzilla vs. Destroyah:* viele kleine 2-Meter-Krabbeldestroyahs fallen über Godzilla her. Dank der computeranimierten Legionhorde ist die Sequenz in *Gamera – Attack of the Legion* sogar etwas wirkungsvoller. Kompliment. Gamera flüchtet, sich wie ein Ufo um die eigene Achse drehend, und bespritzt dabei die umliegenden Häuser mit ihrem grünen Blut. In den 1960ern war Gameras Blut noch blau. Ein Riesenlegion, das Muttertier und Königin, gräbt sich aus der Erde. Der Kampf entbrennt. Gamera wird voll ausgeknockt.

Im gesamten Film bekommt Gamera es reichlich auf die Nuss. Legion ist einfach zu mächtig. Grund genug, sauer zu sein und noch einen Feuerball ins Legionnest zu ballern. Leider wird eine Atombombenexplosion ausgelöst. Warum, das habe ich nicht verstanden. Aber pfiffige Wissenschaftler müssen es vorausgeahnt haben. Jedenfalls ist Tokio kurz zuvor schnell evakuiert worden. Die Japaner haben in so was ja mittlerweile Routine.

Vom radioaktiven Staub versteinert liegt Gamera im Explosionskrater. Frauen und Kinder beten zu ihr. Frauen stehen sowieso auf Gamera. In ihren Filmen gibt es die schöneren Mädels. So auch wieder Asagi Kusanagai (Ayako Fujitani), das Mädchen aus *Gamera – Guardian of the Universe,* das in geistigem Kontakt zu Gamera steht (noch ein Element aus den Godzilla-Filmen der 90er Jahre). Im Moment von Gameras Erwachen zerbricht in Asagis Hand das Amulett, das diesen mentalen Kontakt ermöglicht hat. Was bedeutet das für die Zukunft? Egal jetzt.

Die Männer sind übrigens alle in ihren Panzern, um die große Legion und die kleinen Legionäre zu beschießen. Gamera öffnet ihre Brust (!), um mit einem gewaltigen Zosch mehr Energie freizusetzen, als sie aus ihrem Maul speien kann. Legion zerbirst mit einem lauten Kawumm in der Intensität von Gameras orange-rotem Energiestoß. Die Legionsoldaten werden in eine elektrische Netzfalle gelockt und verpritzeln. Gamera macht sich nach getaner Arbeit auf den Heimweg. Wird Asagi Gamera je wiedersehen?

Auch wenn es *Gamera – Attack of the Legion* nicht gelingt, neue Akzente zu setzen in einem Genre, das inhaltlich auf der Stelle tritt, so ist Kanekos „realistische“ Herangehensweise doch erfrischend. Denn im Gegensatz zu Tohos konservativer Wunschvorstellung von Japan als Weltmacht, die durchaus in der Lage wäre, die Erde zu kontrollieren, spielen die neuen Gamera-Filme in einer liberalen Welt, die viel eher der heutigen Realität entspricht. Hier sprechen die Soldaten sogar noch freundlich miteinander, bevor sie in die Panzer steigen und Monster bekämpfen. Als Zuschauer findet man zu diesen Menschen leichter Zugang als zu Tohos strammen Militärhelden, die in hochtechnisierte Kampfmaschinen steigen und nach jedem Befehl zackig „hai" brüllen. Strammstehen, bevor man zertrampelt wird. Obwohl gerade das ja auch wieder seinen Reiz hat. Denn die eigentlichen Stars der Filme, die Monster, werden dadurch umso „menschlicher" und sympathischer.

Monsterfilme sind noch immer relevant

Das Gespräch mit Regisseur Shusuke Kaneko fand 1999 auf dem Fantasia-Festival in Montreal, Kanada statt.

Interview mit Regisseur Shusuke Kaneko

Jörg Buttgereit: **Wenn sie heute einen Monsterfilm drehen, haben sie dabei die in Japan immer noch erfolgreichen Godzilla-Filme von Toho im Kopf?**

Shusuke Kaneko: Ja, schon. Die Produktionsfirma Daiei wollte es von Anfang an wissen. Ich sollte Godzilla von seinem hohen Sockel stoßen. Doch niemand nahm Daiei 1995 besonders ernst, als ich den ersten Gamera-Film der neuen Serie drehte.

Die alten Filme aus den 60er und 70er Jahren sind ja auch recht billig und infantil, ausschließlich auf ein junges Publikum ausgerichtet. Als ich meiner Frau daheim erzählte, ich würde einen neuen Gamera-Film drehen, lachte sie mich aus. Gamera war längst nicht so bekannt und beliebt wie Godzilla. Ich musste also eine neue, ernste und publikumswirksame Riesenschildkröte erfinden. Daiei hatte anfangs Bedenken, wie sehr würde ich Gameras Aussehen verändern? Es sollte auch keine Godzilla-Kopie dabei herauskommen. Im Gegensatz zum neuen Godzilla sollte Gamera menschenfreundlich sein.

Welche Zielgruppe peilen sie an?

Mir erscheinen Monsterfilme, die auf ein erwachsenes Publikum ausgerichtet sind, interessanter. Ich habe also nicht mehr so sehr Kinder, sondern vornehmlich Jugendliche und deren Eltern im Visier. Ein größtmögliches Publikum also. Ganz wichtig sind in Japan die Erwachsenen, die mit den alten Originalfilmen aufgewachsen sind. Da gibt es ein großes Potenzial. Ich habe auch als Kind Kaiju Eiga (Monster-Filme) gesehen und lieben gelernt. *Mosura* (1961), der Film mit der Riesenmotte von Ishiro Honda war, glaube ich, der erste Film, den ich gesehen habe. Der hat mich schwer beeindruckt.

In *Gamera – Revenge of Iris* gibt es jede Menge starker Frauencharaktere. Keine Selbstverständlichkeit im japanischen Genre-Film. Ist das der erste Monsterfilm für Frauen?

Das wäre schön. Es war tatsächlich mein Plan, mehr Frauen in den Film zu locken. Doch das Gegenteil war der Fall. Noch mehr Jungs und Männer kamen, um die schönen Frauen neben Gamera zu sehen. Ich hätte wohl mehr gutaussehende junge Männer einsetzen sollen, um ein weibliches Publikum anzusprechen.

Sie nehmen sich viel Zeit für die menschlichen Hauptdarsteller. War es schwer, die Produzenten von der Wichtigkeit des „Human-Drama“ in einem Monsterfilm

zu überzeugen? Gab es die Angst, dass das auf Kosten der Monster-Action geht?

Daiei war damit einverstanden, weil die Monster ja eng in die Konflikte der Menschen miteinbezogen werden. Der Hass des Schulmädchens Ayana (Ai Maeda) erweckt die Kreatur Irys. Und Asagi (Ayako Fujitani) ist mental mit Gamera verbunden. Die beiden sind wie zwei gegensätzliche Pole. Letztendlich geht es also auch um die Auseinandersetzung zweier Mädchen.

Die optische Präsentation der Riesenmonster hat sich bei ihnen geändert. Man sieht die Biester immer aus der Augenhöhe der Menschen. Man ist als Zuschauer mittendrin im Geschehen.

Früher haben die Studiobosse ihren Angestellten diktiert, wie Monsterfilme auszusehen haben. Das war alles standardisiert. Ich kann heute viel unabhängiger arbeiten, bin kein Langzeitangestellter bei Daiei mehr, sondern werde nur für das jeweilige Projekt engagiert. Wir haben auch bei der Kameraarbeit mehr Freiheiten. Wir konnten einen dynamischen und persönlichen Kamerastil entwickeln. Das hängt sicher auch damit zusammen, dass sich Regisseure wie Akira Kurosawa durch ihren Erfolg mehr künstlerische Freiheit erkämpft haben. Kurosawa hatte die Chance, seinen eigenen Stil zu prägen. Auch wenn aufgrund der schlechten wirtschaftlichen Lage die Budgets geschrumpft sind, kann man heute in Japan zumindest entspannter arbeiten.

Im Film sagt ein aufgeregter Politiker den ironischen Satz: „Warum wird ausgerechnet Japan ständig von Riesenmonstern attackiert?“ Eine berechtigte Frage. Ishiro Hondas *Godzilla* von 1954 wird ja hinlänglich als Metapher für den Atombombenabwurf auf Hiroshima

gelesen. Welche Bedeutung haben Monster in Japan heute?

Diese Ungeheuer haben noch immer eine Relevanz. Wir hatten das große Erdbeben und den Gas-Anschlag auf die Tokioter U-Bahn. Die Menschen sind verunsichert. Sie akzeptieren die Monster als Sinnbild für Katastrophen. Ich habe gehört, dass die Menschen im Erdbebengebiet von Kobe meinen ersten Gamera-Film mochten. Wenn tatsächlich ein solches Monster in Tokio auftauchen würde, könnten wir herzlich wenig dagegen tun. Diese Stadt ist so eng und zugebaut, dass man sich ab und an ein Monster herbeisehnt, das alles kaputtmacht.

In *Gamera – Revenge of Iris* **arbeiten sie auch mit modernen Tricktechniken wie der Computeranimation. Dennoch werden die Monster noch immer von Stuntmännern in Gummikostümen dargestellt. Das wird von vielen westlichen Kritikern belächelt.**

„Suitmation" ist immer noch der kostengünstigste Weg, den Monstern Leben einzuhauchen. Eine komplette Computeranimation wäre bei unseren Budgets viel zu teuer. *Gamera – Revenge of Iris* hat umgerechnet gerade mal 7 Millionen Dollar gekostet. Suitmation funktioniert ja auch sehr gut. Ich bin mit dem Resultat sehr zufrieden.

In den 60er und 70er Jahren waren die japanischen Kaiji Eiga weltweite Exportschlager. Deutschland war ein großer Markt für Godzilla und Gamera. Heute laufen neue Produktionen vielleicht mal auf Festivals oder landen gleich auf Video. Was ist faul? Sie drehen ihre Filme doch bestimmt nicht nur für den heimischen Markt?

Nein, ich drehe definitiv nicht nur für Japaner.

Ich glaube das Hauptproblem liegt darin, dass die für den internationalen Export verantwortlichen Angestellten der

Produktionsfirmen schlichtweg inkompetent sind. Die sitzen ihre Zeit hinter dem Schreibtisch ab und starren aus dem Fenster. Japanische Autos werden ja auch erfolgreich exportiert. Filmproduzenten haben große Angst vor dem Fernsehen. Deshalb wird die meiste Energie darauf verwendet, die Leute ins Kino zu locken.

Wie hat ihnen das amerikanische Godzilla-Remake gefallen?

Ich fand die Hauptdarstellerin gut.

1999 GAMERA – REVENGE OF IRIS

Dt. Premiere auf dem Fantasy Filmfest: 2. August 2000 | Dt. DVD/Blu-ray: 24. März 2011 | Jap. Originaltitel: *Gamera 3 – Irys Kakusei (Awakening of Irys)* | Jap. Erstaufführung: 6. März 1999 / 110 Min. | US-DVD-Premiere: 10. Juni 2003 | Produktionsfirma: Daiei | Produzent: Yasuyoshi Tokuma | Regie: Shusuke Kaneko | Buch: Kazunoro Ito, Shusuke Kaneko | Musik: Kow Otani | Spezial-Effekte: Shinji Higuchi | Darsteller: Shinobu Nakayama, Ai Maeda, Ayako Fujitani, Yukijiro Hotaru, als Gamera: Hirofumi Fukuzawa, als Iris: Akira Ohashi

Obwohl die fliegende Riesenschildkröte Gamera ein Freund der Menschen ist, bleiben Kollateralschäden nicht aus. So wurden die Eltern und die Katze des Mädchens Ayana (Ai Maeda) bereits 1995 in *Gamera – Guardian of the Universe* versehentlich getötet, als sie ihr Haus nicht rechtzeitig evakuiert hatten. Nun lebt sie mit ihrer Tante und ihrem Onkel nahe einem Wald, den sie immer wieder durchstreift. In einer „verbotenen" Grotte entdeckt sie ein Ei, dessen sie sich spontan annimmt. Bald schlüpft daraus eine bizarre Kreatur mit Tentakeln und Flügeln, mit der sie durch ein ebenfalls in der Grotte vergessenes Juwel kommunizieren kann. Sie nennt die schnell wachsende Kreatur, die sich von ihrer Lebensenergie ernährt, Iris – wie

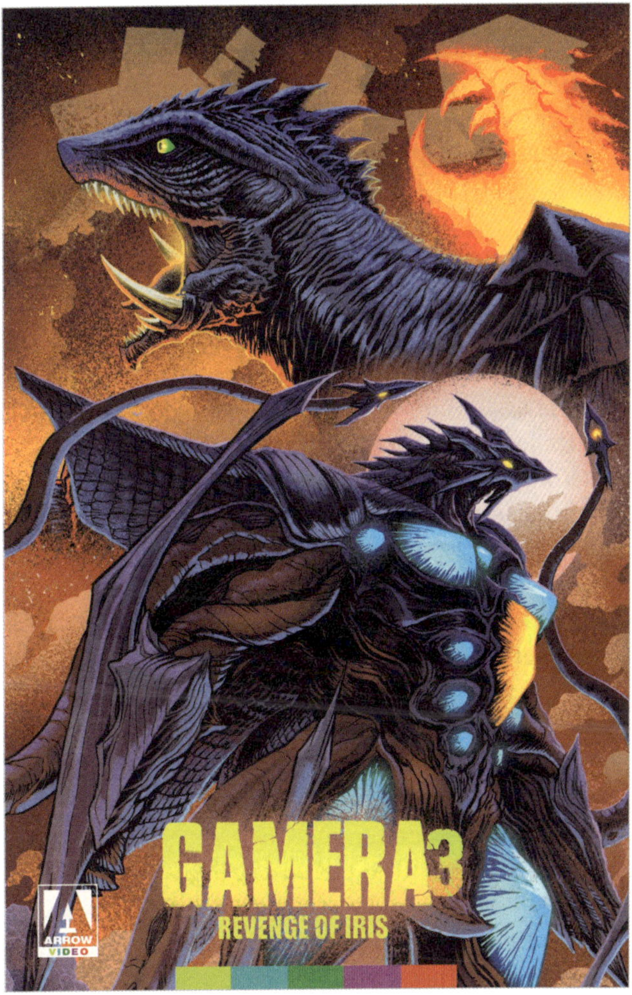

ihre einst von Gamera getötete Katze. Einen Höhepunkt magischer Schönheit erreicht *Gamera – Revenge of Iris,* wenn sich das langsam wachsende Wesen mit Ayana im Wald zu vereinigen scheint, eine sehr dezente Variante bekannter Hentei-Motive, in denen Mädchen von Krakenwesen geschändet werden. Hier jedoch wirkt es märchenhaft, umstrahlt von einem warmen Sonnenlicht, gekleidet in die fließenden Tentakel von Iris. Doch neben der Lebensenergie absorbiert Iris auch Ayanas Hass auf Gamera, was die eigentliche Monsteraction in Gang bringt, denn Iris ist bald zu einem stattlichen Flugungetüm mutiert und bedroht Kyoto ... Die Riesenschildkröte Gamera, die gerade noch die letzten Sprösslinge der Riesenfledermäuse Gyaos aus dem vorangehenden Film in einem spektakulären Kampf in Shibuya/Tokio getötet hat, eilt zu Hilfe ... Auch Mayumi (Shinobu Nakayama), das Mädchen aus dem vorangehenden Film taucht wieder auf. Wie Ayama kann die Ornithologin Mayumi durch einen Stein mit Gamera kommunizieren, was umso nötiger ist, als die bösen Gyaos nun auch in anderen Erdteilen auftauchen. Obwohl Gamera mehrfach bewiesen hat, dass sie die einzige Waffe gegen diese Höllenwesen ist, beschließt das Militär, das Monster wegen der immensen Kollateralschäden zu beschießen. Ein an Ayana interessierter Junge findet das Mädchen halbtot in der Iris-Höhle und kann es retten. Doch die Katastrophe bahnt sich ihren Weg, ungeachtet des dubiosen Eingreifens zweier Regierungsbeamter, die sich ebenfalls für Ayana interessieren ...

Gamera – Revenge of Iris erstaunt sein Publikum letztlich mit einer fast seriösen Ernsthaftigkeit, mit der die Inszenierung dieses apokalyptischen Duells der Giganten angegangen wird: Immer wieder werden uns in beklemmender Ruhe die Schlachtfelder in ihrer Ruinenpracht vorgeführt. Für diese Momente wurde u.a. ein akribisch rekonstruiertes Modell des Kyotoer Bahnhofes erstellt, das im Duell der Monster auf der Strecke bleibt. In seiner Mischung

aus digitalen und Miniatureffekten entfaltet sich hier eine ganz eigene Atmosphäre, die den rein naturalistischen Zerstörungsorgien amerikanischer Invasionsfilme (*ID4* oder *Godzilla*) weit überlegen ist.
Die beiden zentralen Monster-Duelle des Filmes sind sowohl tricktechnisch als auch filmästhetisch aufregend und überzeugend inszeniert. Wenn die brennende Fledermaus auf Shibuya stürzt und Gamera ihr mit einem weiteren Feuerstoß den Garaus macht, bleibt nicht nur den staunenden Passanten der Mund offen stehen. Hervorragende Modelle und digitale Bearbeitungen fügen sich hier harmonischer zu einem verlustreichen, dröhnenden Action-Spektakel als im aktuellen amerikanischen Science-Fiction-Kino. Und wenn Gamera aus der Untersicht betrachtet durch Kyoto fegt, einen Feuersturm vor sich hertreibend, lässt auch das Finale keine Wünsche offen. *Gamera 3* ist ein japanischer Monsterfilm der neuen Generation, der den Kinderfilm-Impetus weit hinter sich lässt, und für junge Zuschauer ebenso funktioniert wie für ein erwachsenes Publikum, das die klassischen Monsterfilme noch aus der eigenen Jugend kennt.

AUTOR MARCUS STIGLEGGER

Suitmation ist unser Stil

Interview mit Spezial-Effekt-Regisseur Shinji Higuchi

Das Gespräch fand am 10. August 2002 in den Daiei-Studios in Tokio statt

Jörg Buttgereit: **Wie sind Sie zu Ihrem Job als „Special-Effects-Director" gekommen?**

Shinji Higuchi: Heute gibt es in Japan das alte Studio-System nicht mehr. Es gibt zwar nach wie vor Studios, aber das System, in dem die Studios kontinuierlich selbst

Filme produzierten, ist vor langer Zeit ausgestorben. Wie in Hollywood hatten die Studios früher fest angestellte Mitarbeiter, die die Filme herstellten. Da die Filme aber irgendwann nicht mehr so hohe Gewinne abwarfen, entließen die Studios ihre Angestellten. Heute werden für jede Filmproduktion freiberufliche Mitarbeiter engagiert. Nach Fertigstellung des Filmes wird dieses Team wieder aufgelöst. Das ist heute üblich. Monsterfilme sind ein Überbleibsel des alten Studiosystems. Wegen der Auslastung der Studios wurden damals regelmäßig Filme gedreht. Es war eine „reiche Zeit", in der die Filmbranche viel Geld verdienen und viele Zuschauer anziehen konnte. Die drei neuen Gamera-Filme, die wir produziert haben, wurden nach dem Zerfall des alten Studio-Systems gedreht. Als Freiberufler habe ich die Produktionsfirma Daiei, die einen Gamera-Film produzieren wollte, gebeten, mich als Regisseur zu engagieren. Ich habe mich selbst als Kandidaten aufstellen lassen. Früher hätte ich es niemals gewagt, mich so dreist zu verhalten. Aber bei dem Gamera-Film wollte ich unbedingt dabei sein. Ich hatte das Gefühl, dass die Filmproduktion in Japan zu sehr mit alten Traditionen verhaftet war. Auch die Art und Weise, wie Monsterfilme produziert wurden, war an die traditionelle Art und Weise gebunden, so dass das Genre in einem bestimmten Stil verharrte. Im Vergleich zu den US-Filmen war ein Qualitätsunterschied aufgetreten, der immer größer wurde. Das Niveau der japanischen Filme war gesunken. So dachte auch das japanische Publikum. Ich habe mehrmals im Ausland gearbeitet und hatte das Gefühl, dass das nicht so bleiben muss. Man muss das nur richtig anstellen, dieser Gedanke beschäftigte mich lange Zeit. Die Regie bei einem japanischen

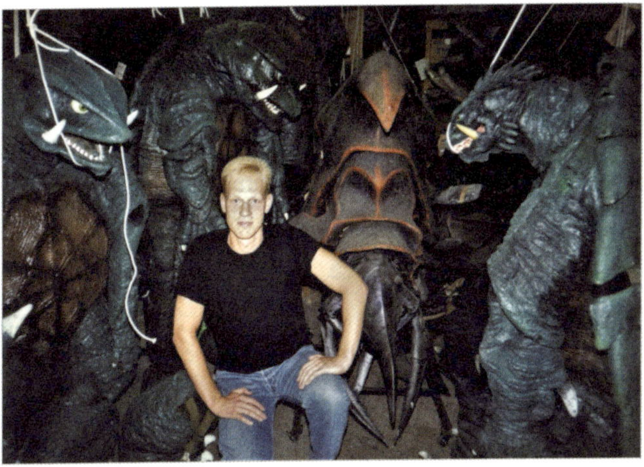

↑ Buttgereit mit Gamera Suitmation-Anzügen in den Daiei Studios in Tokio (2002).

Monster-Film von großem Format stellte eine einmalige Chance für mich als 27-Jährigen dar.

Könnten Sie uns etwas über die Bedeutung ihrer neuen Gamera erzählen?

Jeden Sommer kommen Taifune über das südlichen Meer nach Japan. Können Sie sich vorstellen, was ein Taifun ist? Eine mobile Katastrophe. Es gibt in Japan außerdem viele Vulkane und Erdbeben. Japan ist reich an Naturkatastrophen, daher müssen wir mit ihnen zusammenleben. Monster sind vielleicht eine Metapher für diese Naturkatastrophen. Japaner haben Angst, aber gleichzeitig auch Ehrfurcht vor ihnen. Ich glaube, diese Gefühle nehmen in den Monstern Gestalt an. Im Krieg wurde Japan durch die USA bombardiert. Viele Städte verwandelten sich in Brandwüsten. Bei uns Japanern entstand die Vorstellung, dass die Städte, in denen wir leben, irgendwann plötzlich verschwinden könnten. Das ist eine Vorahnung, die tief in den Herzen der Menschen verankert ist. Die Monster sind meiner Meinung nach ein Symbol für diese Vorahnung. Mit der Zeit kam jedoch noch die Niedlichkeit des Monsters als Lebewesen hinzu. Sie sind angsterregend, aber gleichzeitig auch niedlich. Wenn ein Monster nicht auch süß ist, ist es bei den Kindern nicht beliebt. Diese widersprüchliche Existenz macht ein Monster aus.

Wenn ein Monsterfilm nach geschäftlichen Kriterien produziert wird, muss der Charakter des Monsters im Film auch niedlich sein. Das war der Auftrag der Produktionsfirma Daiei. Sie wollten unbedingt ein bei Kindern beliebtes Monster kreieren. Aber wir wollten das Monster auch furchterregend darstellen. Das wurde zwischen denen, die mit den Monsterfilmen aufgewachsen sind, und der Produktionsfirma Daiei zu einem Konflikt. Im Laufe der Zeit, in der wir die drei neuen Gamera-Filme gedreht haben, haben wir unsere Vorstellungen von einem guten Monsterfilm allmählich realisieren können. Denn wir waren erfolgreich. Die drei Gamera-Filme stehen für diese Entwicklung. Wir haben die Form des Monsters mit der Zeit geändert, da sich Gefühl und Eigenschaften des Charakters mit der Zeit verschoben hatten. Die anderen Monster haben die ganze Serie hindurch immer eine relativ gleiche, bzw. einheitliche Form. Bei Gamera aber haben wir die Form und Kopfgröße der jeweiligen Handlung entsprechend geändert, so dass wir Gamera wie ein sich entwickelndes Monster behandelten.

Wie muss man sich den Job ihrer Monsterdarsteller vorstellen?

Wenn man sich in einem derart engen und fest verschlossenen Anzug befindet, kann man das nicht länger als fünf Minuten aushalten. Man kann nicht richtig atmen.

Außerdem ist so ein Kostüm sehr schwer. Im Kopfteil befindet sich die Mechanik. Da das Öffnen und Schließen des Mauls über Funk gesteuert wird, ist die Technik in das Kostüm eingebaut. Das macht den Anzug noch schwerer. Die körperliche Belastung für die Darsteller ist enorm groß. Es ist so, als ob die Darsteller mit ihrem ganzen Körper vollständig in einem Schlafsack eingezwängt wären. Trotzdem muss ich den Darstellern gnadenlos Anweisungen wie „Das war nicht gut“ oder „Sie haben sich gerade wie ein Mensch bewegt“ geben. Natürlich sind und bleiben sie, auch wenn sie so ein Kostüm tragen, Menschen. Aber was ich sehen will, sind die Bewegungen eines Ungeheuers. Eine kleine falsche Bewegung, und schon erweckt das einen zu menschlichen Eindruck. Der Kopf des Menschen, der das Kostüm trägt, liegt ungefähr auf der Höhe des Monsterhalses, aber von außen gesehen befindet sich der Kopf des Monsters darüber. Die Darsteller müssen sich darüber bewusst sein, dass der Kopf des Monsters höher ist als der ihrige, sonst sehen ihre Bewegungen unnatürlich aus. Obwohl wir es bei den Darstellern mit Menschen zu tun haben, fordern wir sie immer wieder auf, sich eben nicht menschlich zu bewegen. Wir müssen die Szenen oft wiederholen. Die Körperkraft der Darsteller lässt dann vor unseren Augen merklich nach. Hinzu kommt, dass wir manchmal mit Feuerwerk und Sprengstoff arbeiten. Weil das Monster eine dicke Haut hat, ist das nicht besonders gefährlich, doch gibt es am Hals oft kleine Gucklöcher für den Schauspieler. Hier können Funken ins Kostüm springen, und das passiert oft. Um das Verletzungsrisiko zu verringern, tragen die Darsteller Schutzbrillen. Die eigentliche Gefahr besteht allerdings darin, die Körperkraft des Darstellers bis an seine Grenzen ausnutzen.

In den neuen Gamera-Filmen arbeiten Sie neben dem Suitmation auch mit modernen Tricktechniken wie der Computeranimation.

CGI ist sehr kosten- und zeitaufwendig. Es ist angesichts unserer limitierten Budgets und der kurzen Drehzeit ziemlich schwierig, alle Bilder mit CGI zu bearbeiten. Außerdem sind wir mit den Suitmation-Filmen aufgewachsen. Das ist unser Stil. Wir finden das cool.

2006 GAMERA THE BRAVE

Dt. DVD-Premiere: 15. September 2016 | Jap. Originaltitel: *Chiisaki Yūsha-tachi Gamera* | Jap. Erstaufführung: 29. April 2006 / 96 Min. | Alternativtitel: *Little Braves: Gamera* | Produktionsfirma: Kadokawa, Daiei | Produzent: Yoichi Arashige | Regie: Ryuta Tazaki | Buch: Yukari Tatsui | Musik: Yoko Ueno | Spezial Effekte: Isao Kaneko | Monsterkostüme: Tomoo Haraguchi | Darsteller: Ryo Tomioka, Kaho, Kanji Tsuda, Terajima Susumu, Toshinori Sasaki als Gamera, Mizuho Yoshida als Zedus

Mit dem zwölften Gamera-Film wagte der durch seine Arbeit an der Tokusatsu-Superhelden-Serie *Kamen Raida* auf Kinderprogramme spezialisierte Regisseur Ryuta Tasaki 2006 ein erneutes Reboot mit der Riesenschildkröte.

Der 11-jährige Toru findet auf einer Insel in der zentral japanischen Ferienregion Ise-Shima auf einem rot leuchtenden Stein ein Ei, aus dem eine kleine Schildkröte schlüpft, die er Toto nennt. Schon bald stellt sich heraus, das Toto ein Nachfahre der fliegenden Atomschildkröte Gamera ist, die sich 1973 aufopferungsvoll durch Selbstexplosion das Leben nahm, um die Bewohner der Halbinsel Ise-Shima vor einer wilden Horde Riesenfledermausmonster, den Gyaos, zu retten. Gameras roter Leuchtestein funktioniert auch prima als Glücksbringer für Torus Freundin Mai, die sich einer Herzoperation in Nagoya unterziehen muss.

Gamera the Brave ist ein Film über das Erwachsenwerden. Neben Toru, der den Tod seiner Mutter verarbeitet, muss auch die Riesenschildkröte im Verlauf des Filmes über sich hinauswachsen. Das Erscheinungsbild der juvenilen Gamera ist überaus niedlich. Seine grünen Kulleraugen lassen Kinderherzen schmelzen. Folgerichtig sind es auch die Kinder, die Gamera verstehen und genau wissen, was die Kröte benötigt um das aus dem Pazifischen Ozean auftauchende garstige Stachelmonster Zedus zu bezwingen.
Trotzdem beim Monsterkampf in Nagoya auch moderne Computeranimationen und animatronische Spezialeffekte Anwendung finden, ist *Gamera the Brave* vielleicht der letzte ernst gemeinte Suitmation-Kaiju-Film. Spezial-Effekt-Regisseur Isao Kaneko (der schon 1989 bei *Godzilla – Der Urgigant* als Regieassistent in Erscheinung trat) liefert solide, traditionell inszenierte Monsterszenen ab. Die Kinderdarsteller sind keine altklugen Nervensägen wie in den frühen Gamera-Filmen, sondern können sogar schauspielern. *Gamera the Brave* ist ein ordentlich produzierter, rundum gelungener, herzerweichender Kinderfilm. Vielleicht ist er aber eine Spur zu brav und harmlos. Denn die Einspielergebnisse blieben hinter den Erwartungen zurück, und die Serie wurde nicht fortgesetzt.
Zum 50. Geburtstag von Gamera im Jahr 2015 präsentierte die Produktionsfirma Kadokawa auf der New York Comic-Con einen Teaser für *Gamera* (2015), ein mögliches Comeback mit ausschließlich computeranimierten Monstern, das unter der Regie von Katsuhito Ishii entstehen sollte. Doch auch aus diesem Projekt ist vorerst nichts geworden.

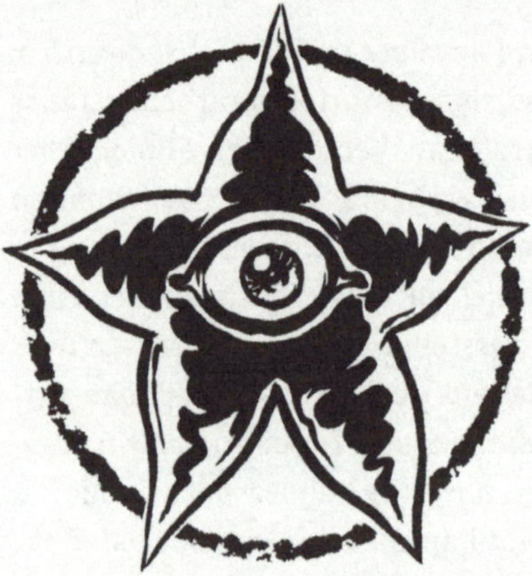

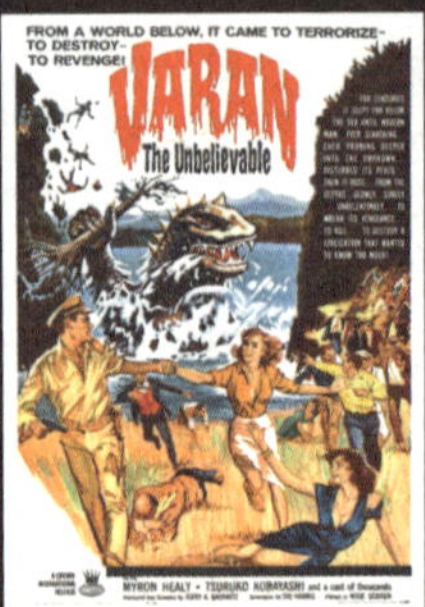
FROM A WORLD BELOW, IT CAME TO TERRORIZE-
TO DESTROY-
TO REVENGE!
VARAN
The Unbelievable
MYRON HEALY · TSURUKO KOBAYASHI and a cast of thousands

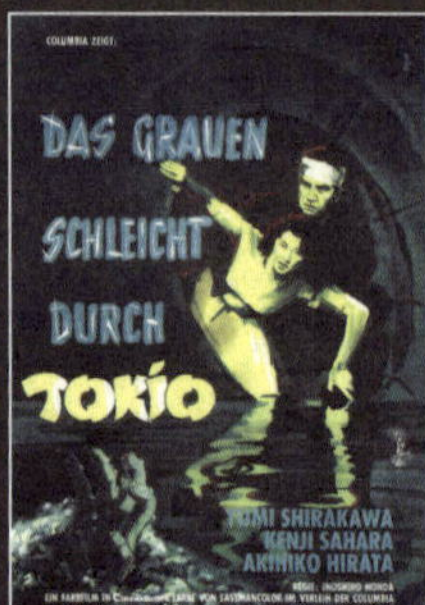
COLUMBIA ZEIGT:
DAS GRAUEN
SCHLEICHT
DURCH
TOKIO
YUMI SHIRAKAWA
KENJI SAHARA
AKIHIKO HIRATA

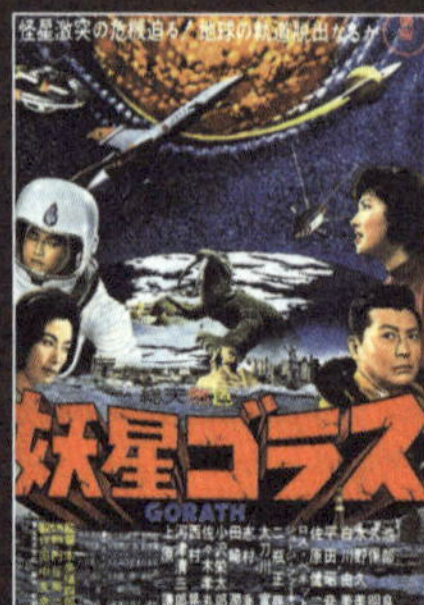
妖星ゴラス
GORATH

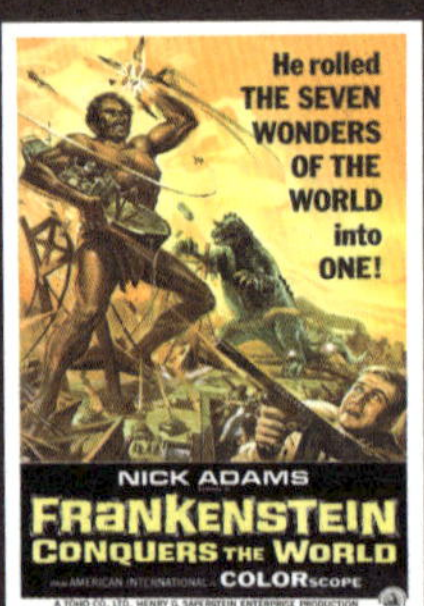
He rolled
THE SEVEN
WONDERS
OF THE
WORLD
into
ONE!
NICK ADAMS
FRANKENSTEIN
CONQUERS THE WORLD
AMERICAN INTERNATIONAL · COLORSCOPE
A TOHO CO., LTD., HENRY G. SAPERSTEIN ENTERPRISE PRODUCTION

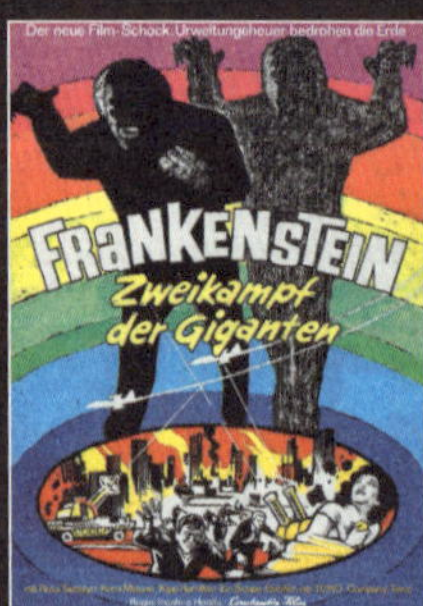
Der neue Film-Schock: Urweltungeheuer bedrohen die Erde
FRANKENSTEIN
Zweikampf
der Giganten

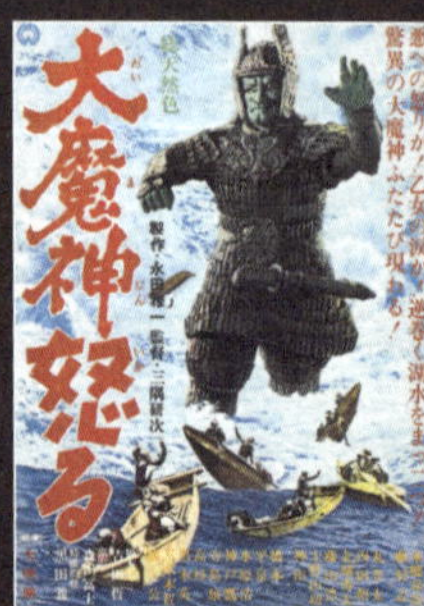
大魔神怒る

GUILA, GAPPA, FURANKENSHUTAIN UND KINGU KONGU

ギララ、ガッパ、フランケンシュタイン、キングコング

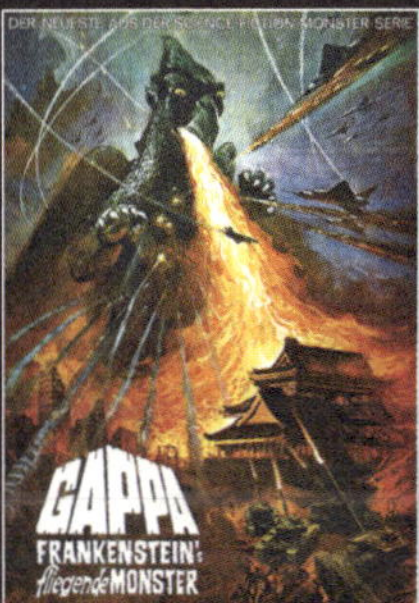

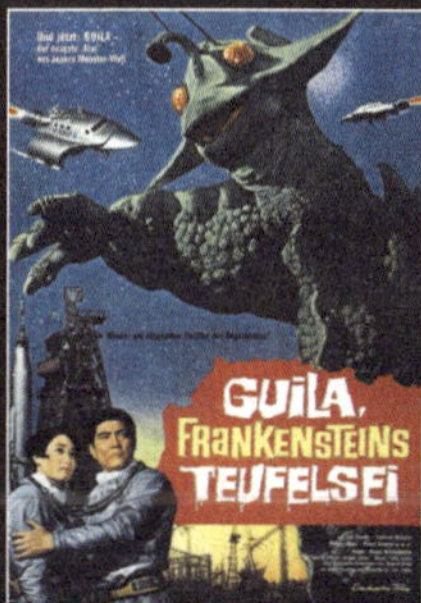

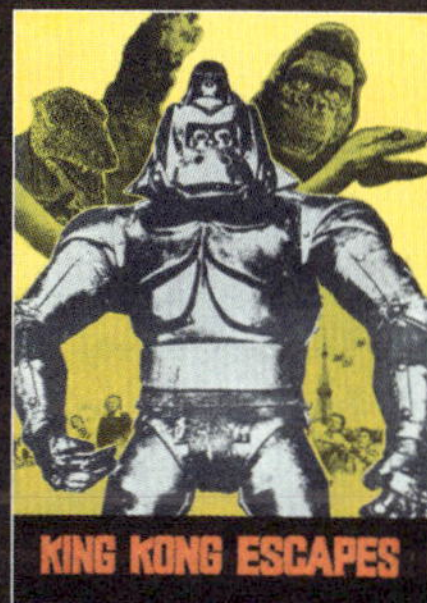

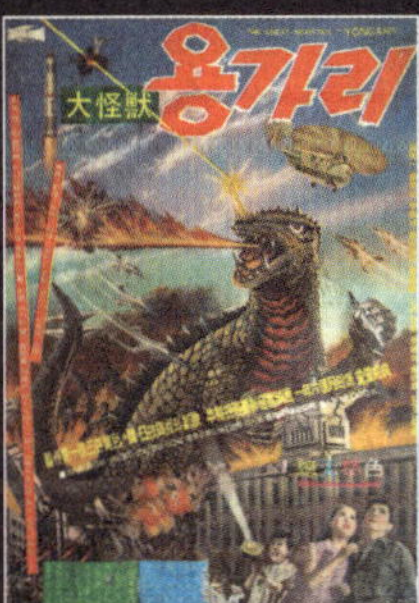

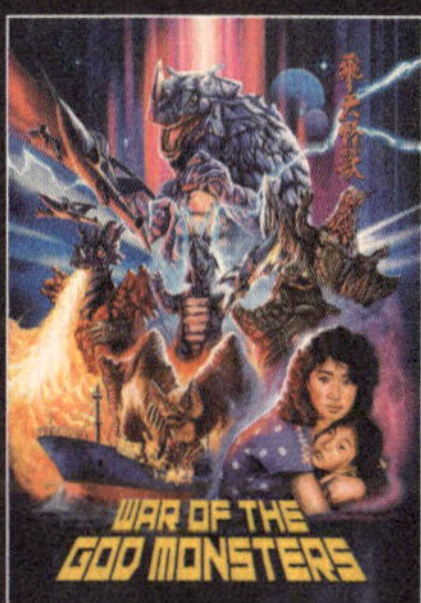

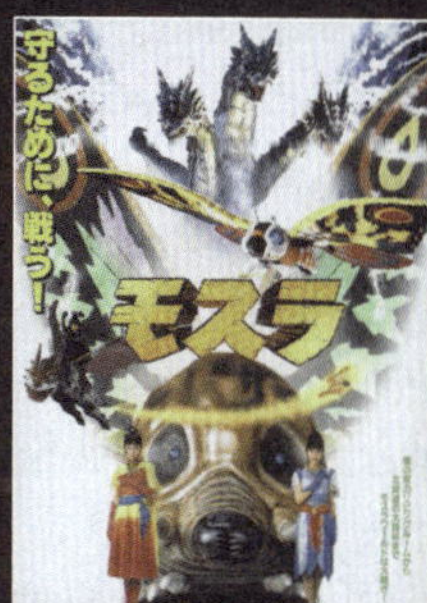

1955 HALF HUMAN – THE STORY OF THE ABOMINABLE SNOWMAN

Jap. Originaltitel: *Jūjin Yuki Otoko* | Jap. Erstaufführung: 14. August 1955 / 95 Min. | US-Titel: *Half Human – The Story of the Abominable Snowman* | US Erstaufführung: Dezember 1958 / 63 Min. | Internationaler Titel: *Monster Snowman* | Produktionsfirma: Toho | Produzent: Tomoyuki Tanaka (US-Version: Robert B. Homel) | Regie: Ishiro Honda (US-Version: Kenneth G. Crane) | Buch: Takeo Murata | Kamera: Tadashi Imura | Musik: Masaru Sato | Spezial-Effekte: Eiji Tsuburaya | Darsteller: Akira Takarada, Akemi Negishi, Momoko Kochi, Kenji Sahara, Yoshio Kosuai, Kuninori Kodo, als Schneemensch: Fuminori Ohashi | US-Darsteller: John Carradine, Russell Thorsen, Robert Karnes, Morris Ankrum.

Jūjin Yuki Otoko (dt.: Der tierisch-menschliche Schneemann) war Ishiro Hondas erster Film nach dem Hit *Gojira*. Seine beiden Hauptdarsteller Akira Takarada und Momoko Kochi waren wieder mit dabei. Der zukünftige Toho-Star Kenji Sahara hatte seine erste kleine Rolle in einem Kaiju Eiga. In Hondas nächstem Film *Rodan* sollte er schon die Hauptrolle übernehmen.

Erzählt wird die Geschichte eines affenähnlichen Schneemenschen, der zwei Skifahrer angegriffen und dabei im Schnee die typischen „Big Foot"-Fußabdrücke hinterlassen hat. Ein vom Primatenforscher Professor Koizumi (Nobuo Nakamura) geleitete Expedition, der auch Takeshi Ijima (Akira Takarada) und Machiko Takeno (Momoko Kochi) angehören, macht sich auf die Suche nach dem Yeti, der sogar einen Nachfahren haben soll. Doch gierige Geschäftemacher von einem Zirkus kommen ihnen zuvor und wollen die Schneemenschen einfangen. Im Gerangel wird der Sohn des Yetis erschossen. Aus Rache zerlegt der erzürnte Schneemensch ein Bergdorf, dessen friedliche Bewohner ihn doch als Gott verehren. Nur die wilde Chika (Akemi Negishi, bekannt aus Josef von Sternbergs

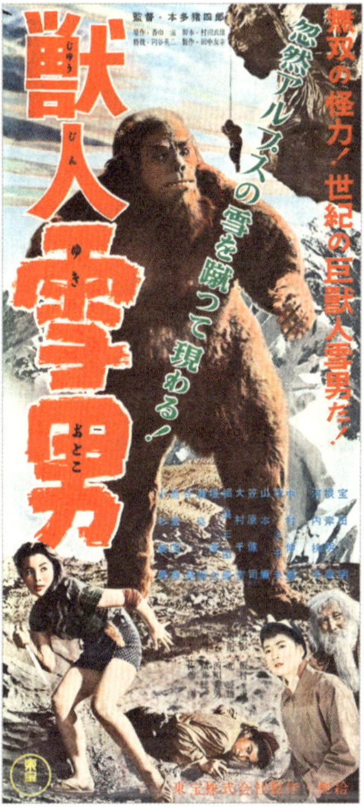

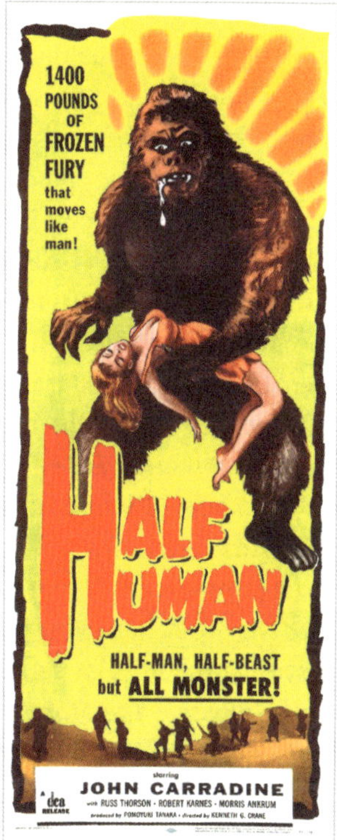

Die Sage von Anatahan), die Enkelin des Stammeshäuptlings, überlebt. Der Yeti entführt Machiko, wie das Affenmonster im Film eben zu tun pflegen. Chika führt einen Rettungstrupp in die Höhle des Schneemenschen. Hier finden sich Spuren einer ganzen Schneemensch-Population, die offenbar durch den Verzehr von Fliegenpilzen ausgerottet wurde. Chika befreit die schöne Machiko, wird aber von der angeschossenen Bestie in einen kochenden Schwefelsee mit in den Tod gerissen.

Der japanische Kinostart von *Jūjin Yuki Otoko* war am 14. August 1955. Eine spätere Auswertung im Heimkino fand nie statt. Es gibt keine offizielle Stellungnahme von Toho, warum der Film aus dem Verkehr gezogen wurde. Wahrscheinlich ist aber, dass Toho Schwierigkeiten mit Menschenrechtsorganisationen wie der „Buraku-Befreiungsliga“ aus dem Weg gehen wollte. Denn das animalische Verhalten von Chika und den Bergbewohnern (ähnlich den Ureinwohnervolk der Ainu) könnte man heute als diskriminierende, politisch nicht mehr korrekte Darstellung von in Japan gesellschaftlich ausgegrenzten Minderheiten (den sogenannten Burakumin) beanstanden. Menschen aus sozialen Unterschichten, die unreine Berufe ausführten, wurden auch aus religiösen Motiven als „Beschmutzte“ (Eta) oder „Nicht-Menschen“ (hinin) verunglimpft und in Gettos verbannt.

Es ist jammerschade, dass *Jūjin Yuki Otoko* nie in Deutschland veröffentlicht wurde. Die einzig offiziell verfügbare Fassung des Films ist derzeit die verstümmelte US-Version *Half Human – The Story of the Abominable Snowman*, die 1958 von der „Distributors Corporation of America“ ins Kino gebracht wurde (und 1990 von Rhino Home Video auf VHS Kassette veröffentlicht wurde). Dafür wurde die Länge des Films von 95 auf 63 Minuten gekürzt. In dieser kurzen Laufzeit sind aber schon ca. 20 Min. unambitioniert heruntergekurbelte Zusatzszenen mit dem umtriebigen Horror-Star John Carradine enthalten, der den Anthropologen Dr. John Rayburn spielt. Vom japanischen Originalfilm bleibt so nur knapp die Hälfte übrig. Doch, damit nicht genug des grausamen Spiels. Masaru Satos Musik wurde durch öde Archivmusik ersetzt. Die japanischen Dialoge sind weder synchronisiert noch untertitelt, sondern wurden einfach stumm belassen. Dafür hört man die Erzählerstimme von Märchenonkel Carradine, der in den zusätzlichen Szenen vor einem Seziertisch in einem Labor steht, auf dem der tote Sohn des Snowman liegt. Toho hatte das Monster-Kostüm eigens für den Nachdreh nach Amerika geschickt. Formal und dramaturgisch ist die US-Fassung *Half Human* eine Katastrophe und kaum mit dem atmosphärisch dichten Original zu vergleichen.

1956 RODAN

Dt. Erstaufführung: 1958 / 73 Min. | Wiederaufführungstitel: *Die fliegenden Monster von Osaka* | Jap. Originaltitel: *Sora no Daikaiju Radon* | Jap. Erstaufführung: 26. Dezember 1956 / 82 Min. | US-Titel: *Rodan – The Flying Monster* | US-Erstaufführung: August 1957 / 79 Min. | Produktionsfirma: Toho | Produzent: Tomoyuki Tanaka | Regie: Ishiro Honda | Buch: Takeshi Kimura | Kamera: Isamu Ashida | Musik: Akira Ifukube | Spezial-Effekte: Eiji Tsuburaya | Darsteller: Kenji Sahara, Yumi Shirakawa, Akihiko Hirata, Akio Kobori, Yasuko Nakata, Monosuke Yamada, als Rodan: Haruo Nakajima

In Tohos erstem farbigen Non-Godzilla-Monsterfilm geht es um zwei hässliche braune Flugsaurier, ähnlich dem prähistorischen Pteranodon, die durch warme Lavaströme und Atombombenversuche in ihren Eiern ausgebrütet werden. Doch bevor einer dieser 20 Millionen Jahre alten Riesenvögel über die Stadt Sasebo herfällt und mit gewaltigen Flügelschlägen ganze Häuserblöcke wegpustet, bekommen es Bergwerksingenieur Shigeru (Kenji Sahara) und seine Mitarbeiter mit fünf Meter langen Krustentieren, im japanischen Meganulon benannt, zu tun. Sie krabbeln in der Mine herum, töten die Arbeiter und dienen den aus großen Eiern geschlüpften Rodans als Vogelfutter. (Kleinere Monster, Parasiten und Würmer sind später oft Vorboten der ganz großen Monster.)

Tolle Sache: Als Raupen verkleidete Japaner mit Krebsscheren und großen runden Facettenaugen attackieren schreiende Bergleute. Das erinnert doch sehr an den amerikanischen Film *Formicula (Them)* von 1954, in dem Riesenameisen durch die Kanalisation von Los Angeles krabbeln.

Zurück zu *Rodan.* Nach einem Luftkampf mit der japanischen Armee sind die Rodans erschöpft und nisten sich in einem Krater ein. Durch Raketenbeschuss wird der Vulkan zum Ausbruch gebracht. In einem theatralischen Feuertanz kommt das Vogelpärchen in den Flammen um. Arm in Arm mit seiner Geliebten Kyo (Yumi Shirakawa) betrachtet Shigeru unter Tränen die Tragödie und lässt sich zu einem steinerweichenden Monolog hinreißen, aus dem hier nur einige Zeilen zitiert werden sollen: „Sie mussten gemeinsam sterben, weil keiner allein weiterleben wollte. Ich zweifle, ob ich, ein Mensch des 20. Jahrhunderts, je hoffen kann, so zu sterben. Als die Feuerflut die Rodane verzehrte, hallten ihre letzten Schmerzensschreie über die Berge. Wir alle standen im Bann einer seltsamen Verzauberung ..."

Wer dabei nicht ergriffen ist, ist ein schlechter Mensch. Doch Rodan kam wieder. Wenn auch in einer noch lächerlicherer Form. Er fliegt durch *Befehl aus dem Dunkel, Frankensteins Monster im Kampf gegen Ghidorah, Frankenstein und die Monster aus dem All,* in überarbeiteter Form auch in *Godzilla vs. Mechagodzilla 2* von 1993 und schließlich in der Abschlussgala *Final Wars* aus dem Jahre 2004.

Rodan-Darsteller Haruo Nakajima: „Wegen der großen Flügel war das Rodan-Kostüm sehr schwer. Ich war auch im Inneren des Kostüms, als Rodan fliegend durch eine Brücke kracht, und wurde von fünf oder sechs Helfern an Drähten in der Luft gehalten. Höhenängste hatte ich nie, aber andere Schauspieler mochten es gar nicht, wenn die

Drähte gekappt wurden und man in die Tiefe stürzte. Aber mir machte das nichts aus. Ansonsten war Rodan einfacher zu spielen als Godzilla. Ich musste keine Choreografie entwickeln, weil er sich ja kaum bewegt."

Kenji Sahara etablierte sich (nach *Jujin Yuki Otoko* aus dem Jahr 1955) als Stammschauspieler in Tohos SF-Filmen. Sogar in dem erst 1991 entstandenen *Godzilla – Duell der Megasaurier* hat er ein Cameo. Drehbuchautor Takeshi Kimura feierte seinen Einstand. Er war fortan für die seriösen (!) düsteren Stoffe, also meistens für die Honda-Filme, zuständig. Ich weiß nicht, was das genau für Musik ist, die in der deutschen Fernsehfassung zu hören ist. Aber nach Akira Ifukube hört sich das nicht an. Eher nach 50er-Jahre Filmmusik aus einer amerikanischen Produktion. Doch das „Düsenjägergeräusch", das Rodan beim Fliegen macht, ist schon „echt japanisch". Das muss an der Überschallgeschwindigkeit des Flugtieres liegen.

Abschließend erlaube ich mir, die Erstausgabe (1983) des Heyne-SF-Lexikons zu zitieren, das wiederum das Fanzine „Sol" zitiert: „Diverse Kritiker witterten hinter Hondas Konzeptlosigkeit natürlich gleich eine Warnung vor der Bombe. So auch das deutsche Fanzine „Sol", das die Ansicht verbreitete, der Regisseur verstehe es, „dem Zuschauer sein Anliegen eindringlich vor Augen zu führen" und ihn „auf seine Art vor den Folgen dieser Atombombenversuche zu warnen."

Dass das Publikum nicht in der erwarteten Weise auf des Meisters Botschaft reagierte, war schon ein Sakrileg: „Unbegreiflicherweise werden die todbringenden Angriffe Rodans von Heiterkeitsausbrüchen im Publikum, dessen größter Teil diesem Film kein Verständnis entgegenzubringen vermag, begleitet."

Rodan ist ein kompakter, kurzweiliger 50er-Jahre-Monster-Trash-Film in herrlichen hellen Farben, mit haarsträubenden Monstern und für die damalige Zeit äußerst gelungenen Tricksequenzen.

1956 WARNING FROM SPACE

Jap. Originaltitel: *Uchujin Tokyo ni arawaru (Unbekannter Satellit über Tokio)* / 87 Min. | Jap. Erstaufführung: 1956 | US Erstaufführungstitel: *The Mysterious Satellite* / 81 Min. | US Erstaufführung: 1960 | US/GB TV/DVD-Titel: *Warning from Space* | Internationaler Titel: *Unknown Satellite over Tokyo* | Alternativtitel: *The Cosmic Man Appear in Tokyo/ Space Men Appear over Tokyo* | Produktionsfirma: Daiei | Produzent: Masaichi Nagata | Regie: Koji Shima | Buch: Hideo Oguni | Kamera: Kimio Watanabe | Musik: Gentaro Nakajima | Spezial-Effekte: Kenmai Yuasa | Darsteller: Toyomi Karita, Keizi Kawasaki, Isao Yamagata, Bontaro Miake, Mieko Nagai, u.a.

Gleich in der ersten Einstellung kann man sie sehen: da steht in ihrer minimalistisch eingerichteten Weltraumbasis (eine Art Satellit – daher auch der internationale Titel *Unknown Satellite over Tokyo*) eine Gruppe aufrecht gehender fünfzackiger Sterne, in denen sich ganz offensichtlich menschliche Darsteller mit ausgestreckten Armen verbergen, die während der Dreharbeiten wahrscheinlich nachts noch mit weit abgewinkelten Armen im Bett lagen. Am niedlichsten sind die Füße dieser seesternähnlichen Wesen. Die unteren Zacken, die der Fortbewegung dienen, haben am Fußende niedliche kleine Knicke, wie Söckchen. Tatsächlich sehen diese technologisch hoch entwickelten Weltraumsterne wie Maggie Simpson im Schneeanzug aus. Sie haben nur kein Gesicht, sondern lediglich ein einzelnes dominantes Auge in der Sternenmitte. Außerdem sehen alle Sterne gleich aus und lassen sich nicht in Geschlechterkategorien einordnen, wie man es unten auf der Erde, von den USA bis Japan, bis heute noch gerne tut.

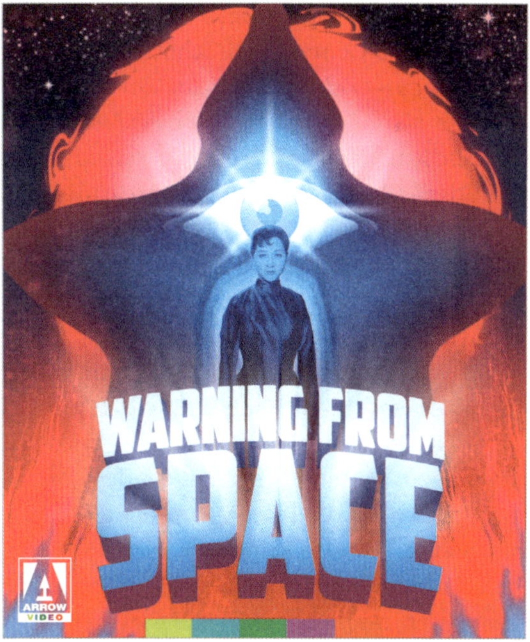

Sind die Hauptdarsteller in diesem ersten japanischen Science-Fiction-Farbfilm von 1956 vielleicht nicht nur drollige Söckchenfüße, sondern Helden der Gleichberechtigung? *Warning from Space* ist ein erstaunlicher Film, ganz davon abgesehen, dass hier menschengroße Seesterne aufrecht herumspazieren. Üblicherweise sind die gesellschaftlichen Verhältnisse in den 50er-Jahre Science-Fiction-Filmen, ob japanischer Monsterfilm oder amerikanische Vorlagen, eher konservativ, was die Haltung zum Fremden im Allgemeinen und besonders das Geschlechterverhältnis betrifft. In klassischen amerikanischen Invasionsfilmen wie *Invasion of the Saucer Men* ist das Fremde immer auch das Bedrohliche – hier werden Ängste vor der Atombombe,

UFOs und den Kommunisten geschickt kombiniert. Vor allem aber scheint das Genre hauptsächlich auf traditionsbewusste Jungs ausgerichtet zu sein. In Filmen wie *The Creature from the Black Lagoon* sind Monster liebestolle, aber leider hässliche männliche Wesen, und Frauen haben vor allem die Aufgabe, kreischend vor ihnen wegzurennen. Und wenn Monster einmal weiblich sind, wie in *Attack of the Fifty Foot Woman,* sind sie, wie die Femmes fatale als solche, auch wieder zuallererst Jungsfantasien.

Unsere Sterne sind da in jeder Hinsicht subversiv. In der amerikanischen Synchronfassung hebt ein Stern in feierlicher Stimmlage und interessantem Englisch zur Lagebesprechung an. Die Menschen auf der Erde müssten jetzt endlich mal zur Vernunft gebracht werden. Besonders geeignet sei ja wohl die Insel Japan. Die außerirdischen Fremden sind hier also keine Bedrohung, sondern wollen helfen. Obwohl die Japaner ja nun bei Gott mehr Grund gehabt hätten, „Atomic attack"-Filme zu drehen, ist die Furcht vor dem Fremden im japanischen Monsterfilm allerdings nie so ausgeprägt wie in amerikanischen Produktionen. Das Besondere an den Sternen ist aber nicht zuerst ihr Beitrag zur Völkerverständigung, sondern zur Gleichstellung von Frau und Mann. Ist das Geschlecht der Sterne hier nun endlich egal? Stern Nr. 1 hat eine Männerstimme – doch alles Jungs? Da werden sich noch einige wundern ...

Werfen wir aber zunächst einen Blick auf die Erde, nach Tokio, Japan. Da gibt es Professor Komura, der eine Formel für eine neue, nicht ganz ungefährliche Energieform gefunden hat, und seine bezaubernde Tochter, die schon mal aus dem Zimmer geschickt wird, wenn es etwas Wichtiges zu besprechen gibt. Außerdem sind dort eine sexy

Revuetänzerin, viele Schulkinder, die häufig im Chor singen müssen, Reporter mit Hüten, die Professor Komura ständig ausfragen, feindliche Wissenschaftler mit dunklen Sonnenbrillen, die die Formel nur zu gernhaben wollen, und schließlich noch ein Asteroid, der sich der Erde nähert und eine Klimakatastrophe auszulösen droht. Vor ihm wollen die Sterne warnen.

Weil sich niemand auf der Erde so recht mit ihrem Aussehen anfreunden will – kaum taucht ein Stern aus dem Wasser, purzelt die ganze Belegschaft eines Vergnügungsschiffes wie Stan und Olli durcheinander; kaum stellt sich ein Stern vor die Wohnungstür einer jungen Dame, schreit sie „An eye, an eye!". Die Sterne fassen einen Plan ... Und jetzt stellt sich heraus, dass das Geschlecht der Sterne nicht gleichgültig ist. Der Film wird auf glamouröse Art zu einem Emanzipationsschocker.

Wieder zurück zum Satellit. Ein zweiter Stern ergreift das Wort. Es scheint ein Mädchen zu sein; eine coole Frauenstimme. Sie ist offensichtlich die Starwissenschaftlerin unter den Sternen und will sich unerkannt unter die Menschen mischen, damit sie nicht gleich schreiend durcheinanderpurzeln. Sie möchte die Gestalt einer Revuetänzerin nach einem mitgebrachten Foto annehmen, und schon steigt die Sternin hinter einer kreisförmigen Glasscheibe in einen Transformator. Jetzt kommt es ähnlich schön wie der Dekompressionsvorgang im amerikanischen Klassiker *This Island Earth* von 1955 (die Hauptdarsteller werden wie gläserne Menschen durchleuchtet) zu einer liebevoll gemachten Verwandlungsszene. So kennt man das nur aus alten Monsterfilmen, vor der Entwicklung des digitalen Morphing. In langsamen Überblendungen wird aus dem Stern (Zwischenstadium: glitschiger Barbapapa) allmählichen die attraktive Erdenfrau. Und irgendwie nimmt man die Sterne jetzt trotz Söckchen doch ein wenig ernster, fast so ernst wie Klaatu und Gort in Robert Wises elegantem amerikanischen Ermahnungsfilm *The Day the Earth Stood Still* von 1951, einer der wenigen amerikanischen Science-Fiction-Filme, in denen ausnahmsweise mal kein Übel aus dem Weltall kommt. In *Warning from Space* reicht es zwar nicht zu einem schicken Aluminiumroboter, aber immerhin können die Aliens perfekt die menschliche Gestalt imitieren. Das ist bis heute eine unheimliche und Respekt einflößende Eigenschaft geblieben, siehe *Body Snatchers, The Thing* und *Terminator 2–3*.

Dazu haben wir jetzt noch eine weibliche Heldin! Auf der Erde angekommen, lässt sie sich zur Tarnung schlauerweise bewusstlos aus einem See ziehen. In einer hübschen Tennisszene springt sie wenig später grazil fünf Meter hoch, geht durch Wände und hat überragende Kenntnisse der Physik. Ziemlich fortschrittlich für eine Frauenrolle in einem 1950er Jahre Science-Fiction-Film – überhaupt im traditionellen fantastischen Film, ob West oder Ost. Noch dazu ist unser verkappter Seestern, obwohl sie als Revuetänzerin das Kostüm einer Femme fatale trägt, kein abstoßendes Monster, sondern Alien und Retterin zugleich. Am Ende gelingt es den Menschen mithilfe der Sterne den Asteroiden, der bereits einiges Unheil angerichtet hat, mittels neuer Energieform vom Himmel zu pusten. Damit wird eine der reizvollsten Friede-auf-Erden-Szenen eingeleitet, die ich seit Langem gesehen habe. Der Himmel klart auf, ein kleiner Waschbär steckt die Nase aus seiner Höhle, zwei Krabben und zwei Schildkröten tun es ihm gleich und lassen sich dann munter in klares Wasser gleiten, der Himmel wird blau, Schulkinder hüpfen aus ihrem

asteroidensicheren Versteck und hören endlich mit ihrem Gesinge auf.
In der letzten Einstellung, oben am Himmel im Sternensatellit, verschwindet die Retterin der Welt, sie heißt übrigens Nr. 4, wieder hinter der runden Scheibe und verwandelt sich via Barbapapa zurück zum Augenstern. Jetzt sehe ich die drolligen Söckchenfüße wirklich mit anderen Augen, denn diese Monster haben alle Evolutionsstufen des Geschlechtskonfliktes hinter sich. Nr. 4 hat uns gezeigt, dass man die Rolle der Revuetänzerin beliebig an- und ausziehen kann, dass man Mädchen nicht wegschicken sollte, wenn es mal ernst wird, und dass wir alle gleich sind, wenn man uns in Seesternkostüme steckt. Monsterfilme sind eben doch die wahren Schauplätze menschlicher Verhältnisse.

AUTORIN JULIE MIESS

1957 WELTRAUMBESTIEN

Alternativtitel: *Phantom 7000* | Dt. Erstaufführung: 5. Februar 1960 / 87 Min. | Jap. Originaltitel: *Chikyu Boeigun* | Jap. Erstaufführung: 28. Dezember 1957 / 89 Min. | US-Titel: *The Mysterians* | US Erstaufführung: 15. März 1959 / 87 Min. | Produktionsfirma: Toho | Produzent: Tomoyuki Tanaka | Regie: Ishiro Honda | Buch: Takeshi Kimura, Shigeru Kayama | Kamera: Hajime Koizumi | Musik: Akira Ifukube | Spezial-Effekte: Eiji Tsuburaya | FX-Kamera: Sadamasa Arikawa | Darsteller: Kenji Sahara, Yumi Shirakawa, Momoko Kochi, Akihiko Hirata, Takashi Shimura, Susumu Fujita, Hisaya Itoh – und Haruo Nakajima als Mogera

Als die Menschheit noch mit Steinäxten aufeinander einschlug, ruinierten die Bewohner von Mysteriot bereits ihren Planeten mit Wasserstoff-Bomben. Um das Überleben ihrer Art zu sichern, siedelten sich die bunt behelmten Mysterianer heimlich auf der Erde an. Am Fudschijama erbauen sie eine unterirdisch gelegene Zentrale, von der aus sie die Menschheit unter Druck setzen wollen. Sie brauchen nicht nur neuen Lebensraum, sondern auch Frauen, um kommende Generationen zu sichern. Mittels künstlich erzeugter Waldbrände, Erdbeben, Flugscheiben und letztlich eines spitznasigen Roboters, dessen Augen tödliche Strahlen aussenden und der wie einst Godzilla die Ländereien niedertrampelt, verbreiten sie Terror und Schrecken. Die erste Schlacht gewinnen die Mysterianer, und die Kanonenrohre der Menschen knicken völlig überhitzt ein ... Erst, als eine überdimensionale Elektronenkanone – die Superwaffe – aufgefahren wird, können die Fremden besiegt werden.

Die meiste Zeit verbringt *Weltraumbestien* mit ausufernden und streckenweise langatmigen Schlachtszenen in leuchtend bunten Breitwandbildern (Toho-Scope), in denen Raumschiffminiaturen mit Wunderkerzendüsen mittels einkopierter Laserstrahlen einander beschießen. Ungeachtet des großen Erfolges ihrer Monsterfilme verzichtete Toho hier weitgehend auf die Präsenz eines Monsters. Nur zu Beginn des Films taucht besagter Riesenroboter auf, der wie ein in Samurai-Rüstung gepanzerter Maulwurf wirkt und 1994 in *Godzilla vs. Space Godzilla* seine aktualisierte Auferstehung feierte. In einigen Rezensionen wird auf den unverhohlen kriegerischen Gestus des Films verwiesen, dessen Konstruktion (Fremde stehlen die Frauen des eigenen Volkes) deutlich beim Propagandafilm des Zweiten Weltkrieges Anleihen nimmt. Ästhetisch wird dieser Eindruck durch Ifukubes aufwühlenden Orchestersoundtrack unterstrichen, dramaturgisch durch die konsequente Gliederung in Angriff und Vergeltung. Andererseits arbeitet Honda hier mit zahlreichen sexualisierten

Symbolen. Die Festung der Außerirdischen erscheint wie ein von der Erde ausgeschiedenes Ei, und die Menschen setzen sich mit einer potenten Superkanone zu Wehr. Über die Bohrernase des Riesenroboters könnte ebenso einiges gesagt werden, nicht jedoch, ohne den Film völlig der Lächerlichkeit preiszugeben. Andere bekannte Motive tauchen hier auf, die die japanische „Katastrophenfantasie" (Susan Sontag) auf den Punkt bringen: Die Angst vor Erdbeben (in Japan aktueller denn je), die Erfahrung der totalen Verwüstung (Hiroshima), die Invasion durch das Fremde (US-Besetzung Japans), die Angst vor dem Frauenraub (US-GIs begehren Japanerinnen) und die Angst vor Unterwanderung und Verlust der Tradition. Hier spielen Kommunismus und amerikanischer Imperialismus gleichermaßen eine Rolle. Insofern ist *Weltraumbestien* ein symptomatischer Film, der seine Entstehungszeit während des Kalten Krieges deutlich reflektiert.

AUTOR MARCUS STIGLEGGER

1958 DAS GRAUEN SCHLEICHT DURCH TOKIO

Dt. Erstaufführung: 29. Mai 1959 / 78 Min. | Jap. Originaltitel: *Bijo to Ekitai Ningen (Die Schöne und der Flussigmensch)* | Jap. Erstaufführung: 24. Juni 1958 / 87 Min. | US-Titel: *The H-Man* | US Erstaufführung: 28. Mai 1959 / 79 Min. | Produktionsfirma: Toho | Produzent: Tomoyuki Tanaka | Regie: Ishiro Honda | Buch: Takeshi Kimura | Kamera: Hajime Koizumi, Hidesaburo Araki | Musik: Masaru Sato | Spezial-Effekte: Eiji Tsuburaya | FX-Kamera: Sadamasa Arikawa | Darsteller: Yumi Shirakawa, Kenji Sahara, Akikiko Hirata, Mitsuru Sato, Koreya Senda, Yoshio Tsuchiya u.a.

Mit *Gojira* hatte Regisseur Honda einen Bruch mit der Tradition des klassischen japanischen Fantasy-Kinos eingeleitet. Anders als die traditionellen Geistergeschichten – wie sie etwa von Nobuo Nakagawas Filmen repräsentiert werden – setzte Honda auf ein temporeich gestaltetes Kino der Sensationen, dessen Tempo die Filme in eine hektische Gegenwart situierte, die vom unaufhaltsamen Wandel und der Paranoia geprägt war. *Gojira* war bereits stark beeinflusst von Hollywood-Produkten wie *The Beast from 20.000 Fathoms,* so verstärkte sich dieser Einfluss bei *Bijo to Ekitai-ningen (Die Schöne und der Flüssigmensch),* der bei uns unter dem Titel *Das Grauen schleicht durch Tokio* zu sehen war, noch mehr. Ersterer wäre tatsächlich ein sehr viel passenderer Titel gewesen, denn das Monster lässt sich in Flaschen abfüllen!

Zur Story: Misaki, ein kleiner Gangster, hat den Auftrag, Rauschgift zu entwenden. Bei der Durchführung wird er von einem unbekannten Wesen angegriffen, das ihn vollständig verschwinden lässt. Lediglich seine Kleidung bleibt am Tatort zurück. Eine harte Nuss für Inspektor Tominaga (Akihiko Hirata), der nicht recht daran glauben mag, dass sich ein Gangster grundlos auszieht und nackt im Regen verschwindet.

Noch weniger jedoch weiß er mit der Theorie seines Freundes Masada (Kenji Sahara) anzufangen. Der Biochemiker vermutet, dass radioaktiver Fallout bei Menschen zu einer Mutation führen kann, die ihre völlige Verflüssigung zur Folge hat.

Obwohl ihm Masada einige Überlebende eines solchen Vorganges vorführt, hält Tominaga die Theorie für Mumpitz und hält sich an die Gangsterfreunde des Verschwundenen.

Als aber weitere herrenlose Garderoben aufgefunden werden, muss der Inspektor erkennen, dass sein Freund möglicherweise doch recht haben könnte. Die Einsicht kommt nur leider zu spät, denn schon wälzt sich ein Monster durch die Straßen, wie die Welt es noch nie gesehen hat … Na ja, vorausgesetzt, die Welt hat den amerikanischen *The Blob* nicht gesehen. In mancherlei Hinsicht gleicht der japanische Grusler diesem Film. Das Monster ist ebenfalls ein amorphes Wesen von dickflüssiger Konsistenz, aber es ist fraglich, ob Ishiro Honda und sein Stamm-Drehbuchautor Takeshi Kimura von diesem US-Film beeinflusst wurden. Beide Filme wurden etwa zur selben Zeit produziert. Im Gegensatz zum unterhaltsamen aber doch recht trashigen *The Blob* wendet sich *The H-Man,* so der US-Titel, eher an ein erwachsenes Publikum und verkauft seine Attraktionen als geradlinigen Horror. Dabei stechen besonders die Trickeffekte von Eiji Tsuburaya hervor, die beim heutigen Betrachter zwar ein amüsiertes Schmunzeln erzeugen, aber damals eine ganz andere Wirkung hatten. Statt der Überblendungen oder Stop-Motion-Animation, die man in einem amerikanischen Film erwarten würde, verlässt sich Tsuburaya auf eine simple und effektive Methode. Er ließ von den Darstellern lebensgroße aufblasbare Puppen herstellen. Die zusammenschrumpelnden Figuren wirken sicherlich nicht realistisch, aber verfehlten ihre Wirkung nicht. In japanischen Horrorfilmen steht nicht der Realismus im Vordergrund, sondern sein Spektakelwert. Im Verbund mit Hondas glänzender Farbregie gelingt Tsuburaya etwas, an das sich Fans gern erinnern. *The H-Man* verkauft den grotesken Horror auf durchweg ernsthafte Weise und verkneift sich auch die typischen „Comic Relief“-Charaktere, die einige der späteren Filme mit ihren Albereien verjuxten.

In einer Rückblende, die Szene mit dem verlassenen Schiff, können wir eine wirklich unheimliche Episode erleben, erstaunlich für diejenigen, die japanische Monsterfilme für harmlose Kinderunterhaltung halten. Man kann darüber streiten, ob die Gangsterepisoden etwas zu breitgewalzt sind, und man wünscht sich manchmal doch, dass endlich das radioaktive Haargel wieder über die Leinwand quillt!

Es gibt auch mehrere überaus westlich gefärbte Nachtclubszenen auszusitzen, aber insgesamt macht *The H-Man* eine Menge Spaß. Der Film ist ein weiterer Beleg für das Talent Hondas, eine triviale Geschichte durch visuell reizvolle Gestaltung aufzuwerten. Die Hauptdarsteller – Shirakawa, Sahara und Hirata – gehören alle zu Hondas Stammensemble, und es fällt dem Zuschauer nicht schwer, sich diesem Familientreffen wohlgemut anzuschließen. Schöner Film!

AUTOR CHRISTIAN KESSLER

1958 VARAN – DAS MONSTER AUS DER URZEIT

Jap. Originaltitel: *Daikaiju Baran* | Jap. Erstaufführung: 14. Oktober 1958 / 87 Min. | US-Titel: *Varan – The Unbelievable* | US Erstaufführung: 12. Dezember 1962 / 70 Min. | Dt. DVD Premiere: 26. April 2011 | Produktionsfirma: Toho (US-Version: Dallas Productions/Cory Prod.) | Produzent: Tomoyuki Tanaka (US-Version: Jerry A. Baerwitz) | Regie: Ishiro Honda (US-Version: Jerry A. Baerwitz) | Buch: Shinichi Sekizawa (US-Version: Sid Harris) | Kamera: Hajime Koizumi (US-Version: Jacques Marquette) | Musik: Akira Ifukube (US-Version: Albert Glasser) | Spezial-Effekte: Eiji Tsuburaya | FX-Kamera: Sadamasa Arikawa | Darsteller: Kozo Nomura, Ayumi Sonoda, Fumito Matsuo, Koreya Senda, Akihiko Hirata, Fuyuki Murakami, Akira Sera, als Baran: Haruo Nakajima. US-Version: Myron Healy, Tsuruko Kobayashi, Clifford Kawada, Derick Shimatsu, Hideo Imamura

Daikaiju Baran ist ein gradliniges Monster-Spektakel von 1958 ohne große Überraschungen, das erst im Jahr 2011

eine deutsche Synchronfassung und eine Premiere auf DVD erhielt.

Zwei Schmetterlingsjäger entdecken im Urwald ein sehr seltenes Exemplar, gleichzeitig aber auch das riesige Monster Baran, eine in einem See lebende Riesenechse mit Rückenstachelkamm und Godzilla-ähnlichem Gebrüll. Ein dreiköpfiges Forscherteam macht sich auf die Suche nach den verschollenen Schmetterlingsfängern und trifft ebenfalls auf Baran, der von einem Eingeborenenstamm als Gottheit verehrt wird. Das Vogelgezwitscher an Barans idyllischem See wird alsbald vom Getöse anrollender Modellpanzer der japanischen Selbstverteidigungsarmee übertönt, die sich am Ufer postieren. Giftbomben werden in den See geworfen, die das Monster zum Auftauchen zwingen. Doch Baran ist mächtig aufgebracht und scheucht die Menschen in eine Felsspalte. Als der Wald zu brennen beginnt, erhebt sich Baran wie ein Flughund (mit Düsengeräusch!?) in die heißen Lüfte und lässt sich in die Zivilisation zurück bis nach Tokio tragen. Die japanische Selbstverteidigungsarmee wird im Kampf gegen Baran von Akira Ifukubes ungemein motivierender Marschmusik unterstützt. Bei dieser packenden musikalischen Untermalung wäre jeder bereit, sein Vaterland gegen Latexmonster zu verteidigen. Überhaupt hat das Militär, in Japan laut Verfassung nur zur Verteidigung (gegen Riesenmonster) vorgesehen, eine enorme Präsenz in diesem Werk. Ständig fahren leicht als Spielzeug erkennbare Kanonen hin und her und feuern auf alles, was sich bewegt. Sollte sich der Rest der Welt von Japans Miniaturstreitkräften beeindruckt zeigen? Wieder ist es am Ende Akihiko Hirata, der Darsteller des Dr. Serizawa aus *Godzilla* und Erfinder des Oxygen-Zerstörers, der die rettende

Wunderbombe zur Vernichtung des Ungeheuers austüftelt und sie per Fallschirm direkt in das Maul des Ungeheuers schweben lässt. Baran hat die Schnauze gestrichen voll und verzieht sich zur finalen Selbstexplosion in seinen See. Die holprige Produktionsgeschichte des Films begann als Auftragsproduktion für das amerikanische Fernsehen. Hier sollte *Varan – The Unbelievable* ursprünglich als Dreiteiler mit Werbeunterbrechungen laufen. Deshalb machte es für Toho Sinn, den Film nur in schwarz-weiß im fernsehgerechten Vollbildformat zu drehen. Ein formaler Rückschritt, denn Toho hatte in den Jahren zuvor mit *Die fliegenden Monster von Osaka* und *Weltraumbestien* schon wundervolle Farbfilme produziert. Im Laufe der Dreharbeiten änderten sich die Pläne und Toho entschied, den Film doch als Kinofilm in Japan auszuwerten. Die bereits im Vollbildformat (1,33:1) gedrehten Szenen wurden einfach ins Breitbild-Kinoformat Tohoscope (2,35:1) aufgeblasen. Das hat zur Folge, dass der Bildinhalt in einigen Szenen an der oberen und unteren Bildkante merklich beschnitten ist. *Daikaiju Baran* war schnell vergessen. Mit einer stimmungsvollen, aber einfallslosen *Godzilla*-Kopie in schwarz-weiß konnte man das Publikum nicht mehr beeindrucken. Drei Jahre lang drehte Toho keinen Monsterfilm mehr.

Die amerikanische Version *Varan – The Unbelievable*, die Jerry A. Baerwitz 1962 erstellte, ist unansehbar. Gerade mal 15 Minuten des Originalmaterials, vornehmlich Monsterszenen, sind in dieser verstümmelten Version noch enthalten. In den in USA gedrehten Szenen sieht man den unerträglich selbstgefälligen Commander James Bradley (Myron Healey, Trash-Film-Fans aus *Planet Saturn lässt schön grüßen/The Incredible Melting Man* von 1977 wohlbekannt), der sich als Held aufspielt und für die Japaner ein wichtiges Experiment durchführen soll. Das Salzwasser eines Sees, auf dessen Grund laut Aberglauben ein riesiges Monstrum lebt, soll in Trinkwasser umgewandelt werden. Unschön nur, dass Bradley dafür jede Menge Chemikalien in den See versenken muss und alles verpestet. Seine ihm hörige japanische Frau Anna (Betty-Page-Look-a-like Tsuruko Kobayashi) wird endlos mit der enormen Wichtigkeit seines Experiments zugetextet. Zudem ereifert sich Bradley über die am See lebenden „primitiven" Eingeborenen, die doch tatsächlich die Frechheit besitzen aufzumucken, nur weil er den für sie lebenswichtigen See verseucht. Baran, der hier Obachi genannt wird, hat auch bald genug und steigt aus dem Wasser, verwüstet alles und wird schließlich von Commander Bradley totgebombt. Die Japaner bedanken sich artig dafür. Und als ob diese inhaltliche wie formale Vergewaltigung des Originalfilms nicht schon genug wäre, wurde Akira Ifukubes prägnante Filmmusik gegen Albert Glassers Musik zu *Der Koloss/The Amazing Colossal Man* ausgetauscht. Im Vorspann findet weder Toho noch die japanische Filmcrew eine Erwähnung. Eine bodenlose Nichtachtung.

Das Monster Baran hatte 1968, im 20. Monsterfilm der Toho, *Frankenstein und die Monster aus dem All*, noch einen kurzen Gastauftritt und fliegt einige Male als starre Puppe durchs Bild. Akira Ifukubes Baran-Thema war langlebiger und wurde 1964 zu King Ghidorahs Erkennungsmelodie.

1961 MOTHRA BEDROHT DIE WELT

Dt. Erstaufführung im Fernsehen: 13. Februar 1994 / 84 Min. | Jap. Originaltitel: *Mosura* | Jap. Erstaufführung: 30. Juli 1961 / 101 Min. | US-Titel: *Mothra* | US Erstaufführung: 10. Mai 1962 / 88 Min. | Produktionsfirma: Toho | Produzent: Tomoyuki Tanaka | Regie: Ishiro Honda | Buch: Shinichi Sekizawa | Story: Shinichiro Nakamura | Kamera: Hajime Koizumi | Musik: Yuji Koseki | Spezial-Effekte: Eiji Tsuburaya | FX-Kamera: Sadamasa Arikawa | Darsteller: Frankie Sakai, Hiroshi Koizumi, Ken Uehara, Kyoko Kagawa, Emi Ito und Yumi Ito (The Peanuts), Jerry Ito, Takashi Shimura, Akihiko Hirata

Ein gieriger Kunsthändler, das Kapitalistenschwein Clark Nelson (Jerry Ito) aus dem Land Rolisika (die Märchenversion von Amerika), entführt die beiden niedlichen, nur zwanzig Zentimeter großen Zwillingsfeen Emi und Yumi Ito (das in Japan bekanntes Pop-Duo „The Peanuts", das 1959 mit ihrer Debüt-Single „Kuroi Hanabera" einen Nummer 1-Hit in Japan landeten) von der Beiru-Insel im Südpazifik. Rolisika hat Dreck am Stecken, denn das Land ist für Atomtests verantwortlich, die ohne Rücksicht auf das in Beiru lebende Eingeborenenvolk (mit dunkler Schuhcreme bemalte Japaner) durchgeführt wurden. Allerdings ist ganz Japan entzückt, als die Zwillingsmädchen (in Japan nennt man sie „Shobijin", eine Kombination der Worte für „Klein" und „Hübsch") in ihrer „Secret Fairies Show" das Mothra-Lied singen.

Dieses Lied ist zugleich ein telepathischer Hilferuf nach Beiru, wo aus einem bunten Riesenei die göttliche Raupenlarve Mothra schlüpft. Sie macht sich sogleich auf den Weg nach Tokio, um die Feen aus den Fesseln des Kapitalismus zu befreien. Nein, Mothra wird nicht von blinder Zerstörungswut getrieben wie so viele ihrer Monsterkollegen. Sie (?) hat edle Ziele, ist eher sanftmütig und im Recht. Die vereinten Militärkräfte von Japan und Rolisika können das Monster nicht stoppen. Das Kaiju ist gut, das

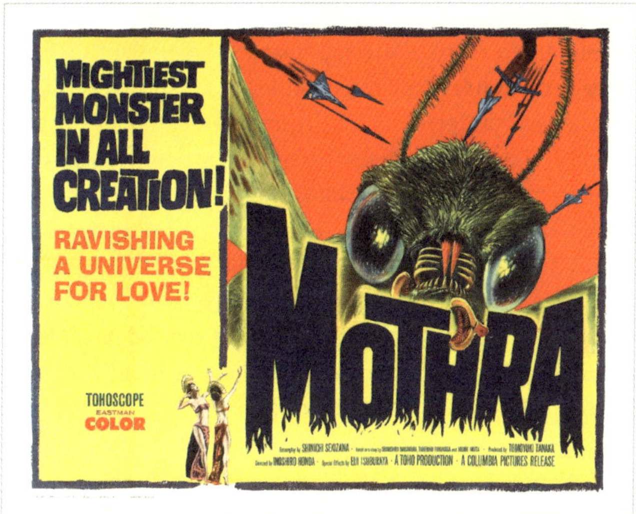

Militär schlecht. Der Wunsch nach internationaler Kooperation für eine monsterfreie Welt geht nicht in Erfüllung. Mothra spinnt sich am zerbrochenen Tokio Tower in einen Kokon ein. Trotz Parabollaserbeschuss schlüpft aus dem aufbrechenden Kokon ein wunderschöner Mothra-Falter. Nun werden Tokio und New Kirk City, die Hauptstadt von Rolisika, von den mächtigen Winden, die Mothra mit ihren plüschigen Flügeln entfacht, verwüstet. Erst nachdem die Helden Dr. Chujo Nakazo (Hiroshi Koizumi) und Tsinchan Fukuda (der in Japan bekannte Komiker Frankie Sakai) dem bösen Nelson nachstellen und dieser von der Polizei erschossen wird, zeichnet sich ein Ende der Zerstörungen ab. Auf die Landebahn des Flughafens in New Kirk City wird das Mothra-Symbol, ein religiös anmutendes Kreuz, gepinselt. Unter Glockengeläut erscheint Mothra und die Übergabe der entführten Zwillinge findet statt. Heimkehr ins „strahlende“ Beiru.

Ein märchenhafter Familienfilm, ohne westliche Monstervorbilder. Von Grund auf japanisch möchte man meinen. Es geht nicht um Realismus, sondern um eine Ästhetik, die sich selbst genügt, in sich ruht und erhaben über der naiven Moral des Filmes liegt. Unbedingt ein Augenschmaus. Drehbuchautor Shinichi Sekizawa war ein Neuzugang in Tohos Universum. Er hatte den Zweiten Weltkrieg hungernd auf Südseeinseln verbracht und ließ nun sein persönliches Trauma einfließen. Paradiesische verseuchte Inseln, Säfte gegen Krankheiten wie Fieber oder Radioaktivität. Im Kontrast dazu zeichnen sich seine Bücher aber auch durch einen Familienkino-gerechten Humor aus. Sekizawa schrieb die meisten Godzilla-Filme der ersten Ära sowie zahlreiche andere Toho-Monsterfilme.

Abschließend ein überaus treffendes Zitat zum Selbstverständnis des Monster-Filme-Guckens aus Stuart Galbraiths Buch „Japanese SF, Fantasy and Horror Films" (USA 1994): „Pictures like *Mothra* are full of absurdities – tiny twins, giant moths etc. but no more so than any popular American films. I had the good fortune to watch these pictures with the innocence of childhood. I never believed at any time that what I was seeing was actually happening, but when the story tellers said: „Here's our premise!", I was happy to accept their launching point, however absurd it might be in the real world. If I wanted the real world, I'd watch a Frederick Wiseman movie. I was a kid, I wanted films like *Mothra*."

Mothra wurde seinerzeit in Deutschland nicht veröffentlicht. Erst 1994 synchronisierte der Fernsehkanal „Kabel 1" den Film und strahlte ihn erstmalig unter dem Titel *Mothra bedroht die Welt* aus. Als Vorlage für diese deutsche Version diente leider nur die gekürzte US-Fassung.

1962 UFOS ZERSTÖREN DIE ERDE

Dt. Erstaufführung: 10. Juli 1975 / 84 Min. | Dt. Blu-ray Titel: *Gorath* | Jap. Originaltitel: *Yosei Gorasu* | Jap. Erstaufführung: 21. März 1962 / 89 Min. | US-Titel: *Gorath* | US Erstaufführung: 15. Mai 1964 / 83 Min. | Produktionsfirma: Toho | Produzent: Tomoyuki Tanaka | Regie: Ishiro Honda | Buch: Takeshi Kimura | Kamera: Hajime Koizumi, Motoyoshi Tomioka | Musik: Kan Ishii | Spezial-Effekte: Eiji Tsuburaya | FX-Kamera: Sadamasa Arikawa | Darsteller: Ryo Ikebe, Yumi Shirakawa, Takashi Shimura, Kumi Mizuno, Akira Kubo u.a.

Die deutsche Fassung dieses Filmes sorgt wieder einmal anständig für Verwirrung. Nicht nur, weil im Kinotrailer des Apollo-Filmverleihs von einem gewissen „großen amerikanischen Regisseur G. Welles“ die Rede ist, der diesen aufregenden Science-Fiction-Film angeblich gedreht haben soll, sondern weil in *Ufos zerstören die Erde* überhaupt keine Ufos die Erde zerstören. Vielmehr ist es ein Komet, ein bröckeliger brodelnder Lavaball, der auf den Namen Gorath hört und sich auf Kollisionskurs mit der Erde befindet. Wenn man es ganz genau nimmt, ist ein Komet natürlich ein Unbekanntes-Flug-Objekt, aber der Filmverleih hat mit dem deutschen Titel Assoziationen mit der damals populären britischen Fernsehserie *U.F.O.* wecken wollen.
Der durch das All sausende Brocken mit der 600-fachen Masse unserer Erde hat schon den Ring des Saturns und unseren Mond verschlungen, sowie eine Mannschaft japanischer Kamikaze-Astronauten in sein feuriges Inneres gezogen. Die japanischen Wissenschaftler kommen auf die zündende Idee, die Erde im Weltraum zu verschieben, damit Gorath an ihr vorbeifliegt. Die ganze Welt ist stolz auf Japan. Mit 60 Billionen Megatonnen Jetkraft am Südpol stößt die gesamte Menschheit mit vereinten Kräften die Welt aus ihrer Umlaufbahn, doch der haarscharf an ihr vorbei schrammende Komet verursacht heftige

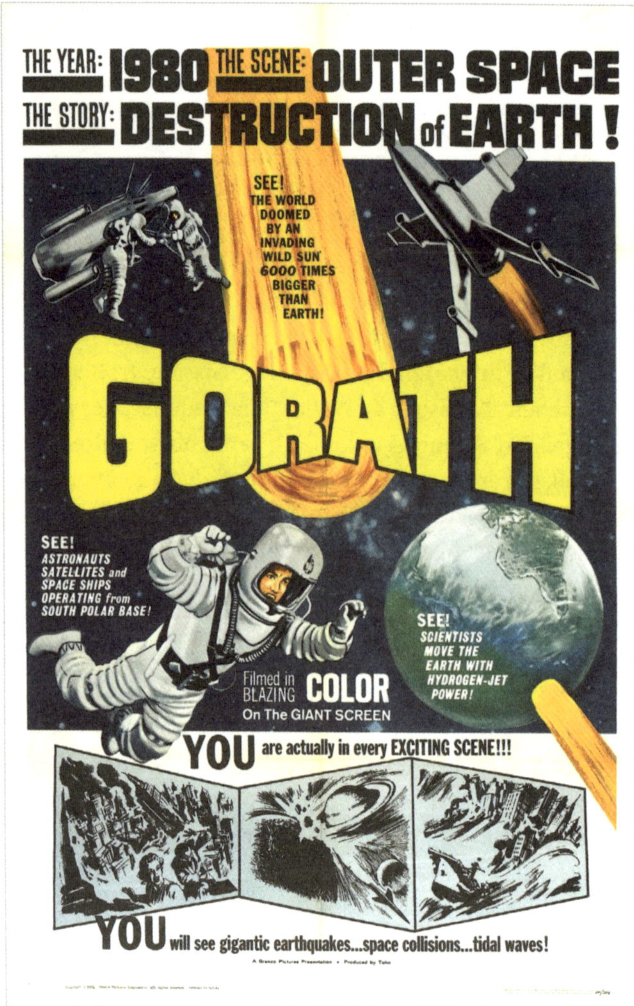

Sturmfluten und Erdbeben. Ganz Tokio steht unter Wasser und trotzdem hat der Film ein Happy End. Denn in einer kleinen Liebesgeschichte nebenbei hat der Teufelskerl

Akira Kubo beim Umfliegen des Höllenkometen sein Gedächtnis verloren, das er nun im Angesicht des vorbeifliegenden Planeten in den Armen seiner geliebten Kumi Mizuno wiederfindet. Toho-Star Mizuno sieht wie immer hinreißend aus und präsentiert sich hier sogar nur mit Badeschaum bekleidet in der Wanne. *Yosei Gorasu* ist ein monumentaler und bitterer Katastrophenfilm aus den Toho-Studios. Hier wurden nicht nur das Weltall, der Südpol, ganz Tokio, sondern auch das Innere der schicken Raumschiffe mit allerlei blinkendem und technischem Firlefanz aufgebaut. Teruyoshi Nakano, der als Spezial-Effekt-Assistent an dem Film arbeitete, erinnert sich auf dem G-Fest im Juli 2004 in Chicago: „Das sind wahrscheinlich die besten Miniatur-Sets, die Eiji Tsuburaya je gemacht hat. Die Designer ließen so viele Sets bauen, dass wir Schwierigkeiten hatten, die Lampen und Kameras zu positionieren."

Kennt man nur die deutsche Kinofassung des Films, dann hat man nie mit dem Riesenwalross Magma Bekanntschaft gemacht, das durch die große Hitze der Düsenjets, die am Südpol positioniert sind, aus seinem Winterschlaf geweckt wird. Das Monster gefährdet die gesamte Operation, als es eine der antarktischen Stützpunkte angreift. Es muss mit einer Laserkanone niedergestreckt werden. Dieses drollige Kaiju, das auf Drängen von Tomoyuki Tanaka in den Film integriert wurde und natürlich von Godzilla-Darsteller Haruo Nakajima gespielt wird, ist sowohl aus der amerikanischen wie der deutschen Kinofassung entfernt worden, weil es den Verleihern zu lächerlich erschien.

Dem kann man schlecht widersprechen. Spezial-Effekt-Assistent Teruyoshi Nakano: „Mr. Tanaka wollte unbedingt ein Kaiju in dem Film. Wir mussten 200 Flaschen Propangas um die Jetdüsen am Südpol stellen. Die entfachten eine enorme Hitze. Und Haruo Nakajima musste daneben in seinem Walross-Kostüm aus Latex ausharren. Nach einer Weile rief er, wir sollten ihn schnell herausholen. Er bekam einfach keine Luft mehr in dem Kostüm. Tatsächlich hatte die Hitze schon die Haut von Magma aufgelöst, und wir mussten es neu anmalen lassen."

Für die Heimkinoauswertung auf DVD und Blu-ray wurde *Yosei Gorasu* mittlerweile restauriert. Walross Magma kann also endlich auch hierzulande bewundert werden.

1963 U 2000 – TAUCHFAHRT DES GRAUENS

Deutsche Anzeige des „Constantin Film" Verleihs, 1967 | Dt. Erstaufführung: 12. November 1967 / 87 Min. | Jap. Originaltitel: *Kaitai Gunkan (Unterwasser-Schlachtschiff)* | Jap. Erstaufführung: 22. Dezember 1963 / 96 Min. | Internationaler Titel: *Atoragon* | US-Titel: *Atragon* | US Erstaufführung: 11. März 1965 / 79 Min. | Produktionsfirma: Toho | Produzent: Tomoyuki Tanaka | Regie: Ishiro Honda | Buch: Shinichi Sekizawa | Kamera: Hajime Koizumi | Musik: Akira Ifukube | Spezial-Effekte: Eiji Tsuburaya | FX-Kamera: Sadamasa Arikawa | Darsteller: Jun Tazaki, Tadeo Takashima, Yoko Fujiyama, Yu Fujiki, Ken Uehara, Tetsuko Kobayashi, Akihiko Hirata, Kenji Sahara, Susumu Fujita

Ein Mann sitzt auf der Rückbank eines Taxis und beschwert sich über die falsche Fahrtrichtung. Der sonnenbebrillte Fahrer beschleunigt und rast durch die Nacht. Der Entführte schreit plötzlich auf und hält sich theatralisch die Hand. Schnitt!

Ein Mann mit Hut und Augenklappe kommt auf uns zu und schießt mit einem Revolver in unsere Richtung.

Unvermittelt steht das Bild auf dem Kopf. Jetzt bemerken wir, dass ein Fotografen-Team seltsame Bilder macht. Ein hübsches Mädchen entledigt sich ihres Mantels und posiert im Bikini. Es ist nicht nur kalt und dunkel (es wird

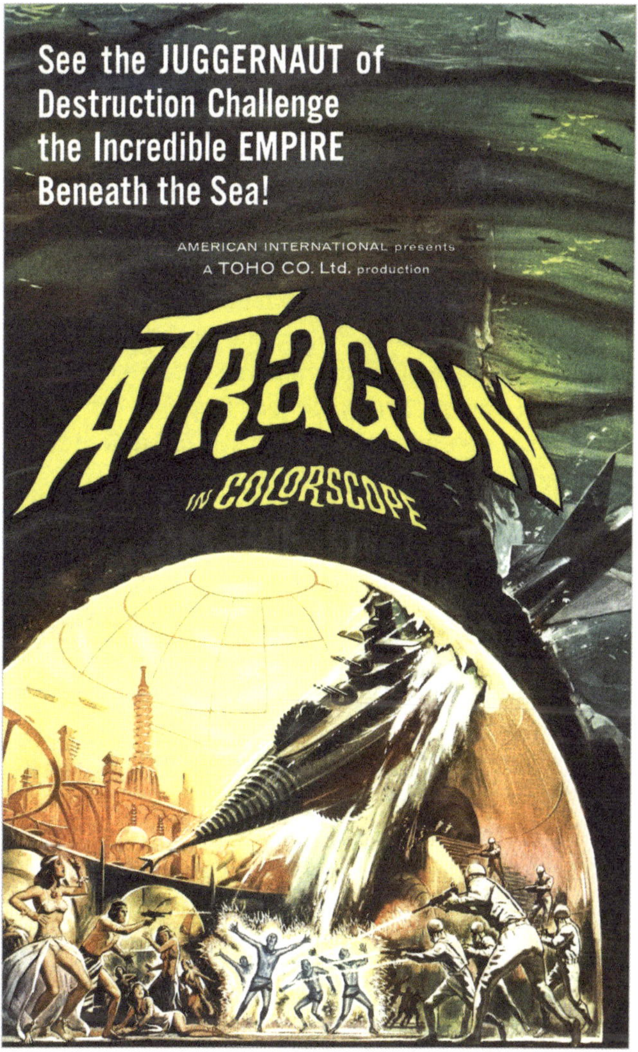
See the JUGGERNAUT of
Destruction Challenge
the Incredible EMPIRE
Beneath the Sea!
AMERICAN INTERNATIONAL presents
A TOHO CO. Ltd. production
ATRAGON
IN COLORSCOPE

mit Blitzlicht fotografiert!), nein, auch der Ort ist mehr als ungewöhnlich. Ein Hafenbecken? Wir haben über die absurde Situation noch gar nicht nachdenken können, da steigt am Beckenrand eine glitschige Kreatur aus dem Wasser. Das Ungeheuer aus der Schwarzen Lagune? Vom Blitzlicht erschrocken, plumpst es zurück ins dunkle Wasser. Fast gleichzeitig rast ein Auto, offensichtlich das Taxi mit dem Entführten, direkt auf den Kai zu und versinkt in den Fluten. Das feuchte Element brodelt, und der Fotograf stellt die einzig richtige Frage: „Was kocht da?“ Schnitt! Dann erscheint der Titel des Honda-Klassikers leinwandfüllend: *U 2000 – Tauchfahrt des Grauens.* Wir wissen schon jetzt, es wird nicht die einzige mysteriöse Szene bleiben.

Mitte der 70er Jahre saß ich sonntags regelmäßig im Provinzkino „Savoy“, das schon etwas heruntergekommen von der Kinder- und Jugendvorstellung an den Nachmittagen lebte. Hier sah ich meine Abenteuer mit Sindbad, Jason, Herkules, Gamera und Godzilla. Dreihundert Kids stampften und grölten vor Vergnügen, wenn Godzilla Osaka plattmachte. Man musste höllisch aufpassen, wenn eine Batterie von Dosen und Flaschen über die Reihen flogen und der Begeisterung noch mehr Ausdruck verliehen. Wie bei einem Fußballspiel wurde alles fachkundig kommentiert. In dieser FSK-freien Zone rutschte man manchmal tief in den Kinosessel, war es zu gruselig, oder stand darauf, wenn die Spannung nervenzerfetzend war. Bevor der Hauptfilm begann, lief ein Trailer, um die Attraktion des nächsten Sonntags anzukündigen. Warum ich das erzähle? Nun, an *U 2000* erinnere ich mich besonders gut. Die Spannung hielt eine ganze Woche lang. Was war denn um Himmelswillen das Mu-Reich? Und dieses fantastische

U-Boot mit der Bohrerspitze? Konnte es womöglich zum Mittelpunkt der Erde gelangen?
In jener Zeit hatte ich noch nichts über den britischen Colonel James Churchward gehört. Dieser verbreitete in seinen Büchern aus den 20er und 30er Jahren eine seltsame Theorie über das Mu-Reich. Er war durch den Hohepriester eines Tempels in Indien in das Geheimnis von Mu eingeweiht worden, der ihm geheime alte Schrifttafeln gezeigt und ihn die Sprache gelehrt hatte, in der sie geschrieben waren. Auf diesen Tafeln war von der Schöpfung der Erde und den ersten Menschen die Rede, die den riesigen Kontinent Mu bewohnten, der sich von den Fidschi-Inseln bis Hawaii und von den Marianen bis zur Osterinsel erstreckte. Mu wurde vor 12.000 Jahren durch gewaltige Erdbeben zerstört, wobei auch seine 64 Millionen Bewohner umkamen. Nach Angaben Churchwards gab es auf Mu verschiedene Rassen, an deren Spitze jedoch die weiße stand. Das legendäre Atlantis und das alte Ägypten waren Kolonien von Mu. Eine weitere Kolonie lag in Zentralasien. Ihre Bewohner waren die Arier, die hypothetischen Vorfahren aller modernen weißen Rassen. Die indische Schrifttafel, auf die sich Churchward berief, hat außer ihm niemand zu Gesicht bekommen. Seine rassistische Geschichtsdeutung ist eine von vielen, die seit Anfang des vergangenen Jahrhunderts unheilvolle Wegbereiter waren.
Das Mu-Reich im Film versank zwar ebenfalls, jedoch konnten sich seine Bewohner am Grund des Meeres eine neue Welt aufbauen, in dessen Mittelpunkt sich eine künstliche Sonne und eine riesige Kraftstation befanden, die die Hitze des Erdinneren in lebensspendende Energie umwandelte. Und leider haben die Bewohner die Absicht, ihr Reich auch auf die Erdoberfläche auszudehnen.

Die einzige Rettung der Menschheit ist U-Boot-Kapitän Shinguji (Jun Tazaki), der sich jedoch nach der Kapitulation Japans zurückgezogen hat und an einem Super-U-Boot baut, um damit Heldentaten für sein Vaterland zu vollbringen. Die Vorlage für diese Figur ist nicht zu übersehen. Jules Vernes Kapitän Nemo und seine Nautilus. Und wir ahnen schon, wie Kapitän Nemo muss auch Shinguji scheitern, beides stolze Menschen, ignorant, asozial und extrem idealistisch. In der frühen Phase der Jugend haben Ideale eine besondere Bedeutung. Meint man nicht, die Welt verbessern zu müssen? Umso peinlicher war mir als pubertierender Jugendlicher der so private Untergang eines Ideals in der Figur des Shinguji. Doch die persönliche Niederlage, er muss sich mit seinen Feinden verbünden, verwandelt sich letztlich in einen Triumph, da er die Menschheit rettet. Etwas Größeres wie Humanität tritt in Erscheinung. So sind schwarzweiß-malerische Filme wie U 2000 immer eine Parabel des wichtigen Abschnitts eines nach Orientierung suchenden jungen Lebens. Und als Erwachsener? Nun, da kann man über so viel Naivität immerhin noch schmunzeln – über die des Filmes und der eigenen.

Weit verbreitet ist die Meinung, der Film komme etwas schwer in Fahrt. Doch verbreitet der Regisseur zunächst reichlich Atmosphäre, bis er zu den Action-Szenen (Spezial-Effekten) kommt. Die Bösen heißen gerne Agent 23, tragen Sonnenbrillen, blicken trotzdem verkniffen drein oder haben angeklebte Bärte. Die mächtige Kaiserin des Mu-Reiches und ihre Dienerinnen tragen Nylon-Perücken; sie in Feuerrot, die anderen in Gelb oder Lila. Man erwartet, dass sie gleich anfangen, „Japanese Boy“ zu singen. Stattdessen besitzen alle überirdische Fähigkeiten, die sie gemeinerweise auch benutzen. In beschwörenden Tempeltänzen huldigen sie, umgeben von einem irgendwie ägyptischen Interieur, der riesigen Drachen-Schlangen-Gottheit Manda, die leider etwas nach Augsburger Puppenkiste ausschaut. Meine geliebten Plastikfahrzeuge holpern reichlich durch die künstliche Landschaft. Und dann das U 2000! Was für ein Alleskönner! Das U-Boot bohrt sich durch Felsen und fliegt durch die Luft. Doch am meisten trägt Akira Ifukube mit seiner Musik zur Atmosphäre bei. Das drängende, vorwärts bohrende Hauptthema der Musik, auf der Leinwand das U 2000, versetzt den Zuschauer in einen Glückszustand. Jetzt geht es los, jetzt passiert etwas. Ansonsten ist der Film dicht und einheitlich, und wichtig für die Atmosphäre ist darüber hinaus, dass er für das Kino und nicht für die kleine Kiste gemacht worden ist. Aber wem sage ich das? Die Farben und Bauten bekommen eine andere Dimension, mächtig und majestätisch, wie es sich für ein exotisches Sujet geziemt. Und natürlich strotzt der Film vor Symbolik. Leicht lässt sich für jede Figur eine Übersetzung finden, für manche sogar mehrere. Doch sollte sich jeder selbst auf die Suche machen. Es lassen sich Beziehungen knüpfen, die so spekulativ wie amüsant sind.

AUTOR HARALD HÄFKER

1963 ATTACK OF THE MUSHROOM PEOPLE

Jap. Erstaufführung: 11. August 1963 / 89 Min. | Jap. Originaltitel: *Matango* | Internationaler Titel: *Fungus of Terror* | Alternativtitel: *Curse of the Mushroom People* | US-Titel: *Attack of the Mushroom People* | US Erstaufführung (nur im TV): 1965 / 88 Min. | DVD-Titel: *Matango – Attack of the Mushroom People* | GB-Videotitel: *Matango: Fungus of Terror* | Produktionsfirma: Toho | Produzent: Tomoyuki Tanaka | Regie: Ishiro Honda | Buch: Takeshi Shimura | Kamera: Hajime Koizumi | Musik: Sadao Wakemiya | Spezial-Effekte: Akira Watanabe, Teruyoshi Nakano | FX-Kamera: Sadamasa Arikawa | Darsteller: Akira Kubo, Kumi Mizuno, Hiroshi Koizumi, Kenji Sahara, Yoshio Tsuchiya, Hiroshi Tashikawa, Eisei Amamoto als Pilzmensch u.a.

Trotz des lächerlichen amerikanischen Titels erwartet den Zuschauer in *Attack of the Mushroom People* kein infantiler Monstertrash, sondern ein stimmungsvoller Horrorfilm von Godzilla-Regisseur Ishiro Honda. Sieben zivilisationsmüde Japaner, der Millionär Masoko Kasai (Yoshio Tsuchiya), die Filmschauspielerin Mami Sekimuchi (Kumi Mizuno), der Schriftsteller Etsuo Yoshida (Hiroshi Takakawa) und der Psychologieprofessor Kenji Morai (Akira Kubo) mit seiner reizenden Assistentin Akiko Somo (Miki Yashio), suchen Zerstreuung bei einem Ausflug mit einer schicken Segelyacht. Durch einen Sturm geraten sie in Seenot und stranden auf einer von Nebel umgebenen einsamen Insel. Auf der Suche nach Wasser und Nahrung finden sie ein auf Grund gelaufenes verlassenes Schiffswrack, in dem der titelgebende schimmelige Pilzbelag wuchert. In einer Kabine befindet sich ein Labor, in dem offenbar die Auswirkung der Nuklearstrahlung auf die Tierwelt untersucht wurde. In einer mit „Matango“ beschrifteten Kiste finden sie einen Riesenpilz. Schon bald liegen die Nerven aller Beteiligten blank, und die einst so zivilisierten Protagonisten springen sich voller Missgunst gegenseitig an die Hälse.

Die beiden schönen Frauen müssen sich gegen die immer vehementer werdenden sexuellen Zudringlichkeiten der Männer wehren, die ihre animalischen Instinkte nur schwer im Zaum halten können. Es ist spannend, die bekannten Toho-Stars Mizuno, Kubo und Tsuchiya in einem Gruselfilm zu sehen, in dem ihnen keine Riesenmonster wie Godzilla die Show stehlen können. Nachts sehen die Gestrandeten nun auch Gespenster, denn aus der ehemaligen Schiffsbesatzung sind nach dem Konsum halluzinogener Pilze grauenhaft entstellte Pilzmenschen geworden. Irrsinnig lachend holen sie unsere Helden auf ihre Seite. Ein Pilz genügt, und man ist glücklich und deformiert.
Die letzten beiden Überlebenden, das Liebespaar Kenji und Akiko, verbarrikadieren sich auf dem Schiff und flüchten später in den Wald, aber die Pilzmenschen holen auch Akiko. Lachend sitzt das junge Mädchen inmitten eines Pilzfeldes und ruft ihrem Geliebten an einem Pilz knabbernd zu, er solle zu ihr kommen. Soll er sich der Gnade des ewigen Rausches hingeben? Nein. Der tapfere Kenji entschließt sich „Mensch zu bleiben“ und flieht allein mit der demolierten Segelyacht aus diesem Alptraum. Mit den bedrohlich langsam taumelnden Pilzmenschen hat Honda schon 1963 die Ikonografie von George A. Romeros untoten Zombies aus *Night of the Living Dead* (1968) vorweggenommen. Sicher lässt sich sein Film auch als halbherzige Warnung vor Drogen und dem einhergehenden Kontrollverlust lesen. Am Schluss ist Kenji allein in einer zu einem Wohnzimmer umfunktionierten Zelle mit Ausblick auf das Lichtermeer der Millionenstadt Tokio. Er ist ein Forschungsobjekt der Wissenschaftler in weißen Kitteln geworden, die ihn sorgenvoll durch die Gitterstäbe betrachten. Ekelige Pilzbeulen sind auf einer Gesichtshälfte gewachsen.

Wäre er doch bloß auf der Insel der Pilze bei seiner Akiko geblieben, fernab vom brutalen Dschungel der Großstadt. Der Konsum der bewusstseinsverändernden Pilze, der eben noch als etwas Fürchterliches erschien, ist nun zum einzigen Ausweg aus dem Grauen der Realität geworden. Mit einem Blick auf die Leuchtreklame einer lärmenden Stadt beendet Honda seine pessimistische Parabel, in der jeder früher oder später sein wahres, hässliches Gesicht zeigen muss, um zu überleben. Der von Höflichkeitsritualen dominierten japanischen Gesellschaft hält Honda einen psychedelisch verzerrten Spiegel vor.

1964 X 3000 – PHANTOME GEGEN GANGSTER

Dt. Erstaufführung: 30. September 1966 / 81 Min. | Jap. Originaltitel: *Uchu Daikaiju Dogora* | Jap. Erstaufführung: 11. August 1964 / 83 Min. | Internationaler Titel: *Space Monster Dogora* | US-Titel: *Dagora the Space Monster* | US Erstaufführung: Juli 1965 / 80 Min. | US-DVD Titel: *Dogora* | Produktionsfirma: Toho | Produzent: Tomoyuki Tanaka | Regie: Ishiro Honda | Buch: Shinichi Sekizawa nach der Story „Space Mons" von Jojiro Okami | Kamera: Hajime Koizumi | Musik: Akira Ifukube | Spezial-Effekte: Eiji Tsuburaya | Assistenz: Teruyoshi Nakano | FX-Kamera: Sadamasa Arikawa | Darsteller: Yosuke Natsuki, Robert Dunham, Hiroshi Koizumi, Yoko Fujiyama, Jun Tazaki, Keiko Sawai, Akiko Wakabayashi

Ein TV-Satellit, der im Weltall über Japan schwebt, kollidiert mit einer außerirdischen, blau pulsierenden Zelle. Unten auf der Erde machen sich derweil Diamantendiebe (als Safeknacker Eisei Amamoto), Polizisten (Yosuke Natsuki als adretter Detektiv) und der amerikanische Agent einer Versicherungsfirma, Mark Jackson (Robert Dunham, der 1973 auch in *Godzilla gegen Megalon* als Herrscher einer versunkenen Welt auftreten sollte) mit mehr oder weniger gezielten Handkantenschlägen das Leben schwer.

Doch die meisten Diamanten bekommt das Weltraummonster Dogora, das sich durch Radioaktivität und jene pulsierende Zelle entwickelt hat. Dogora ernährt sich von Karbon, also von Kohle und Diamanten. Gierig hängt die gigantische Weltallqualle über Tokio und saugt beides tonnenweise in seinen Schlund. Diese Unglaublichkeiten erklärt uns der weise Kristallograf Dr. Munakata (Nobuo Nakamura), der selbstverständlich mit einer entzückenden Assistentin aufwarten kann. Die beiden finden auch heraus, dass Dogora auf das Gift von Bienen und Wespen allergisch reagiert. Nachdem das wabbelige Quallentier mit seinen Tentakeln eine riesige rote Hängebrücke in Kyushu aus den Angeln gehoben hat, wird es mit Kanonen auseinander geschossen. Die umher fliegenden Dogorazellen werden mit hastig in aller Welt produziertem Insektengift besprüht und kristallisieren zu massiven Felsbrocken, die sofort auf die Erde fallen. Ein besonders dicker Brocken plumpst genau auf die flüchtenden Diamantendiebe.

In *Dogora* mischt sich der Schick der frühen James-Bond-Filme mit dem Grusel der Toho-Monster-Filme. Der amerikanische Agent Mark Jackson kurvt mit einem VW-Käfer durch ein pastellfarbenes Tokio des Jahres 1964 und widersteht der reizvollen japanischen Gangsterbraut, die ihren trotteligen sonnenbebrillten Gangsterkollegen hintergehen will. Dafür muss sie im kleinen Schwarzen und im Kugelhagel am Strand von Kyushu sterben. Diamanten glitzern in ihrer nun leblosen Hand. Bei dem Monster Dogora, einer gewagten Mischung aus Tintenfisch und Qualle, handelt es sich nicht um einen Mann im Monsteranzug, sondern um eine Marionette, deren Tentakeln in der eindrucksvollen Szene, in der Dogora die Brücke zerstört, durch eine Zeichentrick-Animation belebt werden.

Akira Ifukube steuert eine besonders dramatische und hysterische Musik zu diesem wilden Monster-Gangster-Mix bei. Speziell für deutsche Zuschauer ist übrigens das Titelblatt der Zeitung „Die Zeit" in den Film eingebaut worden. Dort steht in dicken Lettern: „Das Ungeheuer genannt Dogora".

1965 FRANKENSTEIN – DER SCHRECKEN MIT DEM AFFENGESICHT

Dt. Erstaufführung: 13. Juli 1967 / 87 Min. | Jap. Originaltitel: *Furankenshutain tai Chitei Kaiju Baragon* | Jap. Erstaufführung: 8. August 1965 / 95 Min. | US-Titel: *Frankenstein Conquers the World* | US Erstaufführung: 8. Juli 1966 / 87 Min. | Produktionsfirma: Toho/Henry G. Saperstein Enterprises/Benedict Prod. | Produzent: Tomoyuki Tanaka | Regie: Ishiro Honda | Buch: Kaoru Mabuchi | Kamera: Hajime Koizumi | Musik: Akira Ifukube | Spezial-Effekte: Eiji Tsuburaya | FX-Kamera: Sadamasa Arikawa | Darsteller: Nick Adams, Tadeo Takashima, Kumi Mizuno, Susumu Fujita, Takashi Shimura, Jun Tazaki, Kenji Sahara, als Baragon: Haruo Nakajima, als Frankenstein: Koji Furuhata u.a.

Hier haben wir endlich mal einen Film, bei dem der Name Frankenstein im deutschen Verleihtitel seine Berechtigung hat. Tatsächlich handelt es sich um eine japanische Variante des Frankenstein-Mythos, die unter finanzieller Beteiligung der amerikanischen Henry G. Saperstein Enterprises ausschließlich in Japan hergestellt wurde. Eine stimmige Mischung aus Horror- und SF-Elementen, zu der Komponist Akira Ifukube eine herrliche gruselige Musik beisteuerte. Toho schielte 1965 offensichtlich verstärkt auf den internationalen Markt, denn zum ersten Mal bekam der Amerikaner Nick Adams (bekannt aus *Denn sie wissen nicht, was sie tun,* 1955, mit James Dean, oder *Bettgeflüster,* 1959, mit Doris Day) die Hauptrolle in einem japanischen Monsterfilm.

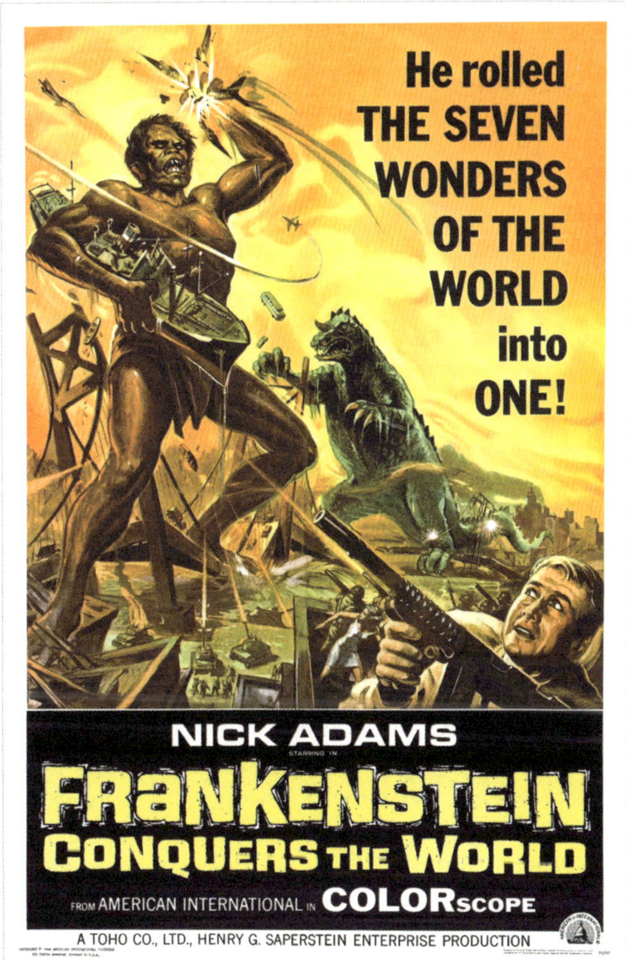

Adams war im selben Jahr noch in Hondas *Befehl aus dem Dunkel* und später in dem Spionagefilm *The Killing Bottle* zu sehen. Er beging angeblich 1968 im Alter von 37 Jahren Selbstmord. Gerüchten zufolge hatte er sich in seine

bezaubernde Kollegin Kumi Mizuno verliebt, die in der weiblichen Hauptrolle zu sehen ist, ihn jedoch abwies. FX-Assistent Teruyoshi Nakano erinnert sich in einem Interview in dem Fanzine „G-Fan" Nr. 71: „Nick Adams hat Japan geliebt. Er mochte sogar unsere gewöhnungsbedürftigen Bohnen, die wir „Natto" nennen. Er wollte nie amerikanisches Essen wie die anderen Amerikaner, mit denen ich gearbeitet habe. Bei den Dreharbeiten zu *Furankenshutain* ist Nick auf den nassen Steinen eines Baches ausgerutscht, den er überqueren sollte. Er fiel auf den Rücken und war 3–4 Tage arbeitsunfähig. Aber weil er Japan so mochte, hat er uns vergeben. Außerdem war Nick sehr an diesen aphrodisierenden Kräutern interessiert, die bei uns in Japan wachsen. Er wollte gleich zwei Koffer davon mit in die USA nehmen, wurde aber vom Zoll gestoppt. Die japanischen Medien hatten immer etwas zu schreiben, wenn Nick Adams zu Gast bei uns war".
Am Ende des Zweiten Weltkriegs wird aus Frankfurt (!) das noch pochende Herz Frankensteins per U-Boot nach Hiroshima verschifft. Ein japanischer Arzt (Takashi Shimura, der Godzilla-Experte aus dem ersten Godzilla-Film in einer viel zu kurzen Rolle) erklärt: „Frankensteins Herz! Es lebt. Es kann nie sterben". Ja, es heißt sogar, es sei in der Lage, sich selbst zu reproduzieren. Und dann fällt die Atombombe.
Fünfzehn Jahre später: Durch die radioaktive Strahlung ist aus dem Herz eine Art japanischer Boris-Karloff-Spross entstanden. Auf der Suche nach Nahrung und Unterschlupf irrt er verschreckt durch die dunklen Straßen Hiroshimas. Der amerikanische Wiedergutmachungs-Strahlenexperte Dr. James Bowen (Adams) und seine japanische Kollegin Dr. Sueko Togami (Kumi Mizuno, eine

der wenigen Toho-Schauspielerinnen, die man selbstbewusste starke Frauen spielen ließ) nehmen den entstellten Frankenstein-Jungen in ihre wissenschaftliche Obhut und schließen ihn in ihr Herz.

Japanstein will nicht aufhören zu wachsen und hat ständig Hunger. Man muss ihn einsperren und in Ketten legen. Als ein Fernsehteam ihn ärgert, um spektakuläre Aufnahmen drehen zu können, läuft er Amok, reißt sich von den Ketten los und dabei eine Hand ab. Sofort wächst Frankenstein eine neue Hand nach und der (nicht besonders überzeugenden) abgerissenen Hand würde wohl bei guter Pflege ein neuer Frankenstein nachwachsen, erklären die erstaunten Wissenschaftler. Soviel zur wissenschaftlich-biologischen Theorie von Furankenshutain.

Mittlerweile dreißig Meter groß ist er auf der Flucht vor dem Militär. Meldungen über verwüstete Dörfer und aufgefressene Pferde häufen sich. Bowen und sein Team sind jedoch von der Unschuld ihres Schützlings überzeugt und wollen wenigstens im Namen der Wissenschaft sein Herz oder Hirn retten. Denn im Grunde ihres Herzens wissen Bowen und Sueko, dass Furankenshutain ein liebes Monster ist. Und richtig, ein anderes Untier, Baragon (im Deutschen Barugon) ist durch ein Erdbeben aus seinem Jahrmillionen andauernden Schlaf im Erdinneren erwacht und verantwortlich für all die Untaten.

Baragon bedroht die schöne Sueko, die schreiend am Boden liegt. Frankenstein rettet seine Ziehmutter, und ein Kampf der Giganten vor der stimmungsvollen Kulisse des brennenden Waldes entbrennt. Baragons orange leuchtendes Horn flackert ein letztes Mal auf, als Furankenshutain ihm die Schädeldecke vom Kopf hebt. Der Boden beginnt zu beben. Unter grollendem Donnern verschlingt die Erde

den die Fäuste gen Himmel ballenden Frankie und das erlegte Monster Baragon. Apokalypse jetzt. Tränen in den Augen Suekos. Ende.
Anfang der Neunzigerjahre wurde erstmals auf der japanischen Laserdisc und VHS-Videoveröffentlichung ein lange Zeit verschollen geglaubtes alternatives Ende angeboten. Baragon ist besiegt, doch anstelle des Erdbebens kriecht ein schleimiger Gummioktopus (an Fäden) aus einem nahegelegenen See und zieht Frankenstein in die Tiefe. Tränen in den Augen Suekos. Ende.
Ein amerikanischer Vorankündigungstitel des Films lautete „Frankenstein versus the Giant Devilfish". Und es ist bekannt, dass Tsuburaya ein großer Oktopus-Fan war. In einem Interview mit dem Fanzine „Monster Graffiti" klärt Regisseur Ishiro Honda auf: „Das Budget für den Film kam teilweise aus Amerika. Es gab die Anordnung von Benedict, eine Szene mit einem Oktopus am Schluss zu integrieren. Die Co-Produzenten hatten Tsuburayas spektakuläre Szene mit Kong und dem Oktopus in *King Kong vs. Godzilla* (1962) gesehen und wollten etwas Vergleichbares. Wir haben uns beschwert. Wir dachten, es würde wenig Sinn ergeben, wenn irgendwo in den Bergen plötzlich ein Oktopus auftaucht. Wir sind sogar nach Amerika geflogen, um mit den Leuten von Benedict Productions zu diskutieren. Letztendlich haben wir dann gleich zwei Oktopus-Szenen gedreht. Eine für *Furankenshutain tai Chitei Kaiju Baragon* und die andere für den nächsten Film *Furankenshutain no Kaiju – Sanda tai Gaira.*
Das Baragon-Kostüm wurde anschließend für Tsuburayas TV-Serie *Ultra Q* in das Monster Pagos umgestaltet, indem man einfach den Kopf auswechselte. Für die Serie *Ultraman* wurde das Kostüm 1966 als das energiefressende

Monster Neronga, und später als Magura und Gabora verwurstet. In *Frankenstein und die Monster aus dem All* (1968) hat Baragon dann in seiner ursprünglichen Gestalt einen kurzen Auftritt. Für Shusuke Kanekos *GMK: Giant Monsters All-Out Attack* wurde 2001 ein völlig neuer Baragon gebaut.

1966 FRANKENSTEIN – ZWEIKAMPF DER GIGANTEN

Dt. Erstaufführung: 25. März 1968 / 77 Min. | Jap. Originaltitel: *Furankenshutain no Kaiju – Sanda tai Gaira* | Jap. Erstaufführung: 31. Juli 1966 / 93 Min. | US-Titel: *War of the Gargantuas* | US Erstaufführung: 29. Juli 1970 / 93 Min. | GB-Titel: *Duel of the Gargantuas* | Produktionsfirma: Toho/Henry G. Saperstein Enterprises | Produzent: Tomoyuki Tanaka | Regie: Ishiro Honda | Buch: Ishiro Honda, Kaoru Mabuchi | Kamera: Hajime Koizumi | Musik: Akira Ifukube | Spezial-Effekte: Eiji Tsuburaya | FX-Kamera: Sadamasa Arikawa | Darsteller: Russ Tamblyn, Kumi Mizuno, Kenji Sahara, Jun Tazaki, Kipp Hamilton, Hisaya Ito, Nobou Nakamura, als Sanda: Haruo Nakajima

Der Film beginnt mit einer wunderbar gruseligen Stimmung. Eine stürmische Nacht auf See, es gießt in Strömen. Über das Deck eines bedrohlich in den Wogen hin und her schaukelnden Fischkutters schlängelt sich ein glitschiger Riesenkrakenarm bis in das Führerhaus, um den hilflosen Steuermann zu würgen. Doch plötzlich lässt der Oktopus von dem armen Teufel ab.

Ein grünes zottiges Wesen von gigantischer Affengestalt (in Japan „Gaira“ genannt) ist aus dem Meer aufgetaucht, vertrimmt das Schwabbeltier und beginnt die davon schwimmende Besatzung des Schiffes zu verspeisen. Nur der Steuermann überlebt wie durch ein Wunder. Als Wissenschaftler und „Frankenstein-Experte“ Dr. Kitei (in der amerikanischen Version Dr. Paul Stewart, gespielt von Weltstar

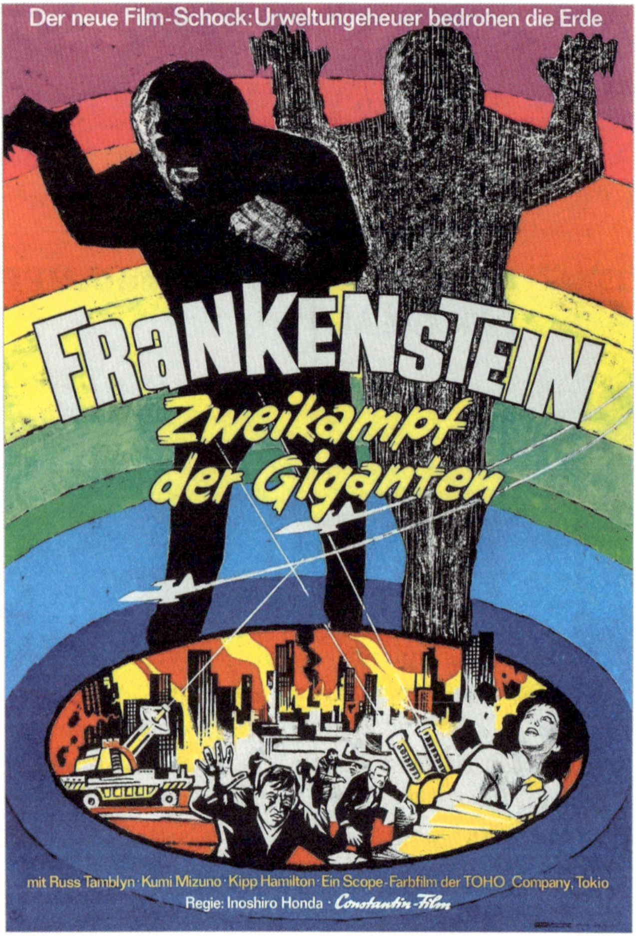

Russ Tamblyn, bekannt aus so unterschiedlichen Produktionen wie *West Side Story,* USA 1960, von Robert Wise, Al Adamsons *Draculas Bluthochzeit mit Frankenstein,* USA 1971, oder David Lynchs TV-Serie *Twin Peaks*) und seine smarte Assistentin Akemi (Kumi Mizuno wiederholt ihre

Rolle aus dem Vorgänger *Frankenstein – Der Schrecken mit dem Affengesicht*) von dem Vorfall erfahren, werden sie hellhörig. Hatten sie doch vor Jahren ein menschenfreundliches braunes Zottelwesen aufgezogen und es „Magdai“ (in Japan „Sanda“) getauft. Und nichts liegt offenbar näher als den Braunen, der nach seiner Flucht aus Dr. Kiteis Obhut in den Bergen des Fujiyama leben soll, von nun an „Frankenstein“ zu nennen.
Und dieser liebe Frankenstein soll nun tatsächlich Seeleute fressen? Niemals. Unser Frankenstein-Experte Dr. Kitei kommt zu dem Schluss, dass sich aus den Zellresten, die ins Meer gelangt sind, ein neuer grüner böser Frankenstein entwickelt hat. Das klingt einleuchtend, und die Jagd auf den Grünen beginnt.
Aber bitte nicht unseren guten Braunen abschießen, den Akemi doch so liebgewonnen hat und außerdem ein unschätzbares Juwel für die Wissenschaft ist. Mit den von diesem Film an typischen Toho-Laserkanonen rückt man dann dem Grünen zu Leibe und setzt ihn in einem Bergsee unter Strom. Doch sein brauner Halbbruder eilt dem blutenden Grünen zu Hilfe und pflegt ihn wieder gesund. Doch da der Grüne weiterhin munter Menschen futtert und Tokio terrorisiert, hat selbst sein braunes Bruderherz bald die Geduld verloren. Es kommt zu dem titelgebenden, tricktechnisch wundervoll umgesetzten Zweikampf der Giganten, auf dem Rollfeld des Flughafens, in Häuserschluchten und im Hafen. Erst nach dem Ausbruch eines Unterwasservulkans in der Bucht von Tokio, der die erschöpft miteinander ringenden Riesen verschlingt, ist Ruhe. Das menschenähnliche Aussehen der beiden Giganten lässt den Schauspielern in den Zottelkostümen mehr Freiraum.

Anders als bei Godzilla und Co. können die Akteure gut sehen, rennen und kämpfen. Anstatt in bemalte Tischtennisbälle schaut man in echte, böse funkelnde Augen der Monsterdarsteller. FX-Assistent Teruyoshi Nakano sieht das in einem Interview im „G-Fan" Nr. 72 anders: „Wir haben Make-up aufgetragen, denn die Augen der Darsteller schienen nie am richtigen Fleck zu sein. Die Monsterkostüme waren in keinem besonders guten Zustand. Wenn sich die Schauspieler schneller bewegt hätten, wären diese Fehler im Detail nicht bemerkt worden. Aber der Film ist meines Erachtens überhaupt zu langsam."

Die Filmmusik von Ifukube ist bahnbrechend. Für *Zweikampf* hat er einen zackig treibenden Militärmarsch komponiert, der das aggressive Vorgehen des Militärs gegen den Grünen untermalt.

Der Film ist eine Quasi-Fortsetzung von *Frankenstein – Der Schrecken mit dem Affengesicht.* Der Verweis auf die abgerissene Hand Frankensteins (nur in der US-Version), die Tatsache, dass Kumi Mizuno nahezu die gleiche Rolle spielt wie im Vorgänger, und der Kampf mit dem Oktopus, der dem nicht verwendeten Finale von *Affengesicht* gleicht, bestätigen diese These. Toho nahm es mit der Kontinuität der verschiedenen Filme, auch der innerhalb der Godzilla-Serie, nie so genau.

Peter Gaschler hat den Film für das inzwischen eingestellte deutsche Fanzine „TNT" besprochen und fügt eine Interpretation Christian Oddos hinzu, die ich dem geneigten Leser nicht vorenthalten will: „Russ Tamblyn sieht sich widerlegt von der gegen seinen Willen stattfindenden, aber nichtsdestotrotz erfolgreichen Taktik japanischer Selbstverteidigung gegen das gefährliche Monster. Tamblyn nimmt die Gefährdung der Zivilbevölkerung in

Kauf, um „höheren“ Zielen zu dienen – eine klare Parallele zum historischen Grauen des Abwurfs der beiden Atombomben zur Beendigung des Krieges. Die Ironie Hondas, einen Amerikaner in Japan selbstimportierten Horror bekämpfen zu lassen, ist unübersehbar. In einer lesenswerten Analyse entlarvte Oddos in „Cinéma Fantastique“ (Paris 1977) darüber hinaus die amerikanische Fassung als unterschwellige politische Manipulation des Publikums vor dem Hintergrund des Vietnamkriegs. Die beiden ungleichen Brüder sind desselben Ursprungs und stehen für Nord- und Südvietnam, die Kämpfe finden vorwiegend im Dschungel statt, der „Grüne“ verschwindet spurlos im Meer, wenn man schon glaubte, ihn gefasst zu haben (wie der Vietkong in Erdlöchern). Bevölkerung und Städte werden nur durch das „böse“ grüne Monster angegriffen (die riesenhafte Präsenz des „guten“ Braunen wird als ungefährliche Selbstverständlichkeit hingestellt). Kinder realisieren die Gefahr nicht (sehr wichtig, denn der Film ist doch für sie gedacht), der Einsatz des Militärs erscheint als einzige logische Antwort einem Gegner gegenüber, mit dem keinerlei Kommunikation möglich ist ...“

Michael Weldon empfand den Film in seiner „Psychotronic Encyclopedia of Film“ als „one of the funniest japanese monster bashes ... with a wonderful song. (Gemeint ist Gaststar Kipp Hamilton, die auf einem Vergnügungsdampfer „Feel in my Heart“, eine herrliche 60er-Pop-Schmonzette, singt, bevor der Grüne aus dem Wasser taucht und sie schnappt.) The Band DEVO used to do the song at live performances.“

Nakano: „In einer Szene hängt die Hauptdarstellerin Kumi Mizuno hilflos an einer Klippe. Sie hatte extreme Höhenangst, muss man wissen. Sie hat nie ein Flugzeug bestiegen.

Zu entfernten Drehorten fuhr sie immer mit dem Zug. Weil ich sie gut kannte, habe ich die Szene mit ihr an der Klippe gedreht. Sonst hätte Mizuno sich geweigert. Sie sollte gar nicht so hoch hängen, war aber der Meinung sie könne das nicht tun. Ich wurde ärgerlich und habe gesagt, sie werde nie wieder einen Job als Schauspielerin bekommen. Mizuno ist auf die Plattform gestiegen, hat den Ast gegriffen, an dem sie hängen sollte, und wir haben die Plattform schnell unter ihr weggezogen. Sie hing da nur kurz und fiel gleich in Ohnmacht. Sie hat aber nicht losgelassen. Diese Einstellung haben wir im Film verwendet und die Sekunde vor ihrer Ohnmacht weggeschnitten. Ihr Gesichtsausdruck war einfach zu gut. Wir mussten das verwenden. Das war eine oskarreife Leistung."

Trotz gleicher Lauflänge sind in der amerikanischen Schnittfassung mehr Szenen mit Russ Tamblyn integriert. *Zweikampf* und *Affengesicht* sind zwei schaurig schöne Beispiele für die „Japanisierung" des Frankenstein-Mythos. Sicher waren beide Filme auch ausschlaggebend für die irreführenden deutschen Verleihtitel sämtlicher nachfolgender Godzilla- und Monsterfilme im Constantin-Verleih.

1966 THE MAGIC SERPENT

Jap. Originaltitel: *Kai tatsu Daikessen (Schlacht der magischen Riesendrachen)* | Jap. Erstaufführung: 1966 / 86 Min. | US-TV-Titel: *The Magic Serpent* | US Erstaufführung im TV: 1968 / 86 Min. | Internationaler Titel: *Grand Duel in Magic* | Alternativtitel: *Froggo and Droggo* | Produktionsfirma: Toei | Produzent: Shigeru Okawa | Regie: Tetsuya Yamauchi | Buch: Masaru Igami nach einer Geschichte von Mokuami Kawatake | Kamera: Motonari Washio | Musik: Toshiaki Tsushima | Darsteller: Hiroki Matsutaka, Tomoko Ogawa, Ryutaro Otomo, Bin Amatsu, Nobuo Kaneko u.a.

The Magic Serpent ist eine relativ unbekannte Produktion aus dem Hause Toei, die in Deutschland bislang nicht zu sehen war. In diesem eigentümlichen Fantasy-Samurai-Monster-Film geht es um die Königsfamilie Ogata, die von dem hinterhältigen Yukidaijo und dessen Sohn Orochimaru ermordet werden. Trotzdem sich Orochimaru (Ryaturo Otomo) in einen Drachen verwandelt, kann der junge Sohn der Ogatas, Ikazuchimaru, dem Attentat entkommen. Zehn Jahre später ist Ikazuchimaru (Hiroki Matsutaka) zu einem stattlichen Prinzen herangewachsen und hat eine Lehrzeit bei einem guten Zauberer hinter sich gebracht. Er sinnt auf Rache für seine ermordete Familie, und fortwährend sind flinke Ninjas hinter seinem Kopf her. Verliert er ihn bei einem Duell, setzt Ikazuchimaru ihn einfach wieder lachend auf den Rumpf. In einer anderen Szene sieht man den Helden gar gegen eine Schar von Türen (!) kämpfen, die ihn bedrohlich umzingelt haben. Auch Orochimaru, der ebenfalls von dem alten Zauberer unterrichtet wurde, und sich später dem Bösen zugewandt hat, will den holden Prinzen eher tot sehen. Der ewig währende, und hier stellenweise auch recht blutig ausfallende Kampf zwischen Gut und Böse kulminiert in diesem wahrhaft märchenhaften Film in einem Duell der beiden ungleichen Kampfkunstzauberer, die sich kurzerhand in Riesenmonster verwandeln. Unser Held Ikazuchimaru verwandelt sich in einen gehörnten Riesenfrosch und Orochimaru wieder in den langhalsigen Drachen. Dem Experten mit gespitzten Ohren fällt auf, dass in der amerikanischen Synchronfassung die Monsterlaute von Godzilla aus dem Maul des Drachen kommen. Der Frosch hingegen brüllt wie Tohos Flugechse Rodan. Im Vernichtungstaumel der Giganten wird der noch immer besetzte Königspalast samt den Verrätern zerstört. Nach getaner Arbeit finden sich die Herzen von Ikazuchimaru und der schönen Tochter des bösen Orochimaru, Tsunate (Tomoko Ogawa), die im Verlauf des Filmes zwischen den Parteien hin- und hergerissen war. Die Liebenden steigen auf den Rücken eines Riesenvogels und fliegen in ihr Glück.

The Magic Serpent ist ein dramaturgisch straffer wundersamer Märchenfilm von hohem Unterhaltungswert. Ständig überschlagen sich die Ereignisse, wirbeln die Protagonisten durch die Luft. Die Gewaltdarstellungen mögen aus westlicher Sicht in einem Märchenfilm recht drastisch wirken. Doch in Asien war das Blutspritzen bereits ein fester Bestandteil des Schwertkampf-Filmes, über das sich niemand ereifert hätte. Die beiden Ungeheuer werden von Männern in Gummikostümen dargestellt und wirken ziemlich lächerlich. Dafür dürfen sie in dem wunderschönen Set des Königspalastes umhertollen. Aus einer verzauberten Haarspange entlässt Tsunate im Finale eine schöne fliegende (?) Riesenspinne, die wie eine Marionette an sichtbaren Fäden durch das Bild gezogen wird. In seiner „Psychotronic Encyclopedia of Film“ (1983) beschreibt Michael Weldon den Film allumfassend in nur einem Satz: „A prince turns into a giant frog and battles a wizard who turns into a dragon in this nutty fantasy from Japan.“

1966 DAIMAJIN (1–3)

DAIMAJIN FRANKENSTEINS MONSTER ERWACHT

Dt. DVD-Premiere: 12. März 2012 | Jap. Originaltitel: *Damajin (Der gigantische Dämon)* | Jap. Erstaufführung: 17. April 1966 / 84 Min | US-Titel: *Majin* | US Erstaufführung: 9. August 1968 / 86 Min. | US Alternativtitel: *Majin – The Hideous Idol/The Devil Got Angry/ The Vengance of the Monster* | US-TV-Titel: *Majin, Monster of Terror* | Produktionsfirma: Daiei | Produzent: Masaichi Nagata | Regie: Kimiyoshi Yasuda | Buch: Tetsuo Yoshida | Kamera: Fujio Morita | Musik: Akira Ifukube | Spezial-Effekte: Yoshiyuki Kuroda | Darsteller: Miwa Takada, Yoshihiko Aoyama, Jun Fujimaki, Ryutaro Gomi, Ryuzo Shimada, u.a.

DAIMAJIN FRANKENSTEINS MONSTER KEHRT ZURÜCK

Dt. DVD-Premiere: 22. November 2012 | Jap. Originaltitel: *Daimajin Ikaru (Der gigantische Dämon wird ärgerlich)* | Jap. Erstaufführung: 13. August 1966 / 79 Min. | US-TV-Titel: *The Return of the Giant Majin* | US-TV-Premiere: 1968 / 79 Min. | US-DVD-Titel: *Wrath of Daimajin* | Produktionsfirma: Daiei | Produzent: Masaichi Nagata | Regie: Kenji Misumi | Buch: Tetsuo Yoshida | Kamera: Fujio Morita | Musik: Akira Ifukube | Spezial-Effekte: Yoshiyuki Kuroda | Darsteller: Kojiro Hongo, Shiho Fujimura, Taro Marui, Takashi Kanda, Tara Fujimura, u.a.

DAIMAJIN FRANKENSTEINS MONSTER NIMMT RACHE

Dt. DVD-Premiere: 4. Februar 2013 | Jap. Originaltitel: *Daimajin Gyakushu (Der gigantische Dämon schlägt zurück)* | Jap. Erstaufführung: 10. Dezember 1966 / 80 Min. | US-TV-Titel: *Majin Strikes Again* | US-TV-Premiere: 1968 | US-DVD-Titel: *Return of Daimajin* | Produktionsfirma: Daiei | Produzent: Masaich Nagata | Regie: Issei (Kazuo) Mori | Buch: Tetsuo Yoshida | Kamera: Fujio Morita, Hiroshi Imai | Musik: Akira Ifukube | Spezial-Effekte: Yoshiyuki Kuroda | Darsteller: Hideki Ninomiya, Masahide Kizuka, Shinji Hori, Shiei Iizuka, Muneyuki Nagamoto, u.a.

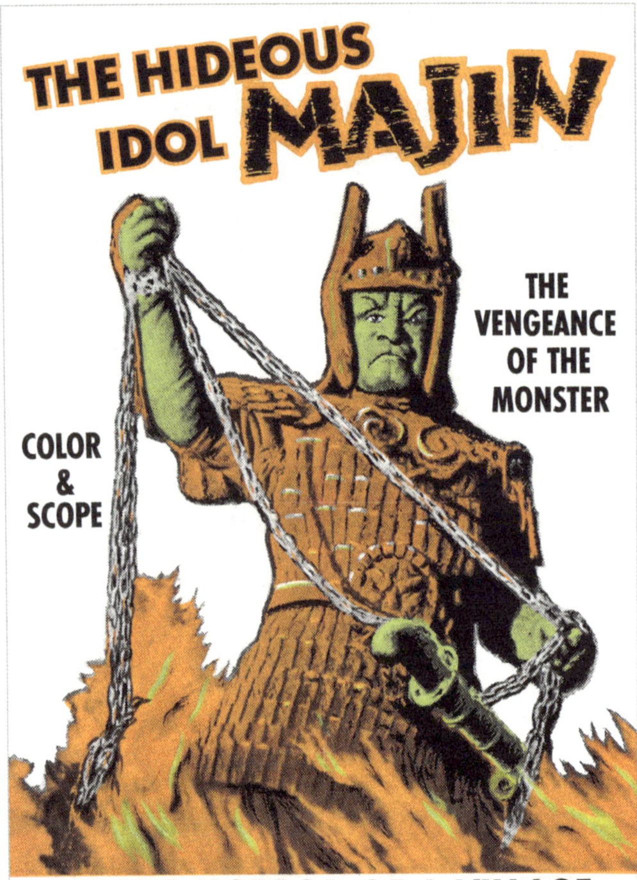

Der entscheidende Moment – der Moment, bevor die Fetzen fliegen – ist wenig variiert und wiedererkennbar wie ein Markenzeichen: Eine Riesenhand fährt über das sanfte steinerne Gesicht der Statue, während es sich in eine zornverzerrte, grüne Fratze mit wild rollenden Augen verwandelt. Es ist ein ritualisiertes Motiv vor Beginn des Rachefeldzuges, wenn der Majin zum Leben erwacht, so als würde Dirty Harry den Hahn seiner Magnum spannen und „Make my Day!“ sagen – nein, dieser Gott versteht keinen Spaß, und man ist froh, dass man nicht zu denen gehört, die seinen Zorn heraufbeschworen haben!

Die drei *Dai Majin*-Filme („Dai Majin“ = „großer Teufel“) entstanden vermutlich gleichzeitig, wurden also simultan oder kurz nacheinander von verschiedenen Regisseuren realisiert und erschienen alle 1966 im Abstand weniger Monate (Diese Art Produktionsökonomie gab es offenbar schon lange vor *The Matrix* und *The Lord of the Rings*). Dass sie bis heute gern miteinander verwechselt werden, liegt – neben den teilweise identischen internationalen Titeln – vor allem auch an ihrer Austauschbarkeit. Denn eine zwingende Reihenfolge, eine durchgehende Handlung gibt es nicht. Alle drei Filme spielen immer dasselbe Szenario durch, eingebettet in verschiedene Geschichten und jeweils neuen Figuren – und anders als etwa im Fall der Godzilla- oder Gamera-Filme ist auch der Majin selbst nicht wirklich eine identische Figur. Japan im 17. Jahrhundert. Ein skrupelloser Fürst tyrannisiert Land und Bevölkerung, bis die Geplagten ihren lokalen Gott um Erlösung bitten. In Kimiyoshi Yasudas *Dai Majin* ist es der Usurpator Samanosuke, der das Wohlwollen des edlen Fürsten Hamabasa missbraucht, dessen Familie er auszurotten versucht, um seinen Titel und Besitz an sich zu bringen. Der treue Kogenta jedoch kann mit den Kindern Tadafumi und Kozasa in die Wälder fliehen, wo sie sich zehn Jahre lang in einer Höhle verstecken. Dann wird Kogenta von

Häschern gefangen und gefoltert. Inzwischen steht Samanosuke davor, sich zum Shogun aufzuschwingen; nur die verschwundenen Kinder sind eine Bedrohung für ihn. Den geschundenen Kogenta als Köder einsetzend, lockt er Tadafumi aus seinem Versteck und in eine Falle. Beide sollen am nächsten Morgen gekreuzigt werden. Kozasa bietet dem Majin ihr Leben an, wenn er die Unglücklichen rettet. *Dai Majin Ikaru* von Kenji Misumi (*Kozure Okami*) weitet die Grundkonstellation zum Bürgerkrieg aus. Dort überfällt Mikoshiba Danjo die friedlichen Fürstentümer Chigusa und Nagoshi, errichtet ein Schreckensregime und verfolgt die rechtmäßigen Erben, das Liebespaar Juro und Sayuri. Dieses Mal ist es die Prinzessin Sayuri, die lebendig verbrannt werden soll. In *Dai Majin Gyakushu* von Issei Mori werden vier Dorfkinder zu Hauptfiguren, deren Väter vom eroberungsdürstigen Arakawa zur Zwangsarbeit verschleppt wurden, um eine Festung zu errichten. Hernach sollen sie in die Schwefelgruben gestoßen werden.

Tatsächlich braucht es ein symbolisches Menschenopfer (die Bereitschaft eines einzelnen, für das darbende Volk im Allgemeinen und einen in akuter Hinrichtungsgefahr schwebenden Geliebten im Besonderen in den Tod zu gehen), um den Majin zu wecken und ihn wie eine Apokalypse über die Bösen kommen zu lassen. Der Majin, das ist eine riesenhafte steinerne Statue in voller Rüstung und Bewaffnung eines Samurai-Kriegers, die keine Gnade kennt, wenn sie erst einmal Amok läuft. Als übernatürlicher Verbündeter der vermeintlich Schwachen, als Wesen aus Stein, das mit unbegrenzter Kraft gegen die Unterdrücker antritt und weder durch Mauern noch Waffen zu stoppen ist, erscheint die Gestalt als japanisches Pendant zum Golem-Mythos, jenem aus Lehm geformten und durch das Zauberwort des Lebens beseelten künstlichen Menschen der jüdischen Mystik. In der gängigen Version vom Prager Rabbi Löw als stummer Diener und Beschützer des jüdischen Volkes erschaffen, ist der Golem jedoch in jedem Fall ein Werk des Menschen, das dessen Kontrolle entgleitet. Der Majin hingegen ist nie etwas anderes als ein Gott oder Dämon – im ersten *Dai Majin* eine schreckliche immerwährende Präsenz, die durch ein jahrhundertealtes Ritual gebannt und in ihr steinernes Gefängnis „gesperrt" werden muss, wird er in den beiden Folgefilmen zum göttlichen Beschützer und Götzenbild einer Art Naturreligion, das durchaus in Kommunikation mit der Außenwelt steht. In *Ikaru* schickt er seinen Gläubigen ein göttliches Zeichen (die Rötung des Gesichts der Statue verheißt heraufziehendes Unheil), in *Gyakushu* ist ein Falke sein Auge und Ohr sowie Wächter seines Territoriums, eines heiligen Berges, dessen Betreten Menschen eigentlich verboten ist. Nur die Kinder dürfen passieren. Und jedes Mal ist sein Erwachen als das einer entfesselten Naturgewalt apostrophiert. Der Himmel verdunkelt sich, Blitze zucken, das Wasser des Sees brodelt oder ein Blizzard tobt über dem Gebirge, bevor er erscheint. Die meisten der Filme beginnen mit Himmelsgewalten – Lawinen, Erdrutschen, Tsunamis – und donnernden Fußschritten, die den Erdboden erbeben lassen. Das Auge des Majin (in der Eröffnung des ersten Films) wacht über alles. In der Tat fände er in der germanischen Mythologie eher bei den Naturgeistern (*Rübezahl*) sein Gegenbild. Entsprechend idyllisch ist auch die Naturemphase, solange die Welt im Einklang ist. Die Statue thront über einem Wasserfall, in einer mythischen Grotte auf einer Heiligen Insel im See (Gollum scheint nicht weit entfernt zu wohnen!) oder über schneebedeckten Berggipfeln – in einer animistischen, paranoiden Welt, die nur vage und oftmals deutlich verzerrte Ähnlichkeit mit irdischer Realität hat. Der Wald im Nebel erinnert nicht von ungefähr auch an klassische Horrorfilm-Ikonographie – da heulen dann auch schon mal die Wölfe und Knochenhände zucken durchs Bild.

Faszinierend bleibt die ziemlich einzigartige Genre-Verschmelzung von Monsterfilm (Kaiju Eiga) und Samuraifilm (Jidai Geki), die auf nostalgische, durchaus konservativere Weise als schon der reine Monsterfilm den Zusammenprall von Mythos und Moderne auf den Punkt bringt. Die schurkischen Fürsten sind autonome Kolonialisten und Kapitalisten, Arbeitsausbeuter und Rohstoffkrieger und als waffenstarrende Rationalisten (wie die Militärs und die Wissenschaftler, die in den Monsterfilmen die Rache des Atoms herausfordern) Vertreter der Moderne. Ein zeitloseres Gesellschaftsporträt kann es kaum geben. Es lässt diese Filme im Zeitalter von Globalisierung und Neo-Liberalismus so frisch erscheinen wie am ersten Tag. Sie sind Freigeister, nicht an Regeln gebunden, Ungläubige (in ihrer Auffassung, „nicht abergläubisch") und schlagen folglich alle Warnungen vor der Rache eines erzürnten Gottes der Schwachen in den Wind: In einer Schlüsselszene warnt die Priesterin Samanosuke, der gerade ein Gewehr – Symbol einer neuen Zeit – ausprobiert, davor, die Tradition der Ko-Existenz mit Füßen zu treten. Er tötet die Priesterin und versucht danach, die Statue zerstören zu lassen. Doch als diese zu bluten beginnt und der Blitz einschlägt, ergreift das Rollkommando die Flucht. Die Männer fürchten sich – zu Recht. Danjo in *Ikaru* – dem besten Film der Trilogie, der die Kriegsfilm-Motivik am weitesten führt und die Schurkereien auch am deutlichsten als Kriegsverbrechen erkennbar macht – lässt die Statue in der Grotte gar in die Luft sprengen, um das aufmüpfige Volk zu demoralisieren; auf übernatürliche Weise ersteht sie später neu aus den Wassern. Traditionsbewusst und demütig bis zur Selbstaufgabe hingegen sind die Geschundenen; Kotau und Gebet gehören zum festen Kodex – eigenwillig ernst (im Gegensatz zum Pop und der schrägen Folklore, die dieselben Elemente etwa in Mosuras Welt umgeben), wie Demut und Tod in *Gyakushu* in den Rahmen eines Kinderfilms transformiert werden, wenn die vier Jungen beim Erklimmen des Heiligen Berges von einer Steinlawine erschlagen, durch einen magischen Wind wieder zum Leben erweckt werden und sich einer von ihnen absichtlich vom Felsen stürzt (das Menschenopfer), um das Eingreifen des Gottes zu erbitten, bevor der Majin den leblosen Körper aus dem Tiefschnee birgt und ein zweites Mal (!) reanimiert. Ähnlich werden auch Sayuri und ihr Gefolgsmann in *Ikaru* unter den Trümmern des gesprengten Steinkoloss begraben, überleben aber auf magische Weise unversehrt.

Der Vernichtungsfeldzug des Majin (lange vorbereiteter Höhepunkt nach meist über einer Stunde Film) ist eine Orgie der Destruktion – ebenfalls weitaus konsequenter als in den Vertretern des reinen Kaiju Eiga, in denen die antizivilisatorischen Verheerungen großteils durch die Tolpatschigkeit der eher tumben Monster angerichtet werden und Menschen selten direkt und noch seltener gezielt zu Schaden kommen. Der Majin jedoch kommt, um zu töten, kann Naturgesetze außer Kraft setzen und Flammen schleudern oder löschen, und er zermalmt Barrikaden, Mauern, Bauwerke – alles, was ihm im Weg steht – und zertritt seine Gegner wie Wanzen. Gegenmaßnahmen sind fruchtlos – Pfeile und Gewehrkugeln prallen von ihm ab.

In *Ikaru* steigt er aus dem See, dessen Wasser sich zweiteilen wie das Rote Meer in *The Ten Commandments*. Die Samurai versuchen ihn mit riesigen Ankerhaken zu zerstören. Der Abwehr-Beschuss erinnert an Flakfeuer, und nach einer Sprengung kommt er unzerstört aus dem Nebel gestampft wie die Kriegsmaschinen der Marsianer nach der Atomexplosion in Byron Haskins *The War of the Worlds*. Der Majin unterscheidet Gut von Böse, kennt seine Feinde persönlich und übt private Rache als brutale Form der Gerechtigkeit. Mit der Lanze, die man der Statue in die Stirn trieb, spießt er Samanosuke (in *Dai Majin*) an das Kreuz, an dem Tadafumi sterben sollte, er verbrennt Danjo (in *Ikaru*) lebendig am Mast dessen Bootes und durchbohrt Arakawas böses Herz (in *Gyakushu*) mit dem Samuraischwert. Der Leichnam des Halunken versinkt in der Schwefelgrube, in der nach dessen Willen die nicht mehr benötigten Zwangsarbeiter enden sollten.

Ein Gott sieht rot – vor allem können die Daimajin-Filme als die vielleicht ultimativen Amokläufer-Filme aller Zeiten gelten. Kaum irgendwo – nicht einmal im amerikanischen vigilante movie – dürfte einem derartigen Gewaltexzess eine so tiefe Etablierung moralischer Rechtfertigung vorangegangen sein. Majin, das ist soziales Gewissen und faschistische Utopie in einem. Ein guilty pleasure – für jeden eindeutig. Und darum ist es wohl auch kein Zufall, dass es am Ende dieser Daiei-Produktionen mal keine dicken, winkenden Kinder gibt, die dem Monster ein fröhliches „Sayonara!“ nachrufen. Wo, bitte, bleibt hier eigentlich das Remake?

AUTOR **BODO TRABER**

1967 KING KONG – FRANKENSTEINS SOHN

Dt. Erstaufführung: 20. März 1970 / 91 Min. | Jap. Originaltitel: *Kingu Kongu no Gyakushu* | Jap. Erstaufführung: 22. Juli 1967 / 104 Min. | US-Titel: *King Kong Escapes* | US Erstaufführung: 19. Juni 1968 / 96 Min. | GB-Titel: *The Revenge of King Kong* | Produktionsfirma: Toho/Rankin-Bass Prod. | Produzent: Tomoyuki Tanaka, Arthur Rankin Jr. | Regie: Ishiro Honda | Buch: William J. Keenan, Kaoru Mabuchi (a.k.a. Takeshi Kimura) | Kamera: Hajime Koizumi | Musik: Akira Ifukube | Spezial-Effekte: Eiji Tsuburaya | FX-Kamera: Sadamasa Arikawa | Darsteller: Rhodes Reason, Akira Takarada, Mie Hama, Linda Miller, Eisei Amamoto, Ikio Sawamura, als King Kong: Haruo Nakajima, als Mechanikong / Gorosaurus: Hiroshi Sekita

Honda, Tsuburaya und Ifukube in Höchstform. In traumhaft schönen Cinemascope-Bildern und mit vielen Versatzstücken aus dem Original-*King Kong* (USA 1933) erzählen sie nach *Die Rückkehr des King Kong* (*Kingu Kongu tai Gojira*, 1962) ihr zweites Abenteuer mit dem sympathischsten Riesenaffen der Filmgeschichte.

Kong verguckt sich mit seinen großen Schlafzimmeraugen in Susan (Linda Miller), die flotte amerikanische Krankenschwester des UN-Atom-U-Bootes „Explorer". Wie im filmischen Vorbild rettet Kong die schöne Susan vor dem hungrigen Saurier Gorosaurus und einer riesigen Wasserschlange. Die beiden haben daraufhin eine hoffnungslose Romanze. Freiwillig klettert die kesse Susan in einem verdammt kurzen Rock in die Pranke des sanftmütigen Affen. Eine kleine unbedeutende Nation, verkörpert von der hübschen japanischen Agentin Madame X (Mie Hama), möchte gerne eine Atommacht werden. Unter dem Polareis ruht ein immenses Vorkommen des radioaktiven Element X. Der durchgeknallte Mad-Scientist Dr. Who (Eisei Amamoto) hat eine mechanische Nachbildung von King Kong gebastelt und will mit diesem Mechanikong Element X

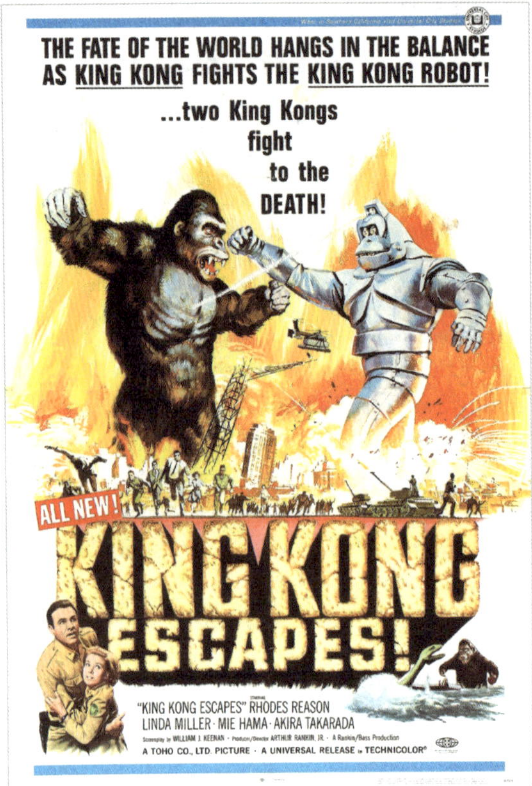

aus dem Eis holen, um es dann an die unbenannte kleine Nation zu verschachern. Doch der Roboter hält der hohen Strahlung nicht stand. Deshalb entführt Dr. Who den echten Kong von seiner „Mondo-Insel“, um ihn hypnotisiert Element X am Nordpol fördern zu lassen. Susan mitsamt „Explorer“-Kapitän Carl Nelson (Rhodes Reason) und Kommandant Jiro Nomura (Akira Takarada) werden als Köder für die Bestie gleich mit entführt. Doch Kong gelingt die Flucht aus seinem eisigen Gefängnis nach Tokio.

Sein mechanisches Ebenbild folgt ihm und schnappt sich Susan. Es kommt zum unausweichlichen Kampf der ungleichen Affenbrüder auf der Spitze des Tokio Tower um das weibliche Geschlecht.
Susan kann von Nomura und Kong gerettet werden. Mechanikong stürzt mitsamt der Turmspitze in die Tiefe und zerschellt. Wütend versenkt Kong Dr. Whos Schiff im Hafen von Tokio und schwimmt zurück auf seine Insel. Er hat genug von der menschlichen Zivilisation. Das macht Susan sehr traurig und Nomura tröstet sie ...
Der Film basiert auf der 78 Folgen umfassenden amerikanischen Zeichentrickserie *King Kong,* die Rankin/Bass für den TV-Sender ABC, produziert hat. Um die amerikanisch/japanische Co-Produktion *Kingu Kongu no Gyakushu* für den US-Markt vermarktbarer zu machen, wurde der Fernsehdarsteller Rhodes Reason (Bruder von Rex Reason aus dem SF-Klassiker *Metaluna 4 antwortet nicht,* USA 1955) für die Rolle des U-Boot-Kommandanten Carl Nelson verpflichtet. Linda Miller, die damals 18-jährige Tochter eines in Japan stationierten amerikanischen Soldaten, bekam die weibliche Hauptrolle. Im „G-Fan“ Magazin #106 erinnert sich Linda: „Damals arbeitete ich in Japan als Model für Modemagazine und TV-Werbung. Meine Mutter bekam einen Anruf vom Co-Produzenten Arthur Rankin. Er hatte mich in japanischen Magazinen gesehen und sagte zu mir ‚You would be great in the movie I am producing.‘ Ich war sehr überrascht und auch etwas eingeschüchtert von Mr. Rankin. Er war dieser erfahrene Geschäftsmann der ständig zwischen New York und Tokio hin und her flog. Ich hatte definitiv keinerlei Schauspielerfahrung. Aber das war ihm egal. Ich sah einfach so aus wie er sich Susan Watson vorstellte. Er setzte mich in einen Beauty-Salon und

ließ mir die Haare blondieren. Und schon war ich in einem Film. Ich bekam das Drehbuch und hatte keinen Schimmer was ich damit anfangen sollte. Da stand King Kong würde mich in seiner Pranke in die Höhe heben. Wie wollten sie das anstellen? Ich hatte doch Höhenangst! Im Studio vor einem Blue-Screen stand diese riesige Affenhand. Ich setzte mich hinein und tat so als wenn ich mit Kong spreche. Dann wurde die Hand in die Höhe gefahren. Das war wirklich beängstigend. Ishiro Honda war ein sehr höflicher und zurückhaltender Regisseur. Er hat natürlich gemerkt, dass ich außerhalb meiner Komfortzone arbeitete und nicht wusste, was ich tat. Der gutaussehende Hauptdarsteller Rhodes Reason hat mir zum Glück einige Tipps gegeben, wie ich mich vor der Kamera verhalten soll. Er war wie ein Coach für mich am Set.

Bei der Filmpremiere in Tokio wäre ich vor Scham am liebsten unter meinen Stuhl gekrochen. In meiner erste Szene, in der ich durchs Boot laufe und alle begrüße, agiere ich wie ein Roboter. Doch als ich dann meine japanische Synchronstimme hörte, war ich beruhigt. Sie hatten mich von einer ausgezeichneten Schauspielerin synchronisieren lassen. Ich war stolz und gleichzeitig peinlich berührt. Die Dreharbeiten waren eine wundervolle Erfahrung. Ich wurde viel ausgeführt und von allen wie ein Star behandelt. Ich hatte das unverschämte Glück zur richtigen Zeitpunkt am richtigen Ort zu sein. Es gab 1967 in Japan nicht viele Mädchen die diese Rolle hätten spielen können."

Die Qualität der Monsterkostüme könnte unterschiedlicher nicht sein. Während Kong wie ein behaarter Homer Simpson aussieht, ist sein künstlicher Gegenpart Mechanikong ein echtes Prachtstück, das sicherlich auch Vorbild für Mechagodzilla war. Die T.-Rex-Adaption Gorosaurus hat ein für japanische Verhältnisse geradezu schnörkelloses und naturalistisches Aussehen und durfte ein Jahr später in *Frankenstein und die Monster aus dem All* Paris in Schutt und Asche legen. FX-Assistent Teruyoshi Nakano erinnert sich in einem 2004 geführten Interview im „G-Fan“ #72: „Der größte Unterschied zu dem Kong aus *Kingu Kongu tai Gojira* (1962) ist der, dass Kong hier nicht diese langen Affenarme hat. Der alte Kong hatte mit Stäben verlängerte Arme. Deshalb konnte der Schauspieler nichts mit den Fingern greifen. Bei *King Kong – Frankensteins Sohn* haben wir die Arme verkürzt, so das Haruo Nakajima die Affenhände am Kostüm wie Handschuhe überstreifen und alles greifen konnte. Aber seine Arme sind eigentlich zu kurz für einen Affen. Beim Kostüm von Mechanikong war unser größtes Problem, dass wir alles mit dem amerikanischen Lizenzgeber von King Kong abstimmen mussten. Sie mochten die Idee, einen Roboter im Film zu haben, aber das Design, das sie uns vorgaben, mochten wir nicht besonders. Mechanikong hätte besser ausgesehen, wenn wir den Amerikanern vorab ein eigenes Design präsentiert hätten. So mussten wir eine Mischung aus beiden Entwürfen bauen.“

Klaus Bädekerl schrieb 1970 in der „Filmkritik“: „Unzulänglich und nicht perfektionierbar bleiben nur die Menschen, Fremdkörper, sofern sie mehr beanspruchen, als bloße Dekoration zu sein. So unerfahren im Umgang mit Ungeheuern bleiben ihre Reaktionen meist meilenweit hinter den Ursachen zurück. All diese großartigen Zerstörungsorgien, die die Bilder in Superlativen feiern, werden von den Darstellern flugs in Alltäglichkeiten überführt. Gefasst wie die tägliche rush hour nehmen die Bewohner Tokios die

Zerstörung ihrer Stadt hin. Je faszinierender das Ungeheuer ist, um so unpassender erscheinen im Gegenschnitt die Reaktionen, die es auslöst. Ein Kopf-an-Kopf-Rennen um die Gunst des Publikums liefern sich die Aussagen der Bilder, mit denen der Darsteller ... Phantasie wird so durch Phantasielosigkeit sabotiert, schwer fällt es unter solchen Umständen, die Sache der Menschheit zu vertreten. Selbst der riesige Roboter mit seinen Maschinenaugen, von dem geheimnisvollen Dr. Who als Nachbildung des echten King Kong erbaut, erscheint immer noch menschlicher und weniger marionettenhaft, als der smarte Kommandant des UNO-Forschungskommandos, wie der Schäferhund des Nachbarn freundlicher sein kann als sein Herr."

Das Resümee des strengen „Filmdienst" fiel erwartungsgemäß nüchterner aus: „Klischeehafter japanischer SF-Film in mäßiger Tricktechnik." *King Kong – Frankensteins Sohn* ist ein tragisches und märchenhaftes Meisterwerk des Trivialkinos.

1967 GUILA – FRANKENSTEINS TEUFELSEI

Dt. Erstaufführung: 13. Juli 1972 / 88 Min. | Jap. Originaltitel: *Uchu Daikaiju Girara (Weltraum Riesenmonster Guilala)* | Jap. Erstaufführung: 1967 / 89 Min. | US-Titel: *The X from Outer-Space* | US Erstaufführung: 1968 / 88 Min. | Produktion: Shochiku Co. | Produzent: Akihiko Shimada | Regie: Kazui Nihonmatsu | Buch: Kazui Nihonmatsu, Hidemi Motomochi, Moriyoshi Ishida | Kamera: Shizuo Hirase | Musik: Taku Izumi | Spezial-Effekte: Hiroshi Ikeda | Darsteller: Eiji Okada, Toshiya Wazaki (a.k.a. Toshinari Kazusaki), Peggy Neal, Itoko Harada, Shinichi Yanagisawa, Franz Gruber, Mike Daning

Guila – Frankensteins Teufelsei, was für ein bizarrer Filmtitel. Bitte langsam auf der Zunge zergehen lassen. Von dem titelgebenden, womöglich gehörnte Eier legenden

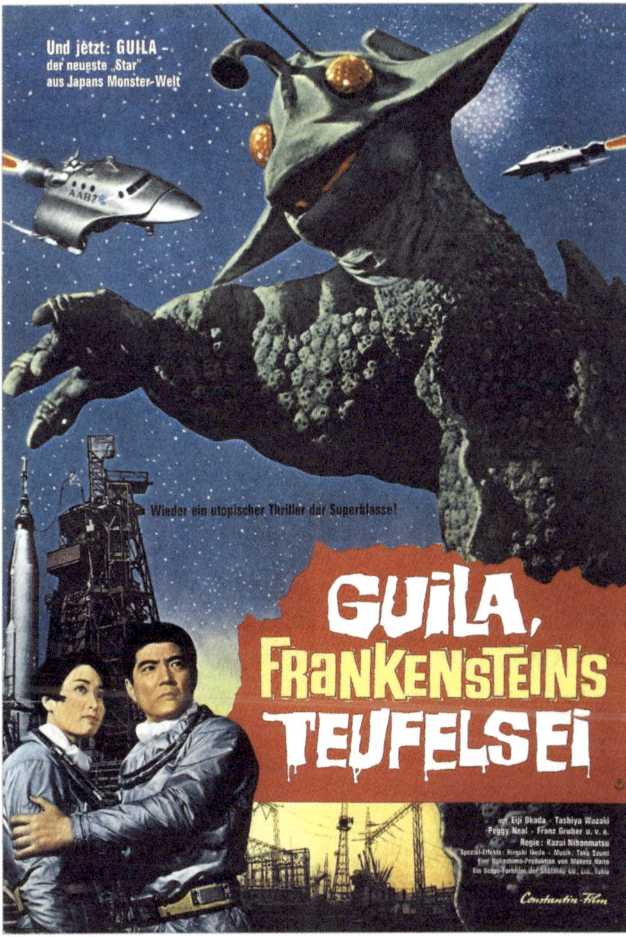

Frankenstein fehlt im Film natürlich jede Spur. Hat aber auch niemand anders erwartet, oder? Die Damen und Herren vom Constantin-Filmverleih, die den Film erst 1972 in die deutschen Kinos brachten, waren in puncto Titelgebung zu jener Zeit auf ihrem kreativen Höhepunkt.

Zweifellos wurden einige dieser haarsträubenden Titel auf feuchtfröhlichen Betriebsfeiern ersonnen. Da macht es auch nichts, wenn Guila im japanischen Original eigentlich Girara (im Film Guilala ausgesprochen) heißt. In der Kürze liegt die Würze. Schließlich ging es ja nur um dieses grüne Riesenhuhn aus dem Ei und All, dessen Gebrüll stark an eine Spielzeug-Plastiktröte erinnert. Nicht gerade furchteinflößend möchte man meinen. Und man hat recht. Captain Sano (Toshiya Wazaki) und seine Crew sind mit ihrem Weltraumflitzer A-A-B-Gamma auf dem Weg zum Mars. Auf den adretten Sano sind die Mädels scharf. Besonders die Weltraumbiologin Lisa (Peggy Neal), sowie die auf dem Mond stationierte Michiko (ltoko Harada). Doch Captain Sano bleibt stets cool und sondert Sätze wie „Der kosmische Strahlengürtel scheint breiter als sonst" ab.
Sechs vorangegangene Expeditionen zum Mars schlugen fehl. Die Raketen samt Besatzung blieben verschollen. Plötzlich wird die A-A-B-Gamma von Ufos, die an fliegende Spiegeleier erinnern, angegriffen. Danach klebt an der äußeren Hülle des Raumschiffs eine ekelige Strahlensubstanz. Vielleicht doch Frankensteins Teufelsei? Vakuumverpackt holt Captain Sano eine Probe der Substanz in Eiform an Bord. Zurück auf der Erde schlüpft Guilala und wächst hurtig auf 60 Meter Höhe heran, weil es die Energie der Waffen absorbiert, die gegen es eingesetzt werden. Dicke Pausbacken, Antennen und eine Tute auf dem Kopf, spuckt Guilala munter Feuerbälle auf die Tokio-Miniatur-Kulisse, die nicht wirklich so aussieht, als könnten da lebendige Menschen wohnen. In einer besonders „beeindruckenden" Szene wirft Guilala einen Öltanker auf ein Fabrikgelände. Aus unverständlichen Gründen verzichtet Special-Effects-Director Hiroshi Ikeda gänzlich auf den Einsatz

von Zeitlupenaufnahmen, die das monströse Geschehen vielleicht etwas größer, wenn auch nicht gigantisch, hätte wirken lassen.

Aus Mondgestein wird Guilalanium entwickelt, ein Gegenmittel, das wie Rasierschaum aussieht. Damit wird Guilala beschossen, bis er weiß wie ein Schneemann und auf Zellengröße in sich zusammengesackt ist. In diesem Häufchen findet Lisa wieder ein Ei, und es wird zurück ins All geschossen, wo es herkam. Captain Sano und Michiko schauen Händchen haltend gen Himmel. Lisa, die weiße Frau, muss allein bleiben.

Guila – Frankensteins Teufelsei hat alles, was ein infantiler Monsterknaller braucht. In den Weltraumszenen zittern die Raketen an gespannten Fäden durch das farbenfrohe All, flotte Beatmusik gibt dem Film den richtigen Schmiss und lässt die ersten 45 Minuten bis zum ersehnten Auftritt von Guilala fast wie im Flug vergehen. Aber nur fast.

Die deutschen Dialoge sind hemmungslos banal und korrespondieren in ihrer Unbeholfenheit wunderbar mit dem bonbonfarbenen Kinderzimmergrusel auf der Leinwand. Das Monster Guilala selbst könnte lächerlicher nicht aussehen. Schon deswegen ist der Film eher für fortgeschrittene Liebhaber des Genres zu empfehlen. Dennoch bezeichnet Phil Hardy den Film in seiner „Aurum Science Fiction Film Encyclopedia“ als eine Art Weltraum-Oper und resümiert: „Guilala is well designed, as are the sets and the models, but there is an unfortunate tendency to film the creature frontally with the camera at normal human height, as opposed to the usual low angle shots required to endow the monster with an imposing stature and sense of menace.“ Der katholische Filmdienst bezeichnete den Film kurzerhand als „dürftige Science-Fiction-Fabel aus Japan". *Uchu Daikaiju Girara* blieb der einzige Riesenmonsterfilm der Produktionsfirma Shochiku. Im Folgejahr 1968 steuerten sie mit einem gallertartigen Weltraum-Vampir in *Kyuketsuke Gokemidoro/Goke – Der Vampir aus dem Weltall* einen Beitrag zum Horror-Genre bei. Die talentfreie Schauspielerin Peggy Neal ist außerdem in Toeis *UX-Bluthund – Tauchfahrt des Schreckens* (*Kaitei Dai Senso)* von 1966 zu sehen.

1967 GAPPA – FRANKENSTEINS FLIEGENDE MONSTER

Dt. Erstaufführung: 22. April 1971 / 83 Min. | Wiederaufführungstitel: *Gappa – Invasion der fliegenden Bestien* | Jap. Originaltitel: *Daikyoju Gappa (Gappa, das riesige Biest)* | Jap. Erstaufführung: April 1967 / 81 Min. | US-Titel: *Monster from a Prehistoric Planet* | US-DVD-Titel: *Gappa – The Triphibian Monsters* | US Erstaufführung (nur im TV): 1968 / 81 Min. | GB-Titel: *Gappa – The Triphibian Monster* / 78 Min. | Produktionsfirma: Nikkatsu Corp. | Produzent: Hideo Koi | Regie: Haruyasu Noguchi | Buch: Iwao Yamazaki, Ryuzo Nakaishi | Kamera: Muneo Ueda | Musik: Saitaro Omori | Spezial-Effekte: Akira Watanabe | Darsteller: Tamio Kawaji, Yoko Yamamoto, Kokan Katsura, Keisuke Yukioka, Saburo Hiromatsu, Shiro Oshimi, Yuji Kotaka

Am Anfang steht eine Reise in die prä-zivilisatorische Wildnis. Eine Linie – die Route eines Schiffes – bewegt sich über eine Karte des Pazifischen Ozeans, endet an einer Südseeinsel mit Namen „Obelisk". Dann bricht ein Vulkan aus – ein „Flash Forward", denn eigentlich findet dieses Ereignis erst später statt.

Die Naturgewalten, die sich der Mensch noch nicht untertan machen konnte, werfen bereits ihre Schatten voraus, während sich die Expeditionsteilnehmer noch der Illusion eines kontrollierten Abenteuers hingeben, apostrophiert in Urlaubsmotivik. Itoko (Yoko Yamamoto) sonnt sich auf dem Deck des Frachters im Liegestuhl, daneben

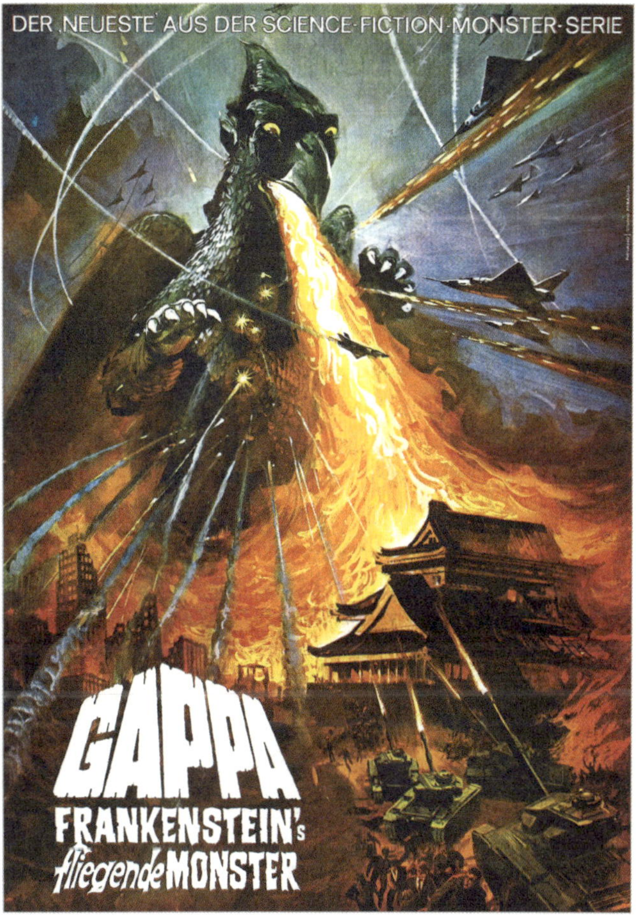

ein dudelndes Radio, ein Fotoapparat mit Teleobjektiv und eine Gitarre, das Südseesynonym schlechthin.

Die Journalistin Itoko Kojanagi und ihr Freund und Kollege Hiroshi Kurosaki (Tamio Kawaji) sind zusammen mit dem Wissenschaftler Prof. Tonoka (Yuji Okada) im Auftrag ihres Chefs, eines wohlhabenden Zeitschriftenverlegers,

hergefahren, um einige Exemplare „unbekannter" tropischer Pflanzen und Tiere für einen gewaltigen Vergnügungspark mit nach Hause zu bringen. Das „Playmate-Land", ein geschlossenes System von der Zivilisation kontrollierter Wildnis, soll ein tropisches Paradies vor den Toren Tokios werden, das Touristen erlaubt, die Südsee zu besuchen, ohne Japan zu verlassen. (Die Analogien dieses Films zu Steven Spielbergs *The Lost World – Jurassic Park,* 1997, sind verblüffend.)
Dass die Natur prinzipiell ein unkalkulierbarer Faktor eines derartigen Unternehmens ist, erweist sich schon in der ersten Nacht. Ein Unterwasserbeben beendet jäh die Annehmlichkeiten der Reise und der „Sidekick" der Expedition, Saburo, glaubt ein riesiges „Seeungeheuer" gesehen zu haben. Saburo ist klein, dick, tolpatschig, trinkt zu viel Sake und wird in der deutschen Synchronfassung von Gerhard („Barney Geröllheimer") Duwner gesprochen.
Die Reduzierung der Figuren auf narrative Klischees plus höchstens einem Charakterzug, einem „trait", ist ein Resultat der inzwischen starken Verankerung der Genre-Strukturen in der populären Kultur. Der kommerzielle Erfolg der Toho-Monsterfilme im In- und Ausland hatte auch die anderen japanischen Filmgesellschaften nicht ruhen lassen. Nachdem Tohos traditionelles Konkurrenzstudio Daiei 1965 mit *Daikaiju Gamera* einen eigenen Filmzyklus etabliert hatte, der es bis 1971 noch auf sechs Fortsetzungen bringen sollte, reagierte 1967 die bis dahin eher auf Gangsterfilme spezialisierte Firma Nikkatsu mit *Daikyoju Gappa,* einem Familienfilm an der Grenze zum reinen Kinderfilm mit für westliche Augen latent lächerlichen Monstern, aber überdurchschnittlich guten Modellarbeiten. (Als Regisseur der Special Effects ist jedoch Hondas

langjähriger Regieassistent Akira Watanabe verzeichnet, die deutsche Fassung, die ausnahmsweise ungekürzt ist, kündigt im Vorspann mit „Paul Shuman", „Rich Fudansa" und „Mike Dawn" drei frei erfundene Hauptdarsteller mit Amerikanisch klingenden Namen an.)

Während Godzilla und seine Kumpel ebenso wie Gamera zu diesem Zeitpunkt praktisch schon domestiziert waren, die Filme vom Aufbruch der Zivilisation erzählten, in dem die Monster immer häufiger auch im Kampf gegen Aggressoren von außen gezielt funktionalisiert werden konnten, trat *Gappa* jedoch wieder die mythische Reise in die Vergangenheit an, in der der Mensch noch mit seinen eigenen Grenzen konfrontiert wird, wenn er an die Grenzen der zivilisierten Welt stößt. Statt als überdimensionale Spielkameraden oder militärische Werkzeuge, präsentierten sich die Gappas als die unbezähmbaren Verfechter einer natürlichen Ordnung, mit der man sich lieber nicht anlegt. Gappa ist wütend, deuten die Eingeborenen der Insel den Vulkanausbruch, von den Expeditionsteilnehmern als archaische Naturreligion und Aberglauben abgetan. Der Eingang zur Höhle, in der die Monster hausen, wird von einer äonenalten Steinstatue bewacht, die denen auf der Osterinsel ähnelt. Dahinter liegt das Revier der Gappas, ein Ort, der für die Inselbewohner im wörtlichen Sinn tabu ist.

Wie die Insulaner im Vorbild dieses Filmes, Ernest B. Schoedsacks und Merian C. Coopers *King Kong* (1933), haben die Eingeborenen die Monstervögel zum Bestandteil ihrer Existenz und zum Zentrum eines für jeden gültigen gesetzlichen Regelwerkes gemacht. Der Mensch hat nichts von den Gappas zu befürchten, solange er im Einklang mit ihnen, mit der Natur, lebt und diese als die höhere Instanz anerkennt.

Der erste Blick vom Schiff auf den lavaspeienden Inselvulkan gleicht der ersten Einstellung von „Skull Island“ in *King Kong* bis zum Einsatz der Musik. Die steinerne Statue trennt den Lebensbereich der Menschen von der verbotenen Zone wie die große Mauer, hinter der Kong lebt. Angeführt von einem weißhaarigen, folglich weisen alten Häuptling, haben die Angehörigen dieser Kultur zu einer friedlichen Koexistenz mit den mächtigeren Wesen gefunden, zu der hier sogar nicht einmal Jungfrauenopfer nötig sind.

Vielleicht ist Gappa ihr Gott, überlegen Kurosaki und Prof. Tonoka, denn bei primitiven Völkern sei Gott oft furchteinflößend. Sie begreifen nicht, dass die Verbote in dieser Kultur nicht Bestandteil einer Religion, sondern einer animistischen Weltsicht sind, die in erster Linie auch der Film selbst vertritt. Der Untergang des bis dahin friedlichen Inselparadieses wird erst ausgelöst, als die Forscher sich über die Gesetze hinwegsetzen, die sie für eine Religion und daher für sie nicht verbindlich halten, obwohl der kleine Eingeborenenjunge Saki ihnen klarzumachen versucht, dass Gappa kein Gott, sondern sehr real ist.

In der Höhle finden sie ein riesiges Ei, aus dem, ausgebrütet durch die Hitze des Vulkans, ein herziges Tier schlüpft, das fatal an Godzillas Sohn erinnert. Mit der Entscheidung, das Monsterbaby mit nach Japan zu nehmen, handelt man sich nicht nur die Feindschaft der Insulaner, sondern auch den Zorn der Gappa-Eltern ein – und damit den der Natur. Während die Expedition mit dem kleinen Gappa schon wieder auf dem Rückweg in die Zivilisation ist, bricht die bis dahin größte Vulkaneruption über die Insel herein. Zwei riesige fliegende Monster, Mama und Papa Gappa, bewegen sich auf Japan zu und verursachen mehrere Schiffs- und Flugzeugunglücke. Das Militär ist in Alarmbereitschaft, hat den Riesenvögeln aber nichts entgegenzusetzen. Gegen Bomben und Gase erweisen sie sich als unempfindlich.

Wie die Sauriermutter in Eugene Louries *Gorgo* (1961) und die Tyrannosaurus-Eltern in *The Lost World* sind sie gekommen, um ihr Junges nach Hause zu holen. Und während sie anfangen, Tokio zu demolieren, hat Itokos und Kurosakis Chef bereits eine Pressekampagne zur bevorstehenden Eröffnung des „Playmate-Land" gestartet, dessen Hauptattraktion das Monsterbaby sein soll. Für den reichen Verleger eine gewinnbringende Investition und für den Wissenschaftler Tonoka ein Studienobjekt, das er nicht aus der Hand geben will, wird das entführte Gappa-Junge zum ausgebeuteten Gegenstand der modernen kapitalistischen Gesellschaft. Ein Mann wie er darf nicht sentimental sein, verteidigt Kurosaki den Professor, als Itoko ihm vorwirft, nicht an den kleinen Gappa zu denken. Für Gefühle wie Mitleid ist kein Platz, wenn der Mensch sich anschickt, die Natur zu unterwerfen. Und die Auswirkungen dieses Denkens zertrümmern gerade die Innenstadt.

Im Dienst sowohl der privaten wirtschaftlichen Interessen als auch einer inhuman gewordenen Naturwissenschaft steht die Armee, die mit brutalen Methoden versucht, die Elterntiere zu vernichten. Im Gegensatz zu der notwendigen Selbstverteidigung bei früheren Monsterangriffen auf Japan lässt *Gappa* keinen Zweifel daran, dass die Menschheit dieses Mal im Unrecht ist. Anders als die tumbe Zerstörungswut, mit der etwa Godzilla noch 1954 marodierend durch Tokio stampfte, hat die Gappas ein edles Motiv hergeführt, die Liebe der Eltern zu ihrem Kind. Zudem sind die Tiere mit ihren fächerähnlichen Rückenflügeln, einzelnen Kopfhörnern und leuchtenden Augen nicht nur deutlicher als Fabelwesen denn als Abkömmlinge irgendeiner Dinosaurierspezies gekennzeichnet, sie sind mehr als Tiere. Sie haben normale Arme und Beine, gehen aufrecht und verfügen über eine menschenähnliche Physiognomie. Viele Großaufnahmen der Gappa-Gesichter beherrschen den Film. Die Konfrontation der urtümlichen, unbeherrschbaren Natur, die mit den Gappas zu Bewusstsein gelangt ist, mit der feindlichen Zivilisation, die in das idyllische Inselparadies einfällt, ist einer zunehmenden Vermenschlichung der Monster gewichen.

Die Zivilisation mit ihren Auswüchsen, die Assimilierung und Ausbeutung alles Natürlichen ist es, der sich Mitleid oder Moral untergeordnet hat. Die Besitzgier prägt fast alle Verhaltensweisen der agierenden Personen. Wie die Schatzsucher dringen die Mitglieder der Expedition in die geheimnisvolle Höhle vor. Das Abenteuer, verbotene Grenzen zu überschreiten, macht den Grenz- zum Einzelgänger.

Sie solle doch nach Hause fahren und eine Familie gründen, wirft Kurosaki Itoko an den Kopf, als diese Zweifel daran anmeldet, ob das, was sie tun, richtig sei. Dass sich die Gappas menschlicher als die Menschen verhalten, erkennen zuerst die Kinder. Zwischen ihnen und dem Gappa-Baby besteht eine fast kommunikative emotionale Beziehung. In ihrer Gegenwart wird es ruhig, nachdem es panikerfüllt in seinem Laborkäfig herumgesprungen ist, nachdem der Verleger das Junge mit einem Elektroschockstab gequält hat. Dessen kleine Tochter und der Insulanerjunge Saki, den die US-Marine von der Insel gerettet hat, haben sich in ihrer Unschuld noch den Respekt vor dem Leben und dem Familiensinn bewahrt, die die Erwachsenen in ihrem

Egoismus bereits verdrängt haben. Und so wie das kleine Mädchen seinem peinlich berührten Vater einmal die Tanzlehrerin als mögliche neue Mama vorschlägt, ist für sie auch im Großen eine Familienzusammenführung der einzige Ausweg aus der bedrohlichen Lage. Das Gappababy muss den Eltern zurückgegeben werden. Dann werden die Ungeheuer ihren Zerstörungszug durch die Stadt beenden. Wider besseren Wissens jedoch weigert sich der Verleger bis zuletzt, das kleine Tier, das er als sein Eigentum betrachtet, freizulassen. Für den – deutlich westlich – geprägten Kapitalismus zählen nicht nur die Familientugenden nichts mehr; er ist auch bereit, zur Befriedigung seiner Gier die Zerstörung Tokios in Kauf zu nehmen. Wie im anderen großen *Gappa*-Vorbild, Ishiro Hondas *Mosura* (1961), entpuppt sich der Kapitalist als das eigentliche Monster des Filmes, dessen Gewinnsucht die Katastrophe erst über die Bewohner der Stadt gebracht hat. Und dennoch begehen die Gappas keinen Racheakt an der Menschheit. Die Zerstörungen, die sie bewirken, sind nur Resultat ihrer Suche nach ihrem Kind. Aggressionen gegen Menschen gibt es nicht, und die Gegenwehr der Armee hat in ihrer eigenen Vernichtungswut kaum noch etwas Defensives an sich. Als auch ein massierter Raketenangriff ohne Resultat bleibt, lenken die Behörden ein. An einem Hubschrauber hängend wird das Jungtier in der Nacht zum Haneda-Flughafen transportiert, in dessen Gegend die Eltern gerade die Dächer von den Häusern lüpfen. Wie die Saurier in *The Lost World* reagieren auch sie auf das Geschrei des Babys. Auf dem Flugfeld bringt Papa Gappa seinem Sohn erst noch schnell das Fliegen bei, ehe sich die drei wiedervereint auf die Heimreise machen. (Der anlauffreie Senkrechtstart gibt noch heute Anlass zu Überlegungen über die Rückstoßkraft ihrer Darmgase.) Wie in Alfred Hitchcocks *The Birds* (1963) ist die gesamte Schlussszene nur mit Schnabellauten unterlegt.

AUTOR **BODO TRABER**

1967 GODZILLAS TODESPRANKE

Dt. Erstaufführung: 3. August 1972 / 74 Min. | Dt. Videotitel: *Godzilla – Monster des Schreckens/Godzilla – Monster des Grauens/Godzilla – Das Monster mit der Todespranke* / 65 Min. | Dt. DVD-Titel: *Yongary – Das Monster aus der Tiefe* / 65 und 78 Min. | Jap. Titel: *Dai Koesu Yongkari* | Koreanischer Titel: *Taekoesu Yonggary* | Koreanische Erstaufführung: 13. August 1967 / 100 Min. | US-TV-Titel: *Yongary – Monster from the Deep* / 78 Min. | Produktionsfirma: Kuk Dong Film Co. (Süd-Korea), Toei (Japan) | Produzent: Cha Taejin | Regie: Kim Ki-duk | Buch: Seo Yun-sung | Kamera: Byeon In-jib | Musik: Jeon Jeong-Keun | Spezial-Effekte: Kenichi Nakagawa | Darsteller: Yeong-il Oh, Yeong-im Nam, Sun-jae Lee, Kwang Ho Lee, als Yongary: Cho Kyoung-min

Manche meinen, der 1967 entstandene *Taekoesu Yonggary/Godzillas Todespranke* sei eine schlechte koreanische Monsterfilmkopie. Ein peinlicher Versuch, Godzilla mit einem unglaubwürdigen Plastikmonster namens „Yongary" nachzuahmen, das nur den Laut „Yeehaaaaw!" beherrscht. Ein schräger Alias, dessen Protagonist, offensichtlich ortsunkundig, ewig braucht, um die Ölvorräte der Stadt zu plündern. Ein liebloser Abklatsch, in dem das Ungeheuer ausgerechnet auf den Allerweltsstoff Ammoniak allergisch reagiert, sich dafür aber von einem kleinen Jungen mit seiner merkwürdigen Quatschpistole wieder aufwecken lässt und mutig weiter mit den Armeeflugzeugmodellen spielt. Dabei gibt es gar keine schlechten Monsterfilmkopien. Nein, Yongary kickt in der Godzilla-Ober-, wenn nicht sogar Bundesliga. Der Film hat alles, was ein bahnbrechender Monsterfilm braucht. Kein richtiges Drehbuch, eine aufgepfropfte und unlogische Story zwischen den Monster-Mann-Kämpfen, niedliche Modellmonster mit sichtbaren Plastikröhrchen im Maul, schmissige koreanische Filmmusik, die sich an der koreanischen und amerikanischen Nationalhymne gleichzeitig orientiert, und die totale Zerstörung einer asiatischen Modelleisenbahnlandschaft, sowie prominente Synchronsprecher: Der schlaue kleine Junge Twang, der Yongarys Achillesferse ganz allein knackt (= Ölliebe, Ammoniakallergie, Reaktion auf die komische Quatschpistole aus dem Labor), wird von Wickie gesprochen – das macht seine Cleverness umso glaubwürdiger.

Also darf man Fan des Koreamonsters aus der Unterwelt sein, das brav die Grenzen zwischen Süd- und Nordkorea einhält, und dessen Bezwinger humanistische Philosophen sind, allein, der Teil ihres Textes, den man zum Verständnis bräuchte, fiel wohl beim Filmschnitt einer Nagelschere zum Opfer. Es bleiben mutmachende Sätze wie: „Wenn nur ein Menschenleben gerettet wird, ist es einen Versuch wert" oder „Yongary ist kein normales Lebewesen" auf die Frage des kleinen koreanischen Wikingers, der im letzten Augenblick, als Yongary sich schon pikanterweise aus dem Allerwertesten blutend im ammoniakschen Todeskampf windet, doch so etwas wie Mitgefühl empfindet. Wahrscheinlich erinnert ihn das Wesen zu sehr an seine Godzilla-Spielfiguren. Zwischendurch rennen verzweifelte Koreaner und Koreanerinnen auf der Flucht vor dem Monster durch die Gegend, und irgendein subversives Element, irgendein südkoreanischer Ed Wood hat heimlich Szenen in das Gewusel hineingeklebt, die zu denken geben. Ein christlicher Fanatiker verlangt von den flüchtenden Massen, ihre Sünden zu bekennen – angesichts einer

Mehrzahl Buddhisten und Konfuzionisten geradezu ein Wagnis. In einem Beatclub spielen die „5,6,7,8s" oder eine ähnlich rasante, asiatische Beatband zum letzten Tanz auf, und die koreanische Beat-Generation zuckt im Strobolicht dazu. Mit etwas gutem Willen erkennt der Fan im Konflikt der am Anfang auftauchenden, über den Monsterkampf aber verschüttgehenden frisch Vermählten, eine Kritik an der koreanischen Gesellschaft. Muss denn der als Wissenschaftler arbeitende Schwiegervater ausgerechnet am Hochzeitstag auf die Dienste seines neuen Schwiegersohns bestehen? Und auch im kleinen Streitgespräch zwischen der traditionell gekleideten Mutter von Twang und ihrer Beatchick-Tochter schlummert ein scharf beobachteter und geradezu subversiv umgesetzter Generationenkonflikt. Fakt ist, dass ein paar mehr koreanische Monsterfilmkopien auch niemandem schaden, der nicht schon vorher geschädigt wurde.

AUTORIN JENNI ZYLKA

In Deutschland wurde *Taekoesu Yonggary* mit dem irreführenden Titel *Godzillas Todespranke* als japanischer Godzilla-Film vermarktet. Streng genommen handelt es sich aber um einen Film aus Südkorea, der mit der Unterstützung des Spezial-Effekt-Teams der japanischen Produktionsfirma Toei realisiert wurde. Der Monsteranzug ist nach koreanischen Entwürfen von Monstermacher Masao Yagi in Japan gefertigt worden. Yagi hatte zuvor das Gamera-Kostüm für Daiei gebaut. Regisseur Kim Ki-duk (1934–2017) hat in seiner Karriere 66 Filme gedreht und ist nicht verwand mit dem gleichnamigen bekannten Arthouse-Regisseur (1960–2020), der den international gefeierten Film *Frühling, Sommer, Herbst, Winter ... und Frühling* gedreht hat. 1999 entstand die südkoreanisch-amerikanische Neuverfilmung *Yonggary* unter der Regie von Shim Hyung-rae, die in Deutschland unter dem Titel *Reptilian – Das Duell der Mega-Echsen* im Heimkino ausgewertet wurde.

1969 U 4000 – PANIK UNTER DEM OZEAN

Dt. Erstaufführung: 3. April 1971 / 94 Min. | Jap. Originaltitel: *Ido Zero Dai Sakusen* | Jap. Erstaufführung: 26. Juli 1969 / 108 Min. | US-Titel: *Latitude Zero* | US Erstaufführung: Dezember 1970 / 95 Min. | Produktionsfirma: Toho, Don Sharp Prod. | Produzent: Tomoyuki Tanaka, Don Sharp | Regie: Ishiro Honda | Buch: Ted Sherdeman, Shinichi Sekizawa | Kamera: Taiichi Kankura | Musik: Akira Ifukube | Spezial-Effekte: Eiji Tsuburaya | FX-Kamera: Sadamasa Arikawa | Darsteller: Joseph Cotten, Cesar Romero, Richard Jaeckel, Patricia Medina, Linda Haynes, Akira Takarada, Masumi Okada, Hikaru Kuroki, Akihiko Hirata

Eine japanische Pop-Phantasmagorie. Jules Vernes Kapitän Nemo und H. G. Wells Dr. Moreau treten gegeneinander an, in einer bunten 60er-Jahre Spielzeuglandschaft, die an Shangri-La und Atlantis erinnert. Das Kino von Ishiro Honda gleicht einem Zauberkasten, aus dem er die absolute Realität des Wunderbaren schafft. Allein die Explosionen, die er in seiner Miniaturwelt veranstaltet, sind überwältigender Surrealismus. Dafür kann man fast alle Feuerwerke heutiger Hollywood-Big-Budget-Filme herschenken.

Das Märchen von *U 4000* beginnt dokumentarisch, beinahe wissenschaftlich. Das Forschungsschiff „Fuji“ erkundet den Cromwell-Strom, eine Unterwasser-Strömung, die U-Booten von Nutzen sein könnte. Ort der Operation ist der Pazifik östlich von Neu-Guinea, wo sich die internationale Datumsgrenze und der Äquator kreuzen. Wir befinden uns also am Ende der Welt. Ein Mini-U-Boot wird von der

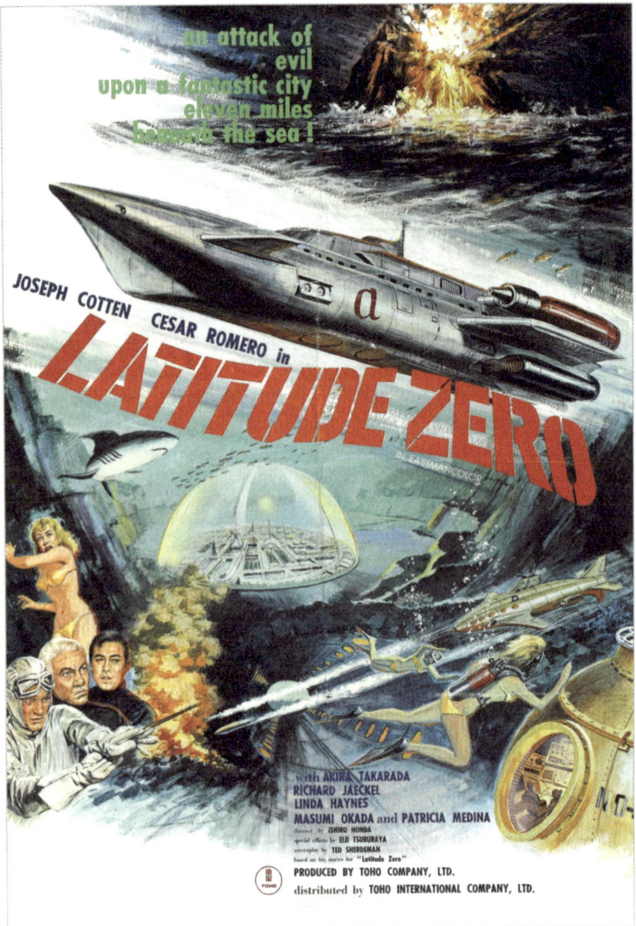

„Fuji" ins Meer gelassen. An Bord der Kapsel befindet sich ein internationales Trio. Der japanische Wissenschaftsoffizier Ken Tashiro (Akira Takarada), der französische Forscher Masson und der redselige amerikanische Fotojournalist Perry Lawton, dargestellt von Richard Jaeckel.

Beim Ausbruch eines Unterwasservulkans wird die Kapsel vom Mutterschiff getrennt. Die Kapsel-Piloten werden von der Besatzung des plötzlich auftauchenden U-Bootes „Alpha“ gerettet. Während der verletzte Masson von der jungen Schiffsärztin Anne Barton (Linda Haynes) rührend versorgt wird, einer entzückenden Barbarella der Heilkünste, werden die beiden anderen dem Kapitän der „Alpha“ vorgestellt, einem gutmütigen, aber seltsamen Craig McKenzie, gespielt von Joseph Cotten als alternder Dandy mit schickem Halstuch. Cotten haben die Japaner gewollt, weil sie ihn in William Dieterles bizarrem Melodram *Portrait of Jenny* aus den 40er Jahren so mochten. McKenzie, der von sich behauptet, an die 200 Jahre alt zu sein, bringt die drei Geretteten in eine fantastische Unterwasser-Stadt, die von Menschen aus verschiedenen Zeiten und Nationen bewohnt wird. Swinging London im Jenseits oder der Schauplatz des *Prisoner* als schöne Utopie, so wirkt diese Wasser-Traumstadt. Bedroht wird die friedliche Idylle vom bösen Dr. Malic (Cesar Romero), einem alten Rivalen McKenzies, der mit seiner Frau Lucretia (Patricia Medina, Cottens damalige Ehefrau) auf der Insel „Blood Rock“ residiert. Malics Mätresse Kroiga macht mit ihrem Super-U-Boot U 4000 die Gewässer um die Tiefsee-Stadt unsicher, zu der der gefallene Engel Malic keinen Zutritt hat.
Als Malic, mit Lust gespielt von Cesar Romero, der in der *Batman*-TV-Serie den Joker gab, einen berühmten Wissenschaftler, der sich auf dem Weg in die Traumstadt befindet, entführt, schreiten McKenzie und seine neugewonnenen Freunde ein. Dabei werden sie bestens ausgestattet. James Bond würde vor Neid erblassen. Nach einem Immunitätsbad werden sie in hitzebeständige Platinanzüge gesteckt, die zudem mit Flammenwerfern und

Laserkanonen ausgestattet sind. Allerdings bekommen sie es auch mit absonderlichen Gegnern zu tun, den von Malic kreierten Mutanten. Zwischen den Riesenratten und Fledermausmännern ragt ein gigantischer fliegender Löwe hervor, dem Malic das Gehirn seiner Geliebten Kroiga eingepflanzt hat. Ein unglaublicher Showdown beginnt. Glitter-Ritter mit Gimmick-Waffen gegen Ungeheuer, die wie explodierte Figuren aus der Augsburger Puppenkiste aussehen. Während die deutsche TV-Version nach diesem Kampf abbricht, stellt die Originalfassung die Frage nach der Wirklichkeit der Unterwasser-Welt, die Perry Lawton zu fotografieren sucht. Vielleicht sind die drei Reisenden ins Reich der Toten eingegangen, vielleicht sind sie in die Welt der Kindheit zurückgekehrt. Hondas psychedelischer Trip ist Pulp Fiction pur, ein sublimer Film, mit Rationalität nicht beizukommen.

AUTOR **HANS SCHIFFERLE**

1970 MONSTER DES GRAUENS GREIFEN AN

Dt. Erstaufführung: 27. Oktober 1972 / 83 Min. | Alternativer DVD-Titel: *Aliens – Monster des Grauens greifen an* | Jap. Originaltitel: *Gezora, Ganime, Kameba: Kessen! Nankai no Daikaiju* | Jap. Erstaufführung: 1. August 1970 / 84 Min. | Internationaler Titel: *The Space Amoeba* | US-Titel: *Yog – Monster from Space* | US Erstaufführung: 1971 / 81 Min. | Produktionsfirma: Toho | Produzent: Tomoyuki Tanaka, Fumio Tanaka | Regie: Ishiro Honda | Buch: Ei Ogawa | Kamera: Taaichi Kankura | Musik: Akira Ifukube | Spezial-Effekte: Sadamasa Arikawa, Teruyoshi Nakano | Darsteller: Akira Kubo, Atsuo Takahashi, Yoshio Tsuchiya, Kenji Sahara, Noritake Saito, Yukiko Kobayashi

Monster des Grauens greifen an ist einer der wenigen Filme, die ich nicht schon als Kind in einer Jugendvorstellung genossen habe. Ich erinnere mich noch gut an das erste Mal,

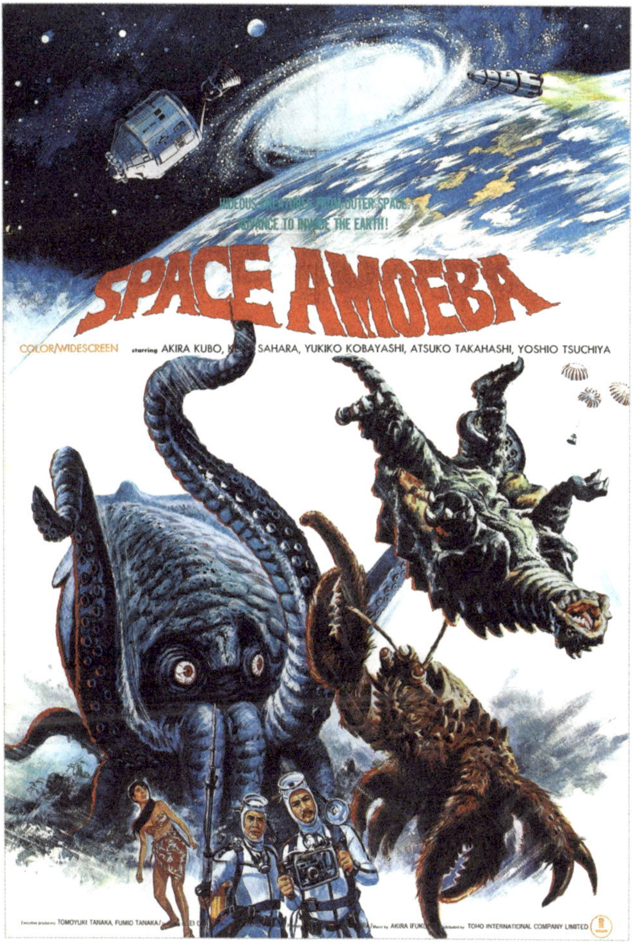

Anfang der 80er, als ich den Film mit einem Pulk von Freunden in der Nachtvorstellung eines Berliner Kinos unter dem Motto „Die schlechtesten Filme der Welt“ zu sehen bekam. Schon beim Vorspann, in dem die Monster in verrissenen Standbildern zu sehen sind, lag ich Tränen lachend unter dem Vordersitz. Da wir die einzigen Gäste (wir waren aber zu zwölft) im Kino waren, konnten wir unserem Drang, lauthals zu grölen und zu lachen, ungeniert freien Lauf lassen.

Erschaffen wurde das bemerkenswert bizarre Werk aus der Verzweiflung über den Tod des Spezial-Effekt-Großmeisters Eji Tsuburaya. Dessen langjähriger Kameramann Sadamasa Arikawa übernahm formal die Position des Effekt-Regisseurs und Tsuburayas Regieassistent Teruyoshi Nakano stand ihm zur Seite. Faktisch war *Monster des Grauens greifen an* aber Nakanos erster Film als Spezial-Effekt-Regisseur. Die titelgebenden Monster des Grauens sind diesmal keine mythischen Fabelwesen (Kaiju) wie Godzilla oder Mothra, sondern einfach nur ins Gigantische gewachsenen Tiere auf einer paradiesischen Insel.

Nakano erinnert sich: „Die Namen, die wir den Kaiju gegeben haben, sind schlecht. Sie passen nicht zu ihnen. Wir dachten, wenn wir diese normalen Tiere riesig werden lassen, dann werden sich die Leute vor ihnen fürchten. Aber das war nicht so. Der Tintenfisch Gezora ist überhaupt nicht erschreckend. Niemand mochte ihn. Und Ganime ist eben einfach nur eine ordinäre Krabbe. Nicht gerade gefährlich. Wer weiß, wenn wir den Monstern andere Namen gegeben hätten, wäre der Film vielleicht doch ein Hit geworden."

In der Tat sind die Monster eher lachhaft. Besonders Tintenfisch Gezora (tapfer gespielt von Godzilla-Darsteller Haruo Nakajima) ist bemitleidenswert. Der Latex-Kopffüßler taumelt auf zwei seiner Tentakel ungelenk über die Insel. Einige seiner Arme werden durch gut sichtbare Fäden bewegt, die übrigen baumeln unkontrolliert in der Gegend herum. Der Riesenkrebs Ganime und die Schildkröte

Kameba sind schöner geworden. Was aber nicht heißt, das sie überzeugend das im Titel versprochene Grauen verbreiten würden.

Das unbemannte Raumschiff „Helio 7“ wird auf dem Weg zum Jupiter von körperlosen Weltraumwesen, den Alien-Sporen, übernommen und zurück zur Erde gelotst. „Helio 7“ plumpst unweit des Selga Atolls, einer paradiesischen Insel, die in ein Ferienparadies umfunktioniert werden soll, ins Meer. Die Sporen mutieren die hier lebenden Tiere in lächerliche Riesenmonster. Eine Gruppe von Menschen befindet sich zu Erkundungszwecken auch auf der Insel. Allen voran der heldenhafte Fotograf Taro Kudo (Akira Kubo) und der böse Industriespion Makoto Obata (Kenji Sahara), der von den Weltraumsporen zu einem willenlosen Sklaven gemacht wird, um ihnen bei der obligatorischen Welteroberung behilflich zu sein. Verängstigte Eingeborene, die den Urwaldsong aus *Die Rückkehr des King Kong* (1962) singen und eindringlich vor Gezora warnen, springen auch auf der Insel umher. Die fremdbestimmten Monster jagen erst die Menschlein, bekämpfen sich ohne ersichtlichen Grund schließlich selbst und fallen gemeinsam mit dem bösen Obata in einen ausbrechenden Vulkan. Akira Kurosawas Weggefährte Ishiro Honda übernahm die Regie der Spielszenen mit den menschlichen Darstellern. Die Toho-Stammschauspieler Akira Kubo, Kenji Sahara und Yoshio Tsuchiya (auch bekannt aus den Kurosawa-Filmen *Die Sieben Samurai*,1953, und *Yojimbo*, 1960) ziehen ihre Rollen unter Hondas Führung erstaunlich ernst durch. Jedoch sollte es für alle drei Schauspieler der letzte Monster-Film der Showa Ära sein.

Der „Filmdienst“ bezeichnete *Monster des Grauens greifen an* als eine „Mischung aus Horrorelementen, Folklore,

Klein-Moritz-Journalismus, halbverdauter Science Fiction und menschlichem Edelmut. Für Liebhaber des Genres nicht ohne Unterhaltungswert." Während das Heyne „Lexikon des SF-Films" den Film als „eine ungeheure Beschimpfung aller SF-Fans" sah. Stuart Galbraith resümiert resignierend in seinem Buch „Japanese SF-Fantasy and Horror Films": „*Yog-Monster from Space* (US-Titel) is a picture made by a studio out of touch with its changing audience, a picture that marked the sad end of an era, and the beginning of a depressingly unimaginative new one."
Auf dem Cover der 2001 unter dem Titel *Aliens – Monster des Grauens greifen an* veröffentlichten DVD steht geschrieben, „dass im Gladiatorenkampf der Ungetüme, von denen immer mehr und größere im Kino auftreten, auch etwas vom Schein- und Konkurrenzkampf von Großkonzernen steckt". Tatsächlich ist *Monster des Grauens greifen an* sehr speziell. Aber gerade deshalb ist er ein absoluter Hit des trivialen analogen Spezial-Effekt-Kinos, den man gesehen haben muss, um ihn für möglich zu halten.

1977 GIGANTEN DER VORZEIT

Dt. Erstaufführung: 5. August 1977 / 83 Min. | Jap. Originaltitel: *Kyoryu – Kaicho no Densetsu* | Jap. Erstaufführung: 29. April 1977 / 94 Min. | US-Titel: *Legend of Dinosaurs and Monsterbirds* | Alternativtitel: *Legend of the Dinosaur* | US Erstaufführung im TV: 1987 / 94 Min. | Produktionsfirma: Toei | Produzent: Keiichi Hashimoto | Regie: Junji Kurata | Buch: Masaru Igami, Isao Matsumoto | Kamera: Sakuji Shiomi, Shigeru Akazuka | Musik: Masao Yagi | Spezial-Effekte: Fuminori Obayashi | Darsteller: Tsunehiko Watase, Nobiko Sawa, Shotaro Hayashi, Tomoko Kiyoshima, Fuyukichi Maki, u.a.

Die Ästhetik der 1970er Jahre hat offenbar auch vor dem japanischen Monsterfilm nicht Halt gemacht. Schon der Anfang von *Giganten der Vorzeit* weckt Assoziationen zum Italo-Trash jener Zeit. Orgelmusik, E-Bass und wilde Rhythmen ... dazu bekommen wir eine verängstigte Frau zu sehen, die durch einen Wald stolpert, in ein tiefes Loch stürzt und dort ein riesiges „versteinertes Ei", wie es später heißt, findet. Aus diesem Steinei schlüpft gegen Ende des Filmes ein fliegender Dinosaurier, dessen Anatomie und Flugkunst Wissenschaftlern und Zuschauern gleichermaßen Wunderglaube abverlangt. Bis es jedoch zu dessen Auftritt kommt, macht erst einmal ein riesiger Meeressaurier einen am Fuße des Fujiyama gelegenen See unsicher. Taucher, Schwimmer und sogar ein ganzes Pferd verschwinden spurlos.

Der Sohn eines berühmten Paläontologen, der wie sein Vater daran glaubt, dass es immer noch Dinosaurier auf „unserer guten alten Erde" (ja, so wird das gesagt!) gibt, macht sich von der Stadt auf zum See, um das Geheimnis zu erforschen. Indes mordet das Seemonster munter weiter. Ein paar Witzbolde, die den noch verbliebenen Badegästen Angst einjagen wollen, tauchen vor dem Strand mit einer Unterwassermonster-Rückenflosse herum und werden ebenfalls gefressen. Der indes angereiste Wissenschaftler kann das Rätsel des Seeungeheuers schnell knacken. Es ist aus seinem Schlaf erwacht, um auf einen drohenden Vulkanausbruch hinzuweisen. Und so liefert das Finale des Films neben zwei kämpfenden Sauriern (endlich ausgeschlüpft: Das Flugmonster vom Anfang!) auch noch eine Naturkatastrophe.

Das ist zu viel für nur einen einzigen Film – zumal, wenn er so dilettantisch inszeniert ist, dass es schon fast in den Augen schmerzt. Billigste Rückprojektionen streiten mit schlechtesten Spezial-Effekten darum, wer es schafft, den Film endgültig das ästhetische Genick zu brechen.

Das kann man einem Monsterfilm eigentlich kaum zum Vorwurf machen, weiß man doch, dass es den Japanern hier eben nicht um Hyperrealität geht, doch angesichts des Realitäts-Gehaltes, die der Film auf andere Spezial-Effekte legt, wirkt der Kontrast zu den Creature-Effekten besonders stark. Auffällig „gut" ist nämlich die Brutalität in Szene gesetzt, mit der die Monsterattacken inszeniert werden. So viel Splatter wie in *Giganten der Vorzeit* dürfte selten im japanischen Monsterfilm zu sehen gewesen sein. Solche, beachtet man die plumpe Machart nicht, recht deftig-blutigen Szenen weisen den Film als nicht mehr ganz jugendfrei aus. Der Kontrast zur schlechten Ausführung, die wohl nur Zuschauer ohne große Seherfahrung begeistern dürfte, wirft die Frage auf, für wen das Werk denn eigentlich gedreht wurde? Nein, zu vieles an *Giganten der Vorzeit* sieht nach einem Exploitationfilm aus. Die Vorlagen (von Spielbergs *Jaws/Der weisse Hai* bis zum *Monster von Loch Ness*) sind zu plump kopiert, bzw. eingebaut. Die technische Ausführung ist zu amateurhaft, und das ganze Seventies-Ambiente biedert sich zu sehr an den Eurotrash jener Jahre an, als dass man Kuratas Film irgendwelche Originalität zugestehen möchte. Und die liebgewordenen japanischen Filmmonster gibt es auch nicht zu sehen, sondern nur seelenlose Drachen, die sich gegenseitig zerfleischen. Wir raten ab!

AUTOR **STEFAN HÖLTGEN**

Etwas versöhnlicher sieht das Thomas Kerpen in dem Buch „Monster aus Japan": „Auch wenn *Giganten der Vorzeit* mit nicht mehr als einer Handvoll Yen produziert sein dürfte, besitzt er gerade zu Beginn einen erstaunlichen Unterhaltungswert. Das liegt vor allem daran, dass sich die Macher ihres Mini-Budgets und der Grenzen ihrer Tricktechnik wohl ziemlich bewusst waren, weshalb sie sich mit allzu detaillierten Visualisierungen ihrer Urviecher lange zurückhalten und sich auf erstaunlich effektive Ausschnitte beschränken. Man könnte sich beinahe dabei erschrecken."

1985 WAR OF THE GOD MONSTERS

Koreanischer Originaltitel: *Bicheongoesu* | Südkoreanische Erstaufführung 12. Januar 1985 / 87 Min. | US-Blu-ray Premiere: März 2021 | US-Alternativtitel: *The Flying Monster* | Intern. Titel: *The Undead Beast* | Regie: Kim Jeong-yong | Produzent: Kim Yong-Deok | Buch: Lee Mun-ung | Musik: Lee Cheol-hyuk | Spezialeffekte: Koichi Takano, Kazuo Sagawa, Kaimai Eizo, Yôichi Manoda, Jun Oki | Darsteller: Kim Ki-Ju, Nam Hye-Gyeong, Kim Da-hye, Moon Tai-sun, Kim Wook, Kim Hae-rim, Choi Seong-kwan, Yu Myeong-sun

Warum selbst Monsterszenen drehen, wenn in Japan brauchbares Material existiert? Das dachten sich wohl die Produzenten dieses südkoreanischen Films. So kaufte man verschiedenes Material aus der von Tsuburaya Productions hergestellten TV-Serie *Kaettekita Ultraman* (*Return of Ultraman*, 1971) und drehte neue Szenen mit koreanischen Darstellern dazu.

Herausgekommen ist ein Flickwerk, das von Dr. Kim erzählt. Weil niemand seinen Theorien über das mögliche Erscheinen von Dinosauriern und das Ende der Welt Glauben schenkte, ist er untergetaucht. Die Journalistin Kang Ok-hee spürt Kim in einem Küstenort auf, wo er mit seiner kleinen Tochter Sohee lebt. Ok-hee schleicht sich als Haushälterin bei ihm ein und sichtet heimlich Kims Unterlagen. Mit der Zeit gewinnt sie trotz ihres Schwindels durch ihre Hartnäckigkeit Kims Vertrauen und ist dann auch überzeugt, dass er richtig liegt. So will sie ihm helfen, während bereits verschiedene Ungeheuer auftauchen und

Kim Spuren und Eierschalen findet. Schließlich bricht die Hölle los, als immer neue Monstren die Menschheit angreifen und Kims Theorie aufs Schlimmste bestätigen. Als die Welt in Trümmern liegt – was Kim, Ok-hee und Sohee nur knapp überleben – ziehen sich die Ungetüme zurück, doch sie können jederzeit wieder angreifen.
Trotz neu gebauter Füße für eines der Monster kann der Film nicht darüber hinwegtäuschen, dass hier ordentlich zusammengebastelt wurde, was nicht zusammen passt. Zu sehen sind dann auch keine Dinosaurier, sondern die Ultraman-Ungeheuer Bemstar, Terochilos, Pestor, Verokron, Dorigon, Seamons und Seagorath nebst einiger Spezialflugzeuge. Zwei Drachen wurden aus einem unbekannten asiatischen Kinofilm entnommen. *War of the God Monsters* ist nie in Deutschland gelaufen und stellt ein Kuriosum für Komplettisten dar, bei dem man seine Erwartungen herunterschrauben sollte.

AUTOR INGO STRECKER

1985 PULGASARI

Nordkoreanische Erstaufführung 1985 / 95 Min. | Japanischer Alternativtitel: *Daikaiju Pulgasari* | Japanische Erstaufführung 4. Juli 1998 | Produktionsfirma: Korean Film Studio | Produzent: Kim Jong-il | Regie: Shin Sang-ok, Chong Gon-jo | Buch: Kim Seryun | Kamera: Kenichi Eguchi, Cho Myong Hyon, Pak Sung Ho | Musik: So Jong Gon | Spezial-Effekte: Teruyoshi Nakano, Osamu Kume, Eiji Shirokuma, Kim Duk Ho, Pak Chong Gil | Monster-Design: Nobuyuki Yasumaru | Darsteller: Chang Son-hui, Ham Gisop, Ri In Gwon, Ri Jong-uk, Pak Yong-hok, Kenpachiro Satsuma und Little Man Machan als Pulgasari

Nachdem Kim Jong-il, Sohn des nordkoreanischen Staatsführers Kim Il-sung, 1967 zum Chef der Sektion „Führung für Kunst und Kultur“ der Propagandaabteilung ernannt

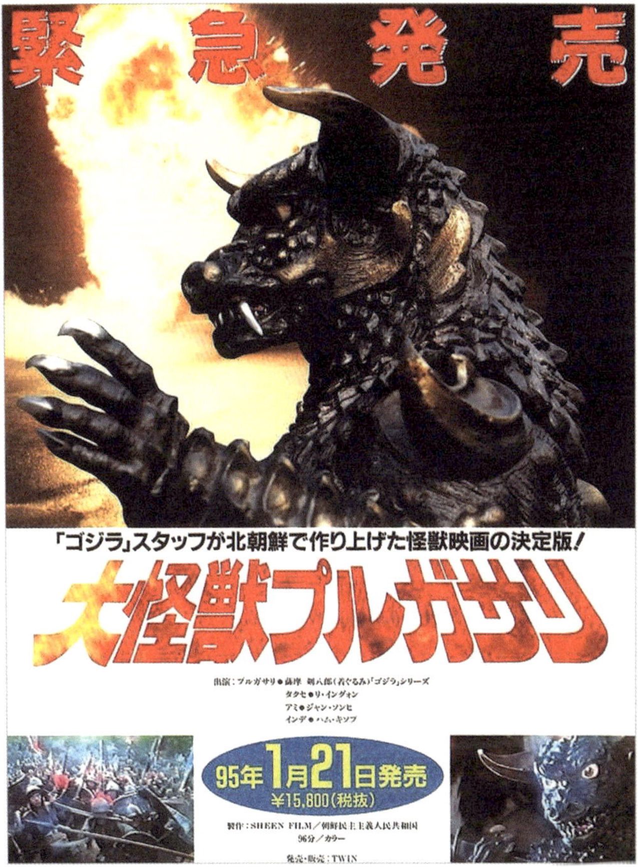

wurde, wollte er heimischen Filmen Schwung verleihen und setzte 1978 einen verrückten Plan um. Er ließ in Hongkong die südkoreanische Schauspielerin Choi Eun-hee entführen. Auf der Suche nach Choi ereilte ihren Ex-Mann, den Regisseur Shin Sang-ok, das gleiche Schicksal. Auf einer Party von Kim Jong-il in Pjöngjang traf Shin Sang-ok nach vier Jahren Straflager 1983 seine Ex-Frau wieder.

Kim verheiratete die beiden erneut. Bis 1986 arbeitete Shin Sang-ok teilweise mit seiner Frau an 18 nordkoreanischen Filmproduktionen (einige wurden erst 1987/88 veröffentlicht), ehe dem Ehepaar während eines Filmfestivals in Wien die Flucht in die amerikanische Botschaft gelang.
1985 „durfte" Shin Sang-ok den Historien-Monsterfilm *Pulgasari* drehen. Der Film erzählt von der geknechteten Bevölkerung während der Goryeo-Dynastie (918–1392). Inde, der Neffe des alten Schmieds Takse, führt Rebellen im Kampf gegen den Gouverneur an. Aus Werkzeugen der armen Bauern Waffen herzustellen, lehnt Takse ab. Er landet im Gefängnis. Dem Tode nah modelliert er aus seinem Essen eine kleine Figur, die für Gerechtigkeit sorgen soll. Takse stirbt. Ein Tropfen Blutes seiner Tochter Ami erweckt den kleinen Pulgasari zum Leben. Er frisst Metall und wächst schnell. Schon bald ist Pulgasari in Menschengröße mit den Rebellen unterwegs. Er frisst weiterhin Metall – die Waffen der Gouverneursarmee – und wächst zu einem gigantischen Monster mit Stierhörnern heran. Schließlich wird der Palast des Gouverneurs gestürmt und dieser getötet. Der König tobt. Der ehrgeizige General Fuan erklärt sich bereit, Pulgasari und die Rebellen zu vernichten. Fuan bringt Ami in seine Gewalt, mit deren Hilfe er Pulgasari in einen Käfig lockt und verbrennen will. Pulgasari tobt, aber Inde wird hingerichtet. Nun sollen eine gigantische Fallgrube und eine Priesterin, die den Geist des Schmieds aus Pulgasari entfernen muss, als Lösung dienen. Das funktioniert. Pulgasari fällt und wird unter Steinmassen begraben. Doch Ami kann das Monster erneut mit ihrem Blut erwecken. Es folgt der Sturm auf den Königspalast. Fuan und der König werden vernichtet. Auch nach dem Verzehr von Superkanonen kann Pulgasaris Hunger nicht gestillt werden.

Ami befürchtet, dass sein Appetit andere Länder gefährdet. Sie lockt Pulgasari zu einer Glocke, in der sie sich versteckt. Er schluckt die Glocke samt Frau und das Opfer zeigt Wirkung. Pulgasari versteinert und zerspringt in tausend Stücke.

Für die Spezialeffekte wurde japanisches Personal angeheuert – mit der Finte, in China zu arbeiten und aufgrund der Entführung japanischer Landsleute nach Nordkorea nicht ungefährlich. Engagiert wurden der Godzilla-Darsteller Kenpachiro Satsuma (ausgewachsener Pulgasari), Teruyoshi Nakano (Spezialeffekt-Regie), Nobuyuki Yasumaru (entwarf den 1984er Godzilla, Monsterkostüme) und Little Man Machan (Baby-Pulgasari), der zwischen 1967 und 1969 Godzillas Sohn Minya darstellte. Insgesamt wurde bei Pulgasari nicht so viel Aufwand wie für einen Godzilla-Film betrieben und zwischendurch macht sich das Monster rar, aber besonders am Ende sieht man schöne Modellbauten, die unter Pulgasaris Fäusten zerstört werden. Und das ausgewachsene Monster schaut auch fein aus.

Pulgasari kann als antikapitalistische Propaganda gedeutet werden. Besser gefällt mir, dass Regisseur Shin Sang-ok den Produzenten Kim Jong-il reinlegte und zeigte, was von stalinistischen Staatschefs und Despoten zu halten ist. Das hungernde Nordkorea ist jedenfalls damals wie heute eine traurige Tatsache. In Deutschland ist *Pulgasari* nie veröffentlicht worden. Eine südkoreanische Verfilmung des auf einer Legende basierenden Stoffes mit dem Titel *Bulgasari* (1962) gilt als verschollen.

AUTOR INGO STRECKER

„Mister Explosion" in Nordkorea

Interview mit Spezial-Effekt-Regisseur Teruyoshi Nakano

Die Infantilisierung Godzillas hatte ihren Höhepunkt zu Beginn der 70er Jahre. Mitverantwortlich für diesen Trend war der Spezial-Effekt-Regisseur Teruyoshi Nakano, von seinen Fans liebevoll „Mister Explosion" genannt. Er hat das Monster damals zum pädagogisch wertvollen Liebling der Kinder gemacht. Knirpse in aller Welt konnten sich mit Godzilla identifizieren. Die Filme waren Exportschlager und liefen weltweit in den Jugendvorstellungen der Kinos. Im japanischen Fernsehen kämpfte Godzilla an der Seite der Superhelden-Familie Sakimori in der quietschbunten 26-teiligen TV-Serie *Ryusei Ningen Zone* (Zone Fighter, 1973) und wurde so selbst zum gefeierten Superhelden. Bei zehn Folgen der Serie saß Nakano im Regiestuhl. Das Interview wurde am 9. Mai 2008 im Koishikawa Kōrakuen Park in Tokio geführt.

Jörg Buttgereit: **Herr Nakano, Sie haben viele Jahrzehnte als Spezial-Effekt-Regisseur für die Monsterfilme der Produktionsfirma Toho gearbeitet. Im Jahr 1959, unmittelbar nach Ihrem Universitätsabschluss haben Sie bei Toho angefangen. War das Ihr Traumberuf?**

Teruyoshi Nakano: Ich kannte damals weder Godzilla noch das Tokusatsu Genre (das japanische Spezial-Effekt-Kino). Ich habe bei Toho als Regieassistent angefangen. Damals war es üblich, dass die Regieassistenten selbst entscheiden, bei welchem Regisseur sie arbeiten wollen. Personalfragen wurden autonom durch den Rat der Regieassistenten entschieden.

Da ich aber noch Neuling in dem Rat war, entschieden die alt eingesessenen Mitarbeiter über meinen Kopf hinweg. Ich sollte in einem Spezial-Effekt-Team arbeiten. Das galt als „dreckiger" Job. Die meisten Regieassistenten waren blutarme Literaturfreunde, die sich ihre Hände nicht schmutzig machen wollten. Ich fing also mit größtem Widerwillen an bei verschiedenen Effekt-Teams mitzuarbeiten. 1964 hat mich Eiji Tsuburaya plötzlich zu seinem persönlichen Regieassistenten bei *Godzilla und die Urweltraupen* gemacht. Die Ernennung zum 1. Regieassistenten durch einen Regisseur war etwas ganz besonderes. Sie konnte selbst durch den Firmenchef von Toho nicht widerrufen werden. Ich wusste, wenn ich in Zukunft einen eigenen Film machen will, konnte mir die Erfahrung im Tsuburaya-Team sicher von Nutzen sein. Also habe ich mein Schicksal angenommen. Spezial-Effekt-Regisseur war also nicht mein Traumberuf. Aber es wurde der Beruf meines Lebens.

Der Spezial-Effekt-Regisseur Eiji Tsuburaya gilt neben Ishiro Honda, dem Regisseur der realen Spielszenen, und dem Produzenten Tomoyuki Tanaka, als einer der drei Urväter von Godzilla. Ich nehme an, Sie haben sich dann eingehend mit dem kulturhistorischen Hintergrund von Godzilla und dem Kaiju-Universum vertraut gemacht.

Natürlich. In *Godzilla* (1954) spiegelt sich die Haltung Japans gegenüber der Atomfrage wider. Dieses Monster ist ein Kind der Atombombe. Die Bombe hat Godzilla ins Leben gerufen. Japan ist das erste und einzige Land, auf das Atombomben abgeworfen wurden. Godzilla wurde durch die Wut der Japaner gezeugt, der Wut auf die Atombombe. Der Film war eine Botschaft Japans an den Rest der Welt. Ein Protest gegen den Einsatz von Nuklearwaffen. Ich würde *Godzilla* als Anti-Kriegsfilm bezeichnen.

Doch dabei ist es nicht geblieben. Das Wesen des Monsters hat sich im Laufe der Jahre verändert. Aus Godzilla, dem Sinnbild für die zerstörerische Kraft der

Atombombe ist eine Heldenfigur geworden, die Japan vor allen erdenklichen Bedrohungen beschützt hat.

Als der Frieden nach dem Zweiten Weltkrieg andauerte, verschwand langsam die Angst vor der Atombombe aus den Köpfen der Japaner. Mit der Zeit hatten wir uns an den Frieden gewöhnt und diesen Zustand als selbstverständlich angenommen. Insbesondere für die jüngere Generation, für die Kinder war das Atombombentrauma zum Ende der 60er Jahre kein Thema mehr. Wir haben also überlegt, wie wir Godzilla zeitgemäß gestalten könnten. Die Lösung war, Godzilla zu einem Idol für Kinder zu machen. Er bekam einen neuen Charakter. Ich habe dann eine ganze Reihe von Filmen mit Godzilla als Heldenfigur gedreht: *Frankensteins Kampf gegen die Teufelsmonster* (1971), *Frankensteins Höllenbrut* (1972), *King Kong – Dämonen aus dem Weltall* (1973), *King Kong gegen Godzilla* (1974) und *Die Brut des Teufels* (1975). Mit diesen fünf Filmen und der TV-Serie *Zone Fighter* (1973) haben wir Godzilla als Idol für Kinder etabliert. Der ursprüngliche Verursacher des Schreckens wurde ein liebenswerter Charakter, ein großer Star!

Während des Kalten Krieges spiegelte sich in den amerikanischen Monsterfilmen die Bedrohung durch den Kommunismus und die Supermacht Sowjetunion wider. Welche Bedeutung haben die außerirdischen Invasoren und ihre meist ferngesteuerten, gigantischen Weltraumungeheuer in den Godzilla-Filmen der späten 60er und frühen 70er Jahre?

Als Deutscher werden Sie das vielleicht komisch finden, aber in Japan spiegeln die Kaiju aus dem All tatsächlich die Angst vor Außerirdischen wider. Die Botschaft der Toho-Filme damals war simpel: Außerirdische Wesen sind böse. In Japan gab es keine Grundlage für eine Science

Fiction-Kultur wie sie sich im Westen entwickelt hat. Japaner mögen konkrete Dinge. Das japanische Publikum hatte also wenig Interesse an Science Fiction und diesen unmöglich erscheinenden Geschichten. Ihre Vorstellungskraft reichte nur so weit, dass das Böse in dieser SF-Welt Außerirdische, abstrakte Wesen, sind. Bei der jüngeren Generation von heute sieht das natürlich anders aus. Sie haben mehr Fantasie und akzeptieren Science Fiction als eigenes Genre.

Nach neunjähriger Ruhepause haben sie Godzilla im Jahr 1984 wiederbelebt. In dem Remake *Godzilla – Die Rückkehr des Monsters* ist das Kaiju nun wieder unbändige Naturgewalt, steigt aus dem Meer und nimmt ein Atomkraftwerk ins Visier, um sich mit radioaktiver Energie aufzuladen. Dazu setzt sich Godzilla einfach auf den Reaktor und lässt sich verstrahlen. Der Film muss damals auch den nordkoreanischen Diktator Kim Jong-il beeindruckt haben. Denn der nächste Film, für den Sie die Spezial-Effekt-Regie übernommen haben war *Pulgasari*. Der wohl bekannteste Film aus Nordkorea. Was können Sie über die Dreharbeiten in dem isolierten Land berichten?

In Nordkorea wurden damals ausschließlich Propagandafilme gedreht. Sie appellierten an die Bevölkerung, für den Staat zu arbeiten und sich zu engagieren. Oder es gab Filme über die Biografie und die Legenden um die Familie Kim und der großen Persönlichkeit Kim Il-sung, der Nordkorea gegründet hat. Das nordkoreanische Publikum war diesen Themen allerdings langsam überdrüssig. Sie gingen einfach nicht mehr ins Kino. Kim Jong-il dachte also über einen Kurswechsel in der Filmproduktion nach. Er wollte weniger Kultur- und Propagandafilme produzieren und sein Volk stattdessen mit Unterhaltungsfilmen in die Kinos locken. Und der Erste von diesen Unterhaltungsfilmen sollte ein Film im Stil der Kaiju Eiga sein. Die bekanntesten Monsterfilme waren natürlich die Godzilla-Filme der Toho. Ich bekam ein Angebot und flog mit einer Crew von zehn Leuten aus Japan nach Nordkorea. Kenpachiro Satsuma, der Godzilla-Darsteller aus *Godzilla – Die Rückkehr des Monsters* (1984) war auch dabei. Eine chinesische Film-Crew aus Hongkong war auch vor Ort. Die haben zur gleichen Zeit einen Kung-Fu-Film für Kim Jong-il gedreht. Der Dreh von *Pulgasari* war schon sehr, nun ja ... ungewöhnlich. Das schlimmste war, dass wir unter technisch äußerst mangelhaften Bedingungen arbeiten mussten. Ursprünglich hieß es, dass man für meine Dreharbeiten in Nordkorea extra ein neues Studio mit einer neuen Bühne bauen wollte. Ich dachte, ich hätte große Möglichkeiten und viel Spielräume für die Spezialeffekte. Ich freute mich sehr und flog in gehobener Stimmung nach Nordkorea. Als ich dort ankam, war aber weder das Studio noch die Bühne fertig. Die Miniaturlandschaften, in denen das Monster wütet, werden immer auf einer Bühne errichtet. Das ist wichtig für einen niedrigen Blickwinkel der Kamera. Wenn man ein Monster von unten filmt, sieht es gleich viel größer aus.

Im Studio waren noch nicht einmal Scheiben in den Fenstern. Der Wind fegte ungehindert hinein. Wir mussten als Windschutz Kunststoffplanen verwenden. Unter derartigen Bedingungen zu drehen, war für mich eine neue Erfahrung. Das Schlimmste aber war die Stromversorgung. Die Spannung schwankte ständig, so das während des Drehs die Beleuchtung immer wieder hell und dunkel wurde. Und die Kamera surrte laut. So etwas hatte ich noch nie erlebt. Die Lage in Nordkorea war wirklich eine Katastrophe. Ansonsten wurden wir von Kim Jong-il ausgezeichnet behandelt. Schließlich waren wir als Staatsgäste eingeladen worden. Von daher herrschte eine sehr angenehme Atmosphäre am Set. Später habe ich erfahren, dass *Pulgasari* in Nordkorea zu einem Kassenschlager wurde. Es heißt, der Film sei die Nummer 1 in der Nordkoreanischen Filmgeschichte gewesen, was die Besucherzahlen betrifft.

Was meinen Sie, worin unterscheiden sich amerikanische und japanische Monster-Filme?

Das Zielpublikum der Kaiju Eiga in Japan sind neben den erwachsenen Otaku (= Nerds) vor allem Kinder. Deswegen habe ich immer grausame Szenen in meinen Filmen vermieden. In amerikanischen Horror- und Monsterfilmen ist das anders. Da wühlen die Menschen mit bloßen Händen in ihren inneren Organen. Auch Europäer scheinen solche Szenen gerne zu sehen. In Japan ist die Zielgruppe eher jung, und deshalb bin ich der Meinung, dass derart gewalttätige Szenen vermieden werden sollten.

Um die Gewalt eines Monsters zu demonstrieren, lässt man sie Gebäude zerstören. Das ist eine sehr wirkungsvolle Machtdemonstration. Ich sehe in neueren Produktionen allerdings oft Szenen, in denen Monster Städte nur um der Zerstörung willen verwüsten. Das finde ich unsinnig. Ein Kaiju muss einen Grund haben Gebäude zu zerstören. Zum Beispiel, wenn das gegnerische Kaiju zufällig hinter einem Haus steht. Das Gebäude wird also eher zufällig durch den Kampf der Monster umgerissen. Wenn das Kaiju einfach mutwillig ohne jeden ersichtlichen Grund ein Hochhaus zertrampelt, finde ich das taktlos.

1994 MADRA – DAS ACHTKÖPFIGE DRACHENMONSTER

Dt. Videopremiere: 1994 / 104 Min. | Jap. Originaltitel: *Yamato Takeru* | Jap. Erstaufführung: 1994 / 104 Min. | US-Titel: *Orochi – The Eight-Headed Dragon* | Produktionsfirma: Toho | Produzent: Shogo Tomiyama | Regie: Takao Okawara | Buch: Wataru Mimura | Kamera: Yoshinori Sekiguchi | Musik: Kiyoko Ogino | Spezial-Effekte: Koichi Kawakita | Darsteller: Masahiro Takashima, Yasuko Sawaguchi, Hiroshi Abe, Kenji Sahar, Sekiji Maro, Kenpachiro Satsuma

In der ersten Hälfte der 1990er Jahre produzierte die Toho-Filmgesellschaft in schöner Regelmäßigkeit einen Godzilla-Film pro Jahr. 1994 fanden die üblichen Verdächtigen dann auch noch Zeit, ein ambitioniertes Fantasy-Epos herzustellen, welches den ersten Teil einer Trilogie darstellen sollte.

Für die Handlung begab man sich tief hinein in die japanische Mythologie und fand in der Gestalt des Yamato Takeru, der einigen Historikern zufolge im zweiten Jahrhundert nach Christus gelebt haben könnte, eine geeignete Hauptfigur. Mehrere historische Quellen verweisen auf diese Persönlichkeit, wobei die Interpretationen teilweise stark voneinander abweichen. Bereits im Jahr 1959 wurde der Stoff als 182-minütiges Epos unter dem Titel *Nippon Tanjo* (übersetzt: Die Geburt Japans) in den Toho-Studios verfilmt, wobei unter der Regie von Meister Hiroshi Inagaki ein großes Staraufgebot mit Toshiro Mifune an der Spitze zu sehen war.

Im neuen Drehbuch von Wataru Mimura beginnt die Geschichte des Helden zunächst einmal mit seiner Geburt. Dem Herrscher von Yamato werden sogar gleich zwei Söhne geschenkt. Das wäre ein Anlass zur Freude. Doch es zeigen sich Sorgenfalten auf der Stirn des Kaisers, denn Zwillinge bedeuten Unglück. Somit muss Osu, der zweitgeborene, sterben. Göttliche Fügung in Gestalt des weißen Himmelsvogels aber will es, dass das Kind in der Obhut einer Priesterin der Göttin Amaterasu landet und in Frieden heranwachsen kann. Zwei kampferprobte ältere Herren kümmern sich um die waffentechnische Ausbildung des Jungen. Dieser geht eines Tages zu einer verbotenen Höhle, wo er einen Steinblock vorfindet, in dem ein Schwert steckt. Von einem sich nicht zu erkennen gebenden übersinnlichen Wesen erhält er ein magisches Amulett. Jahre später ist Osu ein fescher junger Mann (Masahiro Takashima) und auf Drängen seiner Mutter darf er an den Hof seines Vaters zurückkehren. Doch der Hofzauberer Sukinowa, der sehnlichst auf die Rückkehr des bösen Gottes Tsukiyumi – dessen Abkömmling er ist – wartet, will dies verhindern.

Er sagt Unglücke voraus, und es dauert nicht lang, da stirbt die Kaiserin. Osu wird von seinem Bruder verantwortlich gemacht. Es kommt zu einem kurzen Kampf, der durch einen Energiestoß aus Ozus Amulett beendet wird. Sein Bruder ist tot. Der Kaiser ist erzürnt und schickt Prinz Osu nach Kumaso, dessen König sich weigert, dem Herrscher zu folgen. Osu soll das ändern.

Seine Lehrmeister begleiten ihn, und später gesellt sich auch noch die junge Oto Tachibana (Yasuko Sawaguchi) dazu. Sie lebte bisher im Tempel der Göttin Izanami und fühlt sich mit Osu seltsam verbunden. Hilfreich ist, dass Oto ein paar magische Tricks beherrscht. Nach der Ankunft in Kumaso ist es auch Oto, die sich in das Schloss des Königs einschleicht. Doch sie wird schnell entdeckt und soll dem Gott Kumasogami geopfert werden, einer höllischen Kreatur aus den Tiefen der Erde. Während nun Oto auf ihr

Ende wartet, sind auch ihre Begleiter ins Schloss gelangt. Aus einem ausgedehnten Schwertkampf mit dem König geht Osu als Sieger hervor. Kurz vor seinem Ende gibt der Besiegte dem Prinzen einen Namen, den er von nun an tragen wird: Yamato Takeru, was so viel heißt wie „der tapfere Mann von Yamato". Es bleibt nicht viel Zeit, um auszuruhen, denn Oto steht bereits dem feurigen Gott von Kumaso gegenüber. Selbst mit vereinten Kräften scheint der Kampf aussichtslos, bis sich Osu plötzlich durch sein Amulett in einen Superkrieger verwandelt und Kumasogami vernichten kann. Als Belohnung erhalten die Freunde einen magischen Spiegel, der vor einiger Zeit aus dem Tempel der Göttin Izanami verschwunden war. Prinz Osu kehrt mit der Erfolgsmeldung an den Hof seines immer noch ungehaltenen Vaters zurück. Dort erhält er gleich einen neuen Auftrag, in diesem Fall aber von der Priesterin, die ihn aufgezogen hat. Sie weiß um die anstehende Rückkehr des bösen Gottes Tsukiyumi und bittet Osu, das „Schwert der dunklen Wolken", welches vom Hofzauberer verwahrt wird, in den Tempel Isanamis zu bringen. Sollte Tsukiyumi das Schwert in die Hände bekommen, wäre die Welt verloren. Osu willigt ein, und erneut ist es Oto, die ihn begleitet. Sie schlägt vor, den längeren aber sichereren Seeweg zu nehmen. Das erweist sich in dem Moment als Fehler, als der finstere Hofzauberer Sukinowa das Seeungeheuer Muba herbeiruft. Das Monstrum ergreift Osu und zieht ihn in das Wasser. Allein Oto gelingt die Rettung des Prinzen, indem sie ins Meer springt und ihre Lebensenergie hergibt, woraufhin sich Mädchen und Monster in goldgelbe Partikel auflösen. Der gerettete Osu aber wird vom Zauberer schwer verletzt und scheint verloren. Doch der Magier erleidet selbst eine tödliche Verletzung und nachdem er Tsukiyumi das „Schwert der dunklen Wolken“ geschickt hat, stirbt er.

Der böse Gott ist mittlerweile auf dem Mond gelandet und zaubert sich erst einmal eine Festung aus dem steinigen Untergrund. Er schwört Rache an seinen Geschwistern, die für seine Verbannung verantwortlich waren. Sein Bruder, der Gott Susanowo, hat sich derweil des Prinzen angenommen. Er war es auch, der Osu damals das Amulett gab. Nun ist der Prinz stark genug, das vor vielen Jahren entdeckte Schwert aus dem Steinblock zu ziehen und dem Endkampf steht nichts mehr im Wege. Susanowo erweckt auch Oto wieder zum Leben und auf dem Rücken des metallenen weißen Himmelsvogels geht es hinauf zum Erdtrabanten. Nach einem wilden Schwertgefecht hat Tsukiyomi genug und er verwandelt sich wie schon früher in den gigantischen achtköpfigen Drachen Orochi (in der deutschen Fassung „Madra“). Osu zeigt sich von der Größe des Monsters wenig beeindruckt. Er landet auf einem der Köpfe und bearbeitet diesen mit seinem Schwert. Doch erst, als er mit Oto zu einem riesigen metallenen Krieger verschmilzt, wird das Ungeheuer einiger seiner Köpfe beraubt. Am Ende liegt Tsukiyomi niedergeschlagen im Staub. Er darf aber weiterleben, erhält die Chance auf Besserung und wird erneut verbannt. Osu und Oto erhalten ihre Gestalt zurück und untermalt vom obligatorischen geschmacksunsicheren Popsong fliegen sie auf dem Rücken des Himmelsvogels wieder heim.

Yamato Takeru ist auf den ersten Blick scheinbar gelungene Fantasy-Kost. An der japanischen Kinokasse erfüllte er nicht die Erwartungen der Toho, weshalb die geplante Trilogie auch schnell zu den Akten gelegt wurde. Bei genauerer Betrachtung wird dem Zuschauer auch schnell klar, wo die Probleme liegen. Ausstattung, Musik und Spezialeffekte sind ordentlich, aber das Timing des Films ist nicht wirklich stimmig. Nach einem guten Start folgt recht schnell die Episode in Kumaso. Hier sorgt der mit einem fetten Schwert und einem wildwuchernden Rauschebart ausgestattete König für Unterhaltung. Auch das Erscheinen des Gottes Kumasogami samt dem folgenden Kampf kann sich sehen lassen, wobei der Gott eine beeindruckende und mächtig wirkende Figur ist. Danach aber lässt das Tempo stark nach, und der personelle Aufwand auf Seiten der Darsteller erscheint recht gering. Der Film versucht ab einem gewissen Punkt, nur mit einer Handvoll Leuten auszukommen. Und das ist insofern ungeschickt, da seine wenigen Hauptpersonen nicht wirklich interessant sind. Masahiro Takashima, Sohn des Toho-Monsterfilm-Veteranen Tadao Takashima, sprüht nicht gerade vor Elan. Ein sauberer Held muss erfahrungsgemäß nicht unbedingt facettenreich dargestellt werden, aber zumindest seine Gegner sollten genügend Potenzial mitbringen, um den Zuschauer mitzureißen. Doch der Zauberer Sukinowa gibt sich nicht wirklich Mühe, um das zu bewirken. Bei dem bösen Gott Tsukiyumi ist dies auch nicht anders. Und was den Toho-Monsterspezi Kenji Sahara angeht, so wird auch er als Herrscher von Yamato kaum gefordert und die problematische Vater-Sohn-Beziehung auf wenige Szenen beschränkt. Die Pluspunkte des Films liegen somit bei den Spezialeffekten, die sich gewohnt traditionell präsentieren. Es gibt ein paar Lichter- und Morphing-Effekte aus dem Computer, aber der Hauptteil wurde mittels Kostümen und Modellen realisiert.

Neben dem bereits erwähnten gelungenen Auftritt des Gottes Kumasogami kann sich auch der während eines

Sturmes inszenierte Angriff des Seeungeheuers Muba sehen lassen. Hierbei hinterlässt vor allem das interessante Design des Monsters einen guten Eindruck. Den Kitschfaktor erhöht dann der weiße Himmelsvogel, der ausschaut, als wäre er aus poliertem Edelstahl. Sein Design wirkt wie aus einem Osamu Tezuka-Trickfilm der Siebzigerjahre. Das Hauptmonster ist natürlich das achtköpfige Untier Orochi, bzw. Madra, in dessen Inneren sich Godzilla-Darsteller Kenpachiro Satsuma abmühen musste. Dieses Ungeheuer verfügt über gigantische Ausmaße und speit Feuer wie verrückt. Die Techniker machten bei der Umsetzung aus ihrer Not eine Tugend, indem sie die augenscheinlich nicht sehr überzeugenden Beine des Monsters so gut wie immer in einer Staubwolke verschwinden ließen. Schade ist, dass der Endkampf in einer stark nach Studio aussehenden Mondlandschaft stattfindet und nicht auf der Erde, wo man noch einige schmucke Modellhäuser hätte vernichten können. Was den aus der Verschmelzung von Osu und Oto hervorgegangenen göttlichen Krieger angeht, so schaut der schon ein wenig nach einer Art Power Ranger aus, aber das ist verzeihlich.

Alles in allem ist *Yamato Takeru* ein Film, dem man den guten Willen anmerkt, wenn auch in letzter Konsequenz ein wirklich märchenhaftes Flair selten aufkommt. Er bedient sich bei ähnlichen Heldengeschichten (das Schwert im Stein aus der Artus-Sage, etc.) und nimmt sich kleine Freiheiten wie etwa das Detail, aus der in der japanischen Mythologie eigentlich weiblichen Figur Tsukiyumi einen Mann zu machen. Eine Frau als Gegnerin wäre wohlmöglich interessanter gewesen. Regisseur Takao Okawara kehrte zur Jahrtausendwende mit *Gojira 2000 Mireniamu (Godzilla 2000)* zurück, der sich ebenfalls als eine durchwachsene Angelegenheit präsentierte. Monsterfreunde kommen im Fall von *Yamato Takeru* weitestgehend auf ihre Kosten und unter dem Strich gibt es letztendlich sicherlich auch schlechtere Beispiele aus dem Bereich des fantastischen Kinos Japans.

AUTOR INGO STRECKER

1996 MOTHRA – DAS SIEGEL DER ELIAS

Dt. Erstaufführung im Fernsehen bei RTL 2 im Jahr 2003 | Jap. Originaltitel: *Mosura* | Jap. Erstaufführung: 14. Dezember 1996 / 106 Min. | Internationaler Titel: *Rebirth of Mothra* | US-DVD-Premiere: 2000 | Produktionsfirma: Toho | Produzenten: Shogo Tomiyama, Hiroaki Kitayama | Regie: Okihiro Yoneda | Buch: Masumi Suetani | Musik: Toshiyuki Watanabe | Spezial-Effekte: Koichi Kawakita | Darsteller: Megumi Kobayashi, Sayaka Yamaguchi, Aki Hano, Kazuki Futami, Maya Fujisawa, Hitomi Takahashi u.a.

Dass die Welt nicht schematisch in Gut und Böse zu trennen ist, dass selbst ein Monster einen liebenswerten Kern hat, führte uns vor allem Godzilla vor Augen. Mit unschöner Regelmäßigkeit hat er sich zwar immer wieder über die Metropolen Japans her- und diese niedergemacht, doch sobald sich ein Störenfried hat blicken lassen, und sei es auch nur, um Godzilla die Show zu stehlen, hat sich der Urgigant auf die Seite der Menschen geschlagen. Dem zumeist außerirdischen Monstern ging es dann mit vereinten Kräften und eigentlich auch immer erfolgreich an den Kragen.

In *Mosura* ist nun die ganze monströse Gutmütigkeit eingeflossen, die die Toho-Studios auftreiben konnten, eine plüschige Riesenmotte, die irgendwo schlummert und ein Ei ausbrütet, behätschelt und besungen von den

Mini-Schwestern Moll und Mona, und die immer dann auf die Erde kommt, wenn Gefahr droht. Und Gefahr ist im Verzuge, als bei Waldrodungsarbeiten der Holzindustrie ein mysteriöses vergrabenes Siegel erbrochen wird, das den dreiköpfigen außerirdischen Riesendrachen King Ghidorah aus seinem Gefängnis in der Erde befreit. Ghidorah, seines Zeichens „sucker of all energies from the earth“, nimmt den Holzfällern sofort die Arbeit ab, saugt die Energie des Waldes auf, um sich zu stärken – zunächst, damit er sich wieder bewegen kann, dann, um sich Flügel wachsen zu lassen und um anderswo den Rest der Erdenergie zu „sucken“. Ein reges Interesse an der Rekonvaleszenz des bösen Ghidorah hat Giftzwergin Lora, Schwester von Mona und Moll. Doch um Ghidorah zu beherrschen, benötigt sie das Siegel. Das befindet sich im Besitz der Kinder Taiki und Wakaba, Sohn und Tochter des Chefwaldroders. Es beginnt also eine spannende und abwechslungsreiche Jagd, und schließlich tritt Mothra auf den Plan, die die Sache bereinigen will, dabei aber an Altersschwäche und am bösen Napalmblick Ghidorahs zugrunde geht – nicht jedoch, ohne einen vielversprechenden Monsterraupen-Spross ins Gefecht zu schicken.

Ohne Zweifel war es den Toho-Studios, die *Mosura* produziert haben, um hehre Werte gegangen: Familienzusammenhalt selbst in Krisenzeiten, Umweltschutz ohne Wenn und Aber und das Entdecken der Gutartigkeit im vermeintlich Hässlichen und Bösen. Das schafft *Mosura* alles. Nur der Weg ist für den Zuschauer mit Entbehrungen, Kapriolen und drei steinerweichenden kitschigen Liedern gepflastert. Die poppige Buntheit der Optik, vor allem die Kostüme von Moll und Mona, aber auch die Farbenpracht von Mothra und deren Miniaturausführung namens Fee (auf der Moll und Mona herumfliegen), sind nur schwer ertragbar und haben hier und da Assoziationen zu den frühen ATARI-Spielklassikern evoziert. Das Böse hingegen kann auf die lange Tradition warzig-graugrünbrauner Drachenästhetik zurückblicken und den Monsterfilm-Fan dann wohl auch versöhnen.

Die „Schwarzweiß"-Zeichnung von Gut und Böse wiederholt sich also auf allen Ebenen und betrifft alle Figuren. Fast alle, denn um eine Moral zu installieren, braucht es einen Gesinnungswandel (möglichst von Schwarz zu Weiß). Der holzfällende Vater muss im Verlauf der Handlung erkennen, dass es nicht besonders nachhaltig ist, wenn man die Natur ausbeutet. Mothra hat ihm gezeigt, dass ein grüner Wald schöner als eine Betonwüste ist, und der energiehungrige Ghidorah dürfte wohl allen als Sinnbild für die blindwütige Zerstörung der Erde aufgefallen sein. Zum Ende des Filmes, als sowieso schon fast alles wieder gut ist, wird er Naturschützer. Dieser Entschluss versöhnt ihn auch mit seinen Kindern, die ja eigens um die Natur (in Form der von der Vernichtung bedrohten Insel Hokkaido) zu retten, von zu Hause weggelaufen waren. Und auch die böse Lora wird von ihren Schwestern gerettet und muss sehen, dass es doch manchmal gut ist, nicht durch und durch böse zu sein.

Ungeachtet der aufdringlichen Moral und der schmerzhaften Ausstattung muss man *Mosura* auf jeden Fall für die Creature- und Kampfeffekte loben. Da gibt es wilde Flugverfolgungsjagden der Miniaturmenschen auf ihren Mini-Motten und -Saurier mit wilden Strahlenschießereien, die sich hinter denen aus *Star Wars* kaum zu verstecken brauchen. Und im „Großen und Ganzen" sind auch die Zusammentreffen von Mothra und Ghidorah sehr gelungen inszeniert. Dass es sich um Spezialeffekte handelt, merkt man eigentlich zu keiner Zeit. Die Kämpfe vor dem Hintergrund der bewaldeten Insel Hokkaido sind fulminant und mit verheerenden Explosionen garniert. Allein die schleimige Monsterraupe mag in ihrer Unbeweglichkeit als echter Widersacher des dreiköpfigen Ghidorah nicht so recht überzeugen. Doch für den einen oder anderen kitschigen Effekt ist auch die gut ... etwa, wenn sie sich vor dem Sonnenuntergang durch das Japanische Meer robbt. Na, und zum Ende hin „entpuppt" sie sich ja dann auch noch als ganz brauchbar. Herzergreifend kitschig und witzig!

AUTOR STEFAN HÖLTGEN

1997 MOTHRA II – DAS VERSUNKENE KÖNIGREICH

Dt. Erstaufführung im TV, RTL 2 im Jahr 2003 | Jap. Originaltitel: *Mosura 2: Kaitei no daikessen* | Jap. Erstaufführung: Dezember 1997 / 100 Min. | Internationaler Titel: *Rebirth of Mothra 2* | US-DVD-Premiere: 2000 / 100 Min. | Produktionsfirma: Toho | Produzent: Shogo Tomiyama, Hiroaki Kitayama | Regie: Kunio Myoshi | Buch: Masumi Suetani | Spezial-Effekte: Koichi Kawakita | Monsterkostüme: Shinichi Wakasa | Musik: Toshiyuki Watanabe | Darsteller: Megumi Kobayashi, Sayaka Yamaguchi, Aki Hano

Während sich der japanische Godzilla in der verordneten Ruhepause befand, um der sich in die Länge ziehenden Produktion des amerikanischen Godzilla-Films von Tristar aus dem Weg zu gehen, besann sich Toho ihres anderen beliebten Monster-Charakters, der Riesenmotte Mothra. Im zweiten Teil der *Rebirth of Mothra*-Trilogie geht es um das Ungetüm Dagahra, das vor Urzeiten von dem versunkenen Königreich Nirakanai als Schutzpatron geschaffen wurde. Verärgert über die Verschmutzung seines Lebensraumes kommt der Seedrache jetzt bei Okinawa an die Oberfläche und bedroht die Menschen. Zudem produziert Dagahra in seinem Körper giftige Parasiten-Seesterne, genannt Barem, die böse Fischer mit ekeliger Säure bespritzen, weil sie Müll im Meer entsorgen. Zeitgleich finden einige Kinder das springende Kuscheltier Ghogo, bei dem es sich um einen Seegeist aus Nirakanai handelt. Wollknäuel Ghogo will, dass die Kinder ihm zu einer versunkenen Pyramide folgen, um dort einen Schatz zu bergen und mit dem man irgendwie Dagahra bezwingen kann. Als besonders praktisch erweist sich der Urin des knuddeligen Seegeistes, der jede Art von Wunden zu heilen vermag. Die beiden Zwillingsfeen Elias flattern auf der kleinen Miniatur Fary-Mothra immer hinter den Knirpsen her und singen im richtigen Moment die göttliche Mothra herbei, um Dagahra in einem Unterwasserkampf zu besiegen. Interessanterweise reinkarniert sich Mothra im Finale in einen fliegenden Fisch. Aqua-Mothra ist geboren. Am Schluss teilt die gottgleiche Motte noch das Meer, damit die Kinderchen trocken nach Hause kommen. Mit den Protagonisten im Grundschulalter und den plüschigen Monstern Ghogo und Mothra richtet sich dieser seichte Fantasy-Abenteuer-Film ganz klar an ein sehr junges Publikum. Folgerichtig wurde der Film in Deutschland ohne Umwege in das Vormittagsprogramm des Privatfernsehens verbannt. Inmitten von Werbespots für klebrige Schokoriegel und Barbie-Puppen funktioniert der dramaturgisch unausgegorene, flauschig weiche Kuschelfilm wahrscheinlich am besten. In dem Mix aus *Sesamstraße* und *Jäger des verlorenen Schatzes* gibt es neben den eindimensionalen Kinderdarstellern dennoch einige fast poetisch anmutende Momente. Etwa, wenn zu Beginn des Filmes ein Schwarm kleiner Mothras goldenen

Glitter verströmend durchs Weltall auf die Erde zufliegt. Spezial-Effekt-Regisseur Koichi Kawakita hat bei den Live-Action-Monsterszenen gute Arbeit geleistet. Auch wenn sich die Monster in ihren Kämpfen kaum berühren, sondern nur bunte Energiestrahlen aufeinander abschießen. Eine Einstiegsdroge für Kinder im Vorschulalter.

Die deutschen Fassungen der Mothra-Abenteuer aus den Jahren 1996–98 sind 2007 bei Splendid Film auf DVD erschienen.

1998 MOTHRA III – KING GHIDORAH KEHRT ZURÜCK

TV-Titel: *Mothra – Desgidorah kehrt zurück* | Dt. Erstaufführung im Fernsehen bei RTL 2 am 5. April 2003 | Jap. Originaltitel: *Mosura 3: Kingu Gidora raishu* | Internationaler Titel: *Rebirth of Mothra 3* | Jap. Erstaufführung: Dezember 1998 / 100 Min. | Produktionsfirma: Toho | Produzent: Shogo Tomiyama | Regie: Okihiro Yoneda | Spezial-Effekte: Kenji Suzuki | Darsteller: Megumi Kobayashi, Miyuki Matsuda, Misato Tate, Aki Hano, als King Ghidorah: Tsutomu Kitagawa

Die psychedelische Riesenmotte kehrt zurück. Schwungvoll fährt die Kamera in die Kammern einer mysteriösen Zivilisation. Unsichtbare Hände öffnen eine schwere Truhe, in der drei Wunderkristalle darauf harren, von drei Schwestern in drei Schwerter gefügt zu werden. Es sind zwei gute Schwestern und eine böse, zierlich, kaum daumengroß. Gekrönt und geschmückt mit wertvollem Geschmeide. Es gilt, sich auf einen Kampf vorzubereiten. König Desghidorah bedroht die Welt der Geisteswesen und vor allem die der Menschen. Das ahnen zuallererst die sensiblen Goldhamster im Jugendzimmer eines Schülers. Ängstlich kuscheln sie sich zusammen, als Kometen und Meteore den nächtlichen Himmel über der japanischen

Inselgruppe erleuchten. Der Sohn der Familie Shota ist ein Individualist, ein kleiner Rebell, der zuweilen die Schule schwänzt. Dafür gibt es gute Gründe, wie wir später erfahren, denn „Niemand sollte gezwungen sein, sein Schulessen aufzuessen!“ Während in seiner Schulklasse Beethovenbüsten zerbersten und Porträts von Georg Friedrich Händel von der Wand krachen, das dreiköpfige Drachenmonster König Desghidorah rast während des Musikunterrichts über das Tal, wird der Schulschwänzer später die Gelegenheit nutzen können, sein heldenhaftes Wesen zu demonstrieren.

Doch vorerst singen die elfenhaften Königinnen in einer operettenhaften Musicaleinlage auf dem Rücken der farbenfrohen Riesenmotte Mothra beschwörende und fremdartige Melodien. Es gilt, den kleinen Rebell der Familie Shota auf seine Mission vorzubereiten. Unerhörtes ist geschehen. Das Drachenmonster, dem die Evolution neben drei Köpfen auch zwei Schwänze verpasste, hat sämtliche Schulkinder des Ortes in einer riesigen Gelee- und Schleimkugel, die sich über den saftig grünen Wald erhebt, in Geiselhaft genommen. Desghidorah hat sie einfach aus der Schule hochgebeamt, aber ohne Schulpersonal, ohne Lehrer und Rektor. Nur einer entkommt, der erwähnte Schulschwänzende aus dem Hause der Familie Shota. Eigenwilligkeit wird entgegen alter europäischer Klischees in Japan also durchaus gewürdigt.

Endlich nähert sich die blau-orange gesprenkelte Riesenmotte dem Geschehen. Von der Form und Farbe her ist Mothra ein Wesen zwischen Heidekraut-Wurzelbohrer, kleinem Weinschwärmer, Brombeereule und Fensterschwärmerchen, um nur einige bei uns heimische Arten zu nennen. Entomologen werden weitere Arten erahnen können, denn Mothra ist aus diversen Schmetterlingsarten, vornehmlich aus der Gattung der Spanner zusammengesetzt worden. ES, SIE oder ER ist einzigartig, das heißt, es gibt nur ein Exemplar. Und dieses ist, wie die meisten Monster, geschlechtslos. Unter den besorgten Blicken der guten Königinnen nimmt das den Menschen wohl gesonnene Neutrum den Kampf mit König Desghidorah auf. Funken stieben, Berge bersten, Blitze zucken über den hellblau getönten Himmel – die Erde brennt. Zwar wirkt Mothra dabei irgendwie harmlos im flauschig-bunten Faltergewand, aber aus den leuchtend blauen Facettenaugen des Insekts können Laserstrahlen zielgenau den Feind attackieren. Dagegen wirken die chaotisch züngelnden Flammen, die der Drache aus seinen Mäulern speit, regelrecht altmodisch – wie ein vorsintflutlicher Flammenwerfer. Trotzdem – das Böse gewinnt, vorerst. Mothra, die gute Riesenmotte wird vom Drachen im Zweikampf der Giganten übel zugerichtet. Der Staub auf ihren Flügeln wird stumpf und spröde. Mothras Lebenslichter glimmen nur noch schwach. Wie ein Zauberwesen naht nun eine Miniaturausgabe der Wundermotte und verbündet sich mit den guten Königinnen und dem kleinen Schulschwänzer. Denn Letzterem wohnt die Unschuld inne und nur diese ist heilsam und bringt den Sieg. Während die kleine Motte wie ein Lichtgeschwindigkeitsjet 130 Millionen Jahre zurück in die Vergangenheit, in das Zeitalter der Dinosaurier düst, um dort den Drachen sozusagen in seiner Jugendphase zu vernichten, stellt sich der junge Held im Hier und Jetzt dem Ungeheuer und wird prompt in die Eihülle gebeamt, in der die Zukunft des Landes gefangen gehalten wird. Doch in der Hülle des Drachenknastes kann er die einzige erwachsene Gefangene, nämlich Schwester Laura aus übler

Verzauberung erlösen und selbst der bösen Schwester positive Seiten erwecken. So können die drei Gekrönten, Allegorien für Mut, Weisheit und Liebe ihre positiven Energien endlich ungehemmt verbreiten.
In der Urzeit packt sich derweil die Riesenmotte den Drachen und stürzt das Monster in einen aktiven Vulkan, sich dabei selbst aufopfernd. Just in diesem Augenblick verschwindet der Drache in der japanischen Mittelstandswelt, die Eihülle zerplatzt und die Kinder sind frei. Übrigens genau 528 an der Zahl. Zum Glück ist die/der vom Vulkanfeuer arg angesengte Mothra doch noch nicht ganz tot, irgendwas zuckt in seinen, beziehungsweise ihren Fühlern. Wer einmal von Kleider- oder Lebensmittelmotten in seiner Wohnung heimgesucht wurde, weiß, wie ungemein schwer es ist, diese Tiere wieder auszurotten. Selbst das Fangen des grauen Falters gestaltet sich trotz seines ungelenken Fluges als schwierig. Die Motteneier und -larven zu zerstören, die sich vornehmlich an den besten Stücken aus Kaschmir und Mohairwolle laben, erweist sich als eine aufwendige Angelegenheit. Doch wollen wir nicht abschweifen.
Richten wir unseren Blick also auf die wohl bizarrste Szene von Teil drei des Mothra-Epos: Drei wurmartige Wesen ejakulieren abwechselnd auf den scheintoten Insektenleib. Irgendwann ist dieser mit einer spermatioziden Hülle vollständig eingedeckt. Während die Minimotte mit Laserstrahlen den kurzzeitig wiedererwachten Drachen quält, entpuppt sich der Ejakulationsprozess als eine Art passives Kokonieren. Was das ist? Nun, bei einem gewöhnlichen Schmetterling sind es eigene Energien, die die Metamorphose vom Ei über die Raupe bis hin zum Schmetterling möglich machen. Der Körper verfügt über sogenannte

Spinndrüsen, in denen Seide in Form einer Flüssigkeit produziert wird, die nach dem Austreten an der Luft erstarrt. Ganz anders gestaltet sich nun dieser Prozess bei Mothra: Hier helfen offensichtlich drei Penisse mit, denn was anderes sollten diese Wesen ohne Ohren, Augen, Beine und Arme sein, die erregt auf den Körper weiße Seidenflüssigkeit verspritzen? Mothras Verpuppung macht aus ihm, beziehungsweise aus ihr nicht etwa eine Riesenraupe. Dem Kokon aus kaltem Bauer entschlüpft stattdessen ein Hightech-Kampfbomber mit Schmetterlingsflügeln. Im Urknall verschwinden die letzten Reste von Drachenkönig Desgidorah. Dessen Geschlecht wird übrigens lediglich durch den Titel „König" sichtbar. Der Bau seines Eies, in der deutschen Filmfassung verschämt als „Dom" tituliert, lässt ihn eher wie ein mütterliches Wesen erscheinen. Dieses scheint sich nichts sehnlicher zu wünschen, als Eier zu legen oder ein eigenes Kind auszutragen, offenbart also so eine Art Gebärungsneid. Aber es wird nicht funktionieren. Und deshalb rennen Massen von Leihkindern, wie gesagt 528 an der Zahl, schließlich aus dem aufgelösten Drachenei über einen grünen Hügel, geradewegs in die Arme überglücklicher Eltern. Fanfaren er-schallen und die drei gekrönten Schwestern stellen fest: „Auch wenn wir völlig unterschiedlich sind, so gehören wir doch zusammen!" In der geschlechtslosen Welt gibt es keine Prinzen. Oder sollten es etwa doch drei Lesben gewesen sein?

AUTOR WOLFGANG MÜLLER

2002 DIE MONSTERINSEL

Dt. Erstaufführung im WDR TV: 25. Oktober 2002 / 45 Min. | Produktion: Westdeutscher Rundfunk Köln | Regie: Jörg Buttgereit | Buch: Jörg Buttgereit | Redaktion: Matthias Kremin | Kamera: Kazutomo Iwata, Greg Glomb, Shunichi Yasuda | Schnitt: Monika Bednarz-Rauschenbach | Sprecher: Jürgen Mai, Bodo Primus | Dolmetscherin: Akiko Fujino | Mit: Haruo Nakajima, Koichi Kawakita, Shusuke Kaneko, Hariken Ryu, Robert Scott-Field, Yoshimitsu Banno u.a.

Erdbeben, Seebeben, Atombombenexplosionen: Japan ist und war von je her Opfer gewaltiger Zerstörungen – seien sie nun vom Menschen (die Japaner betrachten den Krieg tatsächlich als Naturkatastrophe) oder der Natur verursacht. Daher wundert es nur wenig, dass die kulturelle Sublimation dieser Ereignisse das populärste und langjährigste Genre des Monsterfilms gerade aus Japan stammt. Doch Godzilla und Co. sind so viel mehr als nur Metaphern für den Weltuntergang. Sie sind Identifikationsfiguren für Kinder, leidenschaftliche Sammelobjekte, Stressbewältiger und Symbole der Stärke. Jörg Buttgereit hat in seinem Dokumentarfilm *Die Monsterinsel* vor Ort einen Blick auf die Produktionen und deren Fans geworfen, befragt Darsteller, Regisseure und Fans nach deren ganz eigenem Zugang zu den Monstern.

„Eigentlich habe ich mich immer recht gut gefühlt, wenn ich solche Filme gesehen habe. Ich bin mit diesen japanischen Monsterfilmen aufgewachsen." So Buttgereits Antwort, als er im Deutschlandfunk einmal gefragt wurde, ob es in seiner Jugend Filme gegeben habe, die er besser nicht gesehen hätte. Daraus spricht nicht nur der neugierige und offene Charakter des Horrorfilmfans, sondern auch Buttgereits Hang zum Skurrilen und Verschrobenen, den er in seinen eigenen Filmen immer wieder unter Beweis gestellt hat. Wenn er für seine dreiviertelstündige Dokumentation also ins Flugzeug steigt und nach Japan und Chicago zu einer Monsterfilm-Convention fliegt, ist das für ihn auch eine Reise zu den eigenen ästhetischen Wurzeln.

Diese Liebe kreuzt sich mit dem Fachwissen, die Monsterfilm-Kultur hat ein beachtliches Repertoire an zu lernendem Geheimwissen hervorgebracht. Dazu zählen nicht nur die Kreaturen selbst (der Film führt die wichtigsten von ihnen vor: Godzilla, Gamera, King Kong, Megalon, King Ghidorah, Gigan und Mothra), sondern auch die Struktur der japanischen Filmproduktion, die Macher (hier vertreten durch Koichi Kawakita, Noriaki Yuasa, Shuzuke Kaneko, Shinji Higuchi und Yoshimitsu Banno) und die Monster-Darsteller. Eine Legende wie den 26-fachen Monster-Darsteller Haruo Nakajima vor die Kamera zu bekommen, macht die Dokumentation schon allein sehenswert. Die Fülle an Details, die der ohne Latexhaut nur den wenigsten bekannte 12-fache Godzilla-Darsteller aus den frühen Tagen des Monsterfilmes zu erzählen weiß, ist bemerkenswert und hochinteressant.

Unterscheidet doch die dortige Filmproduktion damals und heute so unendlich viel vom westlichen Kino. Am Beispiel des Monsterfilms wird dies besonders deutlich: Wo im US-Kino besonderer Wert auf hyperrealistische Darstellungen gelegt wird, ist es im japanischen „Kaiju Eiga“, so der Sammelbegriff für die Monsterfilme, genau andersherum. Die Japaner sehen diese Filme eher als eine Kunstform. Wenn wir ein Gemälde betrachten, dann bewerten wir es ja auch nicht danach, ob es fotografisch-realistisch ist. „Die Notwendigkeit des Echten ignorieren“, nennt einer der Monsterfilmregisseure dieses rezeptionsästhetische Prinzip.

Dass das hier aufgrund unserer Sehtradition oft kaum möglich ist, hat dazu geführt, dass die Godzilla-Filme oft belächelt werden und nur wenig Berühmtheit in der Filmgeschichte für sich verbuchen können. Das Fandom, auf das Buttgereits Film am Ende einen Blick wirft, stellt sich da schon fast wie eine Art Geheimgesellschaft dar. Auf einem regelmäßig stattfindenden Fantreffen in Chicago werden Devotionalien verkauft, Fachgespräche geführt, Berühmtheiten des Genres eingeladen und selbstgebastelte Kostüme, von denen einige Kreationen solchen von Profis wie Shinichi Wakasa kaum in etwas nachstehen, vorgeführt.
Buttgereit gelingt es, ohne jeden belächelnden Gestus und frei von Vorurteilen über diese Aktivitäten zu berichten. Sein Dokumentarfilm kombiniert Interviews, Filmszenen, einige deutsche Kinovorschauen und Bilder von Locations miteinander. Das Sprecherteam Bodo Primus und Jürgen Mai (beides bekannte Stimmen aus Hörspiel und Radio) verleihen der Dokumentation eine zusätzliche Prise von Seriosität. *Die Monsterinsel* wäre sicherlich bestens dazu geeignet, eine Brücke zwischen Japan und Deutschland zu schlagen – was die Filme angeht. Die Monster selbst, so das Schlusswort eines der Regisseure, schaffen es wohl nie bis hierher, „das ist ihnen einfach zu weit weg."

AUTOR STEFAN HÖLTGEN

2007 DER GROSSE JAPANER

Dt. Erstaufführung: 17. Juli 2008 / 113 Min. | Jap. Originaltitel: Dainipponjin | Jap. Erstaufführung: 2. Juni 2007 / 113 Min. | US-Titel: Big Man Japan | Produktionsfirma: Realproducts, Yoshimoto Kogyo Company | Produzent: Akihiro Okamoto | Regie: Hitoshi Matsumoto | Buch: Hitoshi Matsumoto, Mitsuyoshi Takasu | Kamera: Hideo Yamamoto | Musik: Towa Tei | Spezial-Effekte: Tomo Hyakutake | Darsteller: Hitoshi Matsumoto, Tomoji Hasegawa, Haruka Unabara als Schlingenmonster, Riki Takeuchi als Springmonster, Ryūnosuke Kamiki als Kindermonster, Itsuji Itao als weibliches Stinkmonster, Takayuki Haranishi als männliches Stinkmonster, Daisuke Miyagawa als Super Justice

Wie tief die Liebe zu den Daikaiju in der japanischen Gesellschaft verankert ist, verdeutlicht die absurde Mockumentary *Dainipponjin* von Hitoshi Matsumoto. Comedy-Star Matsumoto spielt den am Existenzminimum lebenden Masaru Daisato, einen heldenhaften und riesengroßen Monsterbekämpfer in sechster Generation, der sich tagtäglich für sein Volk mit den immer noch ständig auftauchenden Daikaiju herumschlagen muss. Ganz so wie das Genre des japanischen Monsterfilms ist auch der *große Japaner* unglaubwürdig geworden. Höchstens romantisch veranlagte Nerds drücken den Helden der alten Schule noch die Daumen, wenn sie sich seine Kämpfe mit einbeinigen Hüpfmonstern und stinkenden Riesenkraken im TV-Nachtprogramm ansehen.

Im Film beobachtet ein stets unsichtbarer Filmemacher den kleinen und völlig unscheinbaren Masaru Daisato mit seiner Kamera im alltäglichen Leben. Müde und ausgelaugt erzählt Daisato von seinem inzwischen dementen Vater und Großvater, die damals noch für ihre Heldentaten wie Götter verehrt wurden. Er hingegen wird vom japanischen Volk veralbert und schikaniert, muss mit einem Hungerlohn vom Staat auskommen und geht trotzdem mehr stoisch als stolz seiner Pflicht nach. Im Kraftwerk lässt er sich jedes Mal wieder Starkstrom in seine Nippel jagen, um buchstäblich zum überdimensionalen Japaner aufgeblasen zu werden. Doch mehr noch als die Niederlage gegen das kürzlich aufgetauchte diabolische Teufelsmonster hat Daisato an der schlechten Beziehung zu seiner Ex-Frau und der Entfremdung von seiner einzigen Tochter zu knabbern. Ein Krieger in der Krise.

Dainipponjin ist ein liebevoller und bitterer Abgesang auf die guten alten Suitmation-Zeiten des Kaiju Eiga und die unzähligen TV-Abenteurer von Eiji Tsuburayas Gummi-Superhelden *Ultraman*. Technisch war der japanische Monsterfilm im Jahr 2007 längst von Hollywoods digitaler Illusionsmaschine überrumpelt worden. Der im Vorjahr erschienene *Gamera – The Brave* hatte keine Revitalisierung des heimischen Genres auslösen können. Die alten, von der Atombombe geweckten Urzeitriesen wie Godzilla oder Gamera waren über ein halbes Jahrhundert durch japanische Hochhausschluchten getobt. Im Angesicht moderner und realer Bedrohungen konnte und wollte sich das Publikum nun nicht mehr vor den müden Monstern fürchten. Längst waren die Kaiju zu übergroßen, handzahmen Schoßhündchen mutiert. Doch auch wenn das traditionsreiche Handwerk Suitmation mit *Dainipponjin* für tot erklärt wurde, werden die handgemachten und menschelnden Kaiju in ihrer Heimat weiterhin mit selbstironischer Inbrunst geliebt.

2008 MONSTER X GEGEN DEN G8-GIPFEL

Dt. DVD-Premiere: 30. Juli 2010 / 93 Min. | Jap. Originaltitel: *Girara no Gyakushū: Tōyako Samitto Kiki Ippatsu* | Jap. Erstaufführung: 5. Juli 2008 / 98 Min. | Intern. Titel: *Monster X Strikes Back: Attack the G8 Summit!* | US-DVD-Premiere: 30. Juni 2009 | Produktion: Shochiku | Produzenten: Shinobu Suzuki, Minoru Kawasaki | Regie: Minoru Kawasaki | Buch: Minoru Kawasaki, Masakazu Migita | Kamera: Takashi Suga | Musik: Yasuhiko Fukuda | Girara-Kostüm: Fuyuki Shinada | Darsteller: Natsuki Kato, Hide Fukumoto, Akira Matsushita, als Girara: Hariken Ryu.

In dem für das Kaiju Eiga so fruchtbare Jahr 1967 erstaunte auch die Produktionsfirma Shochiku mit dem bizarren Monsterfilm *Uchu Daikaiju Girara*, besser bekannt unter dem internationalen Titel *The X from Outer Space*. In den goldenen Zeiten des japanischen Monsterfilm-Booms wollte man ein ebenso erfolgreiches Monster wie Godzilla (von Toho) oder die atomare Riesenschildkröte Gamera (von Daiei) kreieren. Der irrwitzige deutsche Filmtitel *Guila – Frankensteins Teufelsei*, den der Constantin Filmverleih dem Werk 1972 zum Deutschlandstart verpasste, lässt vermuten, dass man Shochikus bis dahin einzigen Ausflug in das Monsterfilmgenre auch hierzulande nicht besonders ernst nahm. Denn das marsianische Weltraummonster Girara (ausgesprochen Gilala), das da in den Miniaturkulissen von Plastiktokio sein Unwesen trieb, sah aus wie ein grünes Riesenhuhn und war nicht besonders bedrohlich.

Was soll man also davon halten, wenn Shochiku in einer Zeit, in der sich der Schrecken vor infantilen Riesenmonstern in Grenzen hält, mit einem Remake von Girara zu punkten versucht? Das wundersame Vorhaben wird vielleicht nachvollziehbarer, wenn man einen Blick auf die

Karriere von Regisseur Minoru Kawasaki wirft, der hinter *Monster X Strikes Back: Attack the G8 Summit!* steckt. Kawasaki hat mit Filmen wie *The Calamari Wrestler* (2004) oder *The World sinks except Japan* (2006) einen Sinn für schrägen japanischen Humor bewiesen, über den man auch im Westen lachen kann. In seinem Girara-Remake entpuppt sich der stets in bunten Hawaiihemden auftretende Regisseur als waschechter Kaiju-Eiga-Fan. Er greift die damals wohl noch unfreiwillige Lächerlichkeit des Titelmonsters Girara auf und ließ von dem Tokioter FX-Studio Vi-Shop eine originalgetreue Kopie des Weltraumhuhns für seinen Film anfertigen. In den Räumen des Vi-Shop, wo schon Monster wie Godzilla oder Biolante erschaffen wurden, treffe ich Kawasaki. Natürlich im Hawaiihemd. Auch Monsterdarsteller Hariken Ryu, der schon Monster wie King Ghidorah oder Battra für die Godzilla-Serie der Toho dargestellt hat, ist gekommen. In *Monster X Strikes Back: Attack the G8 Summit!* hat er Girara gespielt.

Der klassische Monsterfilm ist tot

Interview mit Regisseur Minoru Kawasaki und Darsteller Hariken Ryu

Kawasaki: Unser Film ist kein Remake. Er spielt in einer Parallelwelt. In Japan fand im Juli 2008 der Hokkaido-Toyako-Gipfel statt. Die Staatschefs der Welt versammelten sich in Toyako und hielten eine dieser unergiebigen Sitzungen ab. In der Nähe vom Sitzungsort, in Sapporo, stürzt Girara in einem Kometen auf die Erde. Die ganze Welt gerät in große Aufruhr. Alle Staatschefs wollen in ihr jeweiliges Land flüchten. Aber der US-Präsident sagt „Wenn wir das Monster besiegen, können wir uns weltweit einen Namen machen.“ Also ... eigentlich wollen sie gar nicht gegen das Monster kämpfen, sie verbünden sich jedoch alle, um das Ansehen ihrer Staaten zu heben, indem sie versuchen Girara zu erledigen.

Tatsächlich wird Kawasakis Film von mehr oder weniger überzeugenden Kopien internationaler Staatschefs bevölkert, die genauso hölzern schauspielern wie die Originale. Auch wenn Angela Merkel nicht wirklich gut getroffen ist, sie spricht zumindest Deutsch.

Kawasaki: Doch Girara ist sehr mächtig, mit keiner Strategie kann man ihn besiegen. Eine Journalistin und ein Kameramann erfahren von der Legende, die in der Gegend um Toyako seit alters her überliefert wird. Die Legende besagt, dass Girara in frühen Zeiten schon einmal die Erde heimsuchte und schließlich von einer Gottheit namens Take-Majin besiegt wurde.
Ryu: In Japan werden Götter und Teufel nicht klar voneinander abgegrenzt. „Majin" ist ein Wesen, in dem ein Teufel und ein Gott, ein böser Geist und etwas Gutes verschmelzen. In Japan ist es seit den alten Zeiten möglich, dass ein Teufel zum Gott wird oder dass ein Gott die Menschen reinigt, indem dieser Gott alles zerstört. Ein Kaiju kann gleichwohl zum Helden werden, wenn eine große Gefahr Japan von außen bedroht. Der Charme unserer Kaiju liegt darin, dass es schrecklich und gleichzeitig auch ein Held sein kann. Schon immer gibt es diese Vereinigung in einem einzigen Wesen.

Genre-Kenner werden in Take-Majin sofort die Parodie des steinernen Koloss Daimajin erkennen, eine Art japanischer Riesen-Golem, der 1966 in gleich drei märchenhaften Filmabenteuern der Daiei zu bewundern war. Kawasakis Reinkarnation trägt allerdings das Gesicht des international bekannten japanischen Regie-Schauspiel-und-Comedy-Stars Beat

Takeshi Kitano. Was natürlich nicht bedeutet das Kitano auch tatsächlich in dem Take-Majin-Kostüm steckte. Denn *Monster X gegen den G8 Gipfel* ist ein Billigfilm, in dem ohne Scheu die spektakulären Sequenzen aus dem alten *Guila – Frankensteins Teufelsei* wiederverwurstet werden.

Kawasaki: Der klassische Monsterfilm ist als Genre tot. Darunter leiden vor allem ältere japanischen Männer, die in den 60er und 70er Jahren mit den Monsterfilmen aufgewachsen sind. Sie vermissen die Anziehungskraft von Monstern, die von Menschen in Kostümen dargestellt wurden. Diese Monster hatten eine gewisse Lebendigkeit. Man hatte das Gefühl, dass sie tatsächlich leben. Deswegen wollte ich jetzt noch einmal einen japanischen Monsterfilm mit der traditionellen Suitmation-Methode machen. Nur so kann man meiner Meinung nach den Monsterfilm wiederbeleben. Wie das beim Kabuki-Theater auch der Fall war. In *Godzilla: Final Wars* hat man 2004 versucht mit Action-Szenen, die an *Matrix* erinnern, Godzilla zu modernisieren. Ganz im Hollywood-Stil. Aber ich bin mit den Monstern, die Eiji Tsuburaya für die alten Toho-Monsterfilme geschaffen hat, aufgewachsen. Ich wollte noch einmal in das „Goldene Zeitalter“ der Monsterfilme von Tsuburaya zurückkehren und ihnen Tribut zollen.

Doch so romantisch verklärt wie die nostalgische Herangehensweise Kawasakis im Interview auch klingen mag, er weiß nur zu genau, dass man so nur altmodische Monsternerds hinter dem Ofen hervorgelockt hätte. Um ein breiteres Publikum für Girara zu begeistern, musste er sich dem Genre auch mit einer gewissen Respektlosigkeit (was in Japan meist Klamauk bedeutet) nähern. Wenn es nun mal so ist, dass die internationale Filmwelt über das japanische Kaiju Eiga nur noch lachen kann, dann will Kawasaki auch mitlachen können.

Damit hat sein Film eine ähnlich selbstironische Haltung wie *Der Große Japaner* (*Dainipponjin*, 2007) von Starkomiker Hitoshi Matsumoto. Als der Nordkoreanische Diktator Kim Yong-il versucht den G8 Gipfel mit einer weiblichen Minirock-Terrorgang aufzumischen versprüht *Monster X gegen den G8 Gipfel* gar den anarchistischen Charme von Trey Parkers und Matt Stones hysterischem Politpuppentrickfilm *Team America*. Nebenbei sei erwähnt, dass die beiden ungezogenen *South Park*-Macher 2006 ein Projekt im Stil eines alten japanischen Monsterfilms mit dem vielversprechenden Titel *Giant Monsters Attack Japan* geplant hatten. Diese Huldigungen an das handgemachte FX-Kino „Made in Japan" scheinen gerade im digitalen Zeitalter ein Bedürfnis nach verloren geglaubter Authentizität zu befriedigen.

Kawasaki: Seit den Schrecken des Terroranschlages vom 11. September kann man nichts mehr schreiben, das noch schrecklicher wirkt. Monster stellen deshalb heute keine Bedrohung mehr dar, sondern sind ein Event, Unterhaltung, die eher zum Lachen reizt. Die echten Schrecken können im Monsterfilm nicht mehr dargestellt werden. Darum geht es auch in *Cloverfield*. In *Monster X gegen den G8 Gipfel* ist nicht mehr die Angst das Thema. Schon der alte *Die Rückkehr des King Kong* aus dem Jahr 1962 hatte diesen Event-Charakter, es war ein Unterhaltungsfilm für die ganze Familie. Sowohl Godzilla als auch King Kong sind schon damals zu einem Instrument der menschlichen Gesellschaft geworden. Wenn ein Monsterfilm nach klassischer Definition auf Angst basiert, dann ist mein Film nicht wirklich ein Monsterfilm.

Ryu: Als die größte Bedrohung Japans kann man derzeit Nordkorea nennen. Unsere Angst vor Nuklearwaffen, die Nordkorea anscheinend besitzt, wird in diesem Film deutlich zum Ausdruck gebracht. Unter dem Vorwand, das außerirdische Monster Girara, das in Japan gelandet ist, zu besiegen, will Nordkorea eine Atomrakete in Richtung Japan abschießen und damit auch gleich alle Staatsoberhäupter der Welt vernichten. Es geht in diesem Film also um die Schrecken, die Nordkorea verursacht. Wir Japaner haben Angst davor, dass Vergleichbares auch ohne ein außerirdisches Monster Wirklichkeit werden könnte.

Monster X gegen den G8 Gipfel ist also vielleicht doch ein Film mit Tiefgang und eindeutiger Antikriegs-Botschaft. So viel hat sich seit 1954, dem Geburtsjahr des von der Atombombe getauften Godzilla, wohl doch nicht geändert.

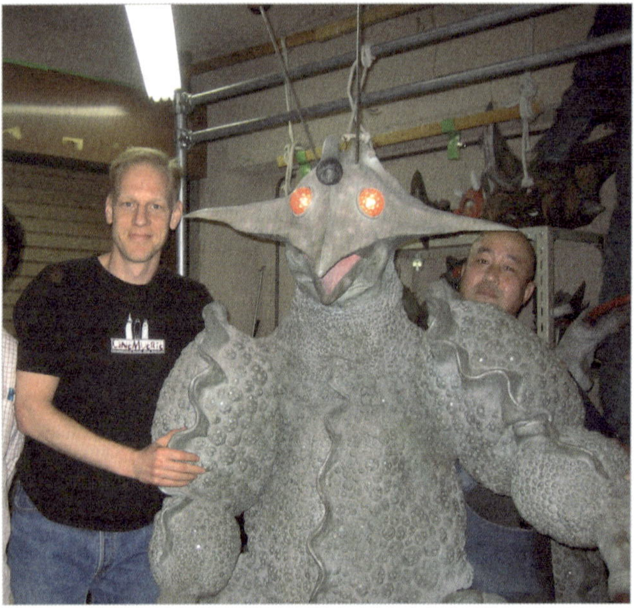

↑ Buttgereit und Monster X in Tokio (2008)

FILMINDEX

INTERVIEW PERSONENREGISTER

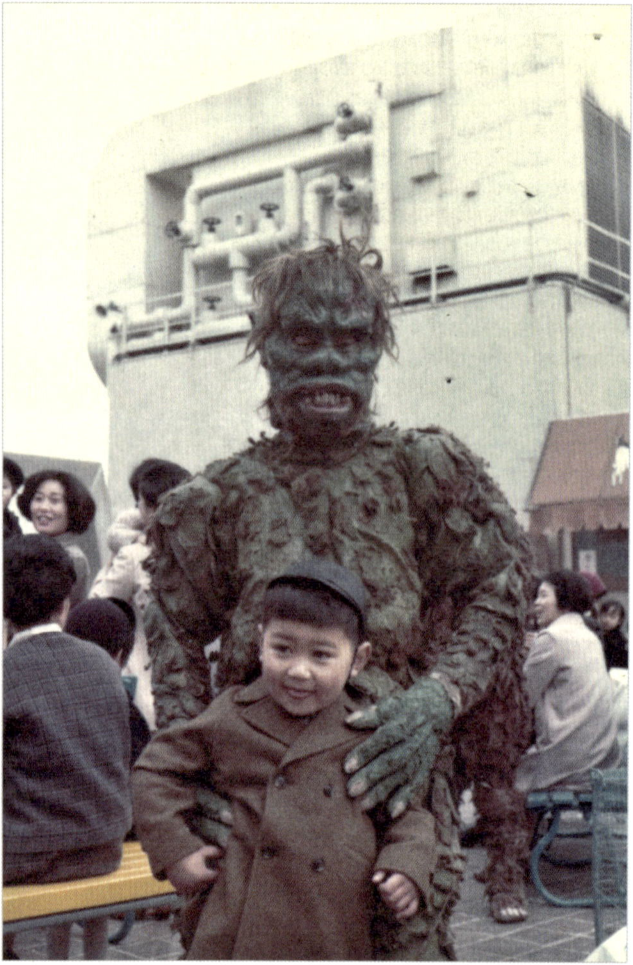

↑ Yoshikatsu Ishii und das grüne Frankenstein-Monster Gaira aus *Frankenstein – Zweikampf der Giganten* auf dem Dach des Tokyu Department Store in Shibuya, Tokio (1970).

GASTAUTOREN

Ulrich von Berg, *1955 in Berlin. Diverse unvollendete Studien mit vielen Studierendengenerationen. Freiberuflicher Autor und Übersetzer. Herausgeber div. Filmbücher, u.a. Monografien über Fuller, Peckinpah und Klick.

Peter Clasen, *1958 in Lübeck, hat in Osnabrück studiert, lebt und arbeitet in Hamburg, kuratiert die Sonntags-Matinee-Reihe *Bizarre Cinema* im Metropolis-Kino und schreibt für *Splatting Image*.

Harald Häfker, *1964 in Berlin. Arbeitet als Filmvorführer. Staatlich anerkannter Erzieher und bildender Künstler.

Dr. Dr. Stefan Höltgen, *1971, arbeitet als Medienwissenschaftler und Publizist in Berlin und forscht dort zur Geschichte und Archäologie der Computer. Er publiziert zu Film vor allem auf *Telepolis*.

Christian Keßler, *1968 in Bremen. Studium der Germanistik und Anglistik in Göttingen und Oldenburg. Seitdem tätig als Schriftsteller und Filmjournalist. Bücher im Martin Schmitz Verlag, zuletzt *Endstation Gänsehaut – Eine persönliche Reise durch das Horrorkino* und *Gelb wie die Nacht – Das italienische Thrillerkino*. Für den geheimnisvollen Filmclub Buio Omega in Gelsenkirchen ist er als „Filmgelehrter“ tätig.

Dr. Claus Löser, *1962 in Karl-Marx-Stadt (Chemnitz), seit 1980 entstehen Texte, Musik und Filme, 1990–95 Filmstudium in Potsdam-Babelsberg, Promotion über unabhängige Künstlerfilme in der DDR. Arbeitet als Filmkritiker, Filmemacher, Autor und Kurator; daneben Arbeit in Gremien, Jurys und Fachverbänden.

Daktari Lorenz, *1962 in Berlin. Seit 1983 Mitarbeit an Filmen von Jörg Buttgereit (Schauspieler, Filmmusik, Spezial-Effekte). Pendelte 1989–1998 als Handelsreisender zwischen Berlin und Tokio. Seit 1999 Fotograf.

Julie Miess, *1972, lebt in Berlin, spielt Keyboard und singt in ihrer Band *Half Girl*. Bei der Gruppe Britta spielt sie seit 1997 Bass. Sie arbeitet zudem in einem Wissenschaftsverlag. 2010 erschien ihre Doktorarbeit *Neue Monster*; 2013 das *Half-Girl*-Video *Lemmy, I'm A Feminist* unter der Regie von Frank Behnke und Jörg Buttgereit; 2016 die Platte *All Tomorrow's Monsters*.

Lothar Mikos, *1954, lebt in Berlin, arbeitet in der Welt und schreibt über die globale Medien- und Populärkultur.

Olaf Möller, *1971, Kölner. Schreibt über und zeigt Filme.

Wolfgang Müller, *1957, lebt als Autor, Musiker, Künstler in Berlin und Reykjavik. In *Nekromantik 2* plaudert der Gründer der Postpunkband *Die Tödliche Doris* über die Vögel Islands und stellt dabei den 1844 ausgerotteten Riesenalken (pinguinus impennis) vor. Im Jahr 1995 rekonstruiert er im rúv-Hörspielstudio Reykjavík die Lautäußerungen dieses flugunfähigen Meeresvogels. Die Gesänge zehn weiterer, ausgestorbener Vogelarten nimmt er 2008 in Berlin für sein Hörspiel *Séance Vocibus Avium* auf. Dafür erhält er im Rahmen der Donaueschinger Musiktage 2009 den Karl-Sczuka-Preis für Radiokunst.

PD Dr. habil. Andreas Rauscher, *1973, wissenschaftlicher Mitarbeiter für Medienkulturwissenschaft an der Albert-Ludwigs-Universität Freiburg, lehrt Filmwissenschaft in Mainz, Siegen, Kiel, Potsdam und Ludwigsburg. Kurator für das Frankfurter Filmmuseum (Ausstellung

Film & Games, 2015) und freier Journalist (*epd Film*, *testcard*, *Splatting Image*, u.a.). Zahlreiche Monografien in den Bereichen Filmwissenschaft, Popkultur, Game Studies und Comicanalyse.

Franz Rodenkirchen, *1963, internationaler Script Consultant und Tutor, Berlin. Veranstaltet mit Françoise von Roy Workshops als Solace23.

Hans Schifferle, 1957–2021. Texte für *Süddeutsche Zeitung*, *Kölner Stadtanzeiger*, *Steady Cam*, *epd-Film*, Bücher und Aufsätze über das Horrorkino, den Pornofilm, Ida Lupino und Eckhart Schmidt.

Simone Spörl, *1964 in Berlin. Frequentierte als Kind die Mariendorfer Lichtspiele und das Schlüterkino in Berlin, um Godzilla-Filme zu sehen. Starb in Jörg Buttgereit-Filmen manche Tode und studierte Japanologie. Arbeitet seit 1991 für die deutsche Niederlassung eines japanischen Privat-TV-Senders.

Prof. Dr. Marcus Stiglegger, *1971, lehrt Filmwissenschaft in Mainz, Regensburg, Klagenfurt, Berlin und Ludwigsburg. Er ist Co-Host des Podcasts *Projektionen – Kinogespräche* und komponiert Musik mit seinen Bands *MARS* und *Vortex*. Aktuelle Publikationen: *Kurosawa* (2014), *Neues ostasiatisches Kino* (2015, Co-Hrsg.), *Handbuch Filmgenre* (2020, Hrsg.), *Cruising* (2020) und *Schwarz – Die dunkle Seite der Popkultur* (2021).

Ingo Strecker, *1969 in Gelsenkirchen, in den 70er Jahren mit Monsterfilmen sozialisiert. Komiteemitglied des Geheimnisvollen Filmclubs *Buio Omega*. Autor der Bücher *Haben sie jemals von Kong gehört?* und *Gorillawood*. Booklets für DVD- und Blu-ray-Veröffentlichungen.

Bodo Traber, *1965 in Pforzheim. Drehbuch-, Hörspiel- und Synchronautor, Hörspiel- und Synchron-Regisseur, Mitarbeit an diversen Filmbüchern, Herausgeber *Splatting Image*. Lebt in Berlin.

Jenni Zylka schreibt seit 1995 für verschiedene Zeitungen und Magazine (u.a. *taz*, *Tagesspiegel*, *Spiegel*, *Zeit*) Rezensionen, Reportagen, Kommentare und Kolumnen über Film und Musik, arbeitet für Radiosender (u.a. *Deutschlandfunk*, *WDR*, *RBB*, *MDR*), hat im Rowohlt-Verlag Romane veröffentlicht, schreibt Drehbücher, unterrichtet angehende Journalist:innen, moderiert (u.a. für die *Berlinale*, das *Filmfest Emden* und das *Filmfest Dresden*) Filmgespräche und Pressekonferenzen, und ist Mitglied der Film-Auswahlkommission für die Sektion *Panorama* der *Berlinale*.

ILLUSTRATOREN

Rainer Engel, *1967 in Gießen. Seit dem fünften Lebensjahr Godzilla-Fan und Besucher vieler Sonntagmorgen-Matineen mit äußerst fragwürdigen Filmen. 1989–1995 Studium an der *Hochschule der Bildenden Künste Braunschweig*. Danach Umzug nach Berlin und 2001 Mitautor von *Nightmares in Plastic* zusammen mit Jörg Buttgereit. Zeichnet öfter mal JBs *Captain Berlin* Comics für den *Weissblech* Verlag.

FuFu Frauenwahl, *1974, lebt als Comiczeichner und Illustrator in Berlin. Neben Beiträgen zu Jörg Buttgereit's Comicserie *Captain Berlin* zeichnet er für Spiele, Bücher, Bühnenproduktionen und vieles andere mehr.

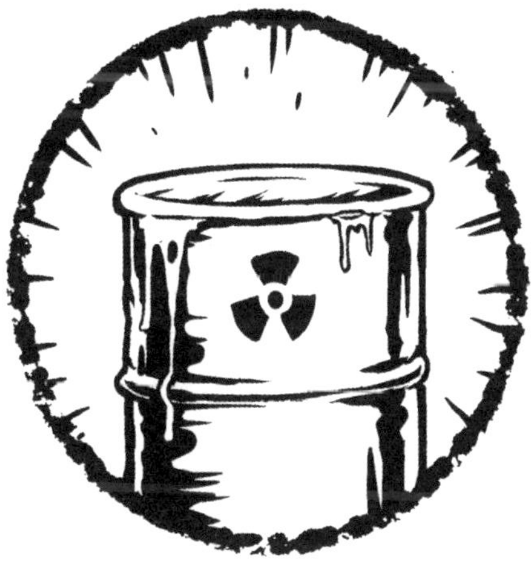

DER AUTOR

Jörg Buttgereit, *1963 in Berlin, ist Regisseur und Autor der Arthouse-Horrorfilme *Nekromantik, Der Todesking, Nekromantik 2* und *Schramm.* Seine preisgekrönte Dokumentation über den japanischen Monsterfilm *Die Monsterinsel* lief 2002 im WDR-Fernsehen. Für seinen arte-Dokumentarfilm *Monsterland* besuchte Buttgereit 2008 Monstermacher in aller Welt. Für den WDR realisierte er zahlreiche Hörspiele wie *Sexy Sushi, Frankenstein in Hiroshima, Die Bestie von Fukushima* oder *Das Märchen vom unglaublichen Super-Kim aus Pjöngjang.* Zudem hat Buttgereit diverse Theaterstücke wie *Der Elefantenmensch, Nosferatu lebt!* oder *Captain Berlin versus Hitler* in Dortmund, Essen und Berlin inszeniert. Außerdem ist Buttgereit Autor der *Captain Berlin* Superhelden-Comics.

Bücher von **Jörg Buttgereit** in diesem Verlag

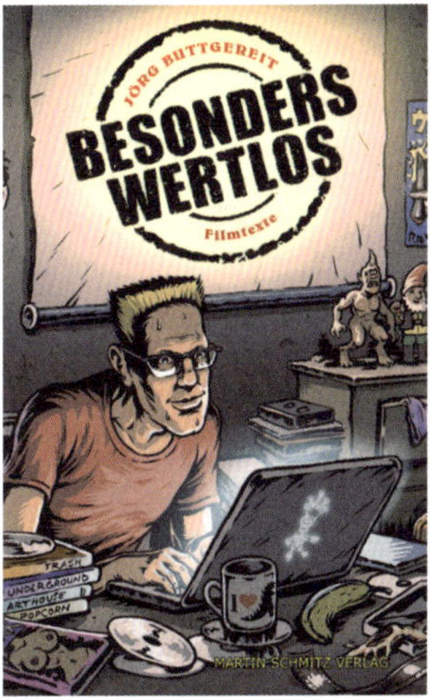

Jörg Buttgereit

Besonders Wertlos – Filmtexte

Illustrationen von FuFu Frauenwahl

200 S., franz. broschiert, farbige Abbildungen

ISBN 978-3-927795-70-9

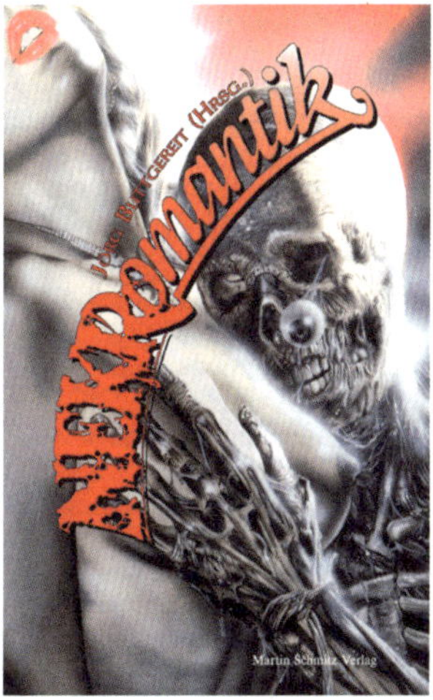

Jörg Buttgereit (Hrsg.)

Nekromantik

Beiträge von Linnie Blake, Christian Keßler, Dietrich Kuhlbrodt, Claus Löser, Johannes Schönherr, Marcus Stiglegger

232 S., franz. broschiert, deutsch/englisch, zahlreiche Abbildungen

ISBN 978-3-927795-46-4